イスラームの
宗教的・知的連関網

アラビア語著作から読み解く西アフリカ

苅谷康太

東京大学出版会

The Network of West African Muslim Intellectuals:
A Study of the Arabic Writings of Aḥmad Bamba and Their Sources
Kota KARIYA
University of Tokyo Press, 2012
ISBN 978-4-13-016031-5

凡　例

1　アラビア語のローマ字転写と片仮名表記

（1）アラビア語をローマ字に転写する場合，転写文字は，アラビア語の字母の排列順に，b, t, th, j, ḥ, kh, d, dh, r, z, s, sh, ṣ, ḍ, ṭ, ẓ, ʻ, gh, f, q, k, l, m, n, h, w, y, ʼ を用いる．また，ローマ字転写の表示の有無に拘らず，仮名表記には，ローマ字転写を想定した近似音の片仮名をあてる．

（2）母音は a, i, u, 長母音は ā, ī, ū, 二重母音は ay, aw と転写する．

（3）語頭のハムザ（ʼ）および語末のター・マルブータ（-at の t）は，原則として，ローマ字転写・片仮名表記ともに省略する．ただし，語末のター・マルブータは，直前が長母音の場合，ローマ字転写・片仮名表記ともに省略せず，また韻文においては，常にローマ字転写する．

（4）名詞・形容詞の格語尾変化（-un, -in, -an/-u, -i, -a）は，原則として，ローマ字転写・片仮名表記ともに省略するが，韻文においては，常にローマ字転写する．また，散文においても，誤解を招く恐れがある場合は，上つき文字（-^{un}, -^{in}, -^{an}/-^{u}, -^{i}, -^{a}）でローマ字転写する．その際，語末がター・マルブータであれば，これもローマ字転写する．

（5）定冠詞 al- について

①アラビア語の定冠詞 al- の l は，太陽文字（t, th, d, dh, r, z, s, sh, ṣ, ḍ, ṭ, ẓ, l, n）が後続する場合，文字表記は変わらないが，発音上は，その太陽文字に同化する．ローマ字転写においては，表字主義によって常に定冠詞を al- で表し，片仮名表記においては，表音主義によって太陽文字との同化を「アッ＝」「アン＝」とし，同化しない場合は「アル＝」とする．ただし，韻文の場合は，ローマ字転写においても表音主義を採用する．

②定冠詞 al- の a は，本来はハムザ（ʼ）とともに ʼa と表記すべきだが，(3) の原則に従ってハムザが省略されている．このハムザは，連結ハムザと呼ばれ，何らかの文字が先行する場合，それに影響され，母音の a とともに表記も発音も省略される．しかし，ローマ字転写・片仮名表記においては，その影響を無視する．ただし，定冠詞 al- が前置詞 li に後続する場合のローマ字転写は，定冠詞の母音 a を省略し，li-l- と表記する．また，韻文の場合も，連結ハムザの影響をローマ字転写に反映する．

③以上の原則に従いながらも，定冠詞 al- と単一の単語で構成される固有名詞や術語などについては，適宜定冠詞のローマ字転写と片仮名表記を省略する．

例：アル＝カーヒラ（al-Qāhira）→カーヒラ（Qāhira）

（6）人名で「…の息子」という意味の系譜を示す語は，ローマ字転写においては bn とし，片仮名表記においては「ブン」と記す．ただし，人名の先頭にこの語がある場合は，ローマ字転写においては Ibn，片仮名表記においては「イブン」と記す．

（7）アラビア文字および変則的なアラビア文字で表記される正則アラビア語以外の方言・言語の固有名詞などの場合，以上の方法では的確に表記しきれないことがあり，母音 e，o，ē，ō や，子音 g などは，そうした事例の一部である．これらについては，各々の方言・言語の一般的・慣習的な規則に従ってローマ字転写を行い，それに基づいて近似音の片仮名表記を行う．その際，必要に応じて脚注での説明などを加え，混乱を招かないよう配慮する．

2　括弧の表記方法

（1）（ ）の中に更に（ ）を用いる場合，内側の（ ）は〔 〕と記す．

（2）「 」の中に更に「 」を用いる場合，内側の「 」は『 』と記す．

3　引　用

（1）引用の出典は脚注で示す．

（2）日本語文献の引用

①本文中に組み込む短い引用：「 」を用いて，地の文に埋め込む．

②本文中に組み込む長い引用：地の文から1字下げ，前後1行空きで表記する．各段落の冒頭は，更に1字下げとする．

③脚注中に組み込む引用：引用の長短を問わず，「 」を用いて，地の文に埋め込む．

（3）ヨーロッパ諸語文献の引用

①原則として，引用者による翻訳を本文中もしくは脚注中の地の文に「 」を用いて埋め込む．原文は，その表記が必要であると判断した場合，翻訳の直後に（ ）を用いて記すか，翻訳の終端に脚注を付し，その脚注中に記す．

②上記①の原則に従いながらも，特に重要な引用については，引用者による翻訳を地の文から1字下げ，前後1行空きで表記し，翻訳の終端に付した脚注中に原文を表記する．

（4）アラビア語文献の引用

①本文中に組み込む短い引用：引用者による翻訳を「 」を用いて地の文に埋め込む．原文は，その直後に（ ）を用いて記すか，翻訳の終端に脚注を付し，その

脚注中に記す．

②本文中に組み込む長い引用：引用者による翻訳を地の文から１字下げ，前後１行空きで表記する．原文は，翻訳の終端に脚注を付し，その脚注中に表記する．

③脚注中に組み込む引用：引用の長短を問わず，引用者による翻訳を「 」を用いて地の文に埋め込み，同一脚注内に原文も表記する．

（５）引用文中に引用者が語句を補う場合は（ ）を用いる．

（６）引用文中の語句に関して引用者が換言・説明する場合は〔 〕を用いる．

（７）引用文中の語句を引用者が省略する場合，翻訳においては，（前略）・（中略）・（後略）を用い，原文表記においては，… を用いる．

（８）脚注に示した原文の語句に関して引用者が説明・読み替えなどを行う場合は [ ] を用いる．

（９）翻訳では，読み易さを考慮し，適宜，代名詞などを指示対象の名詞に置き換える．

（10）詩を引用する場合，韻律は脚注に示す．

4　葉数表記

出典注において，幾つかの写本資料は，頁数ではなく葉数を表記する．その際，各葉の表は recto の略号 r で，裏は verso の略号 v で表す．

例：4r → 4 葉の表

5　年代表記

年代表記におけるスラッシュは，「もしくは」を意味する．

例：1877/8 年→ 1877 年もしくは 1878 年

1914 年 8/9 月→ 1914 年 8 月もしくは 9 月

6　図表番号

図表番号は，2 つの数字をハイフンで繋ぐ形で表記し，前の数字は章を，後の数字は各章内における順番を意味する．

例：表 1-2 →第 1 章の 2 番目の表

7　『クルアーン』（『コーラン』）

（１）『クルアーン』の章節番号は，カイロ版（標準エジプト版）による．

（２）必要に応じて略号を使う．

例：Q3:12 → 3 章 12 節

地　　図

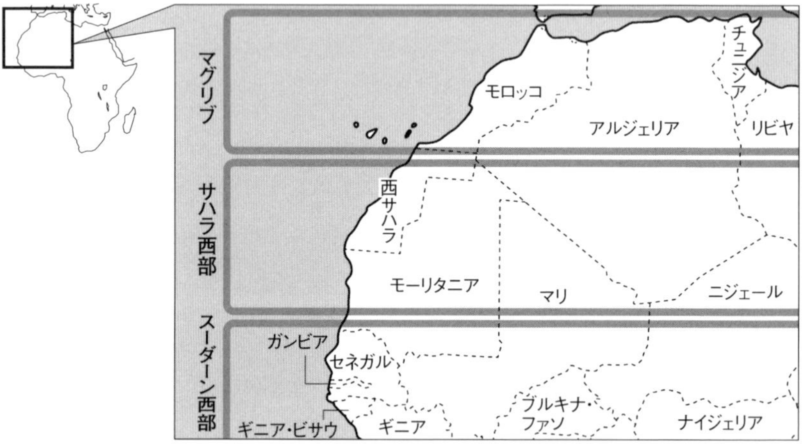
マグリブ
サハラ西部
スーダーン西部
モロッコ
アルジェリア
チュニジア
リビヤ
西サハラ
モーリタニア
マリ
ニジェール
ガンビア
セネガル
ギニア・ビサウ
ギニア
ブルキナ・ファソ
ナイジェリア

北・西アフリカ（1）

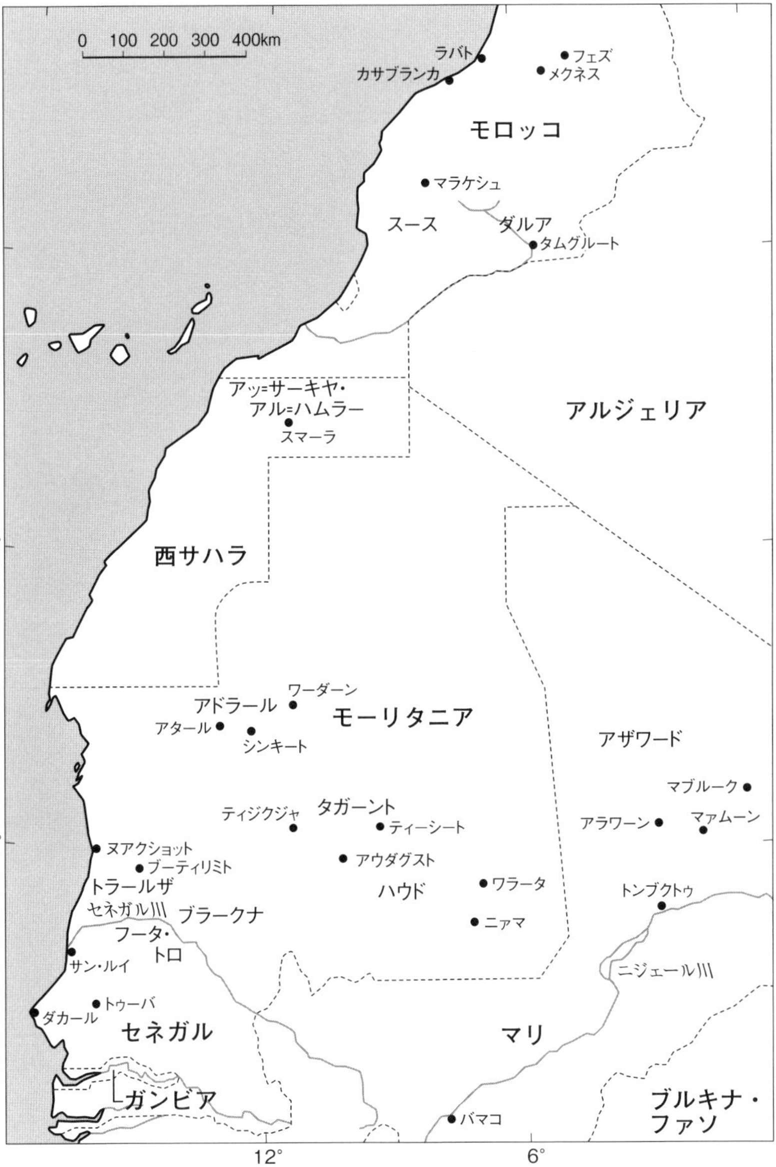

北・西アフリカ（2）

（Harry Thirlwall Norris, *Shinqīṭī Folk Literature and Song*, p. 4 の地図をもとに著者作成）

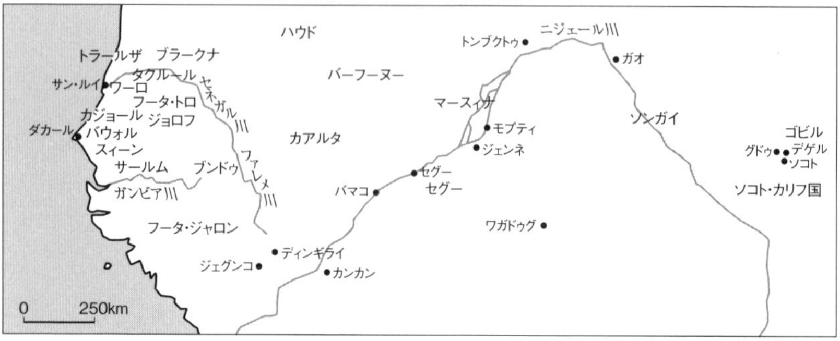

スーダーン西部

（J. F. Ade Ajayi and Michael Crowder, eds., *Historical Atlas of Africa* の Map 45 West Africa in the Nineteenth Century の West Africa c. 1850 をもとに著者作成）

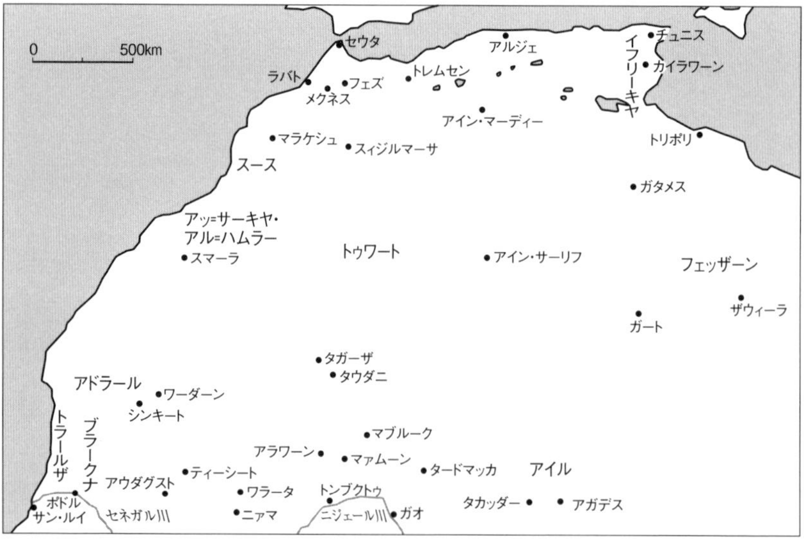

マグリブおよびサハラ西部

（J. F. Ade Ajayi and Michael Crowder, eds., *Historical Atlas of Africa* の Map 32 Trans-Saharan Trade c. 200-1900 をもとに著者作成）

目　次

凡　例　i
地　図　iv

はじめに ……………………………………………………………………1

1　目的・内容・構成　1
2　問題設定　7
3　研究史と本書の方法　18
4　地理的語彙　23
5　術語の説明　25
6　アラビア語参考文献の略号と情報　29

序　章　西アフリカにおけるイスラームの展開 ……………………37
第1節　アラビア半島からスーダーン西部へ　38
第2節　サハラ西部から始まる宗教改革運動　45
第3節　諸王とイスラーム　50
第4節　連鎖するジハード　60
第5節　スーフィー教団とジハード　68

第Ⅰ部　西アフリカにおけるイスラームの教団的枠組み

第1章　伝統の道 ……………………………………………………85
――スィーディー・アル＝ムフタールとカーディリー教団
第1節　クンタの血統　86

第2節 信仰への旅立ちとタサッウフの道統 92

第3節 書物による学び 103

第4節 受け継がれる宗教的・知的遺産 113

第2章 新興の道……123

——ムハンマド・アル＝ハーフィズとティジャーニー教団

第1節 シンキート地方のイダウ・アリ 124

第2節 修学の旅とティジャーニー教団 129

第3節 教団網の拡大と教団網を越える連関 140

第3章 単一の道……151

——ムハンマド・アル＝ファーディルとその道統

第1節 血 統 154

第2節 開示される知 160

第3節 宗教儀礼と「論理」 166

第4節 教団単一論 179

小 結……187

第Ⅱ部 西アフリカにおけるイスラームの宗教的・知的連関網

第4章 信仰と知……191

——アフマド・バンバの若年期

第1節 著作活動の開始まで 192

第2節 宗教的志向の深化 199

第3節 師と知を求める旅 212

第4節 流 刑 へ 219

第5章 直接的関係……229

第6章 間接的関係……235

第1節 地域外著作 236

1 アフマド・バンバと地域外著作 236

2　地域外著作の受容と応用　251
第2節　地域内著作　260
1　アフマド・バンバと地域内著作　260
2　地域内著作の受容と応用　266

結　　語……295

補遺　ムリッド教団のウィルド……299

あとがき　311
参考文献一覧　315
人名索引　339
著作索引　343
事項索引　345

はじめに

1　目的・内容・構成

本研究は，西アフリカ[1]のアラビア語写本・刊本の分析を礎に，この地域のイスラーム知識人達が直接的・間接的関係によって構築した宗教的・知的連関網の描写を行う．直接的関係とは，宗教諸学やタサッウフ（taṣawwuf）[2]の師弟関係，面会，書簡の遣り取りなどによって構築される，何らかの情報伝達を伴った同時代の宗教知識人同士の繋がりである．そして，間接的関係とは，特定の著作に纏わる具体的な知的営為，つまり著作の学習・注釈書の執筆・韻文化・引用などを介して結ばれる，著者と読者との繋がりである[3]．この連関網の把握によって，従来受け入れられてきた地域区分の垣根を越え，北アフリカや西アジアを包含する広大な地域的文脈の中に西アフリカという地域を位置づ

1）本書において「西アフリカ」という地理的語彙が指す空間は，大まかにいってサハラ沙漠西部とサハラ以南アフリカ北西部である．詳しくは，後出の「4　地理的語彙―①西アフリカ」参照．なお，本書の主な舞台となるサハラ以北アフリカ西部，サハラ沙漠西部，サハラ以南アフリカ北西部の大まかな地図を凡例の直後（iv-vi 頁）に 4 つ提示した．

2）修行の階梯を進むことによって神との合一を目指す人々をスーフィー（ṣūfī）といい，彼らの営為をアラビア語でタサッウフという．そして，彼らのみで，もしくは彼ら以外の一般信徒をも包含した形で組織化された集団はスーフィー教団と呼ばれる．タサッウフは，日本語でしばしば「イスラーム神秘主義」などと訳されるが，詳しくは，序章第 5 節参照．

3）イスラームの知の担い手たるイスラーム知識人は，その扱う知識の種類を基準にすると，大きくウラマー（‘ulamā’，単数形はアーリム〔‘ālim〕）とスーフィーとに分けられ，前者は，イスラーム法学や神学を始めとした宗教諸学に関する「知識」（‘ilm，イルム）を修めた人々であり，後者は，神秘的・直観的な「知識」（ma‘rifa，マァリファ）を獲得した人々である．しかし，ある知識人がウラマーであると同時にスーフィーでもあるという状況は，イスラームの歴史上，多くの地域で観察され，本書が考察対象とする西アフリカにおいては，そうした知識人の在り方が支配的とさえいえる．以下の議論で考察の対象となる人々も，その多くがウラマーであると同時にスーフィーであり，本論では，そうしたウラマーおよびスーフィーを包括的に指示するイスラームの知の担い手という意味で，イスラーム知識人もしくは宗教知識人という語を用いる．

けたい．

古いアラビア語の地理書によると，遅くとも11世紀には，今日のセネガル北部付近にまでイスラームの影響が及び，この地に存在したとされる複数の王国には，少なからぬ数のムスリム（muslim，イスラーム教徒）が暮らしていたようである[4]．そうであるならば，西アフリカにおけるイスラームは，現在まで少なくとも10世紀，もしくはそれ以上の時間と，広大な空間の中で展開してきたことになる．このような茫漠たる時間的・空間的原野に対峙して議論を進める時，纏まりのない冗長な文章の羅列や議論そのものの破綻を避けるための軸を設定することが肝要であろう．

本書では，その軸として，今日のセネガルを中心とした地域で強大な勢力を保持しているムリッド教団（＝ムリーディー教団〔al-Ṭarīqa al-Murīdīya〕）というスーフィー教団の開祖アフマド・バンバ（Aḥmad Bamba，1927年歿．以下，適宜バンバ）を据える．つまり，本書が把握しようとする宗教的・知的連関網とは，西アフリカのイスラームにおける完全な形での宗教的・知的連関網ではなく，バンバの著作群や彼に関する伝記群の分析を通じ，時代を遡りながら彼の知的源泉たる人物および著作を追っていく過程で得られた情報から描き出すことのできる連関網である．勿論，西アフリカの宗教的・知的連関網の全体像の把握は，長年の研究の蓄積を必要とする，一つの纏まった巨大な課題であるが，本書は，その課題に取り組むための端緒になると考えている．

アフマド・バンバは，今日，400万人ともいわれる信徒を擁するムリッド教団の開祖に位置づけられる人物である[5]．19世紀半ば，セネガル西部のバウォル（Bawol）という地域に生まれた彼は，イスラーム諸学の優れた教師として知られた父親や，親族の学者，現地の碩学などの許で学び，卓越した宗教知識人として，敬虔なスーフィーとして徐々にその名が知られるようになっていった．

4）序章第1節参照．

5）信徒数の正確な統計は存在していないが，400万人という見積もりは，近年出版された以下の研究で言及されている．Cheikh Anta Babou, *Fighting the Greater Jihad: Amadu Bamba and the Founding of the Muridiyya of Senegal, 1853–1913*, p. 193.

1895年，フランス植民地行政当局によって植民地統治にとっての危険分子と見做されたバンバは，アフリカ大陸中央部のガボン（Gabon）へと流された．この流刑は，彼に纏わる多くの奇蹟譚を生み出し，1902年に故郷へと帰還した彼は，多くの人々の熱烈な崇敬によって迎えられることとなる．こうした流刑譚・奇蹟譚は，今日でもムリッド信徒の間で語り継がれており，教団の信仰体系における精神的支柱としてのバンバの地位を維持する不可欠の要素となっている[6]．

更に，ガボン流刑から戻った翌年，ガボン流刑の際と同様の理由によって，今度は，今日のモーリタニア南部にあたる地域へと流刑に処されたが，バンバは，この流刑中にイスラームの預言者ムハンマド（Muḥammad，632年歿）を介して神から独自のウィルド（wird，祈禱句の一種）[7] を獲得したといわれている[8]．

1907年にはセネガルに戻ることを許されたが，彼に対する当局の厳しい監視体制は維持された[9]．そして，1912年，バンバは，ムリッド教団の聖都トゥーバ（Touba，トゥーバー〔Ṭūbā〕）に近いジュールベル（Diourbel，ンジャーレーム〔Njaareem〕）という町へ移動したものの，当局からの警戒が完全には解かれることのないまま，1927年，同地で歿した．

本書でこのバンバの著作を足掛かりとした理由は2つある．まず第1に，諸学を修めた碩学として，篤信のスーフィーとして，数々の奇蹟を起こした聖者として知られる彼は，同時に，大量の著作を書き残した著述家でもあった．著述に対する開祖の情熱を讃えるかのように，今日のムリッド信徒の間では，彼が7.5トンもの著作を書き残したという伝説が語り継がれている[10]．実際に著

6）ガボンへの流刑については，以下の論文に纏めた．苅谷康太「セネガル・ムリッド教団の原点：アフマド・バンバのガボン流刑譚」．

7）後出の「5　術語の説明—②ウィルド（wird）」参照．また，ムリッド教団のウィルドについては，「補遺 ムリッド教団のウィルド」（299-309頁）参照．

8）IN, pp. 141-5; pp. 89-91; pp. 148-51. 参考文献INについては，後出の「6　アラビア語参考文献の略号と情報—③ IN」参照．

9）1907年から1912年までの特に監視体制が厳しかったとされる時期を3度目の流刑と解釈する研究もある．David Robinson, *Paths of Accommodation: Muslim Societies and French Colonial Authorities in Senegal and Mauritania, 1880-1920*, p. 221.

作の総重量が7.5トンであったか否かは措くとしても，確かに彼は多作の人であり，それ故，著作の分析に基づく宗教的・知的連関網の探究に必要な最も基本的な材料をより多く提供してくれる存在である．第2に，1927年に歿した彼は，西アフリカにおけるイスラームの長い歴史の中では比較的遅い時代の人である．従って，時代を通じた宗教的・知的連関の網の目を辿る上で，彼にはより多くの人物や著作に遡ることのできる可能性が秘められているといえよう．

しかし，バンバを軸として本書全体を整理するものの，次項の問題設定との関連で，構成はやや変則的になる．何故なら，著者は，西アフリカ・イスラーム社会における宗教的・知的連関網の描写を通じて，これまでこの社会の把握に頻繁に用いられてきたスーフィー教団という枠組みの相対化を目指しており，それを説得的に明示するためには，教団的枠組みの確認からその相対化へと議論が推移していく構成が適当であると考えたからである．

具体的には，まず，準備段階となる序章で，西アフリカにおけるイスラーム史の概説を行う．これは，本題となる第Ⅰ部以降の議論のよりよい理解のため，少なからぬ読者にとって馴染みが薄いと思われるこの地域においてイスラームに纏わる諸事が歴史的に如何に展開したのかを纏めたものである[11]．

次に，第Ⅰ部では，西アフリカの代表的な宗教知識人とその周辺についての人物史的な描写を行い，本書が目を向ける時間的・空間的舞台の基本情報を整理・紹介しながら，彼らを中心とした教団もしくは教団内派閥の存在を明確にする．その際，第1章では，西アフリカにおけるカーディリー教団[12]の中興の祖ともいえるスィーディー・アル＝ムフタール・アル＝クンティー（Sīdī al-

10）バンバの著作の多さを強調するムリッド信徒は，しばしばそれを重量で表現し，700キログラムとも，7トンとも，7.5トンともいう．著者が2005年に現地のムリッド信徒から聴き取った重量は，7.5トンであった．Donal B. Cruise O'Brien, *The Mourides of Senegal: The Political and Economic Organization of an Islamic Brotherhood*, p. 50; Amar Samb, *Essai sur la contribution du Sénégal à la littérature d'expression arabe*, p. 435; Cheikh Sarr Guèye, Personal Interview, Dakar, 26 April 2005; Shaykh Ṣamb, Personal Interview, Touba, 27 May 2005.

11）本序章は，第Ⅰ部から始まる本論に向けての比較的長い「助走」になっている．従って，西アフリカのイスラーム史の概要を既に把握していて，この「助走」を不要と考える読者は，序章からではなく，第Ⅰ部の本論から読み進めていただいても構わない．

12）後出の「5　術語の説明―④カーディリー教団（al-Ṭarīqa al-Qādirīya）」参照．

Mukhtār al-Kuntī, 1811年歿）を，第2章では，西アフリカにティジャーニー教団[13]の教えをもたらしたとされるムハンマド・アル＝ハーフィズ（Muḥammad al-Ḥāfiẓ, 1830/1/2年歿）を，第3章では，独自の教義によって，それまでのスーフィー教団という枠組みそのものを変革しようとしたムハンマド・アル＝ファーディル（Muḥammad al-Fāḍil, 1869年歿）[14]をそれぞれ議論の中心に据える．

そもそも，西アフリカ・イスラームに関する情報の蒐集・整理・蓄積が十分になされてこなかった日本の研究状況を考慮すると，この地域で活動した宗教知識人達とその周辺に関する基本的な情報を盛り込んだ議論自体に一定の意味があると思われるが，勿論，特にこの3者を第Ⅰ部の主役として選び出したのには，本書の論旨と関連した幾つかの理由が存在している．まず，第1の素朴な理由は，客観的に見て，彼らおよび彼らの道統（silsila, スィルスィラ）[15]が，18世紀以降の西アフリカ・イスラーム社会を扱う上で避けて通ることのできない強大な宗教的・学問的影響力を有していたためである．そして，第2の理由は，彼らがそれぞれ異なるタサッウフの道統に属し，互いに異なる特徴を有するためである．つまり，18世紀以降の西アフリカにおける教団的枠組みを網羅的かつ俯瞰的に論じるためには，1つの集団の分析だけでは不十分であり，性質の異なる複数の集団の列挙が必要になるということである．更に，彼らおよび彼らの道統の人々が教団的枠組みを越えた直接的もしくは間接的な関係によって相互に結びつき，同時に議論の軸となるバンバに結びついている事実も選抜の理由に挙げられる．この理由は，本書の最大の目的である西アフリカ・イスラーム社会における宗教的・知的連関網の描写を行う第Ⅱ部との有機的な繋がりを保持するための，議論の展開上の戦略的な側面も有しており，それ故，第Ⅰ部では，上記の3人の宗教知識人およびその周辺の人々に関して，この最大の目的を達成するために必要な情報を優先的に紹介しようと考えている[16]．

13）後出の「5　術語の説明—⑫ティジャーニー教団（al-Ṭarīqa al-Tijānīya）」参照．

14）ムハンマド・アル＝ファーディルを名祖とする集団は，しばしばファーディリー教団などと呼ばれる．詳しくは第3章参照．

15）後出の「5　術語の説明—⑩スィルスィラ（silsila）」参照．

16）西アフリカのスーフィー教団としては，カーディリー教団とティジャーニー教団の他に，シャーズィリー教団（後出の「5　術語の説明—⑥シャーズィリー教団〔al-Ṭarīqa al-Shādhilīya〕」参

そして，第Ⅱ部では，第Ⅰ部の内容を受け，そうした教団的枠組みの中の諸人物が，その枠組みの垣根を越えて互いに繋がっていた様相を描き出す．第4章では，まず議論の基礎を整えるためにバンバの若年期を描写し，その中で，彼が如何なる人物に学び，如何なる著作を渉猟し，また如何なる著作を著したのかを確認していく．第5章では，第Ⅰ部からの議論に登場した人々の交流を確認しながら，彼らの直接的な宗教的・知的連関網を纏める．この章は，新たな情報も交えるが，基本的には，それまでの議論の内容を宗教知識人達の相関関係図の提示によって整理する形となるので，他の章に比べて短くなる．そして，第6章では，バンバの著作および伝記の分析から浮かび上がってくる宗教知識人達の間接的関係，ならびに彼らとバンバとの間接的関係を論じる．勿論そこには，第Ⅰ部で扱った3人の宗教知識人とその道統に属する人々も含まれる．なお，この最終章では，西アフリカという地域を基準に著作群を大きく2種類に分け，それぞれに1つの節を設けるが，比較的長い議論を分割して整理するため，各節内にそれぞれ2つの項を設ける．

以上のような内容および構成から，本書の中心となる時間的射程は，自ずと定まってくる．つまりそれは，西アフリカにおいて諸スーフィー教団網の拡大と定着が大規模に始まる時期の直前，すなわち18世紀前半から，バンバの歿年までの約200年間である．

なお，結語の後の補遺は，本書で教団的枠組みやタサッウフの師弟関係を論じる際に繰り返し言及するウィルドの具体例を提示するために付したものである．

照）の存在が注目される．この教団の分派の中には，サハラ以北アフリカからサハラ沙漠までの地域を中心に広範な道統の拡大を実現したナースィリー教団（後出の「5　術語の説明―⑬ナースィリー教団〔al-Ṭarīqa al-Nāṣirīya〕」参照）のような興味深い存在を見出すことができる．また，バンバも，シャーズィリー教団の人物と交流し，若年期にこの教団のウィルドを使用していたといわれる．しかし，西アフリカにおけるこの教団の組織としての存在感は，他の2教団に比すると小さく，第Ⅰ部で紹介する3人と同時代で，しかも彼らに匹敵するような影響力を保持した宗教知識人をこの教団の中から見出すことは難しい．後述するように，シャーズィリー教団の影響力は，直接的な人的交流を通じてよりも，むしろこの教団の信徒であった西アジアやサハラ以北アフリカの有力スーフィー達の著作群を通じ，間接的な形で西アフリカに及んでおり，こうした著作群は，西アジアやサハラ以北アフリカの古典的な著作群と同様，西アフリカの宗教知識人達に共有される知的基盤の一部をなしていたと考えられる．

2 問題設定

あらゆる研究は，その目的の達成によって，それまで十分に顧みられてこなかった何らかの問題を解決するためになされるものであろう．本書の最大の目的である宗教的・知的連関網の描写も例外ではなく，その達成によって，西アフリカのイスラームに纏わる諸問題に解決の糸口が見出されることを企図している．以下では，本書執筆の動機となった著者の問題意識を提示し，宗教的・知的連関網の描写を通じて如何なる問題に取り組もうとしているのかを明らかにする．

（1）教団的枠組みの相対化

西アフリカ・イスラームに関する外部の視点からの纏まった研究は，フランス植民地行政官が公文書の中で展開した情報分析や，植民地行政当局下で活動に従事した研究者の手による研究を嚆矢としている．特に後者の中には，様々な問題点を指摘されながらも，今日まで積極的に参照され続けているものが少なくない．本書で展開する議論との関わりでいえば，そうした研究を残した人物の筆頭に位置づけられるのは，ポール・マルティ（Paul Marty，1938年歿）であろう．

1882年にアルジェ（Alger）近郊で生まれた彼の学問的背景に関する詳細は知られていない．1907年までチュニジアで通訳として働いた後，1911年まではモロッコ統治の問題に携わったようであるが，1912年，フランス植民地省に入ると，アメデー・ウィリアム・メルロ＝ポンティ（Amédée William Merlaud-Ponty，1915年歿）が連邦総督を務めるフランス領西アフリカに赴き，植民地行政当局下で現地のイスラーム問題の調査・研究に従事するようになった[17]．そして，当局公文書に記された膨大な情報の精査，優れたアラビア語能力とイスラームに関する豊かな知識を遺憾なく発揮した現地のアラビア語資料の分析，

17）Christopher Harrison, *France and Islam in West Africa, 1860–1960*, pp. 105–6; James F. Searing, *"God Alone Is King": Islam and Emancipation in Senegal: The Wolof Kingdoms of Kajoor and Bawol, 1859–1914*, p. 88; Babou, *Fighting*, pp. 1, 193 (note 2)；竹沢尚一郎『表象の植民地帝国――近代フランスと人文諸科学――』，147頁．

更に「支配する側」に立つ人間の立場を存分に利用したと思われる現地調査を組み合わせ，雑誌『ムスリム世界』誌（*Revue du Monde Musulman*）などに，驚異的な量の研究を発表したのである．

彼の立場を考えると当然のことではあるが，これらの研究は，基本的に植民地統治のために必要な現地の情報蒐集・分析が最大の目的となる戦略的なものなので，学術的研究のように情報の典拠を逐一明示してはいない．また，研究対象としたそれぞれの集団については，執筆当時における勢力や内部構造，構成員の種類・数などの叙述に多くの紙幅を割いており，論文内における情報の偏りが顕著である．しかし，それでも彼の研究が今日まで２次資料として利用され続けているのは，その圧倒的な量に加え，アラビア語資料の翻訳・要約において一定の正確性を有しているからであろう．

そして，西アフリカのイスラームを分析するために彼が選んだ枠組みの一つが，スーフィー教団，もしくはスーフィー教団内の有力派閥であり，彼は，『ムスリム世界』誌上の複数の論文で，西アフリカ各地の教団もしくは教団内派閥を整然と分類し，それぞれを個別に検討している[18]．18 世紀以降の西アフリカ・イスラームの展開においてスーフィー教団が果たした役割の重要性とその存在の大きさを考慮すれば，こうした枠組みの採用は，ごく自然な発想であるし，彼の提示した分類も，彼自身の調査に基づく実態に即したものであろう．

しかし，著者は，あまりに整然としたその枠組みと分類を目の当たりにして，幾つかの疑問を抱くようになった．つまり，このように整然と分類された教団もしくは教団内派閥以外に，西アフリカ・イスラーム社会の実像に迫るための分析の枠組みは存在しないのか，また，存在感がある故に注目される教団という枠組みのみを信頼し，西アフリカのイスラーム社会全体を幾つかの教団という「単位」に分けて観察した時，その社会の実像に見えない部分を作ってしまうことはないのか，そして，西アフリカという地域において，イスラーム社会

18) Paul Marty, "Les Mourides d'Amadou Bamba (rapport à M. le gouverneur général de l'Afrique occidentale)"; Paul Marty, "L'Islam en Mauritanie et au Sénégal"; Paul Marty, "Etudes sur l'Islam et les tribus du Soudan, tome 1: Les Kounta de l'est – les Berabich – les Iguellad."

を構成する人々の繋がりは，こうした教団的枠組みによって的確に捉えられるものなのか，と．

マルティの論考群に顕著に表れるこうした教団的枠組みに基づく認識の在り方は，恐らく彼特有のものではなく，より広く植民地行政当局内部で共有されていたと考えられる．19世紀半ば，西アフリカにおける統制領域の拡大を目指していた当局は，その目的達成の過程で一つの大きな障碍に遭遇した．それは，すなわち，アル＝ハーッジ・ウマル（al-Ḥājj ʻUmar）の通称で知られる宗教知識人ウマル・ブン・サイード・アル＝フーティー（ʻUmar bn Saʻīd al-Fūtī, 1864年歿）が展開した大規模な軍事的ジハード（jihād，聖戦）[19]である．そして，このジハードの経験が一つのきっかけとなり，当局内部には，アル＝ハーッジ・ウマルの帰属するティジャーニー教団の教義と狂信性・好戦性とを結びつけるような見解が醸成されていったようである[20]．実際，アフマド・バンバのガボンへの流刑を決した1895年の会議の議事録などを見ると，当局は，バンバが「宗教的戦争〔軍事的ジハード〕の宣教を含むティジャーニー教団の教義」（la doctrine Tidiane qui comporte les prédications de guerre religieuse）を公然と語っている，と主張し，これを一つの根拠として，彼が将来的に武力によるジハードを起こし得る人物だと判断している[21]．

また，マルティ同様，当局の下で調査・研究に従事したロベール・アルノー（Robert Arnaud, 1950年歿）は，1906年，フランス領西アフリカの連邦総督エルネスト・ルーム（Ernest Roume, 1941年歿）の要請に応じて『ムスリム政策概要：セネガル川右岸のモール[22]の地』（*Précis de politique musulmane: Pays maures de la rive droite du Sénégal*）を纏めた．この著作は，植民地のムスリムに関する政策の手引書に位置づけられるが[23]，その中でアルノーは，カーディリ

19）ジハードは，信仰の深化を目指した個人の内面的な努力や戦いを指す大ジハードと，武力による戦闘行為を指す小ジハードとに分類される．つまり，一般に「聖戦」と呼ばれる軍事的ジハードは，小ジハードに該当する．なお，アル＝ハーッジ・ウマルのジハードの詳細については，序章第5節参照．

20）Harrison, *France*, pp. 169–70.

21）Oumar Ba, *Ahmadou Bamba face aux autorités coloniales (1889–1927)*, pp. 58, 64.

22）後出の「5　術語の説明―⑳モール（Maure）」参照．

23）Harrison, *France*, p. 44.

ー教団の教義が「宗教の分け隔てなく，寛容で博愛的」（larges et philanthropiques, sans distinction de religion）であるのに対し，ティジャーニー教団のそれは，「極度の不寛容さと，キリスト教徒による全ての支配に対する暴力への呼びかけ」（leur extrême intolérance et leurs appels à la violence contre toute domination chrétienne）によって特徴づけられるとしている[24]．

勿論，ここで重要なことは，実際にバンバがティジャーニー教団の教義を広めていたのか否かではない．また，ティジャーニー教団の教義を不寛容や暴力に結びつけ，カーディリー教団のそれを寛容や博愛に結びつける主張に十分な根拠があるのか否かでもない．注目すべきは，まず第1に，特定の性質で個々の教団という「単位」を色分けし，その色分けられた「単位」によって西アフリカのイスラームを認識・理解しようとしていること，そして第2に，実際のジハードの経験や当局の庇護下でなされた調査・研究の結果などが相まって生まれたこのような認識の在り方が政治的な判断の場にも浸透していたこと，つまり，そうした判断を下す当局の中枢にも教団的枠組みに基づく思考様式が根づいていたことである．

植民地期の終焉から今日までになされた「学術的」研究の多くは，植民地行政当局の公文書や，当局の庇護下で調査・研究に従事したマルティやアルノーのような研究者達の論考群を不可欠の資料として採用してきた．確かに，こうした資料に記された内容についての批判的な検討が数多くなされてきたのは事実であるが，果たしてそうした資料の書き手達の対象認識の在り方については十分な検討がなされてきたであろうか．皮肉なことに，今日までに蓄積された「教団研究」の量が膨大であるという事実は，植民地期以来の教団的枠組みに基づく認識の在り方が研究界全体で適切に検証されることなく継承されてきた可能性を示唆しているようにも思われる[25]．

24）Robert Arnaud, *Précis de politique musulmane*, Vol. 1: *Pays maures de la rive droite du Sénégal*, pp. 113, 115.

25）植民地期以降になされた西アフリカを対象とした研究のうち，本書で主に扱うカーディリー教団，ティジャーニー教団，ファーディリー教団，ムリッド教団の名，もしくは日本語の「教団」に相当する語が標題に含まれている論考の一部だけでも，以下のように多数を挙げることができる．

・Vincent Monteil, *Esquisses sénégalaises* (*Wâlo - Kayor - Dyolof - Mourides - un visionnaire*).
・Abdoulaye Wade, "La doctrine économique du Mouridisme."
・Cheikh Tidiane Sy, *La confrérie sénégalaise des Mourides: Un essai sur l'Islam au Sénégal.*
・Lucy C. Behrman, *Muslim Brotherhoods and Politics in Senegal.*
・Donal B. Cruise O'Brien, "The Saint and the Squire. Personalities and Social Forces in the Development of a Religious Brotherhood."
・Cruise O'Brien, *The Mourides.*
・Philippe Couty, "La doctrine du travail chez les Mourides."
・Donal B. Cruise O'Brien and Christian Coulon, eds., *Charisma and Brotherhood in African Islam.*
・B. G. Martin, *Muslim Brotherhoods in Nineteenth-Century Africa.*
・A. A. Batran, "The Kunta, Sīdī al-Mukhtār al-Kuntī, and the Office of *Shaykh al-Tarīqa 'l-Qādiriyya.*"
・Jean-Louis Triaud, "Le thème confrérique en Afrique de l'ouest: Essai historique et bibliographique."
・Ahmed Rufai Mohammed, "The Influence of the Niass Tijaniyya in the Niger-Benue Confluence Area of Nigeria."
・David Robinson, "Beyond Resistance and Collaboration: Amadu Bamba and the Murids of Senegal."
・David Robinson, "The Murids: Surveillance and Collaboration."
・Khadim Mbacké, *Soufisme et confréries religieuses au Sénégal*; 英訳＝*Sufism and Religious Brotherhoods in Senegal.*
・Said Bousbina, "Al-Hajj Malik Sy. Sa chaîne spirituelle dans la Tijaniyya et sa position à l'égard de la présence française au Sénégal."
・Christopher Gray, "The Rise of the Niassene Tijaniyya, 1875 to Present."
・Rahal Boubrik, *Saints et société en Islam: La confrérie ouest saharienne Fâdiliyya.*
・Christian Coulon, "The *Grand Magal* in Touba: A Religious Festival of the Mouride Brotherhood of Senegal."
・Jean-Louis Triaud and David Robinson, eds., *La Tijâniyya: Une confrérie musulmane à la conquête de l'Afrique.*
・Patrick J. Ryan, "The Mystical Theology of Tijānī Sufism and Its Social Significance in West Africa."
・Cheikh Guèye, *Touba: La capitale des mourides.*
・Knut S. Vikør, "Sufi Brotherhoods in Africa."
・Cheikh Anta Babou, "Educating the Murid: Theory and Practices of Education in Amadu Bamba's Thought."
・Cheikh Anta Babou, "Contesting Space, Shaping Places: Making Room for the Muridiyya in Colonial Senegal, 1912–45."
・Babou, *Fighting.*
・John Glover, *Sufism and Jihad in Modern Senegal: The Murid Order.*

また，上の条件は満たさないものの，その内容の全体もしくは一部を教団研究もしくは教団内派閥研究にあてている論考も，以下のように数多く挙げることができる．

勿論，教団研究は，広く受け入れられた一般的な手法であるし，特に18世紀以降の西アフリカにおける諸教団の急速な勢力拡大を考えれば，この地域を対象としたイスラーム研究の中にそのような手法を採用するものが多くなることは不思議でない．故に，仮に植民地行政当局の公文書やマルティらの論考群を参照しているからといって，今日までになされた全ての教団研究が当局の認識の在り方を無反省に継承していたわけでも，そうした認識の在り方からの無意識的な影響によってなされていたわけでもないだろう．そして，実際の西アフリカ・イスラーム社会における諸教団の存在感を了解している著者も，教団的枠組みに基づく分析方法が現実の歴史・社会状況を反映した妥当性を持っていると考えているし，そうした研究が極めて有益なものであるとも感じている．

しかし，現地のアラビア語資料群の渉猟を進めるうちに，著者は，西アフリカ・イスラーム社会の宗教知識人達がそうした教団的構造の更に一段下の基層部分を共有しており，その部分で互いに繋がり，宗教的・知的情報を交換しているのではないか，そして，西アフリカ・イスラームのより実態に近い像とは，そうした基層部分の上に教団的構造が乗っている姿なのではないか，という印

· Samb, *Essai.*
· Mervyn Hiskett, *The Sword of Truth: The Life and Times of the Shehu Usuman dan Fodio.*
· Charles C. Stewart with E. K. Stewart, *Islam and Social Order in Mauritania: A Case Study from the Nineteenth Century.*
· John Ralph Willis, *In the Path of Allah: The Passion of Al-Hajj ʻUmar: An Essay into the Nature of Charisma in Islam.*
· Louis Brenner, *West African Sufi: The Religious Heritage and Spiritual Search of Cerno Bokar Saalif Taal.*
· Ousmane Kane, "Shaikh al-Islam Al-Hajj Ibrahim Niasse."
· Robinson, *Paths.*
· El Hadji Ravane Mbaye, *Le grand savant El Hadji Malick Sy: Pensée et action*, Vol. 1: *Vie et œuvre.*
· Rüdiger Seesemann, "The *Shurafāʼ* and the 'Blacksmith': The Role of the Idaw ʻAlī of Mauritania in the Career of the Senegalese Shaykh Ibrāhīm Niasse (1900–75)."
· Adriana Piga, *Les voies du soufisme au sud du Sahara: Parcours historiques et anthropologiques.*
· Rüdiger Seesemann, *The Divine Flood: Ibrāhīm Niasse and the Roots of a Twentieth-Century Sufi Revival.*

象を強く抱くようになった．更に，教団は確かに存在し，複数の教団の並立を前提とした社会の在り方も実に強固なものであるが，そうした教団的枠組みによって社会を切り分ける認識の在り方が，基層部分の宗教的・知的連関網の様相を見えにくくしてしまっているようにも思われた．そして，従来の研究では見えてこなかった西アフリカ・イスラームの一側面に光を当て，その実像への更なる接近を実現するためには，これまで多くの研究に採用されてきた教団的枠組みに基づく分析方法が必ずしも特権的なものではないことを意識し，一旦その枠組みを相対化する必要があるのではないか，と考えたのである．

（2）スーダーン西部と他地域との連関

次に第2の問題意識であるが，それは，植民地期に生まれた「黒いイスラーム」（Islam noir）という言葉で指示されるような，スーダーン西部（サハラ以南アフリカ北西部）[26] のイスラームに対する外部からの評価に纏わるものである．「黒いイスラーム」とは，端的にいって，スーダーン西部の黒人のイスラームのことであり，イスラーム発祥の地であるアラビア半島を中心とした地域に根づく「正統」なイスラームが，スーダーン西部の伝統や習慣と混じり合って「アフリカ化」したといわれるものを指す[27]．そして，そこにはしばしば否定的な意味づけがなされる．

マルティもこの概念を広めた一人であるとされ[28]，例えば『セネガル・イスラーム研究』（*Etudes sur l'Islam au Sénégal*）の第2巻の冒頭で，アフリカ大陸の西端で受容されたのは，歪曲されたイスラームであると主張し[29]，以下，アラビア半島を中心とした地域の「正統」なイスラームと対照させながら，セネガルにおけるイスラームの諸側面を論じている[30]．彼自身は，結論部分で，こ

26）「スーダーン西部」については，後出の「4　地理的語彙―④スーダーン西部」参照．

27）「黒いイスラーム」という言葉を冠した以下のような著作がよく知られている．P.-J. André, *L'Islam noir: Contribution à l'étude des confréries religieuses islamiques en Afrique occidentale suivie d'une étude sur l'Islam au Dahomey*; Vincent Monteil, *L'Islâm noir: Une religion à la conquête de l'Afrique*. この概念も含め，フランス領西アフリカにおけるイスラーム研究や，それに基づいたムスリムに対する政策については，以下の著作に詳しい．Harrison, *France*.

28）Babou, *Fighting*, p. 1.

29）Paul Marty, *Etudes sur l'Islam au Sénégal*, Vol. 2, p. 3.

の研究が3年以上に亘る調査に基づく偏見のない結果であると述べており[31)]，論文内ではしばしば，宗教教育を受けた知識人と，そうした知的基盤を持たない一般信徒とを区別し，後者にそうした「歪んだ」イスラームを帰すなど，ある意味で慎重な姿勢を見せている．また，この研究が提示する情報の中には，時代的背景や彼自身の立場故の偏見に由来する言説，容易に反例を示すことができる見解，今日でも確かにセネガルにおいて確認できる現象などが入り混じっている上，そうした情報の典拠がほとんど記されておらず，一般信徒の行動観察における調査方法などは，今となっては知る由もない．このような諸々の理由から，この研究全体を安易に肯定もしくは否定することは避けるべきであろう．

しかし，著者の関心の中心は，こうしたマルティの研究に現れる「黒いイスラーム」論そのものの論評にあるのではない．「黒いイスラーム」論が，イスラームの影響の及んだスーダーン西部とそれ以外の地域とを異種のものとして断絶しようとする見解であったとするならば，著者の関心は，そうした見解の持ち主達が見落としていた，スーダーン西部とそれ以外の地域との連関を提示することにある．現地のアラビア語資料の丹念な調査を行っていたはずのマルティは，何故かスーダーン西部の「黒いイスラーム」の研究になると，そうした1次資料にほとんどあたっていない．しかし，マルティが現地調査を行った時期の遥か以前から，スーダーン西部のイスラーム社会を率いた宗教知識人達は，大量の著作をものしてきており，これらを繙く本書の議論が進むにつれて，彼らが他地域との繋がりの中で自らの宗教的・学問的体系を築き上げていたことが明らかになっていくだろう．そして，このことが明らかになれば，その附随的な結果として，「黒いイスラーム」論に代表されるような，スーダーン西

30）植民地行政当局は，「黒いイスラーム」との比較対象として，アラビア半島の「正統」なイスラームだけでなく，北に隣接するサハラ沙漠西部のイスラーム，すなわち「モールのイスラーム」（Islam maure）も想定している．しかし，この場合も，「正統」とされるのは「モールのイスラーム」であり，「黒いイスラーム」は，劣ったイスラームを含意する．Ghislaine Lydon, *On Trans-Saharan Trails: Islamic Law, Trade Networks, and Cross-Cultural Exchange in Nineteenth-Century Western Africa*, p. 42.

31）Marty, *Etudes sur l'Islam au Sénégal*, Vol. 2, p. 373.

部のイスラームを過度に特異視する諸言説が実証性を欠いた神話に過ぎないということも自ずと明らかになるであろう.

(3) アラビア語著作の分析による情報の蒐集・整理・蓄積

第3の問題意識は，アラビア語著作の分析から西アフリカ・イスラームに関する情報を蒐集・整理・蓄積する必要性についてである．次項「3　研究史と本書の方法」で述べるように，本書は，アラビア語資料の分析に基づいた西アフリカ・イスラーム研究の世界的な動向を踏まえ，従来の研究では十分に見えてこなかったこの地域のイスラーム社会の一側面に光を当てるべく，独自の研究方法を採用した．しかし，こうした国際的な研究動向に目を向ける必要があると同時に，本書を日本語で書く限り，この言語で書かれた研究群からなる日本の西アフリカ・イスラーム研究，更には，それを包含する人文学的な「西アフリカ研究」全体にも目を向ける必要があるだろう.

フランスによる植民地統治の終焉以降，日本における人文学的な「西アフリカ研究」を牽引してきたのは，参与観察を主たる手法として採用する人類学であり，川田順造氏（東京外国語大学名誉教授）のような1960年代の「日本のアフリカ研究第一世代」[32] 以降，数多くの人類学者がこの地域を調査地として選択してきた．そして，彼らの中には，イスラームを考察対象の一つに設定した者もいる[33].

更に，こうした人類学的な参与観察以外に，日本の「西アフリカ研究」が重視してきた代表的な研究手法として思いあたるのは，植民地行政当局が残した公文書群の分析であろう．この手法は，フランス植民地の研究においてだけでなく，西アフリカを対象としたより広い意味での歴史学的研究やイスラーム研究にも積極的に採用され，また，少なからぬ人類学者達も，参与観察に加え，こうした行政当局資料の読解によって研究を構築してきた.

勿論，これら2つの手法に基づく研究が主流であったこと自体に問題がある

---

32) 川田順造「なぜ、アフリカか――まえがきに代えて」，10頁.

33) 例えば，小川了氏（東京外国語大学名誉教授），坂井信三氏（南山大学教授），嶋田義仁氏（名古屋大学教授），竹沢尚一郎氏（国立民族学博物館教授）などを挙げることができる.

わけではない．しかしながら，こうした状況は，結果的に日本の「西アフリカ研究」に大きな空隙を作ってしまったと思われる．その空隙とは，つまり，現地の人々が著したアラビア語資料群やアラビア文字で記された現地語資料群の丹念な蒐集と分析に基づく実証的研究の不在である[34]．この地域では，植民地期以前から，数多の宗教知識人の手によって，膨大な量のアラビア語著作もしくはアラビア文字を用いた現地語著作が著されてきており，そうした資料の存在は，欧米の研究を通じてであれ，遅くとも植民地期以後の1960年代には日本の研究界においても知られていたはずである．それにも拘らず，こうした現地の人々の「声」は，今日までおよそ半世紀もの間，ほとんど顧みられてこなかったのである[35]．

著者も，こうしたアラビア語著作群もしくはアラビア文字を用いた現地語著作群の分析から導き出される情報だけで西アフリカの全容を描き出すことができるなどとは考えていない．しかし，それでもやはり，この膨大な量の文字資料が等閑視されてきたことによってできた「西アフリカ研究」の空隙は，このまま放置しておくにはあまりに大きいものだと思われるのである[36]．

34）ただし，坂井氏の『イスラームと商業の歴史人類学――西アフリカの交易と知識のネットワーク――』は，人類学的な参与観察から得た豊富な情報に，アラビア語資料からの情報を加味して纏められた例外的な研究であると思われる．マンデ（Mande）という名称で包括的に指示される諸集団を中心的な考察対象としたこの研究は，本書で扱わなかったスーダーン西部におけるイスラームと商業網との関係に加え，それと密接に結びついたイスラーム知識人の交流網にも言及している．

35）例えば川田氏は，1987年の時点で，「アラビア文字、ローマ文字によるわずかな記録のほか、文字史料がないという状況は、現在も変わっていない」もしくは「周知のように、サハラ以南のエチオピアを除く黒人アフリカ社会では、文字といえるものは用いられていなかった」と述べている．川田順造「アフリカにおける歴史の意味」，127頁．しかし，本書で使用する西アフリカのアラビア語文書に限ってみても，その量は，客観的に見て「わずか」ではないように思われる．しかもそれらは，この地域の人々によって書かれた膨大な量のアラビア語著作群のほんの一部である．氏は，1993年の著作で，以上のような見解を改め，「また文字資料にしても、アラビア語で、あるいは現地語をアラビア文字で表記したおびただしい文書が、イスラーム・アラブの影響の及んだ多くの地方に、未公開のまま私蔵されていることがわかっている」と述べている．川田順造，『アフリカ』，10頁．未公開資料が数多く存在するのは事実であろうが，そうした資料にあたる以前に，現地の数多の図書館が所蔵し，研究者にも公開している写本として，もしくは校訂を経て現地の書店に並ぶ刊本として，我々が今日目にすることができ，研究に利用することのできる文字資料が，それこそ「おびただしい」数存在しており，本書で使用した資料の大半もそのような公開された資料である．

このような状況を受け，本書では，現地のアラビア語資料群を1次資料とした実証的研究に取り組み，その過程で得られた西アフリカ・イスラームに関する情報を整理・蓄積していく[37]．こうした情報の蒐集・整理・蓄積は，まさに上述の空隙を埋めようとする作業に位置づけられるが，同時に，この作業によって，従来の研究では重んじられてこなかった地域に対する認識の新たな地平を切り開くことができるとも考えている．サハラ以南アフリカとそれより北の地域とは，外面的な特徴の観察から，しばしば，異質の「文化」を持つ別の世界であると見做されてきた[38]．しかし，アラビア語資料群の分析から浮かび上

36）日本におけるこの領域の研究がこれまで現地の文字資料を十分に利用できなかった点に関しては，文字資料以外の情報を重視する人類学的研究が主流であったこと，文書読解に必要なアラビア語能力が顧みられてこなかったこと，欧米に比べ，西アフリカの文字資料に関する情報が不足していたことなど，幾つかの原因が考えられる．しかし，上述の通り，およそ半世紀もの長期間に亘って，現地の文字資料が「排除」されてきた不自然とも思える研究状況の背景には，主流となった研究の種類やアラビア語能力の有無，情報量の多寡などの比較的単純で明白な問題だけではなく，西アフリカの人々と文字や文書との密接な繋がりの軽視や，彼らの書いた文書の持つ資料的価値の過小評価といった，実証に基づかない先入観が潜んでいたようにも感じられる．つまり，西アフリカを含むサハラ以南アフリカの「文化」や「社会」が本質的に文字や文書に馴染まないとする臆見が存在した可能性，更にはそうした臆見のせいで，彼らの残した文書群に他地域の文書群と同様の資料的価値を認めなかった可能性が考えられるのである．

37）そもそも，何故現地のアラビア語資料を1次資料として採用する必要があるのか，という問いが立てられるかもしれない．その答えは，この資料の分析によって，西アフリカ・イスラーム社会の思想面を担った宗教知識人達がこの地域の諸事象を如何に解釈し，その解釈に基づいて如何に行動したのかが明らかになるからである．こうした彼らの内的論理の解明は，彼らが関わったこの地域の数多の事象を「内側」から読み解くことを意味しており，畢竟，そうした諸事象のより精緻な理解に繋がると考えられる．この過程を経ずに，同時代の外部の観察者による解釈や，後世の研究者による恣意的な解釈のみから議論を構築しようとしても，それは，説得力や信憑性を著しく欠いたものになり得る．例えば，岡倉登志氏（大東文化大学教授）は，植民地期の「分割される側の歴史」に重点を置いて著したという著作の中で，恐らく「分割される側」である現地の人々の著作群を検討せずに，上述のアル＝ハーッジ・ウマルが展開した一連の軍事行動を「民族的抵抗」や「民族解放運動」と位置づけている．岡倉登志『アフリカの歴史――侵略と抵抗の軌跡』，5，45頁．しかし，序章第5節で詳しく述べるように，アル＝ハーッジ・ウマルが著した数多のアラビア語著作を繙けば，彼の軍事行動が宗教的な意味での改革運動，もしくはイスラームへの改宗を受け入れない不信仰者との戦いやイスラーム法によって統治される地域の拡大を主眼としたジハードであったことは明らかである．こうした意味づけを等閑視し，このジハードを「民族的抵抗」や「民族解放運動」などの枠組みで，ある意味において手軽に括ろうとする議論が不十分もしくは不正確であることは明らかであろう．

38）例えば，以下の研究などにそうした見解が見られる．川田順造「文化領域」，123-4頁；川田順造『アフリカの声――〈歴史〉への問い直し』，8-9頁．

がってくるこれら2つの地域は，実際には，イスラームの宗教的・知的体系を共有した人々の密な交流によって強固に結びつき，明らかにある種の一体性を有してきたのである．故に，両地域を異質の「文化」が根ざす土地として必要以上に差異化したり，両地域の間に明確な線引きを行ったりすることは，必ずしも適切ではないといえるだろう．

更に，仮にこうした一体性が認められるとすれば，サハラ沙漠やサハラ以北アフリカのアラビア語資料もスーダーン西部のイスラーム社会を読み解くための重要な文字資料に位置づけられるはずである．つまり，スーダーン西部のイスラーム社会を把握するために我々が向き合うべき文字資料は，この地域で編まれた著作群に限られないのである．

3　研究史と本書の方法

本書は，ここまでに述べてきたことからも，また副題からも分かるように，アラビア語文献を主たる1次資料とする研究である．今日まで，フランス，イギリス，ドイツ，スペイン，アメリカなどの欧米諸国では，こうしたアラビア語資料の精緻な読解・分析に基づき，多くの研究者が西アフリカのイスラームに関する優れた研究を発表し続けてきた．以下では，植民地期以後（1960年代以降）から今日までの期間を対象に，アラビア語文献を主たる1次資料として西アフリカにおけるイスラームの多様な側面を読み解いてきた代表的な先行研究者とその研究を概観する．ただし，勿論ここで「アラビア語文献を主たる1次資料とする代表的な西アフリカ・イスラーム研究者」を余すところなく紹介するのは難しいので，本書の「参考文献一覧」にその名が登場する研究者のうち，今日まで長期に亘って研究活動を行い，既に西アフリカ・イスラーム研究の「古典」とも呼び得る極めて重要な論考(群)を著した研究者，もしくは本書における議論との関連で予め言及すべきと考えられる研究者を数名紹介するにとどめる．そして最後に，本書がそうした従来の研究とどのような点で異なるのか，換言すれば，本書の新機軸がどういった点にあるのかを明らかにしたい．

まず，西アフリカ・イスラーム研究の第一人者として，1960年代から今日まで数多くの優れた研究を発表し続けてきたジョン・オーウェン・ハンウィック（John Owen Hunwick）を挙げることができる．イギリス出身の彼は，母国以外にもナイジェリアやガーナ，アメリカなどで研究活動を繰り広げてきた人物で，ニジェール川上流域および中流域を中心に栄えたソンガイ（Songhay）帝国の歴史を主たる研究対象としながらも，サハラ沙漠西部・中部，サハラ以南アフリカ北西部・北中部といった広範な地域のイスラーム史に関して，膨大な量の論考を発表している．研究の中で展開される丹念で精緻な資料の読解や翻訳といった基礎的作業は，それに基づく分析やそこから導き出される示唆に富んだ推論に強い説得力を持たせ，同時に，この研究者の1次資料に向き合う真摯な姿勢も明らかにしている．近年の業績の中で特にそうした姿勢が窺われるものとして挙げられるのが，サハラ以南アフリカ北中部および北西部の人々が著した著作群の写本・刊本目録（*The Writings of Central Sudanic Africa; The Writings of Western Sudanic Africa*）である．この目録は，扱っている著作の数が膨大であると同時に，写本の所蔵情報に関して，西アフリカ，サハラ以北アフリカ，西アジア，欧米などの数多の図書館や研究機関を射程に入れた網羅的な紹介を行っており，こうした資料への接近が必要となる多くの西アフリカ・イスラーム研究者にとって，極めて貴重な情報の宝庫となっている．

そして，ハンウィック同様，長年，西アフリカ・イスラーム史研究を牽引してきた人物として，ネヘミア・レヴツィオン（Nehemia Levtzion, 2003年歿）を挙げることができる．イスラエル出身の彼は，研究の拠点も母国に置いていたが，同時に，欧米でも活発な研究活動を行い，多くの論考を主に英語で発表してきた．彼が編者に名を連ねた65編のアラビア語著作の抄訳集成（*Corpus of Early Arabic Sources for West African History*）は，16世紀頃までの西アフリカ・イスラーム史を扱う際に欠かすことのできない参考文献であり，本書でも後出の序章において繰り返し参照する．この集成が長大な時間と広大な空間を射程としているように，レヴツィオン自身の論考群も，極めて広い時間的・空間的射程を網羅しており，そうした知的関心の広さは，彼が長年に亘って論文集や学術雑誌などに発表してきた数多の重要論文を纏めた論集（*Islam in West Africa: Religion, Society and Politics to 1800*）の内容からも明らかである．また，彼が編著者の一人となって2000年に出版された『アフリカにおけるイスラームの歴史』（*The History of Islam in Africa*）は，彼の専門である西アフリカだけでなく，アフリカ大陸全域を射程に入れた入門的な論文集となっており，各地域のイスラームに纏わる多様な現象に触れることができる.

次に，サハラ沙漠を調査地域とした代表的な研究者としては，ハリー・サールウォール・ノリス（Harry Thirlwall Norris）がいる．イギリスを拠点に研究活動を行ってきた彼は，正則アラビア語の資料だけでなく，サハラ沙漠西部の方言アラビア語であるハッサーニーヤ（Ḥassānīya）[39] の資料をも駆使し，サハラ沙漠西部・中部の歴史や社会に関する極めて詳細な研究を数多く発表してきた.本書で展開する議論との関連でいえば，サハラ沙漠西部の歴史と社会に関する情報が詰まった3著作（*Shinqīṭī Folk Literature and Song*; *Saharan Myth and Saga*; *The Arab Conquest of the Western Sahara: Studies of the Historical Events, Religious Beliefs and Social Customs Which Made the Remotest Sahara a Part of the Arab World*）は，特に重要な研究に位置づけられる．1次資料の分析とそれに基づく推論が優れていることはいうまでもないが，彼の研究で特に目を引くのは，数多くのアラビア語原文やその翻訳を提示していることである．こうした手間を惜しまない作業のため，彼の研究は，多くの後続研究者達にとって，大きな資料的価値をも有した特別な存在になり得ていると思われる.

更に，イギリスやナイジェリアを拠点に研究活動を展開したマーヴィン・ヒスケット（Mervyn Hiskett, 1994年歿）も，この地域のイスラーム研究における記念碑的作品を残した人物である．彼の著作としては，西アフリカやアフリカ大陸全域を射程としたイスラーム史の入門的概説書（*The Development of Islam in West Africa*; *The Course of Islam in Africa*）がよく知られているが，本領は，翻訳や注釈を付したアラビア語およびハウサ（Hausa）語資料の校訂と，それらに基づいてなされたハウサランド（Hausaland，ハウサ語を母語とする人々が多く居住する，今日のナイジェリア北部からニジェール南部までに相当する地域）のイスラームに関する諸研究であろう．そして，この地域の宗教知識人ウスマーン・ブン・フーディー（'Uthmān bn Fūdī, 1817年歿．ウスマン・ダン・フォディオ〔Usman dan Fodio〕）が展開した大規模な宗教改革運動とそれによって成立した政権の様相を「内側」の資料から読み解いた労作（*The Sword of Truth: The*

39）後出の「5　術語の説明―⑮ハッサーニーヤ（Ḥassānīya）」参照.

Life and Times of the Shehu Usuman dan Fodio）は，そうした長期に亘る丹念な作業の結晶であるといえよう．

このヒスケットの労作は，ウスマーン・ブン・フーディーの宗教改革運動に関する研究という大枠の中にカーディリー教団研究の要素が加味されている．そして，彼と同様の手法，すなわち「内側」の資料の丹念な読解によって，アル＝ハーッジ・ウマルの宗教改革運動およびティジャーニー教団に関する大きな研究をなしたのが，アメリカのジョン・ラルフ・ウィリス（John Ralph Willis, 2007 年歿）である．この研究（*In the Path of Allah: The Passion of Al-Hajj ʻUmar: An Essay into the Nature of Charisma in Islam*）は，西アフリカのティジャーニー教団を研究対象とする研究者は勿論のこと，この運動の影響力の大きさを考慮すれば，19 世紀以降の西アフリカ・イスラームを扱う全ての研究者が参照すべき最重要著作の一つであるといえる．

西アフリカのイスラームを巡る画期的な研究は，勿論，ここに挙げることのできなかった研究者によっても数多くなされている．そうした優れた先行研究の数々については，議論の展開に応じ，本書の各章において適宜紹介していくこととする．しかし，ここでの先行研究紹介を終えるにあたって，最後に，本書の主題である宗教的・知的連関網との関連から，近年出版されたシュキ・エル・アメル（Chouki El Hamel）の研究（*La vie intellectuelle islamique dans le Sahel ouest africain: Une étude sociale de l'enseignement islamique en Mauritanie et au Nord du Mali [XVIe–XIXe siècles] et traduction annotée de Fatḥ ash-shakūr d'al-Bartilī al-Walātī [mort en 1805]*）に言及しておこう．

この研究は，18 世紀末に著された，西アフリカの 200 人以上の宗教知識人に関する伝記集『タクルールの卓越した宗教知識人達の情報に関する感謝者の開示』（*Fatḥ al-Shakūr fī Maʻrifa Aʻyān ʻUlamāʼ al-Takrūr*）[40] を主要資料としている．前半部では，この伝記集に纏わる基本的な情報の紹介に加え，この伝記集から読み取れる西アフリカ・イスラームの知的体系やこの地域における宗教的知識の伝達，それを担う宗教知識人間の関係などを論じており，後半部は，伝

40）この著作については，後出の「6　アラビア語参考文献の略号と情報—② FSh」参照．

記集の仏訳にあてている．更にエル・アメルは，「分析編」ともいえる前半部の中の宗教的知識の伝達に関する議論の要点を凝縮した論考を，この単著の出版に先立つ 1999 年に発表している（“The Transmission of Islamic Knowledge in Moorish Society from the Rise of the Almoravids to the 19th Century”）．

これらの研究には，宗教的・知的連関網を論じる本書にとって極めて有益な情報が詰まっており，本書でもしばしばそれらを参照することになる．しかし，類似の主題を扱いながらも，こうした従来の研究と本書との間には決定的な違いがあり，本書の新機軸は，正にその点に見出される．

エル・アメルの研究は，上でも述べたように，西アフリカのある宗教知識人が著した伝記集の分析から，西アフリカの宗教的な知の体系やその伝達の様相，それを担う宗教知識人間の関係などを描き出そうとしている．しかし，これは，ある一人の著者が構築した「伝記集」という既に外枠が設定された「世界」の中に見出される知の体系や連関を描き出そうとする試みである．つまり，この試みは，ある人物が見た風景に存在する知の体系や連関を取り出して，提示するものであるといえる．勿論，こうした方法によった作業が本書の描き出そうとする西アフリカの宗教的・知的連関網に関する有益な情報を与えてくれることは間違いなく，実際，本書においても同様の作業を行っている．

しかし，本書がこの地域の宗教的・知的連関網を描き出すために拠り所とした主要な方法は，この連関網自体を構成する宗教知識人達の著作群および彼らの生涯を記した伝記群を一つ一つ検討しながら，個々の宗教知識人が如何なる師の下で学び，如何なる人物と交流し，如何なる著作を渉猟し，如何なる知識を吸収したのかを丹念に洗い出していき，そこに見出される人と人とを結ぶ関係を集積していくことで，結果的に連関の網を見出そうとするものである．つまり，エル・アメルの研究が最初に伝記集という「外枠」を設定し，その内部に描かれた「世界」から連関網を取り出そうとする試みであったとするならば，本書は，最初に「外枠」ではなく，アフマド・バンバという「始点」を設定し，そこから，個々の宗教知識人が発信する情報を蒐集・精査し，それに基づいて宗教知識人間の関係を一つずつ集め，それらを編んでいく帰納的な方法によって，これまでの研究では見えてこなかった連関網を再構築する試みである．こうした試みは，西アフリカの宗教的・知的体系や連関の把握を目指す点で，表面的にはエル・アメルの研究に似通っているように見えるかもしれない．しかし，以上の説明からも明らかなように，両者は，その方法において完全に異なる試みである．そして，異なる方法に基づいた作業は，恐らく，異なる結果を導き出すはずである．いずれにせよ，こうした個々の関係の集積から西アフリカの宗教的・知的連関網を描き出そうとする試みは，管見の限り，エル・アメルだけでなく，アラビア語文献を主たる１次資料とした如何なる研究者によってもなされていない．故に，この点を本書の重要な新機軸と見做すことは可能であろう．

４　地理的語彙

広大な空間を射程とする本書には，数多くの地理的語彙が現れるが，そのうち，特に包含する面積が広い幾つかの地理的語彙に予め定義を与えておく．可能な限り，一般的に使用される語，そして，その一般的な用法から離れない定義を採用したが，その枠に収まらなかったものもある[41]．

①**西アフリカ**：本書の主要な舞台となる空間で，サハラ以南アフリカ北西部およびサハラ沙漠西部を指す．今日の西サハラ，モーリタニア，アルジェリア南部，セネガル，ガンビア，ギニア・ビサウ，ギニア，マリ，ブルキナ・ファソ，ニジェール，ナイジェリアにあたる地域を中心とする．

②**マグリブ**：アラビア語で「日の没する所」や「西方」を意味するこの語は，今日，最も広い意味では，アラブ・マグリブ連合（Ittiḥād al-Maghrib al-ʻArabī, 仏名：l'Union du Maghreb Arabe）を構成するモロッコ，アルジェリア，チュニジア，モーリタニア，リビヤの５カ国を指して使われる．また，一般に「マグリブ三国」という場合は，モロッコ，アルジェリア，チュニジアの３カ国を指す．本書におけるマグリブは，ほぼこの後者と同様の地域を指示するが，特にサハラ沙漠以北の北アフリカ西部，つまり，今日のモロッコ，アルジェリア北部，チュニジア，リビヤ西部を中心とした地域を指す．

③**サハラ西部**：サハラ沙漠の西部を指し，今日の西サハラ，モーリタニア，

41）凡例の直後に付した４つの地図（iv–vi 頁）も併せて参照していただきたい．

マリ北部，アルジェリア南部，ニジェール北部にあたる地域を中心とする．

④**スーダーン西部**：スーダーンとは，「ビラード・アッ＝スーダーン」（Bilād al-Sūdān），すなわちアラビア語で「黒人達の国々」を意味し，一般的には，サハラ沙漠の南縁部であるサヘル（Sahel）に沿うようにサハラ以南アフリカ北部の大西洋から紅海へと東西に広がった帯状の地域を指すといわれるが，アラビア語で書かれた古い地理書群における使用例でも，近現代の研究の中での定義例でも，この語が指示する空間的領域は一定していないようである[42]．ただ，この語は，サハラ以南アフリカという語では的確に指示できない，サハラ沙漠の南に接する帯状のサバンナ地帯を指し示す場合に用いられ，更には，イスラームの影響が及んだ地域という意味を持ち合わせることもあるので[43]，本書にとっては有用な地理的語彙であるといえる．本書でスーダーン西部という時，それは，上記のマグリブもしくはサハラ西部との対置から，イスラームの影響が及んだサハラ以南アフリカ北西部を意味し，具体的には，上述の西アフリカからサハラ西部を除いた空間を中心とする．

なお，イスラームが流入した西アフリカの諸地域を指す伝統的な地理的語彙としては，他にも「タクルール」（Takrūr）がある．この語も，指示する空間的領域が使用例によって様々であるものの[44]，古くからよく知られた言葉である．しかし，本書では，文章が煩雑になるのを避けるため，書名や引用などに現れる場合を除き，この語を使用しない．

⑤**シンキート地方**：モーリタニア北西部のアドラール（Adrār，アードラール〔Ādrār〕）と呼ばれる地域に，サハラ沙漠縦断交易の中継点として，また歴史的な学問都市として知られるシンキート（Shinqīṭ，シンゲッティ〔Chinguetti〕）という町がある．サハラ沙漠西端の広大な地域は，この町の名に由来し，古くからシンキート地方と呼ばれてきた．20世紀初めに出版された，この地域の

42）Uthman Sayyid Ahmad Ismail al-Bili, *Some Aspects of Islam in Africa*, pp. 9–20.

43）Maurice Delafosse, "Sūdān," p. 495.

44）Chouki El Hamel, *La vie intellectuelle islamique dans le Sahel ouest africain: Une étude sociale de l'enseignement islamique en Mauritanie et au Nord du Mali (XVIe–XIXe siècles) et traduction annotée de Fatḥ ash-shakūr d'al-Bartilī al-Walātī (mort en 1805)*, pp. 57–78.

宗教知識人達の伝記集もしくは詞華集に位置づけられる著作は，この地域の地理的範囲を以下のように定めている．

この地域は，北は，この地域の一部に加えられるアッ＝サーキヤ・アル＝ハムラー（al-Sāqiya al-Ḥamrā'），南は，同じくこの地域に加えられるイブン・ハイバ低地（Qā' Ibn Hayba），東は，同じくこの地域に加えられるワラータ（Walāta, ワラタ〔Walata〕）やニァマ（Ni'ma, ネマ〔Nema〕），西は，この地域の外にあり，シンキートの人々にはインダル（Indar, ンダル〔Ndar〕，サン・ルイ〔Saint-Louis〕）として知られるセネガルの地によって区切られている[45]．

つまり，今日の西サハラとモーリタニアにあたるサハラ沙漠の西端地域と大体一致することになる．特に直接的な宗教的・知的連関を描写する際，この地域区分は非常に有用なので，本書でも利用する．なお，単にシンキートと書いた場合は，上記の町を指す．

⑥**マシュリク**：アラビア語で「日の昇る所」や「東方」を意味し，マグリブの対語として用いられる．この語が指し示す地域は，歴史的に変化してきたが，本書では，マグリブとの対置を意識し，現在のエジプトやシリア，イラクなどを中心に広がる地域一帯を指す場合にこの語を用いる．

⑦**北・西アフリカ**：この語は一般的ではないが，本書では，マグリブと西アフリカを一体として双方に言及する場合があるので，その際に用いる．

5 術語の説明

ここでは，本書のよりよい理解を促すために，繰り返し使用する術語を五十

45）原文は以下の通り．コロンやピリオドの位置について疑問の残る箇所があるが，原文通りに転写した．

wa yuḥaddu hādhā al-quṭr shamāl^{an}: al-Sāqiya al-Ḥamrā', wa hiya tābi'a la-hu, wa janūb^{an} Qā': Ibn Hayba, wa huwa tābi' la-hu ayḍ^{an}, wa sharq^{an}: Walāta wa al-Ni'ma, wa humā tābi'atān la-hu ayḍ^{an}, wa gharb^{an}: bilād Sinkāl, aw Singhāl. al-ma'rūfa 'ind ahl Shinqīṭ bi-Indar, wa hiya khārija 'an-hu.

WT, p. 422. 参考文献 WT については，後出の「6 アラビア語参考文献の略号と情報—⑨ WT」参照.

音順に列挙し，それぞれに簡単な説明を付す．

①**イジャーザ**（ijāza）：師が弟子に与える修了免状．特定の書物について学習が修了したことや，各スーフィー教団において教団独自の祈禱方法や秘儀が伝達されたことを証明する．

②**ウィルド**（wird）：各スーフィー教団独自の祈禱句で，『クルアーン』の章句などを織り込み，定式化されている．

③**ウォロフ**（Wolof）：伝統的に農耕を生業としてきたスーダーン西部の民族集団で，13 世紀以降，スーダーン西部の西端地域一帯に複数の王国を成立させた．今日，セネガルに多く居住し，本論の軸として設定したアフマド・バンバもウォロフである．

④**カーディィリー教団**（al-Ṭarīqa al-Qādirīya）：カスピ海南岸のジーラーン（Jīlān）に生まれたアブド・アル＝カーディル・アル＝ジーラーニー（‘Abd al-Qādir al-Jīlānī, 1166 年歿）を名祖とするスーフィー教団．西アフリカで最も長い歴史を有する教団である．

⑤**シャイフ**（shaykh）：アラビア語で「長老」，「年輩者」，「師」，「学者やスーフィーに対する尊称」などを意味する．北・西アフリカでは，これと類似した意味で，マラブー（marabout）という語も使われる．この語は，アラビア語で「修道所に住む人」を指す「ムラービト」（murābiṭ）に由来したフランス語である．また，セネガルで最も広く話されている国語であり，アフマド・バンバの母語でもあるウォロフ語では，「スリニュ」（sëriñ）という語がこれに相当する．

⑥**シャーズィリー教団**（al-Ṭarīqa al-Shādhilīya）：モロッコ北部出身のアブー・アル＝ハサン・アリー・アッ＝シャーズィリー（Abū al-Ḥasan ‘Alī al-Shādhilī, 1258 年歿）を祖とするスーフィー教団．

⑦**シャリーフ**（sharīf）：預言者ムハンマドの直系子孫と一部の傍系親族に対する尊称．

⑧**ジン**（jinn）：アラビア半島では既にイスラーム以前の時代から知られており，『クルアーン』でも繰り返し言及されている超自然的な存在の総称．逸話によって，その描写は様々であるが，一般的に，変化や飛翔などの種々の能力を持つとされる．また，ジンの世界にも，人間の世界と同じように，複数の宗

教共同体や法学派などが存在しているといわれる．

⑨**ズィクル**（dhikr）：神を想起し，神名や特定の文句を連禱する修行法．

⑩**スィルスィラ**（silsila）：アラビア語で「鎖」を意味し，スーフィーの師弟間の繋がり・道統を指す．この「鎖」は，遡っていくと，預言者ムハンマドへと至る構造になっている．同義語として「サナド」（sanad）も知られているが，本書では，タサッウフの師弟関係の繋がりや系譜を指す場合，「スィルスィラ」もしくは「道統」という言葉を使用する．

⑪**スンナ派4大法学派**：イスラームの主流派とされるスンナ派は，ハナフィー学派，マーリク学派，シャーフィイー学派，ハンバル学派の4つの法学派を正統としている．特に西アフリカでは，マグリブからの影響で，マーリク・ブン・アナス（Mālik bn Anas，795年歿）を名祖とするマーリク学派が支配的であるといわれる[46]．

⑫**ティジャーニー教団**（al-Ṭarīqa al-Tijānīya）：アルジェリアのアイン・マーディー（‘Ayn Māḍī）という村に生まれたアフマド・アッ＝ティジャーニー（Aḥmad al-Tijānī，1815年歿）を祖とするスーフィー教団．

⑬**ナースィリー教団**（al-Ṭarīqa al-Nāṣirīya）：17世紀にモロッコ南部のダルア（Dar‘a，ドラア〔Dra‘a〕）を中心に活動したムハンマド・ブン・ナースィル・アッ＝ダルイー（Muaḥmmad bn Nāṣir al-Dar‘ī，1674年歿）を名祖とするスーフィー教団．シャーズィリー教団の一派とされる．

⑭**ニスバ**（nisba）：職業や出身地，帰属する部族の名称に因んでつけられる名前．

⑮**ハッサーニーヤ**（Ḥassānīya）[47]：サハラ西部で広く話されるアラビア語の一方言．他のアラビア語方言と同様，正則アラビア語とは異なる様々な固有の

---

46) ただし，この見解については，本書で再検討する．

47) ハッサーニーヤについては，以下を参照した．Harry Thirlwall Norris, *Shinqīṭī Folk Literature and Song*, pp. 194–6; WT, pp. 1, 513–5; al-Mukhtār wuld Ḥāmid, *Ḥayāt Mūrītāniyā: al-Jughrāfiyā*, p. 8; Ghislaine Lydon, “Inkwells of the Sahara: Reflections on the Production of Islamic Knowledge in *Bilād Shinqīṭ*,” p. 54; Roger Pierret, *Etude du dialecte maure des régions sahariennes et sahéliennes de l’Afrique occidentale française*; David Cohen, *Le dialecte arabe Ḥassānīya de Mauritanie (parler de la Gəbla)*.

規則を持っているが，その例として，カーフ・マアクーダ（qāf maʻqūda, ڨ）やカーフ・マアクーダ（kāf maʻqūda, ڭ, ڮ, カーフ・ムガムガム〔kāf mugamgam〕）などと呼ばれる文字の存在が挙げられる．いずれもエジプト方言のギーム（gīm, ج），すなわちgの音に相当するが，正則アラビア語におけるカーフ（qāf, ق）やカーフ（kāf, ك）がこれと同じ音で読まれることもあり，また，正則アラビア語のカーフ（qāf）がガイン（ghayn, غ）の音で発音される地域もある．しかし，表記においては，これらの使い分けが厳密になされているとはいえず，例えば同じ地名や人名を指していながら，文字表記が異なる場合もしばしば見られる．

⑯**ハディース**（ḥadīth）：預言者ムハンマドの言行の記録．スンナ派の主要なハディース集は6つで，これらは，総じて六書などと呼ばれる．

⑰**ファトワー**（fatwā）：イスラーム法学を修めた法学者が信徒からの質問に対して発する法学的回答．

⑱**フルベ**（Fulbe）：牧畜を主たる生業として，古くからスーダーン西部の広範な地域に居住してきた民族集団．単数形はプッロ（Pullo）．17世紀末以降，スーダーン西部において複数の宗教改革運動を展開した．

⑲**ベルベル**（Berber）：マグリブおよびサハラ西部一帯に広く居住し，ベルベル語という言語の諸方言を母語とする人々．「ベルベル」という名称は，ギリシア語・ラテン語・アラビア語で「野蛮人」や「未開人」を意味する蔑称に由来する他称であり，彼ら自身は，「自由人」や「高貴な出自の者」を意味する「アマズィグ」（Amazigh，複数形はイマズィゲン〔Imazighen〕）という語や各々が帰属する部族名を自称として用いる．

⑳**モール**（Maure）[48]：ハッサーニーヤを文化的な共通基盤として社会を構成するサハラ西部の人々をフランス語で「モール」，英語で「ムーア」（Moor）と呼ぶ．彼ら自身は，南の隣接する地域に住む「スーダーン」（sūdān），すなわち「黒人」に比して，自らを「ビーダーン」（bīḍān），つまり「白人」と呼ん

---

48) モールについては，以下を参照した．Norris, *Shinqīṭī*, pp. 3–33; Harry Thirlwall Norris, “Mūrītāniyā,” pp. 611–9; Stewart with Stewart, *Islam*, pp. 8–9.

でいる．ただし，そもそもビーダーンであるか否かが，皮膚の色によってではなく，アラブ起源の出自が周囲から認知されているか否かの社会的基準によって決定されるという見解や，ハッサーニーヤの共有を基盤とするモール社会には，ビーダーンに従属する黒人も包含されるという見解もあり，「モール」および「ビーダーン」の厳密な定義は容易でない．

6　アラビア語参考文献の略号と情報

本書中で頻繁に参照するアラビア語写本・刊本についての情報を予め記しておく．各写本・刊本情報の先頭に記したローマ字はそれぞれの略号で，参照表記に際しては，この略号を用いる．なお，ここでの排列は，略号のアルファベット順になっている．

① **ḌM**：『ムハンマド・アル＝アミーン師の息子ムハンマド・アル＝ファーディル師の奇蹟についての明らかな光』(*al-Ḍiyāʼ al-Mustabīn bi-Karāmāt al-Shaykh Muḥammad al-Fāḍil bn al-Shaykh Muḥammad al-Amīn*)／ムハンマド・ファーディル・ブン・アル＝ハビーブ・アル＝ヤァクービー（Muḥammad Fāḍil bn al-Ḥabīb al-Yaʻqūbī）[49]：『明らかな光』と略記する．参照するのは，モロッコ・ラバト（Rabat，リバート〔Ribāṭ〕）にあるモロッコ王国国立図書館（al-Maktaba al-Waṭanīya li-l-Mamlaka al-Maghribīya）所蔵の以下の写本である．

・Muḥammad Fāḍil bn al-Ḥabīb al-Yaʻqūbī. *al-Ḍiyāʼ al-Mustabīn bi-Karāmāt al-Shaykh Muḥammad al-Fāḍil bn al-Shaykh Muḥammad al-Amīn*. Manuscript. al-Maktaba al-Waṭanīya li-l-Mamlaka al-Maghribīya (Rabat), D1067.

第3章で検討するムハンマド・アル＝ファーディルに関する伝記的著作で，著者は彼の弟子である．内容から判断すると，この著作は，預言者の優れた性質を受け継いだムハンマド・アル＝ファーディルの言行と預言者ムハンマドの言行とが一致していたことの叙述に重きを置いているが，それを裏づけるために，ムハンマド・アル＝ファーディルやその先祖・子孫の奇蹟譚を含む種々の

49）著者名は，参照写本の表紙に表記された綴りに基づいた．

逸話や，彼の血統・宗教的見解，更に周辺の人物に関する情報などを紹介している．また，この伝記は，1865年2月，すなわちムハンマド・アル＝ファーディルの生前に完成しているため，彼自身がこの著作に目を通し，そこで論じられている内容を認めた可能性が高い．

なお，先行研究によると，上記の写本以外にも，モーリタニアの首都ヌアクショット（Nouakchott）や，南東部のハウド（Ḥawḍ，ホズ〔Hodh〕）などに，この著作の写本が存在しているようである[50]．

② **FSh**：『タクルールの卓越した宗教知識人達の情報に関する感謝者の開示』（*Fatḥ al-Shakūr fī Maʻrifa Aʻyān ʻUlamāʼ al-Takrūr*）／アッ＝ターリブ・ムハンマド・ブン・アビー・バクル・アッ＝スィッディーク・アル＝バルタッリー・アル＝ワラーティー（al-Ṭālib Muḥammad bn Abī Bakr al-Ṣiddīq al-Bartallī al-Walātī，1805年歿）：『開示』と略記し，以下の刊本を参照する．

・al-Ṭālib Muḥammad bn Abī Bakr al-Ṣiddīq al-Bartallī al-Walātī. *Fatḥ al-Shakūr fī Maʻrifa Aʻyān ʻUlamāʼ al-Takrūr*. Beirut: Dār al-Gharb al-Islāmī, 1981.

後出の『シンキート知識人の伝記に関する媒介』よりも一時代前に著された伝記集で，西アフリカを舞台に活躍した数多くのイスラーム知識人に関する情報が列挙されている．また，既述の通り，以下の研究は，複数の写本の校訂に基づいて，この著作の仏訳を行っている．

・仏訳＝Chouki El Hamel. *La vie intellectuelle islamique dans le Sahel ouest africain: Une étude sociale de l'enseignement islamique en Mauritanie et au Nord du Mali（XVIe–XIXe siècles）et traduction annotée de Fatḥ ash-shakūr d'al-Bartilī al-Walātī（mort en 1805）*. Paris: L'Harmattan, 2002, pp. 141–420.

③ **IN**：『奉仕者の愛の甘い水による酒友の渇きの癒し』（*Irwāʼ al-Nadīm min ʻAdhb Ḥubb al-Khadīm*）／ムハンマド・アル＝アミーン・アッ＝ダガーニー（Muḥammad al-Amīn al-Dagānī，1967年歿）：『渇きの癒し』と略記とする．標題

50） Boubrik, *Saints*, pp. 12–3.

中の「奉仕者」は，アフマド・バンバを指しており，彼に関する伝記的著作に位置づけられる．著者のムハンマド・アル＝アミーン・アッ＝ダガーニーは，アフマド・バンバの弟子の一人で，ママドゥ・ラミン・ジョップ・ダガナ（Mamadou Lamine Diop Dagana）などとも呼ばれている．

参照するのは，セネガルの首都ダカール（Dakar）にある黒アフリカ基礎研究所（Institut Fondamental d'Afrique Noire, IFAN）所蔵の以下の写本である．

・Muḥammad al-Amīn al-Dagānī. *Irwā' al-Nadīm min 'Adhb Ḥubb al-Khadīm*. Manuscript. Institut Fondamental d'Afrique Noire（Dakar）, Fonds Amar Samb, K-1.

また，この写本の内容と細部が異なる，セネガルおよびイタリアで出版された刊本も参照する．

・Muḥammad al-Amīn al-Dagānī. *Irwā' al-Nadīm min 'Adhb Ḥubb al-Khadīm*. [Touba]: Daray Borom Touba, n.d.

・Muḥammad al-Amīn al-Dagānī. *Irwā' al-Nadīm min 'Adhb Ḥubb al-Khadīm*. Porto Recanati: Touba Services Due di Diop Ibra, n.d.

参照頁数の表記に関しては，セミコロンで区切って，写本，セネガル版刊本，イタリア版刊本の順に記す．

④ **MB**：『師である奉仕者の行状に関する永遠者の恩寵』（*Minan al-Bāqī al-Qadīm fī Sīra al-Shaykh al-Khadīm*）／ムハンマド・アル＝バシール（Muḥammad al-Bashīr, 1966年歿）：『恩寵』と略記する．標題中の「奉仕者」は，アフマド・バンバを，「永遠者」は，神を意味する．バンバに関する伝記的著作に位置づけられるが，基本的な構成は，スーフィーが修行の過程で辿っていく神秘的階梯（maqām）やそうした過程で生じる心的状態（ḥāl）と，バンバの様々な行状とを絡めて論じる形式を取っている．著者のムハンマド・アル＝バシールは，バンバと同じ時代を生きた彼の息子で，スリニュ・バシル・ンバッケ（Serigne Bachir Mbacké）という名でも知られている．参照するのは以下の刊本である．

・Muḥammad al-Bashīr. *Minan al-Bāqī al-Qadīm fī Sīra al-Shaykh al-Khadīm*. 2 vols. in 1. Casablanca: al-Maṭba'a al-Malakīya, n.d.

黒アフリカ基礎研究所のイスラーム学者ハディム・ンバッケが仏訳書を出し

ているので，アラビア語原文の参照頁数の直後に，セミコロンで区切って，対応する仏訳書の頁数も表記する．

・仏訳＝*Les bienfaits de l'Eternel ou la biographie de Cheikh Ahmadou Bamba Mbacké*. Translated by Khadim Mbacké. Dakar: Imprimerie Saint-Paul, 1995.

⑤ **NM**：『ムハンマド・アル＝ハーフィズ師の偉業に関する聴者と話者の散策』（*Nuzha al-Mustami' wa al-Lāfiẓ fī Manāqib al-Shaykh Muḥammad al-Ḥāfiẓ*）／ムハムディ・ブン・スィーディー・アブド・アッラーフ・アル＝アラウィー（Muḥamdi bn Sīdī 'Abd Allāh al-'Alawī, 1847/8年歿．バッディ〔Baddi〕）：『散策』と略記する．参照するのは，ヌアクショットにあるモーリタニア科学調査研究所（al-Markaz al-Mūrītānī li-l-Baḥth al-'Ilmī，仏名：Institut Mauritanien de Recherche Scientifique, IMRS）所蔵の以下の写本である．

・Muḥamdi bn Sīdī 'Abd Allāh al-'Alawī. *Nuzha al-Mustami' wa al-Lāfiẓ fī Manāqib al-Shaykh Muḥammad al-Ḥāfiẓ*. Manuscript. al-Markaz al-Mūrītānī li-l-Baḥth al-'Ilmī (Nouakchott), Record 2538 / Collection 2737.

第2章で検討するムハンマド・アル＝ハーフィズに関する伝記であり，バッディの別名で広く知られる著者のムハムディは，ムハンマド・アル＝ハーフィズの義兄弟かつ後継者である．参照写本は，最初と最後が欠落している不完全なものであるが，他の著作では触れられていないムハンマド・アル＝ハーフィズの若年期について叙述した箇所は存在していた．頁番号が振られていたので，参照表記に際してもこの頁番号を記す．

⑥ **RGh**：『ガッラーウィー書簡』（*al-Risāla al-Ghallāwīya*）／スィーディー・ムハンマド・アル＝クンティー（Sīdī Muḥammad al-Kuntī, 1826年歿）：『書簡』と略記する．参照するのは以下の刊本である．

・Sīdī Muḥammad al-Kuntī. *al-Risāla al-Ghallāwīya* (and 'Abd Allāh bn Sayyid Maḥmūd al-Ḥājjī. *Risāla fī Nasab Idaw-l-Ḥājj al-Sharqīyīn*). Rabat: Manshūrāt Ma'had al-Dirāsāt al-Ifrīqīya, 2003.[51]

51）この校訂版では，著者名が al-Shaykh Sayyid Muḥammad al-Khalīfa bn al-Shaykh Sayyid al-

「ガッラーウィー」は，シンキート地方の有力部族であるアグラール（Aghlāl）を指しており，この著作は，もともとアグラールの有力者へ送った長文の書簡である．その中で著者のスィーディー・ムハンマドは，自らが率いた集団であるクンタ（Kunta）の正統性を示すため，その血統を紹介している．後出の『師である父母の奇蹟の新しき獲得物と古き遺産』と同様，植民地期から広く知られた著作であり，クンタの歴史を知る上で不可欠の１次資料である．

ただし，先行研究も指摘するように，植民地期の研究者であるマルティやイスマエル・アメは，この著作内のクンタの血統を扱った部分を『クンタの歴史』（*Ta'rīkh Kunta*）という標題で紹介し，著者に関しても，スィーディー・ムハンマドではないクンタの別人の名を記しているので注意を要する[52]．

・一部仏訳＝Ismaël Hamet. “Les Kounta.” *Revue du Monde Musulman*, Vol. 15 (1911), pp. 304–17.

⑦ **ṢN-K および ṢN-Sh**：『イダウ・アリのアリーの血統とムハンマド・グッルの（アブー・）バクルの血統に関する伝承の真正』（*Ṣaḥīḥa al-Naql fī ‘Alawīya Idaw ‘Ali wa Bakrīya Muḥammad Ghull*）／アブド・アッラーフ・ブン・アル＝ハーッジ・イブラーヒーム・アル＝アラウィー（‘Abd Allāh bn al-Ḥājj Ibrāhīm al-‘Alawī, 1817/8年歿）：『真正』と略記する．参照するのは以下の写本である．

・‘Abd Allāh bn al-Ḥājj Ibrāhīm al-‘Alawī. *Ṣaḥīḥa al-Naql fī ‘Alawīya Idāw ‘Ali wa Bakrīya Muḥammad Ghull*. Manuscript. Maktaba Shaykh al-Islām al-Ḥājj Ibrāhīm Niyās (Kaolack).

・‘Abd Allāh bn al-Ḥājj Ibrāhīm al-‘Alawī. *Ṣaḥīḥa al-Naql fī ‘Alawīya Idaw ‘Ali wa Bakrīya Muḥammad Qull* (or *Gull*). Manuscript. Maktaba Ahl Ḥabat (Chinguetti [Shinqīṭ]), al-Ta'rīkh 10 / 13 / 2144.

前者は，セネガル・カオラク（Kaolack）のシャイフ・アル＝イスラーム・アル＝ハーッジ・イブラーヒーム・ニヤース図書館（Maktaba Shaykh al-Islām

---

Mukhtār al-Kuntī al-Wāfī となっているが，本書では，Sīdī Muḥammad al-Kuntī で統一する．また，この著作の標題中にある Idaw-l-Ḥājj は，ハッサーニーヤの表記・発音を考慮したと思われる原典標題のادولحاجという綴りをそのままローマ字転写したものである．

52) Batran, “The Kunta,” pp. 113, 140; Marty, “Etudes sur l'Islam et les tribus du Soudan, tome 1,” p. 2; Ismaël Hamet, “Les Kounta,” p. 303.

al-Ḥājj Ibrāhīm Niyās）所蔵の写本で，参照表記の略号をṢN-Kとし，後者は，シンキートにあるハバト家図書館（Maktaba Ahl Ḥabat）所蔵の写本で，参照表記の略号をṢN-Shとする．

シンキート地方の有力部族であったイダウ・アリ（Idaw ʻAli，イダウ・アリー〔Idaw ʻAlī〕）とアグラールの血統・歴史，シンキートの歴史などに言及した有名な小著で，『散策』や後出の『シンキート知識人の伝記に関する媒介』にも，この著作からの引用が散見する．

著者のアブド・アッラーフ・ブン・アル＝ハーッジ・イブラーヒーム・アル＝アラウィーは，シンキート地方の大学者で，この作品を含む数多くの著作を書き残した人物として知られる．また，彼の門下からは多くの著名な宗教知識人が輩出したため，本書では『真正』と別の文脈においても彼に言及する．

なお，本書執筆に先立って，著者が上記2写本をもとに個人的に校訂を行ったので，それぞれの写本に見られる明白な誤写や，2写本間の微細な差異などに関しては，特別に指摘の必要があると思われる場合を除き，言及しない．

・英訳＝ Harry Thirlwall Norris. “The History of Shinqīṭ, Accoding to the Idaw ʻAli Tradition.” *Bulletin de l’I. F. A. N.*, Ser. B, Vol. 24, Nos. 3–4 (1962), pp. 395–403.

⑧ ṬT-K および ṬT-R：『師である父母の奇蹟の新しき獲得物と古き遺産』（*al-Ṭarā’if wa al-Talā’id min Karāmāt al-Shaykhayn al-Wālida wa al-Wālid*）／スィーディー・ムハンマド・アル＝クンティー：『新しき獲得物』と略記する．第1章で検討するスィーディー・アル＝ムフタール・アル＝クンティーに関する伝記的大著で，著者のスィーディー・ムハンマドは，前出の『書簡』の著者と同一人物であり，スィーディー・アル＝ムフタールの息子・後継者でもある．

参照するのは，カオラクのシャイフ・アル＝イスラーム・アル＝ハーッジ・イブラーヒーム・ニヤース図書館とモロッコ王国国立図書館が所蔵する以下の2写本である．

・Sīdī Muḥammad al-Kuntī. *al-Ṭarā’if wa al-Talā’id min Manāqib al-Shaykhayn al-Wālida wa al-Wālid*. Manuscript. Maktaba Shaykh al-Islām al-Ḥājj Ibrāhīm Niyās (Kaolack).

・Sīdī Muḥammad al-Kuntī. *al-Ṭarīfa wa al-Tālida min Karāma al-*

Shaykhayn al-Wālid wa al-Wālida. Manuscript. al-Maktaba al-Waṭanīya li-l-Mamlaka al-Maghribīya (Rabat), K2294.

この書誌情報からも分かるように，標題は写本によって異なり，前者の写本の冒頭には，*al-Ṭarā'if wa al-Talā'id min Karāmāt al-Shaykhayn al-Wālida wa al-Wālid* という標題も記されている．西アフリカの写本情報を集積した先行研究に見られる『新しき獲得物』の標題がこの最後の標題と一致するので[53]，日本語訳の標題はこれに基づいた．

参照表記の略号は，カオラク写本をṬT-K，ラバト写本をṬT-Rとするが，この著作に関しても，「⑦ṢN-KおよびṢN-Sh」同様，著者が上記2写本をもとに個人的に校訂を行ったので，それぞれの写本に見られる明白な誤写や，2写本間の微細な差異などに関しては，特別に指摘の必要があると思われる場合を除き，言及しない．

カオラク写本は，一部に頁番号が振られているが，明らかに不正確なので，これを無視し，冒頭の目次頁を除いて換算した頁数を表記する（合計457頁）．

ラバト写本は，写本全体を通じて頁番号が振られているが，頁番号204，205，356が重複，303が欠落している．しかし，検証が必要となる場合を考慮し，参照表記に際しては，この頁番号を記す（最終頁番号698）．

著者のスィーディー・ムハンマドは，冒頭でこの著作の構成を紹介しており，それによると，「序」の後に7章を設け，最後に「結語」で締め括る予定だったようである．しかし，著者が参照した2写本は，いずれも第5章までで終わっており，先行研究も，この伝記が未完の著作であることに言及している[54]．しかし，それでも，スィーディー・アル＝ムフタールの生涯や，クンタの歴史，彼の周囲を取り巻いた個人や部族などに関して，この著作以上に包括的な情報を提供してくれる1次資料は，今日まで知られていない．

なお，この著作は，西アフリカで非常によく知られた著作の一つであり，各地の図書館に多くの写本が存在している．

⑨ **WT**：『シンキート知識人の伝記に関する媒介』（*al-Wasīṭ fī Tarājim Udabā'*

53) John Owen Hunwick, comp., *The Writings of Western Sudanic Africa*, p. 113.
54) Hunwick, *The Writings of Western Sudanic Africa*, p. 113.

Shinqīṭ)／アフマド・ブン・アル＝アミーン・アッ＝シンキーティー（Aḥmad bn al-Amīn al-Shinqīṭī, 1913年歿）：『媒介』と略記する．この著作は，シンキート地方の宗教知識人達の伝記集もしくは詞華集に位置づけられ，列挙されている人物達の簡潔な個人史だけでなく，この地域の歴史・地理・社会構造などについての多岐に亘る情報も紹介している．参照するのは以下の刊本である．

・Aḥmad bn al-Amīn al-Shinqīṭī. *al-Wasīṭ fī Tarājim Udabā' Shinqīṭ*. 1911. Reprint, Cairo: Maktaba al-Khānjī, 2002.

序　章　西アフリカにおけるイスラームの展開

日本におけるイスラーム研究は，今日，研究界全体を見渡すと，世界各地の極めて広範な地域をその考察対象として網羅している．しかし，研究者の数，もしくはそれにほぼ比例するであろう学術論文の数を指標とするならば，最も盛んに研究がなされてきた対象地域は，圧倒的ともいえる差を以て，イスラーム発祥の地であるアラビア半島を中心とした一帯，すなわち一般に西アジアと呼ばれる地域であると思われる．各々の問題意識に基づいて自ら設定した課題に取り組む諸研究者の総体として研究界が成り立っていると考えれば，こうした研究対象地域に関する偏りは，今日まで，西アジアに関心を持つ研究者が多かったことの結果として生じたものであり，それ自体に何ら問題が見出されるわけではない．それどころか，極めて素朴に考えると，西アジアを対象としたイスラーム研究は，それに従事する研究者の多さ故に，他のどの地域を対象としたイスラーム研究よりも遥かに多くの情報を蓄積することができたはずである．しかし同時に，このような偏りの存在は，相対的に見て，西アジア以外の地域がイスラーム研究の対象地域として十分に顧みられてこなかったことも示唆している．そして，本書の考察対象地域となる西アフリカは，間違いなくそうした地域の一つに数えられる．

以上のような現状があるとすれば，本書の主たる舞台となる西アフリカやこの地域のイスラームの様相は，少なからぬ読者にとって馴染みの薄いものであると思われ，本書の主題としてその描写を試みると述べた西アフリカ・イスラームの宗教的・知的連関網に至っては尚更であろう．そこで，以下ではまず，そうした馴染みの薄さから来る違和感や抵抗感を少しでも軽減すべく，西アジアのアラビア半島を発祥の地とするイスラームが西アフリカへと至り，この地域でどのような展開を見せたのかという西アフリカ・イスラーム史を，地理書や歴史書を始めとしたアラビア語著作群および欧米の優れた先行研究群に基づいて纏め，本書の中心的な舞台となる西アフリカとこの地域のイスラームに纏わる基本的な情報を提示する．可能な限りこの地域におけるイスラームの様々な側面に言及し，歴史を通じたその変化や多様性を叙述しようと考えているが，勿論，この短い序章の中で，広大な西アフリカのイスラームに纏わる全ての事象を余すところなく論じることはできない．本序章は，あくまで本書全体のよりよい理解に資することを目的とし，そのために予め紹介しておくべきであると著者が判断した事象を整理したものである．

第1節　アラビア半島からスーダーン西部へ

イスラームの嚆矢は，7世紀初めのアラビア半島に遡る．半島西部のヒジャーズ（Ḥijāz）地方にあるメッカ（Mecca，マッカ〔Makka〕）で生まれ育ったムハンマドは，610年頃，大天使ジブリール（Jibrīl，ガブリエル）を介して，初めて神の啓示を受けたといわれる．そして，それから死を迎えるまでの約22年の間に彼が断続的に授かった神の言葉は，今日，イスラームの聖典『クルアーン』の形で我々の知るところとなっている．

その言葉に従った人々，つまりムスリムは，預言者（nabī）であり，神の使徒（rasūl Allāh）であり，警告者（nadhīr）であるムハンマドを中心に布教・征服活動を展開し，ムハンマドが歿する632年には，既にアラビア半島の大部分に影響を及ぼす一大勢力となっていた．しかも，その勢力圏の拡大は，預言者の死後もとどまることを知らず，彼の後を継いだ4人のハリーファ（khalīfa，カリフ，代理人，後継者）の時代（632–661年，正統カリフ時代）になると，ミスル（miṣr），すなわち軍営都市を各地に建設し，そこを拠点に，アラビア半島のみならず，今日のイラン高原からエジプトへと東西に広がる広大な領域を支配下に置いたのである．そして，続くウマイヤ朝の時代（661–750年）には，西方への著しい領土の拡張を実現する．ウマイヤ朝の初代ハリーファであるムアーウィヤ（Muʿāwiya，在位661–680年）の治世下，マグリブへの遠征に出た軍人ウクバ・ブン・ナーフィア（ʿUqba bn Nāfiʿ，683年歿）は，670年，今日のチュニジアに相当する地域に，新たな征服拠点となるミスル，カイラワーン

(Qayrawān) を建設した．それまで北アフリカは，ナイル川東岸のミスル，フスタート（Fusṭāṭ）を都としたエジプト州の管轄下にあったが，700年頃に，カイラワーンを都とするイフリーキヤ（Ifrīqiya，マグリブ東部一帯）が独立した行政区画としてエジプト州から切り離されると，その都を拠点としたムスリム勢力は，710年までにマグリブ全域を支配下に置いた．そして，712年までには地中海を越え，イベリア半島のほぼ全域を掌握するに至ったのである．

610年頃の最初の啓示を始原とすると，イスラームは，およそ1世紀でイベリア半島にまで至ったことになる．そして，この爆発的ともいえる拡大は，時を置かずに，本書の中心的舞台となる西アフリカの広範な地域にも及んでいく．

世界各地へのイスラームの伝播が地域間を往来するムスリム商人の活動によって促されたことは，比較的よく知られているだろう．これは，西アフリカへの伝播についても当てはまり，マグリブへと至ったイスラームは，サハラ沙漠を縦断する交易路に沿って，南方のサハラ沙漠やサハラ以南アフリカ北部へと広まっていった．

最初期の8世紀および9世紀頃，こうした伝播を促進した最も重要な存在は，恐らくイバード派（Ibāḍīya）と呼ばれる一派であろう[1]．彼らは，この時期，サハラ沙漠縦断交易の主要な担い手として活動しており，彼らの往来がサハラ沙漠やサハラ以南アフリカ北部へのイスラームの伝播を促したと考えられている[2]．ウマイヤ朝に続くアッバース朝（750-1258年）の官僚一族に生まれたアフマド・アル＝ヤァクービー（Aḥmad al-Ya'qūbī, 905年頃歿）という人物が872/3年に著した『歴史』（*Ta'rīkh*）および889/90年に著した『諸国の書』（*Kitāb al-Buldān*）は，西アフリカの状況に言及した最も古いアラビア語資料に数えられる．これらのうち，『諸国の書』には以下のような文言が見られる．

1）657年，預言者ムハンマドの従兄弟・娘婿であり，第4代ハリーファでもあるアリー・ブン・アビー・ターリブ（'Alī bn Abī Ṭālib, 661年歿）とムアーウィヤとがユーフラテス川上流のスィッフィーン（Ṣiffīn）という場所で衝突した．イバード派は，このスィッフィーンの戦いと呼ばれる戦争に際して興った宗派であるハワーリジュ派（Khawārij）の分派で，現在では，オマーンやリビヤ，アルジェリアなどに存在している．

2）Joseph Schacht, "Sur la diffusion des formes d'architecture religieuse musulmane à travers le Sahara," pp. 21-4; T. Lewicki, "al-Ibāḍiyya," pp. 656-7; Lydon, *On Trans-Saharan Trails*, pp. 70-1.

その国の南にはザウィーラがある．ザウィーラの人々はイバード派のムスリムで，皆，カァバ〔聖地メッカにある神殿〕への巡礼に赴く．（中略）彼らは，ミーラやザガーワ，マルワなどの黒人達を奴隷として輸出している．というのも，その黒人達がザウィーラ付近に住んでおり，ザウィーラの人々が彼らを捕獲するからである．また，私に伝わったところによると，黒人の王達は，何かがあったわけでも，戦争が起こったわけでもないのに，（自分達の臣民である）黒人達を売りさばくというのである[3]．

それから，住居が建ち並び，人々が住まう谷であるグスト〔アウダグスト〕に至る．そこには，彼らの王がおり，彼は，宗教もイスラーム法も持たず，多くの王国が存在している黒人達の地を襲撃するのである[4]．

1つ目の引用にあるザウィーラ（Zawīla）は，今日のリビヤにあたる地域に位置し，サハラ沙漠中央部を抜ける交易路の要衝として栄えた町である．この引用から，イバード派のムスリムがサハラ沙漠縦断交易網を通じて黒人奴隷という「商品」の売買を行っていたことが窺われ，その過程で南方のサハラ以南アフリカ北部に住む人々とも交流していたと考えられる．

しかし同時に，2つ目の引用は，サハラ沙漠南西部に存在した町，アウダグスト（Awdaghust）の王がムスリムではなかったことを明らかにしている．つ

3）原文は以下の通り（句読点は引用者による）．
wa warā' dhālika balad Zawīla mim-mā yalī al-qibla wa hum qawm muslimūn Ibāḍīya kull-hum yaḥujjūna al-bayt al-ḥarām ... wa yukhrijūna al-raqīq al-sūdān min al-Mīrīyīn wa al-Zaghāwīyīn wa al-Marwīyīn wa ghayr-hum min ajnās al-sūdān li-qurb-him min-hum wa hum yasbūna-hum. wa balagha-nī anna mulūk al-sūdān yabī'ūna al-sūdān min ghayr shay' wa lā ḥarb.
Aḥmad al-Ya'qūbī, *Kitāb al-Buldān*, p. 345; 仏訳＝*Les pays*, p. 205; 英訳＝Nehemia Levtzion and J. F. P. Hopkins, eds. and trans., *Corpus of Early Arabic Sources for West African History*, p. 22.

4）原文は以下の通り．
thumma yaṣīru ilā balad yuqālu la-hu Ghusṭ wa huwa wādin 'āmir fī-hi al-manāzil wa fī-hi malik la-hum lā dīn la-hu wa lā sharī'a yaghzū bilād al-sūdān wa mamālik-hum kathīra
Aḥmad al-Ya'qūbī, *Kitāb al-Buldān*, p. 360; 仏訳＝*Les pays*, p. 227; 英訳＝Levtzion and Hopkins, *Corpus*, p. 22.

まり，サハラ以北アフリカからサハラ沙漠，そしてサハラ以南アフリカ北部へと至る交易路に沿った交流があったとしても，この時期，東西に広がるサハラ沙漠の南西端，そして，その南に接続するスーダーン西部――イスラーム発祥の地であるアラビア半島から最も遠い地域――へのイスラームの伝播は，限定的であったと考えられるのである．勿論，『諸国の書』が書かれる遥か以前からサハラ沙漠縦断交易路に沿った人的交流が存在していたことや，ムスリム勢力がマグリブに確固たる地歩を占めてから既に1世紀半以上の時が経過していたことを考慮すれば，9世紀後半のスーダーン西部にイスラームの影響が全く及んでいなかったと考えるべきではないだろう．ただ，その規模や詳細に関して，この時期のアラビア語資料は，多くを語っていないのである．

ところが，990年に歿したアル＝ハサン・アル＝ムハッラビー（al-Ḥasan al-Muhallabī）という人物が著した『アル＝アズィーズの書』（*Kitāb al-ʻAzīz*，もしくは『アル＝アズィーズィーの書』〔*Kitāb al-ʻAzīzī*〕）[5]と呼ばれる地理書は，『諸国の書』の執筆から約1世紀後のアウダグストに大きな変化があったことを教えてくれる．この著作は，現在では散逸してしまっているが，その引用が1224年に完成したヤークート・アル＝ハマウィー（Yāqūt al-Ḥamawī，1229年歿）という人物の地理書『諸国辞典』（*Muʻjam al-Buldān*）に見られる．

> （アル＝ハサン・）アル＝ムハッラビー曰く，「（中略）アウザガスト〔アウダグスト〕は，素晴らしい市場のある町で，壮麗な都市の一つである．そして，あらゆる国からそこへと至る旅〔旅人達の流入〕は，途切れることがない．アウダグストの人々はムスリムで，『クルアーン』を朗誦し，イスラーム法学を学び，（幾つもの）モスクや礼拝所を持っている（後略）[6]．

5）この標題は，この著作がサハラ以北アフリカ東部を中心に展開したファーティマ朝（909-1171年）の第5代ハリーファであるアル＝アズィーズ（al-ʻAzīz，在位975-996年）に献呈されたことによっている．Levtzion and Hopkins, *Corpus*, p. 167.

6）原文は以下の通り．

wa qāla al-Muhallabī: ... wa Awdhaghast bi-hā aswāq jalīla wa hiya miṣr min al-amṣār jalīl, wa al-safar ilay-hā muttaṣil min kull balad, wa ahl-hā muslimūn yaqra'ūna *al-Qur'ān* wa yatafaqqahūna, wa la-hum masājid wa jamāʻāt ...

Yāqūt al-Ḥamawī, *Muʻjam al-Buldān*, Vol. 1, pp. 277-8; 英訳＝Levtzion and Hopkins, *Corpus*,

アラビア語で書かれた他の地理書などによると，サハラ沙漠縦断交易の要衝となったアウダグストでイスラームの担い手となっていたのは，イスラームが到来する以前からマグリブやサハラ西部の広範な地域に住んでいたベルベル[7]のうち，サンハージャ（Ṣanhāja）と呼ばれる集団であったらしい[8]．いずれにせよ，遅くとも10世紀末には，モスクの立ち並ぶ町でムスリム達が『クルアーン』を朗誦し，イスラーム法学を学ぶ状況がサハラ沙漠南西部に出来上がっていたのである．

そして，11世紀のイベリア半島に生まれたアブド・アッラーフ・アル＝バクリー（‘Abd Allāh al-Bakrī, 1094年歿）という人物は，1068年に著した地理書『諸道と諸王国』（*al-Masālik wa al-Mamālik*）の中で，アウダグストから更に南に進んだ地域に言及している．

> サンガーナという町は，ニール〔セネガル川〕の両岸に立つ2つの町からなっている．その居住地は，大西洋にまで至る．サンガーナの町は，南西に向かって，ニール沿いに位置するタクルールの町に近い．タクルールの住民は黒人であり，ワールジャービー・ブン・ラービースが彼らを統治する（時代になる）までは，他の全ての黒人達と同様，異教徒であり，ダカーキール——彼らの許で（ダカーキールの単数形である）ドゥックールとは，偶像（のこと）である——を崇拝していた．ワールジャービーは，イスラームを奉じ，（臣民の）黒人達にイスラーム法を施行し，それを（遵守するよう）強制し，それに対する彼らの目を開かせたのである．ワールジャービーは，1040/1年〔ヒジュラ暦432年〕に歿し，今日，タクルールの人々はムスリムである．そして，タクルールの町からサラー〔スィラー〕へと進む．これもニールの岸にある2つの町からなり，住民は，ワールジャービー——神が

---

p. 168.

7)「はじめに」の「5　術語の説明—⑲ベルベル（Berber）」参照.

8) Ibn Ḥawqal al-Naṣībī, *Kitāb Ṣūra al-Arḍ*, pp. 100–1; 仏訳＝*Configuration de la terre* (*Kitab surat al-ard*), Vol. 1, pp. 98–9; 英訳＝Levtzion and Hopkins, *Corpus*, pp. 48–9; ‘Abd Allāh al-Bakrī, *al-Masālik wa al-Mamālik*, Vol. 2, p. 345; 仏訳＝*Description de l'Afrique septentrionale*, pp. 351–2; 英訳＝Levtzion and Hopkins, *Corpus*, p. 69.

> 彼に慈悲を垂れ給うように――によってイスラームを奉じるようになったムスリムである．そして，サラーとガーナの町との間は，黒人の部族が住む土地を20日ほど行った距離である[9]．

ワールジャービー・ブン・ラービースという支配者によってイスラームの地になったと語られているタクルール（Takrūr）は[10]，セネガル川流域，すなわちサハラ西部の南端および今日のセネガル北部にあたる地域一帯を領土とした王国であるといわれており，ここで「町」とされているのは，この王国の都を指している．更にこの引用によれば，隣接するサラー（Salā）もしくはスィラー（Silā）――これも王国およびその都の名と考えられている――の住民もムスリムだったようである．つまり，遅くとも11世紀前半には，サハラ沙漠南西部だけでなく，南に隣接するスーダーン西部にもイスラームが伝播していたことになる．

ただし，少なからぬ住民がムスリムであったタクルールやサラーのような状況は，この時期のスーダーン西部全域の普遍的状況とはいえない．それは，上の引用の最後に出てきた，タクルールやサラーにほど近いガーナ（Ghāna）の事例を検討すれば明らかになる．『諸道と諸王国』は，ガーナについて以下のように記している．

9）原文は以下の通り．

wa madīna Ṣanghāna madīnatān ʻalā ḍiffatay al-Nīl wa ʻimārat-hā muttaṣila ilā al-baḥr al-muḥīṭ. wa yalī madīna Ṣanghāna mā bayn al-gharb wa al-qibla ʻalā al-Nīl madīna Takrūr ahl-hā sūdān, wa kānū ʻalā mā kāna sā'ir al-sūdān ʻalay-hi min al-majūsīya wa ʻibāda al-dakākīr, wa al-dukkūr ʻind-hum: al-ṣanam ḥattā waliya-hum Wārjābī bn Rābīs fa-aslama wa aqāma ʻind-hum sharā'iʻ al-islām wa ḥamala-hum ʻalay-hā wa ḥaqqaqa baṣā'ir-hum fī-hā. wa tuwuffiya Wārjābī sana ithnatayn wa thalāthīn wa arbaʻumi'a, fa-ahl Takrūr al-yawm muslimūn. wa tasīru min madīna Takrūr ilā madīna Salā; wa hiya madīnatān ʻalā shāṭi' al-Nīl ayḍ^{an} wa ahl-hā muslimūn; aslamū ʻalā yaday Wārjābī—raḥima-hu Allāh—wa bayn Salā wa madīna Ghāna masīra ʻishrīn yawm fī ʻimāra al-sūdān al-qabīla.

ʻAbd Allāh al-Bakrī, *al-Masālik*, Vol. 2, pp. 359–60; 仏訳＝*Description*, pp. 377–8; 英訳＝Levtzion and Hopkins, *Corpus*, p. 77.

10）この「タクルール」は，王国とその都の名であり，イスラームの影響が及んだスーダーン西部やサハラ沙漠南縁部一帯を広く指す歴史的なアラブの地理用語ではない．「はじめに」の「4　地理的語彙―④スーダーン西部」参照．

「ガーナ」とは，彼ら〔臣民〕の王達の称号である．その土地の名はアウカールといい，今日，つまり1067/8年〔ヒジュラ暦460年〕の彼らの王はトゥンカー・マニーンである．彼は，1063年〔ヒジュラ暦455年〕に王位に就いた．彼の先代の名はバスィーといい，彼は，85歳の時に彼らの支配者となったのである．彼は，公正を愛する者として，またムスリムを好む者として，称讃すべき生涯を送った．（中略）ガーナの町は，平野に位置する2つの町からなっている．片方は，ムスリムが住む町である．広大な町で，12のモスクがあり，その一つにムスリム達は（金曜日の集団礼拝のために）集まる．そして，そこには，常駐する礼拝の先導者や礼拝の呼び掛け人がおり，更には，イスラーム法学者や（宗教諸学の）学者もいる．（町の）周囲には真水の出る（複数の）井戸があり，彼らは，そこから水を飲み，それで野菜を育てるのである．（もう片方の）王の町は，そこから6ミール11) 離れていて，ガーバ〔森〕と呼ばれる．これら2つの町の間には，居住地が続いている．彼らの建物は，石とアカシアでできている．そして，王は，王宮と（複数の）丸天井の建物――それらは全て，城壁のようなもので囲まれている――を所有しており，王の町には，彼の法廷の近くにモスクがあり，彼を訪れたムスリムがそこで礼拝をするのである．王の町の周囲には丸天井の建物や森や茂みがあり，そこには，彼らの宗教祭祀を司る呪術師が住んでいる．更にそこには，彼らの（崇拝する）偶像や（代々の）王達の墓がある．（中略）王の通訳はムスリムで，王の宝物庫を預かる役人，そして，王に仕える大臣の大半も同様である．（中略）彼ら〔ガーナの住民達〕の宗教は異教であり，偶像崇拝である（後略）12)．

---

11)「ミール」は，アラブにおける長さの単位（1ミール≒1,994メートル）であるが，時代や地域によって，1ミールの長さは様々である．なお，現在の英語の「マイル」(mile) とは異なる．

12) 原文は以下の通り．

wa Ghāna sima li-mulūk-him, wa ism al-balad Awkār wa ism malik-him al-yawm—wa hiya sana sittīn wa arbaʻumiʼa—Tunkā Manīn, wa waliya sana khams wa khamsīn. wa kāna ism malik-him qabl-hu Basī, wa waliya-hum wa huwa ibn khams wa thamānīn sana, wa kāna maḥmūd al-sīra muḥibb^{an} li-l-ʻadl muʼthir^{an} li-l-muslimīn ... wa madīna Ghāna madīnatān sahlīyatān iḥdā-humā al-madīna allatī yaskunu-hā al-muslimūn, wa hiya madīna kabīra fī-hā ithnā ʻashar masjid aḥad-hā yajmaʻūna fī-hi, wa la-hā al-aʼimma wa al-muʼadhdhinūn wa al-

「ガーナ」は，王の称号とされているが，その王が統治する王国やその都の名称としても使われる．この引用からも分かるように，ガーナの都は，その住民の全てがムスリムであったわけではなく，町を2つに分けることで，イスラームと偶像崇拝の宗教との共存が図られていたようである．こうした都市設計は，例えば，この時期，ニジェール川沿いに存在した王国ガオ（Gao，カウカウ〔Kawkaw〕）の都などにも見られ，ガーナ同様，王の町とムスリムの町とが併存する構造であったといわれる．ただし，ガーナの場合と異なり，『諸道と諸王国』は，ガオの王がムスリムであったことを明記している[13]．

以上のように，10世紀半ば頃から11世紀半ば頃までの時代，スーダーン西部におけるイスラームの受容状況には明らかな地域差があったといえるが，同時に，9世紀末頃の状況に比べれば，より広範な地域でイスラームが受け入れられ，ムスリムの数も飛躍的に増加していたと考えられる．しかし，イスラームの伝播や受容，影響といった観点でこの時期の西アフリカを観察しようとするのであれば，以上のような出来事とともに，サハラ西部から始まった大規模な宗教改革運動，すなわちムラービト運動に言及する必要があるだろう．

第2節　サハラ西部から始まる宗教改革運動

ムラービト（複数形はムラービトゥーン〔murābiṭūn〕）は，リバート（ribāṭ，修

---

rātibūn, wa fī-hā fuqahā' wa ḥamala al-'ilm. wa ḥawālay-hā ābār 'adhba min-hā yashrabūna wa 'alay-hā ya'tamilūna khaḍrāwāt. wa madīna al-malik 'alā sitta amyāl min hādhihi wa tusammā bi-al-ghāba wa al-masākin bayn-humā muttaṣila, wa mabānī-him bi-al-ḥijāra wa khashab al-sanṭ. wa li-l-malik qaṣr wa qibāb, wa qad aḥāṭa bi-dhālika kull-hi ḥā'iṭ ka-al-sūr, wa fī madīna al-malik masjid yuṣallī fī-hi man yafidu 'alay-hi min al-muslimīn 'alā maqraba min majlis ḥukm al-malik. wa ḥawl[a] madīna al-malik qibāb wa ghābāt wa sha'rā' yaskunu fī-hā saḥarat-hum, wa hum alladhīna yuqīmūna dīn-hum. wa fī-hā dakākīr-hum wa qubūr mulūk-him, ... wa tarājima al-malik min al-muslimīn, wa ka-dhālika ṣāḥib bayt māl-hi wa akthar wuzarā'-hi, ... wa diyānat-hum al-majūsīya wa 'ibāda al-dakākīr, ...

'Abd Allāh al-Bakrī, *al-Masālik*, Vol. 2, pp. 362–4；仏訳＝*Description*, pp. 381–4；英訳＝Levtzion and Hopkins, *Corpus*, pp. 79–80.

13）'Abd Allāh al-Bakrī, *al-Masālik*, Vol. 2, p. 372；仏訳＝*Description*, p. 399；英訳＝Levtzion and Hopkins, *Corpus*, p. 87.

道所）に住む人という意味で，11世紀のサハラ西部で始まった宗教改革運動——今日，一般にムラービト運動と呼ばれる——を担った勢力に対する呼称である[14]．カイラワーンで学んだマーリク学派[15]の法学者アブド・アッラーフ・ブン・ヤースィーン（'Abd Allāh bn Yāsīn，1059年歿）を中心にサンハージャの諸部族が展開したこの運動は，軍事的征服活動によって勢力圏を拡大しながら，イベリア半島からサハラ西部の南端に至る広大な版図を治めるムラービト朝（1056–1147年）というイスラーム王朝の成立をもたらした．

1035/6年，サハラ西部の大西洋岸沿いを拠点としていたサンハージャのグダーラ族（Banū Gudāla，ジャッダーラ族〔Banū Jaddāla〕，ジュッダーラ族〔Banū Juddāla〕）の長ヤフヤー・ブン・イブラーヒーム（Yaḥyā bn Ibrāhīm，1048年頃歿）は，イスラームの聖地メッカへの巡礼に旅立った．当時，グダーラ族は，既にイスラームを奉じていたが，ヤフヤー・ブン・イブラーヒームは，自らの率いる部族が敬虔さや宗教的知識の点において不十分であると感じていたため，聖地巡礼からの帰路，マーリク学派の法学者達が牙城としていたカイラワーンに立ち寄り，自らとともにサハラ西部に赴き，グダーラ族に宗教的指導を施してくれる人物を探した．そして，この地でアブド・アッラーフ・ブン・ヤースィーンに巡り合うと，1039/40年，彼とともにグダーラ族の許へと戻ったのである[16]．

アブド・アッラーフ・ブン・ヤースィーンは，グダーラ族にイスラーム法の遵守を厳しく迫ると同時に，周辺部族に対する武力によるジハードを遂行した．こうした軍事遠征の最初の標的となったのは，サンハージャの有力部族であったラムトゥーナ族（Banū Lamtūna）である．この戦いに敗れたラムトゥーナ族

14）ただし，この「ムラービト」という名称が，実際に特定のリバートに籠っていたことに由来しているのか，もしくは精神的な修行の遂行者という比喩的な意味で用いられたのかに関しては，見解の相違が見られるようである．Nehemia Levtzion, "'Abd Allāh b. Yāsīn and the Almoravids," p. 85; Paulo Fernando de Moraes Farias, "The Almoravids: Some Questions Concerning the Character of the Movement during Its Periods of Closest Contact with the Western Sudan"; Harry Thirlwall Norris, "al-Murābiṭūn," p. 583.

15）法学派については，「はじめに」の「5　術語の説明—⑪スンナ派4大法学派」参照．

16）'Abd Allāh al-Bakrī, *al-Masālik*, Vol. 2, pp. 351–2; 仏訳＝*Description*, pp. 362–4; 英訳＝Levtzion and Hopkins, *Corpus*, p. 71; Levtzion, "'Abd Allāh," p. 91.

は，アブド・アッラーフ・ブン・ヤースィーンの宗教改革運動に巻き込まれていき，その後，次第に運動の中核を担う存在となるのだが，ムラービト運動の展開は，基本的に，こうしたジハードによる軍事的制圧を通じて運動に参加する集団を増やし，支配領域を拡大していく形で進んでいった[17]．

12世紀前半に新たな宗教改革運動勢力から成立したムワッヒド朝（1130-1269年）に取って代わられるまで，ムラービト朝は，サハラ西部だけでなく，北は，マグリブ西部からイベリア半島南部までを支配下に置き，南は，サハラ西部の南縁に位置するセネガル川を越え，スーダーン西部にまでジハードを展開したのである．特に本書が扱うスーダーン西部についていえば，ムラービト朝は，当時この地域で強大な勢力を保持していた前述のガーナへの侵略を繰り返した．上で述べたように，サハラ沙漠交易の要衝であったアウダグストは，もともとサンハージャの統制を受けていたのだが，ムラービト運動が始まった頃には，既に黒人の王を頂点とするガーナの統制を受けるようになっていたと考えられている．ムラービト朝の軍勢は，1054/5年，アウダグストへ侵攻し，徹底的な破壊と略奪を行ったため，サハラ沙漠交易で栄えたこの町とその周辺は衰退していった[18]．ムラービト朝は，その後もガーナへの侵攻を続け，ムハンマド・アッ＝ズフリー（Muḥammad al-Zuhrī，12世紀中頃歿）という人物が著した『地理書』（*Kitāb al-Jughrāfīya*）によれば，1076/7年，ムラービト朝の攻撃を受けたガーナの住民の多くは，イスラームに改宗したようである[19]．ガー

17）運動を担う複数の勢力は，必ずしも一枚岩ではなかったようである．例えば，ラムトゥーナ族の征服後，アブド・アッラーフ・ブン・ヤースィーンとともに運動を率いてきたヤフヤー・ブン・イブラーヒームが死亡すると，それまで運動の中心であったグダーラ族は，イスラーム法の厳格な適用に基づいたアブド・アッラーフ・ブン・ヤースィーンの指導に反旗を翻したといわれる．その結果，彼は，グダーラ族の許からラムトゥーナ族の許に移動し，運動の中心も，グダーラ族からラムトゥーナ族へと移行した．また，勢力圏が南北に拡大していった結果，軍事行動や統治の指示系統は，マグリブやアンダルス（Andalus，イベリア半島内でムスリムの支配下に置かれた地域）を中心とする北と，サハラ西部を中心とする南とに分かれたようである．ʻAbd Allāh al-Bakrī, *al-Masālik*, Vol. 2, pp. 352–3; 仏訳＝*Description*, pp. 364–6; 英訳＝Levtzion and Hopkins, *Corpus*, pp. 71–2; Levtzion, "ʻAbd Allāh," pp. 91–2, 96–103.

18）ʻAbd Allāh al-Bakrī, *al-Masālik*, Vol. 2, p. 355; 仏訳＝*Description*, pp. 369–70; 英訳＝Levtzion and Hopkins, *Corpus*, pp. 73–4; Muḥammad al-Idrīsī, *Kitāb Nuzha al-Mushtāq fī Ikhtirāq al-Āfāq*, Vol. 1, p. 108; 仏訳＝*Description de l'Afrique et de l'Espagne*, p. 38; 英訳＝Levtzion and Hopkins, *Corpus*, p. 118; G. Yver, "Awdaghost," p. 762; Levtzion, "ʻAbd Allāh," p. 102.

ナは，これによって滅亡したわけではなかったが，その統治能力は弱化し，それまで支配下にあった各地方が分裂していく状況に陥ったといわれる．そして，13世紀初めには，スス（Susu，ソソ〔Soso〕）という民族集団の王国が勢力を拡大し，ガーナの都を中心とした一帯は，このススの王国の支配領域に入った．更に，13世紀半ばまでに，マリンケ（Malinke）という民族集団のスンジャタ・ケイタ（Sunjata Keita，在位13世紀初頭-1255年頃．マーリー・ジャータ〔Mārī Jāṭa〕）という王が統治するマリ（Mali，マーッリー〔Māllī〕）と呼ばれる王国がスス王国とガーナ王国の領土を制圧し，これより15世紀まで，一般にマリ帝国[20]と呼ばれる巨大帝国が西アフリカの広大な土地を治めることとなる[21]．

ヤフヤー・ブン・イブラーヒームが自らの部族の宗教的な改革を求めたことに始まったムラービト運動は，その性格上，運動の中心地であったサハラ西部は勿論のこと，王朝の支配領域や攻撃対象地域における「イスラーム化」を著しく促進したと考えられる．スーダーン西部についていえば，上で見たように，当時，強大な勢力を誇っていたガーナのような王国においても，ムラービト運動の影響によって多くの人々がイスラームに改宗している．また，前節で言及したタクルールのワールジャービー・ブン・ラービースは，彼の統治年代を考慮すると，彼自身がムラービト朝の南方侵略の影響によってイスラームを奉じるようになったとは考えにくいものの，『諸道と諸王国』によると，彼の息子ラッビー・ブン・ワールジャービー（Labbī bn Wārjābī）がムラービト朝の軍勢に加わって，王朝に敵対したグダーラ族との戦いに臨んだようである[22]．更に

19）Muḥammad al-Zuhrī, *Kitāb al-Ja'rāfīya*[sic]，p. 182；英訳＝Levtzion and Hopkins, *Corpus*, p. 98.

20）西アフリカの広大な地域を統治下に置いた政体に対して「帝国」という語を使用する点には，議論の余地があるかもしれない．しかし，本書は，西アフリカにおける「帝国」概念を詳細に論じるものではないので，慣習的な呼称例に倣い，便宜的にこの語を使用する．また，既に何度か使用した「王国」という語に関しても，「帝国」同様，慣習的な呼称例に倣う．

21）Ibn Khaldūn, *Ta'rīkh Ibn Khaldūn al-Musammā bi-Kitāb al-'Ibar, wa Dīwān al-Mubtadi' wa al-Khabar, fī Ayyām al-'Arab wa al-'Ajam wa al-Barbar wa Man 'Āṣara-hum min Dhawī al-Sulṭān al-Akbar*, Vol. 6, pp. 199-200；仏訳＝*Histoire des Berbères et des dynasties musulmanes de l'Afrique septentrionale*, Vol. 2, pp. 109-11；英訳＝Levtzion and Hopkins, *Corpus*, pp. 332-3；R. Cornevin, "Ghāna," p. 1002

22）'Abd Allāh al-Bakrī, *al-Masālik*, Vol. 2, p. 355；仏訳＝*Description*, pp. 368-9；英訳＝Levtzion

興味深いことに，ムラービト運動の影響は，スーダーン西部に成立したウォロフ[23]の王朝の起源譚にまで及んでいる．スーダーン西部の西端セネガンビア（Senegambia，大凡今日のセネガルとガンビアに相当する地域）は，12世紀頃まで，未開拓の林地を焼き払い，定住に必要な井戸の掘削を進めることで一定の領土を治めたラマン（laman，ラマーン〔lamaan〕，長，土地の支配者，年長者）と呼ばれる人々とその一族を中心とした共同体が，ワーロ（Waalo），ジョロフ（Jolof），カジョール（Kajoor），バウォル，スィーン（Siin），サールム（Saalum）といった各地方に存在していた．このような状況の中，種々の伝説に彩られたンジャージャーン・ンジャーイ（Njaajaan Njaay）という人物によって13世紀頃に打ち立てられたとされるジョロフの王権は，セネガンビア各地の有力なラマン一族を統制し，諸地方を「属国」化し，貢納を課すことで，広域を統治する帝国を形成したのであるが[24]，幾つかの口頭伝承は，このジョロフ王権の始祖を，ムラービト朝の南方侵略を指揮したラムトゥーナ族のアブー・バクル・ブン・ウマル（Abū Bakr bn ʻUmar，1087年歿）の子孫としているのである[25]．

サハラ以北アフリカがアラブ・ムスリムの勢力圏になって以来，西アフリカへのイスラームの伝播は，サハラ沙漠縦断交易に携わるムスリム商人や彼らの隊商に随行する宗教知識人などが担ってきた．ところが，軍事力を伴ったムラービト運動は，そうした長期間の比較的緩やかな伝播とは全く異なる方法で，短期間のうちにイベリア半島からスーダーン西部に至る極めて広大な地域に強烈な「イスラーム化」の波を起こし，西アフリカのイスラーム史を画する大きな出来事となったのである．しかし，その衝撃を認めるとしても，ムラービト

---

and Hopkins, *Corpus*, p. 73.

23）「はじめに」の「5　術語の説明—③ウォロフ（Wolof）」参照.

24）David P. Gamble, *The Wolof of Senegambia: Together with Notes on the Lebu and the Serer*, pp. 16–7; Abdoulaye-Bara Diop, *La société wolof: Tradition et changement: Les systèmes d'inégalité et de domination*, pp. 120–7; Mamadou Diouf, *Le Kajoor au XIXe siècle: Pouvoir ceddo et conquête coloniale*, pp. 23–4, 31–5; James F. Searing, *West African Slavery and Atlantic Commerce: The Senegal River Valley, 1700–1860*, pp. 6–7, 10–2; Glover, *Sufism*, pp. 31–2.

25）Victoria Bomba, "Traditions about Ndiadiane Ndiaye, First *Buurba* Djolof. Early Djolof, the Southern Almoravids, and Neighboring Peoples," pp. 1–13; Jean Boulègue, *Le grand Jolof (XIIIe-XVIe siècle)*, pp. 34–6; Henri Gaden, "Légendes et coutumes sénégalaises: Cahiers de Yoro Dyao," pp. 126–7; Amadou Wade, "Chronique du Wâlo sénégalais (1186?–1855)," pp. 454–6.

運動の展開によって，この運動の祖が当初望んだような，イスラーム法を厳格に施行する社会が西アフリカ全域に構築されたわけではない．

次節では，この点を確認するためにも，西アフリカの歴史上，最大規模の版図を築いた2つの巨大帝国，すなわち，ガーナ王国とスス王国を制圧した上述のマリ帝国，およびそれに続いたソンガイ帝国に着目し，これらの帝国の支配者達とイスラームとの関係が具体的にどのようなものであったのかを検討していく．

第3節　諸王とイスラーム

アラブの歴史家・思想家として知られるイブン・ハルドゥーン（Ibn Khaldūn, 1406年歿）によると，マリでは，中興の祖であるスンジャタ・ケイタ以前の複数の王がムスリムであり，メッカへの聖地巡礼を果たした者さえいたようである[26)]．スンジャタ・ケイタもムスリムであったといわれるが，彼は同時に，非ムスリムが奉じる現地の宗教の呪術師でもあった．帝国としてのマリの成立は，ススの王国を打倒したことが契機になったと考えられているが，スンジャタ・ケイタの数ある叙事詩の中には，その際，彼が呪術によってススの王を殺害したとするものもある[27)]．また，帝国の統治においても，彼は，イスラームよりも既存の宗教の慣習に沿った施政を進めたようである[28)]．

これに比して，マリ帝国最盛期の王マンサー・ムーサー（Mansā Mūsā, 在位1312-1337年）は，聖地への巡礼や礼拝所の建造，集団礼拝の制度化，マーリク学派法学者の招聘，マグリブの学問都市フェズ（Fez, ファース〔Fās〕）への現地のイスラーム知識人の派遣などを行ったといわれ，アラビア語の地理書や歴史書は[29)]，彼を極めて「敬虔な」ムスリムの王として描いている[30)]．しかし，

---

26) Ibn Khaldūn, *Ta'rīkh*, Vol. 5, pp. 433-4, Vol. 6, p. 200; 仏訳＝*Histoire*, Vol. 2, pp. 110-1; 英訳＝Levtzion and Hopkins, *Corpus*, pp. 322-3, 333.

27) Bamba Suso and Banna Kanute, *Sunjata: Gambian Versions of the Mande Epic*, p. 91; Mervyn Hiskett, *The Development of Islam in West Africa*, pp. 28-9.

28) Nehemia Levtzion, "Islam in the Bilad al-Sudan to 1800," p. 66.

29) マリ帝国とソンガイ帝国に関する歴史資料としては，16世紀から17世紀の間にアラビア語で

このような彼の「敬虔な」振る舞いを紹介している地理書は，同時に，この王がイスラーム法に関する無知から，婚儀を行わずに奴隷ではない女達を側室にしていたという逸話も記している[31]．

更に，1341年に王位に就いた，マンサー・ムーサーの兄弟マンサー・スライマーン（Mansā Sulaymān，在位1341–1360年）も，「敬虔な」ムスリムの王として描かれる人物である．この時期，マリ帝国を訪れた著名な旅行家イブン・バットゥータ（Ibn Baṭṭūṭa，1368/69/77年歿）は，マリ帝国およびマンサー・スライマーンについて，以下のように述べている．

私は，マリで（イスラームの大祭である）犠牲祭と断食明けの祭に参加した．人々は，美しい白い衣を纏って，王の城の近くにある礼拝の場に出てきた．

書かれた年代記『探究者の歴史』（*Ta'rīkh al-Fattāsh*）と『スーダーンの歴史』（*Ta'rīkh al-Sūdān*）がよく知られており，両者とも仏訳を併記した刊本が出版されている．しかし，特に前者についていうと，著者とされるマフムード・カァティ（Maḥmūd Ka'ti）が後述するソンガイ帝国のアスキヤ・ムハンマド（Askiya Muḥammad，在位1493–1529年）のメッカ巡礼に随行した人物であるため，この王を理想的なムスリムの支配者として描く傾向が見られる．また，実際の執筆・編纂には，マフムード・カァティだけでなく，同時代の彼の親族や，17世紀のイブン・アル＝ムフタール（Ibn al-Mukhtār）という宗教知識人の手が入ったと考えられている．更に，レヴツィオンは，19世紀にニジェール川中流域のマースィナ（Māsina）という地方に成立した政権の正統性を裏づける目的でこの著作が改竄されたと述べている．Nehemia Levtzion, "A Seventeenth-Century Chronicle by Ibn al-Mukhtār: A Critical Study of *Ta'rīkh al-Fattāsh*," pp. 571–93. 従って，この歴史書を扱う際には一定の注意が必要であるが，それでも，2つの帝国の歴史の詳細を語る上で，この資料が不可欠の情報源であるという事実は変わらないだろう．なお，この著作の本文中の記述によれば，正式な標題は，『諸国と諸軍と諸有力者の情報，タクルールでの様々な出来事と大きな諸事の記述，および奴隷の血統と自由人の血統との峻別に関する探究者の歴史』（*Ta'rīkh al-Fattāsh fī Akhbār al-Buldān wa al-Juyūsh wa Akābir al-Nās wa Dhikr Waqā'i' al-Takrūr wa 'Aẓā'im al-Umūr wa Tafrīq Ansāb al-'Abīd min al-Aḥrār*）である．

30）'Abd al-Raḥmān al-Sa'dī, *Ta'rīkh al-Sūdān*, pp. 7–9（Arabic）, pp. 12–7（French）; 英訳＝John Owen Hunwick, *Timbuktu & the Songhay Empire: Al-Sa'dī's Ta'rīkh al-Sūdān down to 1613 and Other Contemporary Documents*, pp. 9–12; Maḥmūd Ka'ti（and Ibn al-Mukhtār）, *Ta'rīkh al-Fattāsh fī Akhbār al-Buldān wa al-Juyūsh wa Akābir al-Nās*, pp. 32–9（Arabic）, pp. 55–69（French）; Ibn Faḍl Allāh al-'Umarī, *Masālik al-Abṣār fī Mamālik al-Amṣār*, Vol. 4, p. 34, 42; 仏訳＝*Masālik el abṣār fi mamālik el amṣār*, I: *L'Afrique, moins l'Egypte*, pp. 53–4, 72–3; 英訳＝Levtzion and Hopkins, *Corpus*, pp. 261, 268.

31）Ibn Faḍl Allāh al-'Umarī, *Masālik*, Vol. 4, p. 42; 仏訳＝*Masālik*, pp. 72–3; 英訳＝Levtzion and Hopkins, *Corpus*, p. 268.

王は，タイラサーン〔衣服のように身に纏う布の一種〕を頭にかけ，（馬に）跨り（礼拝の場にやってくるのだが），イスラームの裁判官と説教師，法学者を除いて，黒人達は，大祭の日以外にタイラサーンを纏うことはない．（しかし）彼ら〔裁判官・説教師・法学者〕は，毎日，タイラサーンを纏っている．そして，彼らは，大祭の日，「アッラー以外に神はいない」「神は偉大なり」と唱えながら，絹でできた朱色の旗を前に置いた王の御前にはべっていた．礼拝の場には天幕が張られ，王は，その中に入り，自らをその場にふさわしい状態にした．そして，（彼が）礼拝の場に出ると，礼拝と説教が行われる．その後，説教師は，壇上から降りて王の御前に座を占め，色々と（王に向かって）喋っていた[32]．

イブン・バットゥータの観察からは，この時期のマリ帝国では，イスラームの2つの大祭が王を中心に大規模に催されていたことが分かる．更に彼は，自らが見出した「マリの人々の優れた行状」（af‘āl-hum al-ḥasana）を列挙し，以下のように述べている．

マリの人々の優れた行状として，礼拝に対して真摯であること，集団での礼拝を義務としていること，そして，叩いて（でも）自分の子供達に礼拝を強いることが挙げられる．集団礼拝の日に礼拝所に早く行かなければ，（礼拝をしようとやって来た人々による）大変な混雑で，礼拝する場所を見つけられないのであった．（中略）更に，そうした行状として，崇高なる『クルア

32）原文は以下の通り（句読点は引用者による）．
wa ḥaḍartu bi-Māllī ‘īday al-aḍḥā wa al-fiṭr fa-kharaja al-nās ilā al-muṣallā wa huwa bi-maqraba min qaṣr al-sulṭān wa ‘alay-him al-thiyāb al-bīḍ al-ḥisān. wa rakiba al-sulṭān wa ‘alā ra’s-hi al-ṭaylasān wa al-sūdān lā yalbasūna al-ṭaylasān illā fī al-‘īd mā ‘adā al-qāḍī wa al-khaṭīb wa al-fuqahā’ fa-inna-hum yalbasūna-hu fī sā’ir al-ayyām. wa kānū yawm al-‘īd bayn yaday al-sulṭān wa hum yuhallilūna wa yukabbirūna wa bayn yaday-hi al-‘alāmāt al-ḥumr min al-ḥarīr. wa nuṣiba ‘ind al-muṣallā khibā’ fa-dakhala al-sulṭān ilay-hā wa aṣlaḥa min sha’n-hi. thumma kharaja ilā al-muṣallā fa-quḍiyat al-ṣalāt wa al-khuṭba. thumma nazala al-khaṭīb wa qa‘ada bayn yaday al-sulṭān wa takallama bi-kalām kathīr.
Ibn Baṭṭūṭa, *Tuḥfa al-Nuẓẓār fī Gharā’ib al-Amṣār wa ‘Ajā’ib al-Asfār*, Vol. 4, pp. 409–10; 邦訳＝『大旅行記』，第8巻，47–8頁；英訳＝Levtzion and Hopkins, *Corpus*, p. 292.

ーン』の暗記に対して関心を払っていることが挙げられ，彼らは，自分の子供達が『クルアーン』の暗記を怠っていることが明らかになると，彼らに足枷をつけ，その足枷は，（『クルアーン』を）暗記するまで解かれない．嘗て，大祭の日に，私がある裁判官の許を訪れると，彼の子供達は，足枷をはめられていた．そこで私は，彼に対して「彼らを自由にしてあげないのですか」と尋ねた．すると彼は，「彼らが『クルアーン』を暗記するまではそうしません」といったのである．またある日，私は，外貌が美しく，豪奢な服を着ながら，片足に重い足枷をはめている若者の傍を通りかかった．そこで私は，私とともにいた人物に「この人は，何をしたのですか．（誰かを）殺したのですか」と尋ねた．するとその若者は，私（のいったこと）を理解し，笑った．そして私は，（同伴していた人物から）「彼は，『クルアーン』を暗記するまで拘束されるのです」と告げられた[33]．

つまり，ムスリムが居住する多くの地域を旅したイブン・バットゥータの目——他地域の状況との比較が可能な目——にも，礼拝などの宗教的義務の遂行や『クルアーン』の暗記に対するマリの人々の情熱は，特筆すべきものとして映ったのである．しかし同時に，彼は，「マリの人々の悪しき行状」（masāwiʾ afʿāl-him）についても言及している．

マリの人々の悪しき行状として，侍女や女奴隷，少女が陰部を見せた裸の状

33）原文は以下の通り（句読点は引用者による）．
wa min-hā muwāẓabat-hum li-l-ṣalawāt wa iltizām-hum la-hā fī al-jamāʿāt wa ḍarb-hum awlād-hum ʿalay-hā. wa idhā kāna yawm al-jumʿa wa lam yubakkir al-insān ilā al-masjid lam yajid ayna yuṣallī li-kathra al-ziḥām … wa min-hā ʿināyat-hum bi-ḥifẓ *al-Qur'ān* al-ʿaẓīm wa hum yajʿalūna li-awlād-him al-quyūd idhā ẓahara fī ḥaqq-him al-taqṣīr fī ḥifẓ-hi fa-lā tufakku ʿan-hum ḥattā yaḥfaẓū-hu wa laqad dakhaltu ʿalā al-qāḍī yawm al-ʿīd wa awlād-hu muqayyadūn. fa-qultu la-hu a-lā tusarriḥu-hum fa-qāla lā afʿalu ḥattā yaḥfaẓū *al-Qur'ān*. wa marartu yawm bi-shābb min-hum ḥasan al-ṣūra ʿalay-hi thiyāb fākhira wa fī rijl-hi qayd thaqīl. fa-qultu li-man kāna maʿ-ī mā faʿala hādhā a qatala fa-fahima ʿann-ī al-shābb wa ḍaḥika wa qīla l-ī inna-mā quyyida ḥattā yaḥfaẓa *al-Qur'ān*.
Ibn Baṭṭūṭa, *Tuḥfa*, Vol. 4, pp. 421–3; 邦訳＝前掲『大旅行記』，第８巻，56–7頁；英訳＝Levtzion and Hopkins, *Corpus*, p. 296.

> 態で人々の前に現れることが挙げられる．私は嘗て，断食月にそのような格好をした多くの女達を目にした．（中略）また，そうした行状として，女達が覆いを纏うこともなく，裸で王の許に入ってくることが挙げられ，王の娘達も裸である．（中略）そして，そうした行状として，（既に）私が詩人達の朗誦に関して笑いの種として話した事柄が挙げられる．更に，そうした行状として，彼らの多くが死肉や犬，驢馬を食べることが挙げられる[34]．

引用中にある「笑いの種」とした「詩人達の朗誦」とは，王に仕える語り部が王の御前で称讃詩を朗誦している様子のことで，イブン・バットゥータは，大祭の際にこれを目撃している．語り部は，羽毛でできた鳥型の像の中に入って朗誦をしていたようだが，イブン・バットゥータは，これを「滑稽」（muḍḥik）と表現しており[35]，上の引用からは，女性が身体を覆い隠さないことや，人々が死肉や犬，驢馬を食べることと並べられているため，宗教的観点に立った非

34）原文は以下の通り（句読点は引用者による）．ただし，引用者の判断で原文に振られた母音符号と異なる読み方をした単語に関しては，直後に［　］を用いて引用者の読み方を提示する．

wa min masāwī［masāwi’］af‘āl-him kawn al-khadam wa al-jawārī wa al-banāt al-ṣighār yaẓharna li-l-nās ‘arāyā bādiyāt al-‘awrāt. wa laqad kuntu arā fī ramaḍān kathīr min-hunna ‘alā tilka al-ṣūra … wa min-hā dukhūl al-nisā’ ‘alā al-sulṭān ‘arāyā ghayr mustatirāt wa ta‘arrī［ta‘rā］banāt-hu … wa min-hā mā dhakartu-hu min al-uḍḥūka fī inshād al-shu‘arā’. wa min-hā anna kathīr min-hum ya’kulūna al-jiyaf wa al-kilāb wa al-ḥamīr.

Ibn Baṭṭūṭa, *Tuḥfa*, Vol. 4, pp. 423–4; 邦訳＝前掲『大旅行記』，第 8 巻，57–8 頁；英訳＝Levtzion and Hopkins, *Corpus*, pp. 296–7. なお，イスラーム法においては，ムスリムの生活に纏わるあらゆる事柄が「義務」（wājib），「推奨」（mandūb），「許容」（mubāḥ），「忌避」（makrūh），「禁止」（ḥarām）の 5 範疇のいずれかに当てはまり，これを一般に「法規定の 5 範疇」（al-aḥkām al-khamsa）と呼ぶ．死肉（mayta, 上の引用では，同義語 jīfa の複数形 jiyaf）を食べることは，『クルアーン』で明確に禁止されている（Q2:173, Q5:3, Q6:145, Q16:115）．また，犬についていうと，それが使った容器は 7 度洗わなければならないとするハディース（「はじめに」の「5　術語の説明—⑯ハディース〔ḥadīth〕」参照）があることからも分かるように，所謂不浄の動物とされ，その肉を食べることは一般に禁じられている．驢馬を食べることに関していえば，法学派によって見解が異なっており，家畜の驢馬は，ハンバル学派だけが「忌避」とし，それ以外の学派は「禁止」としている．また，野生の驢馬は，ハナフィー学派以外の全ての学派が「許容」としている．Muḥammad al-Bukhārī, *Ṣaḥīḥ al-Bukhārī*, Vol. 1, p. 53（kitāb al-wuḍū’, bāb idhā shariba al-kalb fī inā’ aḥad-kum fa-l-yaghsil-hu sab‘）; 邦訳＝『ハディース：イスラーム伝承集成』，第 1 巻，96–7 頁（「浄めの書」33–2）；Ch. Pellat, “Ḥayawān,” p. 308.

35）Ibn Baṭṭūṭa, *Tuḥfa*, Vol. 4, p. 413; 邦訳＝前掲『大旅行記』，第 8 巻，50 頁；英訳＝Levtzion and Hopkins, *Corpus*, p. 293.

難であると考えられる．

次に，マリ帝国に後続したソンガイ帝国の事例を見てみよう．11 世紀初頭にガオを中心に成立したソンガイという民族集団の王国は，13 世紀後半，スンニ朝と呼ばれる新たな王朝を成立させる．そして，マリ帝国による支配から脱却してこの王朝の最盛期を築き，多民族を包含する巨大な帝国を成立させたのが，1464 年に即位した王スンニ・アリー（Sunni ʻAlī，在位 1464–1492 年．ソンニ・アリー〔Sonni ʻAlī〕）である．彼はムスリムであったといわれるが，後世の宗教知識人達が著した歴史書では，イスラームを軽視し，ムスリムを抑圧し，イスラームではない現地の宗教を奉じる「悪しき王」として描かれる[36]．また，同時代にこの地域で影響力を持った宗教知識人ムハンマド・アル＝マギーリー（Muḥammad al-Maghīlī，1503/4/5/6 年頃歿．以下，適宜マギーリー）は，スンニ朝を破って新たな王朝を打ち立てたアスキヤ・ムハンマドからの質問状に対する返状の中で，スンニ・アリーが「不信仰者」（kāfir）であると述べている[37]．

しかし，こうしたムスリムにとっての「悪しき王」という像は，ある程度割り引いて受け止めなければならないだろう．何故なら，スンニ・アリーは，サハラ沙漠交易の要衝であり，同時に学問都市でもあったトンブクトゥ（Tombouctou，ティンブクトゥ〔Timbuktu〕）に住む一部のイスラーム知識人達を弾圧したことで知られており[38]，後世のムスリムが描く「悪しき王」という彼の姿は，こうした一部のムスリムに対する苛烈な仕打ちの逸話や，マギーリーが発した「不信仰者」宣告の衝撃などに少なからぬ影響を受けたものであると考え

36）ʻAbd al-Raḥmān al-Saʻdī, *Taʼrīkh al-Sūdān*, pp. 64–71（Arabic），pp. 103–16（French）；英訳＝Hunwick, *Timbuktu*, pp. 91–101；Maḥmūd Kaʻti（and Ibn al-Mukhtār），*Taʼrīkh al-Fattāsh*, pp. 11, 14, 42–58（Arabic），pp. 10, 19, 80–113（French）；E. M. Sartain, *Jalāl al-dīn al-Suyūṭī*, Vol. 1: *Biography and Background*, p. 71.

37）John Owen Hunwick, *Sharīʻa in Songhay: The Replies of al-Maghīlī to the Questions of Askia al-Ḥājj Muḥammad*, pp. 17–8（Arabic），pp. 72–4（English）．マギーリーは，例えば，彼と同時代にソンガイ帝国の王権に対して影響力を持ったエジプトの法学者アブド・アッ＝ラフマーン・アッ＝スユーティー（ʻAbd al-Raḥmān al-Suyūṭī，1505 年歿．以下，適宜スユーティー）の主張したような比較的緩やかなイスラーム法の適用ではなく，厳格なイスラーム法の施行と不信仰者に対する軍事的ジハードの遂行を持論として展開した人物である．

38）Elias N. Saad, *Social History of Timbuktu: The Role of Muslim Scholars and Notables 1400–1900*, pp. 41–5.

られるからである．実際，彼を「悪しき王」として描いた歴史書も，彼が示した，トンブクトゥの別の宗教知識人達に対する一定の配慮を明らかにしている[39]．こうしたことから，恐らくスンニ・アリーは，上述したマリ帝国の王達のような積極性を以て帝国の政治にイスラームを組み込むことはなかったが，非ムスリムが奉じる現地の宗教を軸とした政治体制において，ムスリムの共同体との完全な対立構造を生み出さぬよう配慮し，必要に応じて特定のイスラーム知識人を利用していたと考えられるのである．

ところが，同じソンガイ帝国でも，1493年に新たにアスキヤ朝を打ち立てた前述のアスキヤ・ムハンマドの統治は，スンニ・アリーのそれと大きく様相を異にする．イスラームを帝国運営の中心に据えたといわれるアスキヤ・ムハンマドは，トンブクトゥなどの宗教知識人達に貢納品を贈り，施政において彼らから助力を得るという形で協力関係を構築していたようで，歴史書も，この王に関しては，スンニ・アリーの場合と異なり，極めて「敬虔な」ムスリムであったと伝えている[40]．

そもそも，アスキヤ・ムハンマドも，彼の質問状に答えたマギーリーも，武力によるスンニ朝の打倒を不信仰者や抑圧者に対するジハードと捉えており[41]，アスキヤ朝の成立自体が，イスラーム法の領域で正当化されるべきものであると考えていたのだろう．そして，アスキヤ・ムハンマドは，メッカへの聖地巡礼の旅程でエジプトのカイロ（Cairo，カーヒラ〔Qāhira〕）を訪れ，シャーフィイー学派の著名な法学者アブド・アッ＝ラフマーン・アッ＝スユーティーに帝国統治の問題に関する教えを乞い，更に，恐らくこの法学者を通じて，アッバース朝のハリーファと面会し，「タクルールの地」[42] の統治を承認されたよう

39）‘Abd al-Raḥmān al-Sa‘dī, *Ta’rīkh al-Sūdān*, p. 67 (Arabic), pp. 109–10 (French)；英訳＝Hunwick, *Timbuktu*, pp. 95–6; Levtzion, "Islam," pp. 69–70

40）Hunwick, *Sharī‘a*, pp. 24–7; Levtzion, "Islam," p. 70; ‘Abd al-Raḥmān al-Sa‘dī, *Ta’rīkh al-Sūdān*, p. 71–81 (Arabic), pp. 116–34 (French)；英訳＝Hunwick, *Timbuktu*, pp. 102–17; Maḥmūd Ka‘ti (and Ibn al-Mukhtār), *Ta’rīkh al-Fattāsh*, pp. 58–82 (Arabic), pp. 114–54 (French).

41）Hunwick, *Sharī‘a*, p. 17 (Arabic), p. 72 (English).

42）ここでの「タクルール」は，既出のタクルール王国ではなく，歴史的なアラブの地理用語であり，イスラームの影響が及んだスーダーン西部やサハラ沙漠南縁部一帯を広く指している．「はじめに」の「4　地理的語彙—④スーダーン西部」参照．

である[43].

また，1549年に王位に就いた，アスキヤ・ムハンマドの息子アスキヤ・ダーウード（Askiya Dāwūd，在位1549–1582年）も，その「敬虔さ」が称讃される人物で，父親と同じく，贈答品や助言，祈禱などの遣り取りを通じて，トンブクトゥなどの宗教知識人達と親密な関係を構築した[44]．歴史書に見られる以下のような逸話からは，そうした宗教知識人達との互恵的で親密な関係が窺える．

> （軍事遠征の）帰路，アスキヤ（・ダーウード）がトンブクトゥに立ち寄り，大モスクの端にある中庭に宿営していると，（トンブクトゥの）裁判官であるアル＝アーキブや法学者達，町の有力者達が彼に挨拶をし，祈りを捧げるためにやってきた．アスキヤ・ダーウードは，モスクの建設がまだ終わっていないことに気づき，その裁判官に，「この残りは，義挙への協力における私の分担である」[45]といって，そのためにいと高き神がアスキヤ・ダーウードの手に割り当てたものを彼に与えた．そして，王宮に戻ると，彼に扇葉椰子の材木を4,000本送り，（モスクの）建設は，その年に完了した[46].

43）Hunwick, *Sharī'a*, p. 26; Levtzion, "Islam," p. 70; E. M. Sartain, "Jalāl ad-Dīn as-Suyūṭī's Relations with the People of Takrūr," pp. 195–8; 'Abd al-Raḥmān al-Sa'dī, *Ta'rīkh al-Sūdān*, p. 73（Arabic），pp. 120–1（French）；英訳＝Hunwick, *Timbuktu*, pp. 105–6; Maḥmūd Ka'ti（and Ibn al-Mukhtār），*Ta'rīkh al-Fattāsh*, pp. 12–6, 68–9（Arabic），pp. 15–25, 131–2（French）．

44）Hunwick, *Sharī'a*, p. 27; Levtzion, "Islam," p. 71; 'Abd al-Raḥmān al-Sa'dī, *Ta'rīkh al-Sūdān*, pp. 100–13（Arabic），pp. 165–83（French）；英訳＝Hunwick, *Timbuktu*, pp. 144–59; Maḥmūd Ka'ti（and Ibn al-Mukhtār），*Ta'rīkh al-Fattāsh*, pp. 93–119（Arabic），pp. 176–217（French）．

45）この言葉は，Q5:2の「義挙に関して互いに協力せよ」（wa ta'āwanū 'alā al-birr）を踏まえているようである．Hunwick, *Timbuktu*, p. 154（footnote 78）．

46）原文は以下の通り（句読点は引用者による）．

thumma raja'a Askiyā fa-ṭaraqa Tinbukt wa nazala fī mu'akhkhar al-jāmi' fī ṣaḥn-hi ḥattā jā'a-hu al-qāḍī al-'Āqib wa fuqahā' al-balad wa a'yān-hu li-l-salām 'alay-hi wa al-du'ā' la-hu. wa adraka al-jāmi' mā zāla mā tammat binā'-hu fa-qāla li-l-qāḍī hādhā al-bāqī huwa sahm-ī fī al-ta'āwun 'alā al-birr fa-a'ṭā-hu fī dhālika mā qaddara Allāh ta'ālā 'alā yad-hi. wa lammā balagha dār-hu ba'atha la-hu arba' ālāf khashab min shajara Kankaw fa-khatama binā'-hu fī hādhihi al-sana.

'Abd al-Raḥmān al-Sa'dī, *Ta'rīkh al-Sūdān*, p. 110（Arabic），pp. 178–9（French）；英訳＝Hunwick, *Timbuktu*, p. 154.

そして，（アスキヤ・ダーウードが乗用動物に）跨り，（トンブクトゥの）裁判官の家へ向かうと，その裁判官は，既に彼の公証人達や，法の（仕事における）助手達，召し使い達を（その場に）来させていた．（アスキヤ・ダーウードが）裁判官を訪れると，彼は立ち上がり，門のところでアスキヤ・ダーウードを迎え，アスキヤ・ダーウードとそれに随行してきた者達のために食べ物と飲み物を用意した――彼らは，（その飲食物を通じて）裁判官のバラカに与ることを望んだのである[47]．彼らは，いつも通り，長い祈禱を終えた後に，（それらを）食べ，飲んだ．それから，（アスキヤ・ダーウードは）大モスクへと向かい，そこで，その地域の尊い学者達や有力な礼拝の先導者達――彼らは皆，彼が到着する前に彼を待つためにモスクに入っていたのだが――に迎えられた．裁判官とその公証人達が彼に随行し，彼らは，モスクの中の法学者達の許に参じた．そして，アスキヤ・ダーウードに対する挨拶や平安を願う言葉が上がり，彼らは，彼のために祈ったのである[48]．

しかし，こうした状況にあっても，帝国内には，イスラーム以外の「現地宗教」を重んじる人々が数多く存在しており，王権に彼らを取り込まなければ，帝国の安定した統治は図れなかったと考えられる．以下の逸話は，そうした「現地宗教」の儀礼を執り行うアスキヤ・ダーウードの姿を目撃したアフマ

47）神に起因する聖なる力や恩寵，恵みを意味する「バラカ」（baraka）は，人間やもの，場所などに宿るとされ，更には，そうした媒介との接触などを通じて伝播すると考えられている．この引用箇所では，アスキヤ・ダーウードらを迎えた裁判官がバラカの宿る人物であると認識されており，アスキヤ・ダーウードと彼の随伴者達は，この裁判官の用意した飲食物を摂取することで，そのバラカに与ろうとしているわけである．

48）原文は以下の通り（句読点は引用者による）．

thumma yarkabu ilā dār al-qāḍī wa yajidu al-qāḍī qad akhḍara shuhūd-hu wa aʻwān al-sharʻ wa khadam-hu. wa yadkhulu ʻalay-hi wa yaqūmu al-qāḍī wa yatalaqqā-hu bi-al-bāb wa yaṣnaʻu al-qāḍī la-hum shay' min al-ma'kūl wa al-mashrūb yurīdūna al-tabarruk bi-hi wa ya'kulūna wa yashrabūna baʻd duʻā' kathīr ʻalā al-ʻāda. thumma yatawajjahu ilā al-masjid al-jāmiʻ al-kabīr wa hunālika yatalaqqā-hu ʻulamā' al-balad al-ajilla wa akābir al-a'imma kull-hum yadkhulūna al-masjid qabl qudūm-hi yantaẓirūna-hu. wa yushayyiʻu-hu al-qāḍī wa shuhūd-hu wa yadkhulūna ʻalā al-fuqahā' fī al-jāmiʻ al-kabīr. wa min-hā takūnu taḥīyat-hum wa salām-hum wa yadʻūna la-hu.

Maḥmūd Kaʻti（and Ibn al-Mukhtār），*Ta'rīkh al-Fattāsh*, p. 110（Arabic），p. 203（French）.

ド・ブン・ムハンマド（Aḥmad bn Muḥammad）という法学者が，当のアスキヤ・ダーウードと語り合う一幕である．

> そして，法学者のアフマド（・ブン・ムハンマド）は，アスキヤ・ダーウードにいった，「私は，あなたの許に入って来た時，あなた（の状態）に驚きました．そして，あなたが衣裳の袖に唾を吐きかけ，人々があなたのために自らの頭に土を乗せているのを見た時，私は，あなたが下劣で愚かな狂人なのかと思いました」と．すると，アスキヤ・ダーウードは笑い，「私は，（あの時）全く正気で，狂ってなどいなかった．しかし，私は，正道から逸脱した横柄な狂人どもの長だったので，彼らがムスリム達に敵対しないよう畏怖心を植えつけるため，自らを狂者にし，自分の魂にジン[49]を入れたのだ」といった[50]．

アラビア語で「ジンに取りつかれた」状態を指す「マジュヌーン」（majnūn）という語は，一般的な用法として，広く「狂った」状態を意味するが，ここではジンについての明確な言及があるので，引用中の「狂人」は「ジンに取りつかれた者」，「狂ってなどいなかった」は「ジンに取りつかれてなどいなかった」と訳すことも可能であろう．いずれにせよ，ここでのジンは，文脈上，「現地宗教」の神や精霊を指していると考えられる．「敬虔な」ムスリムの王であったアスキヤ・ダーウードは，同時に帝国内の非ムスリムが信仰する宗教を司る長でもあり，この発言は，イスラームを帝国運営の柱に据えることを目指しながらも，イスラーム以外の「現地宗教」を拠り所とする勢力の存在も無視できなかった彼の立場を明らかにしている．そして，自らが彼らの長となるこ

49）「はじめに」の「5　術語の説明—⑧ジン（jinn）」参照．

50）原文は以下の通り（句読点は引用者による）．

fa-qāla la-hu al-faqīh Aḥmad ʻajibtu min-ka ḥīn dakhaltu ʻalay-ka wa mā ḥasabtu-ka illā majnūn radhīl safīh ḥīn ra'aytu-ka tabṣuqu fī akmām qumṣān wa al-nās yaḥmilūna ʻalā ru'ūs-hum al-turāb la-ka. fa-ḍaḥika Askiya wa qāla mā kuntu majnūn anā bi-ʻaql-ī wa lākin kuntu ra'īs al-majānīn al-fāsiqīn al-mutakabbirīn wa li-dhālika jaʻaltu nafs-ī majnūn wa adkhaltu al-jinn ʻalā nafs-ī takhwīf la-hum li-allā yataʻaddūna ʻalā al-muslimīn.

Maḥmūd Kaʻti（and Ibn al-Mukhtār），*Ta'rīkh al-Fattāsh*, p. 114（Arabic），pp. 209–10（French）．

とで，そうした勢力を統制し，帝国統治の安定を図っていたわけである．

以上，13世紀から16世紀にかけて西アフリカの広大な領域を支配した2つの巨大帝国の数名の王とイスラームとの関係を見てきたが，帝国の施政にどのように，またどの程度イスラームを組み込んでいたのかという観点から眺めると，イスラームの受容の様相は，それぞれの王によって――そして恐らく，一人の王の統治期間中においても――刻々と変化していたといえる．

しかし，いずれの時代においても，ムラービト運動が志向したような「理想郷」の建設，すなわち，イスラーム法の厳格な施行に基づくムスリム共同体の構築が目指されていたとは考えられず，「敬虔」と謳われる王も，非ムスリムが奉じる宗教との良好な関係を築くことによって，安定した統治の実現を目指していたように思われる．ところが，そうした「理想郷」の建設は，この2つの大帝国の時代の後，再び西アフリカ各地で叫ばれるようになっていくのである．

第4節　連鎖するジハード

15世紀頃，モロッコ南部に一つの拠点を置いていたアラブのマァキル族（Banū Ma'qil）の中から，シンキート地方[51]を中心とするサハラ西部へと南進を開始する集団が現われた．ハッサーン族（Awlād Ḥassān）と呼ばれる彼らは，主に武力によってこの地域のベルベル住民を制圧していき，徐々に政治的・軍事的支配権を獲得していった．そして，このアラブの支配者の登場によって，シンキート地方には，アラビア語の一方言であるハッサーニーヤ[52]を文化的基盤として共有するモール[53]の社会的階層構造が出来上がっていくことになる[54]．

51）「はじめに」の「4　地理的語彙―⑤シンキート地方」参照．

52）「はじめに」の「5　術語の説明―⑮ハッサーニーヤ（Ḥassānīya）」参照．

53）「はじめに」の「5　術語の説明―⑳モール（Maure）」参照．

54）サハラ西部へのアラブの流入，およびシンキート地方の社会的階層構造に言及した研究の数は少なくない．その中から，ここでは次のような文献を主に参照したので，纏めて記しておく．Mokhtar Ould Hamidoun, *Précis sur la Mauritanie*, pp. 37–49; A. Leriche, "Notes sur les classes

政治的・軍事的支配権を保持し，戦闘への従事や徴税特権の保有などをその特徴とする戦士貴族階層は，名称により細かな意味的差異はあるものの，アラブ（'arab），ハッサーン（ḥassān），マガーフィラ（maghāfira）などと呼ばれる．そして，一般的にザワーヤー（zawāyā，ズワーヤ〔zwāya〕）やムラービトなどと呼ばれる宗教知識人階層は[55]，宗教・学問への従事や共同体の精神的指導，井戸の掘削，隊商の組織などをその特徴としている．更に，従属階層は，ベルベル系とされるズナーガ（znāga）もしくはラフマや，主に黒人系の解放奴隷とその子孫とされるハラーティーン（ḥarāṭīn，フラーティーン〔ḥrāṭīn〕）などからなり，牧畜や農耕等の肉体労働，貢納，戦闘への従事などを通じて，戦士貴族階層や宗教知識人階層に従属する．そして，これら３つの大きな階層の他，奴隷や楽師，鍛冶職人などを含む集団も合わせて，シンキート地方の社会が構成される．

勿論，こうした階層の分類は理念的で大まかなものであり，詳細に検討していくと，この図式に当てはまらない事例や，より細分化した形での階層構造を提示することが可能である．例えば，戦士貴族階層だけでなく，宗教知識人階層が戦闘に従事した事例は数多く見出されるし，宗教知識人階層を，武力による自衛能力を有する「太陽のザワーヤー」（zawāyā al-shams）と武力を持たない

---

sociales et sur quelques tribus de Mauritanie"; Norris, Shinqīṭī, pp. 12–30; Harry Thirlwall Norris, *The Arab Conquest of the Western Sahara: Studies of the Historical Events, Religious Beliefs and Social Customs Which Made the Remotest Sahara a Part of the Arab World*, pp. 2–47; Norris, "Mūrītāniyā," pp. 613–8; Stewart with Stewart, *Islam*, pp. 8–16; Boubrik, *Saints*, pp. 29–40.

55) シンキート地方の宗教知識人階層の多くの部族は，ムラービト運動の担い手であったサンハージャ諸部族の末裔に自らを位置づけている．また，「ザワーヤー」は「ザーウィヤ」（zāwiya）の複数形であり，この語は，リバートと同じく修道所を指す．つまり，「ムラービト」や「ザワーヤー」といった宗教知識人階層の呼称は，11 世紀の宗教改革運動とその担い手達の存在に起因したものであると考えられる．先行研究によれば，ムラービト運動の展開によって，サンハージャを始めとしたサハラ西部のベルベルの共同体は，領土の防衛と軍事的ジハードを遂行する「ムジャーヒドゥーン」（mujāhidūn），宗教諸学の教師や法学者である「ズワーヤ」，牧畜や農耕，商業に従事する「ラフマ」（laḥma）の３つの層に編成されたようである．換言すれば，既にムラービト運動が展開されていた時期に，宗教的領域を専門的に司る人々を「ザワーヤー」もしくは「ズワーヤ」と呼ぶようになっていたのである．Norris, Shinqīṭī, p. 21; Leriche, "Notes," p. 174.

故に戦士貴族階層の庇護を必要とする「蔭のザワーヤー」(zawāyā al-ẓill) とに区別することもできる．

また，「戦士貴族階層＝アラブ＝支配者」もしくは「宗教知識人階層＝ベルベル＝被支配者」などの一般化も，詳細な検討には耐えられないものであり，安易に採用すべき図式ではないだろう．というのも，部族によっては，そもそもその起源に関してアラブもしくはベルベルのどちらか一方に断じることが困難な場合もあり，更に，階層構造を構成する人々が必ずしも各々の階層に固定されているわけではなく，例えば，戦士貴族階層であった集団が宗教知識人階層に移行した事例などは，少なくないからである．

しかし，アラブの南進以降，シンキート地方に上記のような社会的階層構造が出来上がったこと自体は否定できないだろう．そして，アラブの南進に伴う一連の抗争の中で，こうした階層構造を定着させた要因の一つとしてしばしば言及されてきたのが，1670年代のシュルブッバ (Shurbubba) と呼ばれる戦争であり[56]，この戦いへと至る17世紀中頃の大規模な宗教改革運動は，西アフリカ・イスラーム史を通観する上で看過することのできない事象である．

ある階層が軍事的優位を背景に政治権力を掌握する状況は，当時，シンキート地方に限らず，フルベ[57]が多数を占めるセネガル川中流域のフータ・トロ (Futa Toro) や，ジョロフ帝国の瓦解とともに16世紀頃からセネガンビアに成立し始めたウォロフの諸王国においても見られた．こうした支配階層は，支配地域やその周辺地域における略奪や住民の奴隷化をほしいままにし[58]，大西洋奴隷貿易に深く関与していたといわれる．そして，シンキート地方南部のザワーヤーであったナースィル・アッ＝ディーン・アッ＝ダイマーニー (Nāṣir al-

56) ただし，この戦争の勃発以前から，シンキート地方にある種の階層構造が存在していたこと，サハラ西部内のシンキート地方以外の地域においても類似の階層構造が見られること，この戦争の影響が及んだ地理的範囲がシンキート地方内でも限定的であったことなど，複数の理由によって，この戦争とシンキート地方の社会的階層構造の形成・強化との関係性は，相対的なものであったと考えるべきであろう．

57)「はじめに」の「5　術語の説明―⑱フルベ (Fulbe)」参照．

58) イスラーム法の規定では，ムスリムを奴隷とすることは原則的に禁じられている．Joseph Schacht, *An Introduction to Islamic Law*, p. 127; John Wright, *The Trans-Saharan Slave Trade*, p. 4.

Dīn al-Daymānī, 1674年歿）という人物は，イスラームを蔑ろにし，暴力によって人々を苛む専制的支配者が君臨する社会状況の刷新と，イスラーム法に基づく新たなムスリム共同体の建設を目指して，シンキート地方南部とその周辺地域における宗教改革運動を開始した[59]．この運動は，当初，上記のフータ・トロやセネガンビアのウォロフ諸王国，そして，シンキート地方南部の支配階層に対し，改悛と行動の改善を言葉によって促す方法を採っていたが，それが十分な効果を示さなかったため，武力によるジハードへと移行していった．結論からいえば，一連の運動は，指導者であるナースィル・アッ＝ディーンが1674年に死亡したことによってその勢いを失っていき，比較的短期間で終息してしまった．しかし，ジハードが展開された地域においては，一時的にではあるが，支配階層の人々が権力の座から引きずり降ろされ，ナースィル・アッ＝ディーンの任命する人物が実質的な指導者の地位を獲得するに至ったのである．

この地域での武力による宗教改革運動というと，既述のムラービト運動が思い起こされる．異論はあるものの，ナースィル・アッ＝ディーンがムラービト運動の中核を担ったラムトゥーナ族の末裔であると考えられることや，彼が自らに用いたとされる称号とムラービト朝の指導者の称号との間に共通性が見出されることなどから，この17世紀の運動が思想面においてムラービト運動からの影響を受けていたとする説も存在している[60]．しかし，西アフリカのイス

59）ただし，ナースィル・アッ＝ディーンが運動を展開した地域の支配階層の多くがムスリムであったことは，注記しておくべきであろう．更に，ナースィル・アッ＝ディーンの事績を称讃する伝記的著作によれば，シンキート地方の戦士貴族階層の中には，略奪に際してイスラーム知識人にファトワー（「はじめに」の「5　術語の説明―⑰ファトワー〔fatwā〕」参照）を求め，自らの行為がイスラーム法上「正しい」ものであることを裏づけようとしていた者もいたようである．これは，ファトワーが略奪行為の正当化に利用されている事例と読むこともできる．しかし同時に，宗教的な理由からナースィル・アッ＝ディーンによって非難されていた戦士貴族階層が，実際にはイスラーム法の存在を考慮して自らの振る舞いを決定していた事例として解釈することもできるのである．Muḥammad al-Yadālī, *Amr al-Walī Nāṣir al-Dīn*, p. 165.

60）ムラービト運動とナースィル・アッ＝ディーンの運動との関係性についての議論は，以下のような研究に見られる．Harry Thirlwall Norris, "Znāga Islam during the Seventeenth and Eighteenth Centuries," pp. 511-4; Philip D. Curtin, "Jihad in West Africa: Early Phases and Inter-Relations in Mauritania and Senegal," pp. 14-5; Peter B. Clarke, *West Africa and Islam: A Study of Religious Development from the 8th to the 20th Century*, p. 79; John Ralph Willis, "Introduc-

ラーム史にナースィル・アッ＝ディーンの宗教改革運動を位置づける時，そうした前代との関係の可能性に関する議論よりも，後代に与えた影響についての議論により多くの言葉を要するだろう．そして，ベルベルのザワーヤーであった彼の運動の影響から連鎖したと考えられる18世紀の一連のジハードの担い手は，ベルベルでもザワーヤーでもなく，フルベ社会の宗教的領域を担う階層であるトーロベ（tooroɓe，単数形はトーロド〔toorodo〕）の人々であった．

セネガル川中流域に広がるフータ・トロは，フルベの代表的な集住地の一つであったが，ナースィル・アッ＝ディーンの宗教改革運動が起こった17世紀，この地域の政治的・軍事的支配権は，デニヤンケ（Denyanke）という王朝が独占しており，宗教的領域を司るトーロベは，それに従属する形で存在していた．このような社会的階層構造がシンキート地方のそれに似通っていることはすぐに了解されるであろうが，ナースィル・アッ＝ディーンは，一連の宗教改革運動の過程で，このフータ・トロのデニヤンケ王朝を攻撃対象の一つとし，トーロベは，それに呼応して，運動の一翼を担ったのである．その結果，デニヤンケ王朝の支配階層の追放と，ナースィル・アッ＝ディーンを頂点とする宗教知識人達による統治が一時的に実現したが，既述の通り，この運動自体が短命に終わったため，すぐにデニヤンケ王朝の支配体制が復活することとなる．しかし，勿論，これによってトーロベという階層が消滅したわけではなく，以下，本節で述べる一連のジハードを担ったのは，全てこのトーロベに属するフルベであった．

まず，ナースィル・アッ＝ディーンの宗教改革運動が終息して暫くした17世紀末，フータ・トロ出身のトーロベであるマーリク・スィ（Mālik Sih, Mālik Sy, 1699年頃歿）が展開した宗教改革運動は，フータ・トロの南東方向に位置するファレメ川流域にブンドゥ（Bundu）と呼ばれる国を打ち立てた．ブンドゥに関する包括的な研究を行ったアメリカの歴史学者マイケル・A・ゴメスは，

tion: Reflections on the Diffusion of Islam in West Africa," pp. 9–10. ここでいう称号とは，「アミール・アル＝ムゥミニーン」（amīr al-mu'minīn, 信仰者達の長）や「アミール・アル＝ムスリミーン」（amīr al-muslimīn, ムスリム達の長）であり，後述の「イマーム」（imām）のことではない．

マーリク・スィに関する伝承の中にナースィル・アッ＝ディーンが一切登場しないことを根拠に，両者の宗教改革運動の関連性を強く否定している[61]．しかし，アメリカの歴史学者フィリップ・D・カーティンは，17-18 世紀の西アフリカで起こった複数のジハードの間に関連性を見出そうとする研究の中で，ナースィル・アッ＝ディーンが自らの周りにできたムスリム共同体の長として「イマーム」（礼拝の先導者．定冠詞をつけると「アル＝イマーム」〔al-imām〕）という自称を用いたことと，マーリク・スィが自らの率いる宗教改革運動において「アル＝イマーム」の転訛である「エリマン」（eliman）という自称を使用したことから，2 つの宗教改革運動の間に関連性を見出そうとしている[62]．マーリク・スィの後継者達は，「エリマン」よりも「アルマミ」（almami）という称号を好んで使ったようであるが，これもやはり「アル＝イマーム」の転訛である．

この「イマーム」という呼称について，18 世紀の著名なザワーヤーであるムハンマド・アル＝ヤダーリー（Muḥammad al-Yadālī，1753 年歿．以下，適宜ヤダーリー）が書いたナースィル・アッ＝ディーンの事績を称讃する伝記的著作には，次のような興味深い逸話が見られる．ナースィル・アッ＝ディーンは，ある時，運動の発端となる神からの神秘的な命令を半覚醒状態で聞いた[63]．するとその後，周囲の人々に対し，「（今まで）私は，男達の背後で礼拝をしていたが，昨日の夢を経て，（今後）一切，彼らの後ろでは礼拝をしない」[64] と宣言したのである．運動の発端となる神秘的な体験を経た後の言葉であることを考慮すれば，これはつまり，単に日々の礼拝の際に人々の前に立って先導者の役割を務めるというよりも，共同体全体を導いていく恒久的な指導者となる決意の宣言であると読める．仮にそうであるとすれば，彼と彼の周りに形成されたムスリム共同体との関係において，この「イマーム」という称号は，極めて重要な意味を持っていることになる．また，ヤダーリーは，同じ著作の中で，

61）Michael A. Gomez, *Pragmatism in the Age of Jihad: The Precolonial State of Bundu*, p. 48.

62）Curtin, "Jihad," p. 19.

63）Muḥammad al-Yadālī, *Amr*, p. 119.

64）原文は以下の通り．
kuntu uṣallī khalf rijāl lā uṣallī khalf-hum abad^{an} ba'd ru'yā-ya hādhihi al-bāriḥa
Muḥammad al-Yadālī, *Amr*, p. 124.

ナースィル・アッ＝ディーンが様々な自称を使っていたことに言及しており，そうした自称の中には，「我々のイマーム」（imām-nā）というものが見られる上，彼の率いる共同体の人々も，そうした異称で彼を呼んでいたようである[65]．

1630年代後半もしくは1640年代に生まれたとされるマーリク・スィは，出身地のフータ・トロや，宗教諸学を学びに滞在した周辺地域で若年期を過ごしていた．従って，この時期に同地域で大規模な宗教改革運動を展開していたナースィル・アッ＝ディーンの存在を知らなかったとは考えられず，そうした運動の盛り上がりの中で，その指導者が人々から「イマーム」と呼ばれていたことも耳にしていたのではないだろうか．そうであるならば，ナースィル・アッ＝ディーンの運動が終息してから四半世紀も経たない17世紀末に新たな宗教改革運動を始めたマーリク・スィが，自らに「エリマン」の称号を冠する際，先達の「イマーム」という称号を想起しなかったとは考えにくいのである．

次に，今日のギニアに相当する地域にあるフータ・ジャロン（Futa Jalon）のムスリム共同体の事例を見てみよう．フータ・ジャロンには，既に15世紀頃，フータ・トロからのフルベの移住が始まっていたが，この移住先の地で支配的な地位を占めていたのは，ジャロンケ（Jalonke）を始めとした先住の民族集団であった．しかし，16世紀には東方のマースィナという地域からのフルベの移住も始まり，17世紀後半には，ナースィル・アッ＝ディーンの運動の終息に伴って，フータ・トロから更に大きな移住の波が押し寄せたようである[66]．こうして形成されていったフルベを核とするムスリム共同体は，カラモコ・アルファ（Karamoko Alfa，1751年歿）という宗教知識人を指導者とし，ジャロンケの非ムスリムを中心とする既存の支配体制に対するジハードを開始してこれを瓦解させると，イスラーム法に基づく共同体の構築に乗り出した[67]．軍事的ジハードは，1720年代半ば頃に本格化したと考えられるが，より大きな視点から見ると，彼らは，1700年頃から約1世紀をかけて徐々に統治機構を整え

65）Muḥammad al-Yadālī, *Amr*, p. 127.

66）Clarke, *West Africa*, p. 84,

67）David Robinson, *The Holy War of Umar Tal: The Western Sudan in the Mid-Nineteenth Century*, p. 52; Hiskett, *The Development*, pp. 139, 142, 144.

ていったようである[68].

上述したカーティンの研究は，カラモコ・アルファとマーリク・スィとの間に親族関係や師弟関係に基づく繋がりがあったことを根拠として，フータ・ジャロンの宗教改革運動とブンドゥの宗教改革運動との関連性を主張している[69].また，ブンドゥ同様，フータ・ジャロンにおいても，指導者は，「アルマミ」の称号を使用したといわれる[70].

更に，ナースィル・アッ＝ディーンがジハードを展開したフータ・トロにおいては，18世紀中頃，トーロベを中心とした勢力が新たな宗教改革運動を開始した．ナースィル・アッ＝ディーンの運動の終息後，フータ・トロは，再度デニヤンケによって支配されることとなり，統治領域内での略奪や奴隷狩りも再び行われるようになった．しかし，ナースィル・アッ＝ディーンの運動以前の状況と異なり，デニヤンケは，統治能力の著しい低下のため，シンキート地方南部の戦士貴族階層による度重なる襲撃から統治領域内の住民を防衛することができなくなっていた．その結果，フータ・トロの被支配民は，2つの異なる支配階層からの暴力・圧政に晒されることになってしまったのである[71].

こうした状況を刷新し，イスラーム法に基づく新たな共同体建設を目指したトーロベは，18世紀中頃から宗教改革運動を本格化させ，フータ・ジャロンで教育を受けたスライマーン・バル（Sulaymān Bal, 1776年頃歿）という指導者の下，シンキート地方の戦士貴族階層への納貢やデニヤンケへの従属を否定し，1770年代には，支配階層による圧政の軛から解かれた．更に，スライマーン・バルの死後，アルマミを名乗り，指導者の地位に就いたアブド・アル＝カーディル（'Abd al-Qādir, 1806/7年歿）の時代になると，運動は，フータ・トロやシンキート地方南部だけでなく，カジョールやブンドゥ，そしてバンバラ（Bambara）という民族集団が支配する東方のカアルタ（Kaarta）といった広範囲に及ぶようになる．しかし，1796年，カジョールとの戦いにおいて，トー

68) Robinson, *The Holy War*, pp. 49–52.

69) Curtin, "Jihad," pp. 21–2.

70) Robinson, *The Holy War*, p. 53.

71) Hiskett, *The Development*, pp. 142–3; Clarke, *West Africa*, pp. 85–6; Robinson, *The Holy War*, pp. 59–60.

ロベ勢力は，指導者であるアブド・アル＝カーディルが捕虜となってしまう決定的な敗北を喫した．アブド・アル＝カーディルは，後に釈放され，フータ・トロに戻ることを許されたものの，この敗北によって，運動の勢いは急速に衰えていったようである[72]．

この宗教改革運動の中核をなしたのは，フータ・トロという舞台からも明らかなように，およそ1世紀前のナースィル・アッ＝ディーンの運動に呼応したトーロベの子孫達である．更に，そうした運動を誘発した社会状況，運動の目的，目指す理想郷の形といった点でも，2つの宗教改革運動は似通っているといえ，18世紀のフータ・トロにおける運動は，明らかに1世紀前の記憶に推進力を見出していたと考えられる．

この運動の後退によって，17世紀中盤から18世紀を通じて発生したジハードの連鎖は，断ち切られたかのように見えた．しかし，19世紀に入ると，またもフルベの手によって，今度は，今日のナイジェリア北部に相当する地域でジハードが発生し，更に19世紀半ばには，フータ・トロ出身のトーロベの一人がフータ・ジャロン付近から新たなジハードを開始するのである．これらのジハードは，それまでに遂行されてきたジハードの勢いを遥かに凌ぐものとなり，統治領域に関しても，「巨大帝国」と呼び得る広大な土地を支配下に置いた．しかし，こうした事実は，あくまでジハードのもたらした「結果」にすぎない．こうした「結果」を措く時，18世紀までのジハードと19世紀のジハードとを区別するのは，恐らくジハード自体の「内的構造」の差であろう．そして，結論を先取りすることになるが，このジハードの「内的構造」に新たに組み込まれた重要な要素の一つがスーフィー教団である．

第5節　スーフィー教団とジハード

スーフィーとは，内面的な修行の道（タリーカ〔ṭarīqa〕）を辿ることで，外面的なイスラーム法の規定——シャリーア（sharīʻa）——を超越した真理——ハ

72）Hiskett, *The Development*, pp. 142–3; Clarke, *West Africa*, p. 86; Robinson, *The Holy War*, pp. 60–5.

キーカ（ḥaqīqa）――へと至ろうとする人々であり，彼らの営為をアラビア語でタサッウフという．タサッウフは，英語で「スーフィズム」（sufism），日本語で「イスラーム神秘主義」などと訳されることもあるが，もともとは，「スーフィーであること」や「スーフィーの営為」などを意味し，スーフィーの行為全般を包括的に指す語である．

内面的な修行の道を辿るスーフィーにとって，最も重要な人的関係は，その道の辿り方――修行法――を伝える縦の関係，つまり師弟関係であると考えられる．師弟関係の道統は，アラビア語で「スィルスィラ」[73]，すなわち「鎖」と呼ばれるが，12 世紀中頃から，同じ「鎖」を持つスーフィー達が次第に集団化していき，所謂スーフィー教団と呼ばれる組織を形成していった．こうした教団は，アラビア語でタリーカといい，これは，上述の「内面的な修行の道」と同一の語彙である．つまりこの場合，タリーカは，あるスィルスィラを共有するスーフィー達がともに歩む，師から受け継がれた特定の修行の道，と解釈できる．従って，教団を人間の集まりと考えた場合，その中核をなすのは，スィルスィラを共有するスーフィー達である．しかし，実際の多くの教団は，外部との境界が極めて曖昧な，緩やかな組織体であり，そこには――もしくはその周辺の環境には――修行者というスーフィーの枠組みには入らない一般信徒を始めとした多様な人々も包含されるのである．

西アフリカで歴史的に知られてきた教団としては，「はじめに」の「1　目的・内容・構成」でも述べたように，西アジアを起源とするカーディリー教団[74]や，マグリブに起源を持つシャーズィリー教団[75]，シャーズィリー教団の有力な分派として知られるナースィリー教団[76]，更に 18 世紀後半以降の比較的新しい時期にマグリブで成立したティジャーニー教団[77]などを挙げることができる．これらのうち，組織として大きな存在感を示してきた教団は，カーディリー教団とティジャーニー教団であろう．カーディリー教団は，15 世

73）「はじめに」の「5　術語の説明―⑩スィルスィラ（silsila）」参照．
74）「はじめに」の「5　術語の説明―④カーディリー教団（al-Ṭarīqa al-Qādirīya）」参照．
75）「はじめに」の「5　術語の説明―⑥シャーズィリー教団（al-Ṭarīqa al-Shādhilīya）」参照．
76）「はじめに」の「5　術語の説明―⑬ナースィリー教団（al-Ṭarīqa al-Nāṣirīya）」参照．
77）「はじめに」の「5　術語の説明―⑫ティジャーニー教団（al-Ṭarīqa al-Tijānīya）」参照．

紀頃に初めてスーダーン西部に至ったといわれており，その最初の伝播を担ったのは，クンタ[78]と呼ばれる宗教知識人の集団である．また，ティジャーニー教団は，19世紀初頭にスーダーン西部に至って以降，爆発的にその信徒数を増やし，短期間のうちに圧倒的な影響力を獲得した．いずれの教団についても，その西アフリカへの伝播に関しては，本書の第I部で詳述するので，本節では，これらの教団と19世紀のジハードとの関係に議論を限定する．

上述の通り，タサッウフは，「スーフィーであること」や「スーフィーの営為」を包括的に意味する語である．従って，この言葉は，神との合一や真理への到達を目指す歩み，もしくはその目的のために必要な段階的修行といった要素だけでなく，それを取り巻くスーフィー達の多様な思想や行為，体験をも包含するはずである．神や天使の声の知覚，既に歿したはずの預言者や学者，スーフィー，聖者（walī）との邂逅などに代表される神秘的体験は勿論のこと，例えば，生者と死者とに拘らず，そうした「有徳」の人々を通じて神の恩寵であるバラカ[79]に与ることも，そうしたバラカを求めて彼らの墓に参詣することも，それが多くのスーフィーの営為に共通する事象であれば，語義上，全てタサッウフの範疇に入るといえるだろう．

しかし，そうであるならば，スーフィー以外の人々の営為は，当然，タサッウフの範疇に入らなくなる．ところが，上述の通り，スーフィー教団の周囲には，スーフィー以外の人々が数多く存在しており，実際の教団の在り方は，こうした多様な人々を巻き込んだ，緩やかな組織体である場合が多い．そして，こうした周辺の人々を包含した環境には，例えば，「有徳」の人に対する崇敬，バラカの渇望，奇蹟譚の流布などの種々の要素からなる信仰体系がしばしば発生する．更にいえば，スィルスィラを共有する複数のスーフィーを核とした教団の形を取らずとも，「有徳」の個人のスーフィーの周りにスーフィー以外の人々が集まり，同様の信仰体系が生起することも往々にしてある．以下では，スーフィー達の営為であるタサッウフと，こうしたスーフィーやスーフィー教団を取り巻く環境に生起する信仰体系との双方を指す包括的な言葉として，便

78)「クンタ」については，第1章で後述する．
79)「バラカ」については，本章の注47参照．

宜的にスーフィズムという語を用いる[80].

そうなると，17世紀に発生したナースィル・アッ=ディーンの宗教改革運動にもスーフィズムの要素が見出されることになる．既述の通り，ナースィル・アッ=ディーンは，半覚醒状態での神秘的な体験を発端にムスリム共同体の指導や宗教改革運動を開始している．その他にも，伝記を見ると，彼は，シャリーアとハキーカの融合を重視し，イスラームの伝承にしばしば登場する神秘的な存在であるヒドル（Khiḍr）[81]と対話し，聖者廟に参詣し，数々の奇蹟を起こしたとされており，また，彼の周辺の人々は，彼を聖者と認識し，バラカを求めて彼の唾液や彼が口を漱いだ水を飲み，彼が残したものを食べ，彼を崇敬の対象としていた[82]．しかし，このように多様なスーフィズムの要素が見られるこの宗教改革運動にも，スーフィー教団の影は見出されない．

また，18世紀のフータ・ジャロンの場合，上で言及したように，ジハードは，複数の地域から移住してきたフルベによって担われていた．そうした地域のうち，特にカーディリー教団の影響力が及んでいたマースィナからの移住者の中には，この教団に帰属しているか，もしくはこの教団の教えに影響を受けている者がいたと考えられる[83]．従って，この運動の動向にスーフィー教団の存在が何らかの影響を及ぼした可能性は捨てきれない．しかし，仮にそうであったとしても，その影響は極めて限定的であり，やはりこの運動は，あくまでフルベ社会のトーロベという一つの階層に属する人々がその中核を担うことで実現したと考えるのが適当であろう．

つまり，前節で紹介した18世紀までの宗教改革運動にも，以下で述べる19世紀の宗教改革運動にも，共通してスーフィズムの要素を見出すことはできる．しかし，前者においては，スィルスィラの共有によって構成されるスーフィー

80）上述の通り，「スーフィズム」は，一般的に「タサッウフ」の訳語として用いられる術語である．しかし，ここでは，スーフィーの営為としての「タサッウフ」と区別し，それを包含するより広義の語として「スーフィズム」という術語を使用する．

81）「ヒドル」もしくは「ハディル」（Khaḍir）は，預言者ムーサー（Mūsā，モーセ）の忍耐力を試す男として『クルアーン』にも登場する（Q18:60-82）．

82）Muḥammad al-Yadālī, *Amr*, pp. 119-64.

83）Hiskett, *The Development*, p. 142.

教団の存在がジハードの起動力や推進力を生み出すことはなかったと考えられる．これに対し，後者においては，その起動力や推進力の発生に，スーフィー教団が不可欠の役割を果たしていたのである．

今日のナイジェリア北部からニジェール南部に至る地域は，ハウサ語を母語とする人々が多く居住する地域であるため，ハウサランドなどと呼ばれる．18世紀のハウサランドは，複数の小王国が各地を支配する状態であったが，1754年にハウサランド内のゴビル（Gobir）という地域に生まれたトロンカワ（toronkawa，ハウサランドにおけるトーロベの呼称）の一人であるウスマーン・ブン・フーディーの目には，そうした小王国の施政が「正しい」イスラームを蔑ろにしていると映ったようである．1774年頃，ウスマーン・ブン・フーディーは，イスラーム法に基づくムスリム共同体の建設を目指し，こうした小王国に対し，説教活動を主体とした穏健な宗教改革運動を始めるが，1804年，そうした活動に見切りをつけると，武力によるジハードをゴビルで起こし，その後は，複数のアミール（amīr），すなわち軍事指導者にその地位を示す旗を与えてハウサランド各地の制圧を任じる方法によって，広域でのジハードを展開していった．1812年にはハウサランドの大部分を統治下に置き，ウスマーン・ブン・フーディー自身は，「ハリーファ」もしくは「アミール・アル＝ムゥミニーン」（信仰者達の長）と称して統治機構の頂点に立ち，その支配領域は，中心地がナイジェリア北西端にあるソコト（Sokoto）に置かれたことから，今日，「ソコト・カリフ国」（Sokoto caliphate）などとも呼ばれる[84]．

ヒスケットは，この宗教改革運動の展開に思想的影響を及ぼした源泉として，第3節で言及したマギーリーやスユーティーを挙げているが，彼らとともに，カーディリー教団の存在に注目している[85]．ウスマーン・ブン・フーディーは，師であるジブリール・ブン・ウマル（Jibrīl bn ‘Umar）という人物を介して複数の教団のスィルスィラに接続したといわれている[86]．スーフィーが複数の教団

84）ウスマーン・ブン・フーディーの宗教改革運動の流れは，以下のような研究で追うことができる．Hiskett, *The Sword*; Hiskett, *The Development*, pp. 158–66.

85）Hiskett, *The Sword*, pp. 59–69, 120–33; Hiskett, *The Development*, pp. 160–61; Mervyn Hiskett, “An Islamic Tradition of Reform in the Western Sudan from the Sixteenth to the Eighteenth Century,” pp. 577–96.

のスィルスィラに繫がることは珍しくないが，彼の場合，他の如何なるスィルスィラよりも，アブド・アル＝カーディル・アル＝ジーラーニー（以下，適宜ジーラーニー）に繫がる道統，つまりカーディリー教団のスィルスィラを重要視していたと考えられる．何故なら，彼がその後の半生をかけた軍事的ジハードの起動力は，明らかにジーラーニーの存在によって生み出されていたからである．

ウスマーン・ブン・フーディーは，1789/90 年頃から様々な神秘的体験をするようになったといわれるが，その中で最もよく知られているのが，1794 年のジーラーニーとの邂逅である．彼は，この邂逅の際にカーディリー教団の名祖から神の敵を討つための「真理の剣」もしくは「真理者〔神〕の剣」（sayf al-ḥaqq）を授かったと述べている[87]．

また，この頃，ウスマーン・ブン・フーディーは，預言者ムハンマドが故郷メッカでの布教活動に対する迫害から逃れるため，622 年にメディナ（Medina，マディーナ〔Madīna〕）へと移住――ヒジュラ（hijra，聖遷）――したことをなぞり，ゴビルからの移住を考えたが，ジーラーニーが現れ，それをとどめたといわれる．しかし，暫くした 1803/4 年，現地の王からの圧力を受けた彼がそれまで住んでいたデゲル（Degel）という村から西方のグドゥ（Gudu）という村への移住を決意すると，再びジーラーニーが現れ，今度はそれを許可したため，この「ヒジュラ」は実行されることとなった[88]．

更に，ウスマーン・ブン・フーディーとともにジハードを展開した彼の弟の著作には，ジハードの決行が宣言された場面を描写した以下のような記述が見られ，ウスマーン・ブン・フーディーがジハードの遂行をカーディリー教団の存在と結びつけていた事実を知ることができる．

> そして，我々の師ウスマーン（・ブン・フーディー）――彼によって神がイスラームの栄誉を永続させますように――は，（集まった）集団の（人数の）

86） Hiskett, *The Sword*, p. 60.
87） Hiskett, *The Sword*, pp. 64–6; Hiskett, *The Development*, p. 160.
88） Hiskett, *The Sword*, pp. 66–7, 70–3; Hiskett, *The Development*, p. 163.

多さ，そして不信仰者達からの決別とジハードの遂行という彼らの望みを知ると，彼らに武器を（持つよう）促し，「武器の準備は，（預言者ムハンマドの）慣行である」といった．そこで我々は，その準備を開始し，彼〔ウスマーン・ブン・フーディー〕は，黒人の国々でのイスラームの覇権を自分に見せてくれるよう〔実現してくれるよう〕神に祈り始め，それをアラビア語ではない言語を用いた『カーディリー教団』という詩に纏めたのだ．そして私は，詩行の形でそれをアラビア語に訳したのである[89]．

ウスマーン・ブン・フーディーだけでなく，彼の兄弟や息子，直弟子など，この運動を展開した多くの人物もカーディリー信徒であったことから，ジハードの遂行において彼らを結びつけた複数の紐帯のうち，スィルスィラの共有，つまり同一教団への帰属から生まれる紐帯は無視できないものである．そして，ジハードという名の戦争における人的動員や，軍事行動における規律の維持といった点においても，師弟間の上下関係を要とした教団の存在は，重要な役割を果たしていたはずである．

以上の議論から，名祖ジーラーニーに繋がるスィルスィラを核としたカーディリー教団の存在を抜きにウスマーン・ブン・フーディーの宗教改革運動は語り得ないことが了解されるはずである[90]．そして，カーディリー教団の存在を一つの基盤としたこのようなジハードがハウサランドで展開されていた時期，

89）原文は以下の通り（句読点は引用者による）．
thumma inna shaykh-nā ʻUthmān adāma Allāh ʻizza al-islām bi-hi lammā raʼā kathra al-jamāʻa wa ṭalaba-hā mufāraqa al-kuffār wa iqāma al-jihād jaʻala yaḥuḍḍu-hum ʻalā al-silāḥ wa yaqūlu la-hum «inna istiʻdād al-silāḥ sunna». fa-jaʻalnā nastaʻiddu-hu wa jaʻala yadʻū Allāh an yuriya-hu mulk al-islām fī hādhihi al-bilād al-sūdān wa naẓama dhālika fī qaṣīdat-hi *al-Qādirīya* al-ʻajamīya fa-ʻarrabtu-hā bi-abyāt
ʻAbd Allāh bn Muḥammad, *Tazyīn al-Waraqāt*, p. 51 (Arabic), p. 105 (English). ウスマーン・ブン・フーディーの弟は，この後，自らが訳したアラビア語版の『カーディリー教団』を記しているが，原典の「アラビア語ではない言語」で書かれた『カーディリー教団』は記していない．なお，この「アラビア語ではない言語」とは，フルベ語のことである．

90）アフマド・ロッボ（Aḥmad Lobbo）やセク・アマドゥ（Seku Amadu）などの名で知られるアフマド・ブン・ムハンマド（Aḥmad bn Muḥammad, 1844/5 年歿）が 1810 年代にニジェール川中流域のマースィナで起こした宗教改革運動は，ウスマーン・ブン・フーディーの運動やソコト・カリフ国の成立に影響を受けていたといわれる．そして，マースィナを拠点の一つとするカ

これまで繰り返し宗教改革運動の舞台として登場したフータ・トロでは，別の教団を基盤とした新たな宗教改革運動の芽が育ち始めていた．

18世紀末にフータ・トロのトーロベの一族の許に生まれたウマル・ブン・サイード・アル＝フーティーは，今日，アル＝ハーッジ・ウマルの呼び名で広く知られている[91]．ムスリムの義務の一つとされるメッカへの巡礼を果たした者が冠する「アル＝ハーッジ」という尊称からも分かるように，彼は，1825年，聖地へと旅立った．この巡礼に先立って，彼は，西アフリカの地で新興のティジャーニー教団の信徒になっていたが，巡礼地で新たに同教団のムハンマド・アル＝ガーリー（Muḥammad al-Ghālī, 1829年歿）に師事し，彼からハリーファ，すなわちティジャーニー教団の祖であるアフマド・アッ＝ティジャーニーの代理人の一人になることを認められた[92]．アル＝ハーッジ・ウマルは，この聖地巡礼の往復の旅程で，上述のソコト・カリフ国を始め，サハラ以南アフリカ北部やサハラ沙漠の複数の国を訪れており，この時，既にティジャーニー信徒として布教活動を行っていたようである[93]．

巡礼の旅から戻った彼は，1840年，フータ・ジャロンのジェグンコ

ーディリー教団の存在は，この運動の推進にも寄与したと考えられている．具体的にいえば，それは，学問都市トンブクトゥの，そして同時に西アフリカ全域のカーディリー教団の権威であるクンタからの支援である．クンタは，この運動によって成立した政権の正当性を擁護する宗教的権威として，マースィナと敵対する勢力に対し，論陣を張ったようである．Hiskett, *The Development*, pp. 166–8, 229; Clarke, *West Africa*, pp. 128–35; Saad, *Social History*, pp. 215–9; Levtzion, "A Seventeenth-Century," p. 587; Charles C. Stewart, "Frontier Disputes and Problems of Legitimation: Sokoto-Masina Relations 1817–1837," pp. 497–514.

91）アル＝ハーッジ・ウマルとその周辺に関する論考の数は極めて多く，その全てをここで紹介することは難しいが，単著として出版されていて，かつ彼の生涯を包括的に叙述している研究もしくは伝記には，以下のようものがある．Muhammad al-Hafiz al-Tidjânî, *Al-Hadj Omar Tall (1794–1864) : Sultan de l'Etat tidjanite de l'Afrique occidentale*; Robinson, *The Holy War*; Willis, *In the Path*; Mūsā Kamara, *Ashhā al-'Ulūm wa Aṭyab al-Khabar fī Sīra al-Ḥājj 'Umar*; 仏訳＝"La vie d'El-Hadji Omar par Cheikh Moussa Kamara"; Muḥammad al-Muntaqā Aḥmad Tāl, *al-Jawāhir wa al-Durar fī Sīra al-Shaykh al-Ḥājj 'Umar*.

92）'Umar bn Sa'īd al-Fūtī, *Rimāḥ Ḥizb al-Raḥīm 'alā Nuḥūr Ḥizb al-Rajīm*, Vol. 1, p. 440; Aḥmad bn al-'Ayyāshī Sukayrij, *Kashf al-Ḥijāb 'am-Man Talāqā ma' al-Shaykh al-Tijānī min al-Aṣḥāb*, p. 265; Mūsā Kamara, *Ashhā*, pp. 26–7; 仏訳＝"La vie," pp. 59–60. ティジャーニー教団におけるハリーファもしくはムカッダム（muqaddam）については，第2章で後述する．

93）Willis, *In the Path*, pp. 78–104; John Ralph Willis, "The Writings of al-Ḥājj 'Umar al-Fūtī and Shaykh Mukhtār b. Wadī'at Allāh: Literary Themes, Sources, and Influences," pp. 177–8; Robin-

（Jegunko）という村にムスリム共同体を作り，布教活動を更に展開していく．1849 年頃まで，このジェグンコを拠点に，故郷のフータ・トロを含むセネガンビアの広範な地域を渡り歩き，説教と布教を行っていたが，こうした活動とそれによって成長していく彼の共同体の存在は，フータ・ジャロンのアルマミに警戒心と敵愾心を抱かせる原因となったようである．この状況を受けて，アル＝ハーッジ・ウマルは，ウスマーン・ブン・フーディー同様，預言者ムハンマドの行動をなぞり，ジェグンコの北東に位置するディンギライ（Dingiray）という村へと「ヒジュラ」を行うと，周辺の非ムスリム共同体への軍事的ジハードの準備を開始した[94]．

ジハードを開始した当初，彼は，北方のセネガル川流域へと侵攻したが，既にこの地域に進出し始めていたフランス植民地行政当局との戦いに敗れると，ジハードの矛先を東方のニジェール川中流域へと向けた．1861 年にバンバラの王国セグー（Segu）を攻め落とすと，今度は，セグー王国などの非ムスリム王権の扱いやニジェール川中流域の支配を巡り，カーディリー教団の拠点であるマースィナと激突し，これを破った．こうして築かれていった広大な版図は，今日，「トゥクロール帝国」（Tukulor Empire）の名で呼ばれることがある[95]．

以上のような軍事的ジハードを通じたアル＝ハーッジ・ウマルの宗教改革運

---

son, *The Holy War*, pp. 93-112.

94）Willis, *In the Path*, pp. 105-26; Willis, “The Writings,” pp. 178-80; Robinson, *The Holy War*, pp. 112-29; Mūsā Kamara, *Ashhā*, p. 34; 仏訳＝“La vie,” p. 68. 彼に関する有名な伝記には，彼が書いたとされる，「フータ・トロの民」（Banū Ṭōro）にジハードを呼びかける韻文が引用されており，この部分だけを見ると，彼の軍事行動は，「フータ・トロの民」の解放を目指した戦いと解釈されるかもしれない．Mūsā Kamara, *Ashhā*, pp. 152-3; 仏訳＝“La vie”（suite et fin）, p. 794. しかし，仮に「フータ・トロの民」がこの地域を集住地の一つとするフルベという民族集団を指しているとしても，この韻文の主張の中心は，あくまで「神の敵」（‘adū Allāh）に対する軍事的ジハードの必要性である．そのことを考慮すれば，不信仰者との戦いを呼びかける対象は，フルベでなければならなかったわけではなく，実際に，彼の宗教改革運動に呼応したのはこの民族集団の人々だけではなかった．

95）Willis, *In the Path*, pp. 127-44, 166-91; Willis, “The Writings,” pp. 180-1; Robinson, *The Holy War*, pp. 129-302. なお，「トゥクロール」は，フータ・トロのムスリムに対する他称で，11 世紀にセネガル川流域に存在したといわれる黒人王国の名称（本章第 1 節参照），もしくはイスラームが流入した西アフリカ諸地域を指す伝統的な名称（「はじめに」の「4　地理的語彙―④スーダーン西部」参照）であるタクルールに由来する．

動は，18世紀末にマグリブで生まれた新興のティジャーニー教団をスーダーン西部に根づかせ，その信徒数を爆発的に増加させたのだが，こうした人的動員は，彼が巡礼の旅程で，もしくはジェグンコを拠点とした時期に展開した布教活動によって既に始まっており，そこで出来上がった共同体が後の巨大帝国の原型になったわけである．勿論，この時期は，まだジハードが始まる以前であったため，共同体の形成は，学識の誉れ高い宗教知識人，マグリブ起源の新しい教団の教義を伝えるスーフィー，「正しい」イスラームの普及を唱える説教師，聖地への巡礼を果たした有徳者など，アル＝ハーッジ・ウマルが有する様々な側面に引かれた人々によってなされたと考えられる．そして，このような多面性を帯びた彼は，数多の著作をアラビア語でものした著述家・思想家でもあった．彼の著作群や彼の周囲の人々が記した彼の言葉の数々からは，その多様な思想が読み取れ，そこには，ジハードの遂行とティジャーニー教団の存在とを結びつける見解も見出される[96]．

まず，巡礼の旅程で書かれた韻文著作を見ると，アル＝ハーッジ・ウマルは，個々のムスリムの義務とされる礼拝や断食，喜捨，聖地巡礼に続けて——そして，それら以上の詩行数を割いて——軍事的ジハードに言及している．

戦争のジハードについていえば，それが連帯的義務[97]であることを知り，

96）著者は，学術雑誌上に掲載された研究者による校訂版なども含め，アル＝ハーッジ・ウマルの以下のような著作にあたった．ʿUmar bn Saʿīd al-Fūtī, *al-Maqāṣid al-Sanīya li-Kull Muwaffaq min al-Duʿāt ilā Allāh min al-Rāʿī wa al-Raʿīya*; ʿUmar bn Saʿīd al-Fūtī, *Rimāḥ*; ʿUmar bn Saʿīd al-Fūtī, *Tadhkira al-Ghāfilīn ʿan Qubḥ Ikhtilāf al-Muʾminīn*; ʿUmar bn Saʿīd al-Fūtī, *Tadhkira al-Mustarshidīn wa Falāḥ al-Ṭālibīn*. なお，ジハード論の観点からアル＝ハーッジ・ウマルの著作群の解題を行った以下のような研究もある．Omar Jah, "Source Materials for the Career and the *Jihād* of al-Ḥājj ʿUmar al-Fūtī 1794-1864."

97）イスラームにおいて義務（farḍ）となる行為は，個人的義務（farḍ al-ʿayn）と連帯的義務（farḍ al-kifāya）とに分類される．前者は，五行（信仰告白・礼拝・断食・喜捨・聖地巡礼）のように，個々のムスリムが果たすべき義務であり，後者は，軍事的ジハードのように，イスラーム共同体（umma，ウンマ）の構成員の一部がそれを果たすことによって，共同体全体がそれを果たしたと見做される義務である．アル＝ハーッジ・ウマルは，明確にこの差を認識しており，個人的義務を列挙した後に，連帯的義務であるジハードを挙げている．なお，このfarḍは，ハナフィー学派を除き，法規定の5範疇（本章の注34参照）におけるwājibの同義語とされるようである．両角吉晃「ファルド」，833頁．

それに纏わる事柄を重視せよ．ジハードを疎かにするのをやめ，全ての不服従の徒に対するジハードを誠実に遂行せよ．我が兄弟よ，慈愛遍き御方〔神〕が戦争のジハードを遂行する人々に吉報をもたらしたこと，そして，「もしジハードの美徳を知っていれば，私は衰弱しなかった」と語る全ての者に対して（その罪を）赦免したことを知れ．何故なら，神は，我々と我々の財産を自らが買い取ったことを知らせ，また，（来世の）楽園が不信仰者達と戦う者へ（支払う）神の資本であることを伝えて下さったのだから．何と素晴らしい代価であろうか．買い手は神，そして，存在の主人〔預言者ムハンマド〕が人類と愛情者〔神〕との間に立つ仲介者なのである．もしお前が（ジハードに参戦できない何らかの）理由の持ち主であるのなら，信仰者達の軍団にお前の財産を供与せよ．そうすればお前は，善行者達に属するであろう．崇高さの所有者であるいと高き我々の神は，最初の面会で殉教者達に赦しを与え給う[98]．

そして，このような思想が巡礼の旅程，つまり軍事行動に乗り出す遥か以前の彼の中に芽生えていたことも注目に値する．何故なら，実際に武力を行使するまでのこの待機期間は，彼が軍事的ジハードをムスリムにとっての不可欠の行為であると認識しながらも，その実行には慎重であったことを物語っているからである．このことを裏づけるように，巡礼の旅程で書かれた別の韻文著作の中で，彼は，不信仰者を含む全ての人間が神の被造物であることを前提とし，

98）原文は以下の通り（韻律：ラジャズ〔rajaz〕）．
ammā jihādu-l-ḥarbi fa-ʻlam anna-hū / farḍu kifāyatin wa ʻaẓẓim sha'na-hū
dhari-t-takāsula ʻani-l-jihādī / jāhid bi-jiddin kulla dhī ʻinādī
iʻlam akh-ī anna-r-raḥīma bashsharā / ahla jihādi-l-ḥarbi thumma aʻdharā
jamīʻa man yaqūlu law ʻalimtū / faḍā'ila-l-jihādi mā ḍaʻuftū
idh anba'a-llāhu bi-anna-hu-shtarā / nufūsa-nā wa māla-nā wa akhbarā
anna-l-jināna ra'su māli-hi li-man / yuqātilu-l-kuffāra ḥabba-dha-th-thaman
al-mushtari-llāhu wa sayyidu-l-wujūd / wāsiṭatun bayna-l-anāmi wa-l-wadūd
jahhiz bi-amwāli-ka jaysha-l-mu'minīn / in kunta dhā ʻudhrin takun min muḥsinīn
li-sh-shuhadā yaghfiru awwala-l-mulā- / -qāti ilāhu-nā taʻālā dhu-l-ʻulā
ʻUmar bn Saʻīd al-Fūtī, *Tadhkira al-Mustarshidīn*, p. 546（Arabic）, p. 547（French）.
99）ʻUmar bn Saʻīd al-Fūtī, *Tadhkira al-Ghāfilīn*, pp. 910, 912.

神の被造物の破壊に繋がる軍事的ジハードの決行前には，武力によらない改悛や改宗の呼びかけが不可欠であり，そうした前段階を経ないジハードは神によって禁じられていると主張している[99]．つまり，言葉による呼びかけが拒絶されるという条件が整わない限り，軍事的ジハードを遂行すべきではないと考えていたのである．換言すれば，アル＝ハーッジ・ウマルは，少なくとも彼自身の見解によれば，闇雲に不信仰者の殺害を行っていたわけではなく，一定の手順を踏んで軍事的ジハードに乗り出していたといえる．

しかし，彼の思想において，言葉による布教の失敗は，あくまで軍事的ジハードに乗り出すための条件であり，武力によらない布教活動と軍事的ジハードとの境界を跨ぐ際に必要な最終的な，そして決定的な力は，別のところに起因していたと考えられる．シンキート地方のあるティジャーニー信徒は，アル＝ハーッジ・ウマルの語りを交えて，以下のように述べている．

彼〔アル＝ハーッジ・ウマル〕――彼に神の満足あれ――は，（次のように）私にいった．「不信仰者達が我々に襲いかかってきたが，その不信仰者達に対するジハード（の決行）について，神の御許からの明白な許可はなく，実際，私には，（言葉による改悛や改宗の）呼びかけと至高なる神の御許への訓導について（だけ），神の使徒〔預言者ムハンマド〕――彼に神の祝福と救済あれ――と（アフマド・）アッ＝ティジャーニー師――彼に神の満足あれ――からの許可があったのだ．その後，私は，様々な経路，つまり神の使徒――彼に神の祝福と救済あれ――の経路や（アフマド・）アッ＝ティジャーニー師――彼に神の満足あれ――の経路などから，私が不信仰者達に対するジハード（の遂行）を許可された者であり，不信仰者達との対峙において（神に）助けられる者であることを知らされたが，私は，（実際に）不信仰者達が我々に襲いかかってくるまでは何もしなかった．そして，（暫くすると）私は，至高なる御方〔神〕の『不正をなされたという理由で戦う者達に対し，許可が与えられた』[100]という言葉――いと高き神は，（嘗て）その約束を実

100）この文言は，Q22:39に見られる．カイロ版（標準エジプト版）の『クルアーン』の本文は，

行し，（預言者ムハンマドに敵対した）軍勢を独りで打ち負かしたのだ——から許しを得た．それ故，1852年9月6日〔ヒジュラ暦1268年11月21日〕の晩，夜の礼拝の後に，いと高き神は，『お前は，神の道におけるジハードを許された』という3度の呼びかけによって，私がジハードを許された者であることを教えて下さったのだ」[101]．

アル＝ハーッジ・ウマルの見解によれば，ジハードの遂行は，神，預言者ムハンマド，そしてティジャーニー教団の祖アフマド・アッ＝ティジャーニーからの「許可」によっていたのである．神や預言者ムハンマドが全てのムスリムにとっての絶対的権威であり，この2者がジハードの遂行に「許可」を与える立場に立つのは，恐らく特別なことではないだろう．しかし，アル＝ハーッジ・ウマルの場合，そこにアフマド・アッ＝ティジャーニーも連なっている．これは，ウスマーン・ブン・フーディーがカーディリー教団の名祖であるジーラーニーからジハード遂行のための「真理の剣」を授かった状況と似ており，アル＝ハーッジ・ウマルは，ジハード遂行の原動力として，ティジャーニー教団の存在を強く意識していたのである．

ここで「戦う」と訳した能動態 yuqātilūna を受動態 yuqātalūna としている．しかし，注釈書を検討すると，能動態 yuqātilūna という異読は，一般的になされるようである．Richard Bell, *A Commentary on the Qur'ān*, Vol. 1, p. 570; Rudi Paret, *Der Koran: Kommentar und Konkordanz*, p. 350.

101）原文は以下の通り．

qāla l-ī raḍiya Allāh ʻan-hu waqaʻa ʻalay-nā al-kuffār wa lam yakun l-ī idhn ṣarīḥ fī jihād al-kuffār min jānib al-ḥaḍra al-ilāhīya, wa inna-mā l-ī idhn min rasūl Allāh ṣallā Allāh ʻalay-hi wa sallama wa min al-shaykh al-Tijānī raḍiya Allāh ʻan-hu bi-al-daʻwa wa al-irshād ilā Allāh taʻālā, wa ukhbirtu baʻd dhālika ann-ī maʼdhūn fī jihād al-kuffār wa manṣūr ʻalay-him min ṭuruq shattā baʻḍ-hā min rasūl Allāh ṣallā Allāh ʻalay-hi wa sallama, wa baʻḍ-hā min al-shaykh al-Tijānī raḍiya Allāh ʻan-hu wa lam afʻal ḥattā waqaʻa ʻalay-nā al-kuffār fa-akhadhtu al-idhn min qawl-hi taʻālā {udhina li-lladhīna yuqātilūna bi-anna-hum ẓulimū} wa anjaza Allāh taʻālā waʻd-hu, wa hazama al-aḥzāb waḥd-hu. li-dhā aʻlama-nī Allāh taʻālā baʻd al-ʻishāʼ layla al-ithnayn li-ʻashr baqīn [sic] min dhī al-qaʻda al-ḥarām ʻām thamāniya wa sittīn wa miʼatayn wa alf, bi-ann-ī maʼdhūn fī al-jihād bi-hātif rabbānī yaqūlu l-ī: udhinta fī al-jihād fī sabīl Allāh thalāth marrāt

Aḥmad bn al-ʻAyyāshī Sukayrij, *Kashf*, p. 336.

7世紀に西アジアで勃興したイスラームは，北アフリカ，サハラ沙漠を経て，遅くとも11世紀には遥か西の果てに位置するスーダーン西部の地にまで至り，時代・地域ごとに極めて多様な形で受容されながらも，巨視的には，着実に西アフリカ全域に根づいていった．本序章の5つの節で扱った出来事は，西アフリカにおけるイスラームの展開を把握する上で，いずれも看過することのできない重要な事象であり，長年に亘って研究の蓄積がなされてきた主題である．そして，特に18–19世紀の間に立て続けに発生したジハードは，これまで数多の研究者が膨大な量の言葉を費やしてその実像に迫ろうとしてきた問題であるといえよう．しかし，本書の議論の中に現れる同時期の西アフリカ・イスラームの世界は，そうしたジハードという名の嵐が吹き荒れる騒然とした世界とは大きく様相を異にする．

以下に続く2部構成の本論では，序章の最後に登場したアル＝ハーッジ・ウマルの次の世代の宗教知識人であるアフマド・バンバを軸に，時代を遡りながらイスラーム知識人達の宗教的・知的連関網の様相を明らかにしていくが，そうした連関網は，多くの研究者の耳目を集めてきた一連のジハードと同様，間違いなくこの地域におけるイスラームの一側面である．否，それどころか，ジハードを展開した指導者の多くが宗教諸学の研鑽を積んだ優れた知識人であったこと，そして，ジハードの遂行を根本において支える彼らの思想的基盤が周囲の知識人との交流や先達がものした著作群の渉猟などによって醸成されていったことを考慮すれば，ジハードという顕然たる現象も，その底部に隠然と広がる宗教知識人達の連関網を把握せずには，詳細な理解には至れないのではないだろうか．本書は，そのような西アフリカ・イスラーム社会を根本において支えた人と人との関係をつぶさに描き出そうとする試みである．

第 I 部

西アフリカにおけるイスラームの教団的枠組み

第1章　伝統の道
――スィーディー・アル＝ムフタールとカーディリー教団

18世紀半ば以降の西アフリカ・イスラームを検討する際，宗教的・知的権威としてこの地域の政治・経済・社会に大きな影響を及ぼしたクンタと呼ばれる集団を避けて通ることはできない[1]．スィーディー・アル＝ムフタール・アル＝クンティーは，18世紀後半から19世紀初頭にかけて，この集団の勢力拡大に寄与した中興の祖ともいえる人物であり，本章では，この集団の基礎的な情報を整理・紹介しながら，スィーディー・アル＝ムフタールおよび彼の周辺の宗教的・知的連関網を検討する．

その政治的・経済的・社会的影響力の大きさ故に，クンタを主題として扱った研究は，植民地期から現代に至るまで数多くなされてきており[2]，また，この集団に特化した論考でなくとも，西アフリカを地域的射程とする種々の研究

1) 後述するように，クンタは，血統で繋がった一族を核としているが，この一族の許に集まった多くの弟子達やその一族も包含するため，単一の部族という表現は適切でない．従って，本書では集団という語を用いる．なお，カーディリー教団については，「はじめに」の「5　術語の説明―④カーディリー教団（al-Ṭarīqa al-Qādirīya）」参照．

2) 例えば，クンタの血統・歴史，およびスィーディー・アル＝ムフタールとその周辺の情報に関する研究の一部に限っても，以下のようなものが挙げられる．Hamet, "Les Kounta"; Marty, "Etudes sur l'Islam et les tribus du Soudan, tome 1," pp. 1-175; Paul Marty, *Etudes sur l'Islam et les tribus du Soudan,* Vol. 3*: Les tribus maures du Sahel et du Hodh,* pp. 221-39; Thomas Whitcomb, "New Evidence on the Origins of the Kunta—I"; Thomas Whitcomb, "New Evidence on the Origins of the Kunta—II"; Batran, "The Kunta"; E. Ann McDougall, "The Economics of Islam in the Southern Sahara: The Rise of the Kunta Clan"; Fatima Bibed, "Les Kunta à travers quelques extraits de l'ouvrage al-Tara'if wa l-Tala'id 1756-1825." なお，A・A・バトランの以下の博士論文は，スィーディー・アル＝ムフタールを中心に，クンタの諸事を扱った包括的な研究として知られているが，著者は参照する機会がなかった．A. A. Batran, "Sīdī al-Mukhtār al-Kuntī and the Recrudescence of Islam in the Western Sahara and the Middle Niger, c. 1750-1811," Ph. D. Thesis, University of Birmingham, 1971.

において，彼らの名は繰り返し言及されてきた．従って，本章で検討する上記の２点，すなわち集団の基礎的情報と，スィーディー・アル＝ムフタールとその周辺の宗教的・知的連関網のうち，特に前者に関しては，既に先行研究において言及されている部分も少なくない．しかし，アラビア語資料に基づく実証的な西アフリカ・イスラーム研究がこれまで十分になされてこなかった日本の状況と，専門外の読者の存在を考慮すると，このような情報を整理・紹介することに，一定の意義はあると思われる．また，こうした基礎的情報も含め，本書を構成する情報の主な出所は，あくまで１次資料，すなわち著者が蒐集した現地のアラビア語写本・刊本である．

なお，本章で提示する基礎的情報は，後半での宗教的・知的連関網に関する議論との関連を考慮し，スィーディー・アル＝ムフタールに繋がるクンタの血統やタサッウフの道統[3]，学問的系譜などが主となる．反対に本章では，基本的にクンタの政治的・経済的活動には触れない．クンタが西アフリカにおける諸部族の政治的駆け引きや，サハラ沙漠交易における塩や煙草の取引において重要な役割を果たしてきたことはよく知られている．しかし，本書全体の最大の目的が西アフリカ・イスラームの宗教的・知的連関網の描写なので，この目的に直接関連しないような政治的・経済的側面は割愛する．

第１節　クンタの血統

スィーディー・アル＝ムフタールの後継者スィーディー・ムハンマドは，数多の著作を書き残した人物として知られる．その中でも，『新しき獲得物』と『書簡』の２著作は，彼が自ら率いたクンタという集団の歴史を如何に理解していたのか，そして，その歴史の中に父親であるスィーディー・アル＝ムフタールの生涯および思想をどのように位置づけていたのかを明示する貴重な資料である．本節では，これら２著作から得られる情報と先行研究で提示された情報をもとに，スィーディー・アル＝ムフタールへと至るクンタの血統を論じる．

3)「はじめに」の「5　術語の説明―⑩スィルスィラ（silsila）」参照．

まず，『新しき獲得物』と『書簡』に記されたクンタの血統は，表1-1のように纏められる[4]．

「サイイド」や「スィーディー」の付加もしくは省略，および「サイイド」から「スィーディー」もしくは「ウマル」から「アァマル」への変化が，人名の表記においてしばしば見られる現象であることを考慮すると，13から18の差異が注目される．

そもそも集団名のクンタ，もしくはそれに基づくクンティーというニスバ[5]は，その名が示す通り，15世紀に生きた9のスィーディー・ムハンマド・アル＝クンティーの存在によっている．『書簡』が明らかにするところでは，彼の母親は，ベルベル[6]の有力部族もしくは部族連合であったアブドゥーカル（Abdūkal）の人で，彼女の祖父もしくは曾祖父の名がクンタであった．つまり，スィーディー・ムハンマド・アル＝クンティーのニスバは，彼の名に由来しているのである[7]．しかし，先行研究も指摘するように，このスィーディー・ムハンマド・アル＝クンティーから683年に歿した始祖ウクバ・ブン・ナーフィァまでの血統を繋ぐ人間の数が不自然に少なく，また，この時期に関する『書簡』の描写に，事実誤認や時代錯誤と思しき箇所が散見することから，15世紀までのクンタの血統は，マルティの表現を借りれば，「伝説」的な要素を多分に含み込んでいるといえる[8]．

クンタがこの血統を主張する最大の理由は，自分達の始祖がアラブであり，しかも7世紀後半のアラブ・ムスリム勢力によるマグリブ征服で名を馳せたウクバであることを明示するためであると考えられる[9]．実際には，既に触れたように，クンタという集団名自体がベルベル起源のものである．また，『書簡』

4）ṬT-K, p. 72; ṬT-R, p. 107; RGh, pp. 139-68. 参考文献ṬT-K, ṬT-R, RGhについては，「はじめに」の「6　アラビア語参考文献の略号と情報—⑥RGh，⑧ṬT-KおよびṬT-R」参照．

5）「はじめに」の「5　術語の説明—⑭ニスバ（nisba）」参照．

6）「はじめに」の「5　術語の説明—⑲ベルベル（Berber）」参照．

7）RGh, p. 148; Whitcomb, "New Evidence—I," p. 106; Batran, "The Kunta," p. 117; Marty, "Etudes sur l'Islam et les tribus du Soudan, tome 1," pp. 12-3; Hamet, "Les Kounta," p. 307.

8）RGh, pp. 139-49; Whitcomb, "New Evidence—I," p. 107; Batran, "The Kunta," pp. 114-8; Marty, "Etudes sur l'Islam et les tribus du Soudan, tome 1," pp. 2-3.

9）序章第1節参照．

表 1-1　スィーディー・アル＝ムフタールの血統

	『新しき獲得物』	『書簡』
1	スィーディー・アル＝ムフタール	言及なし
2	アフマド（Aḥmad）	言及なし
3	アブー・バクル（Abū Bakr）	言及なし
4	ムハンマド（Muḥammad）	言及なし
5	ハビーブ・アッラーフ（Ḥabīb Allāh）	言及なし
6	アル＝ワーフィー（al-Wāfī）	サイイド・アル＝ワーフィー（Sayyid al-Wāfī）
7	スィーディー・ウマル・アッ＝シャイフ（Sīdī ʻUmar al-Shaykh, 1552/3 年頃歿）	サイイド・アァマル・アッ＝シャイフ（Sayyid Aʻmar al-Shaykh）
8	スィーディー・アフマド・アル＝バッカーイ（Sīdī Aḥmad al-Bakkā', 1514/5 年頃歿）10)	サイイド・アフマド・アル＝バッカーイ（Sayyid Aḥmad al-Bakkāy）
9	スィーディー・ムハンマド・アル＝クンティー（Sīdī Muḥammad al-Kuntī）	サイイド・ムハンマド・アル＝クンティー（Sayyid Muḥammad al-Kuntī）
10	スィーディー・アリー（Sīdī ʻAlī）	サイイド・アリー（Sayyid ʻAlī）
11	ヤフヤー（Yaḥyā）	スィーディー・ヤフヤー（Sīdī Yaḥyā）
12	ウスマーン（ʻUthmān）	サイイド・ウスマーン（Sayyid ʻUthmān）
13	ヤフス（Yahs）	ダウマーン（Dawmān, アムル〔ʻAmr〕）
14	ダウマーン（Dawmān）	ヤフス（アブド・アッラーフ〔ʻAbd Allāh〕）
15	ワルド（Ward）	シャーキル（Shākir）
16	アル＝アーキブ（al-ʻĀqib）	ヤァクーブ（Yaʻqūb）
17	ウクバ・ブン・ナーフィァ	アル＝アーキブ
18		ウクバ・ブン・ナーフィァ

10) この人物の「アル＝バッカーイ」という名は，al-Bakkā' と書かれたり，al-Bakkāy と書かれたりするが，そもそも，彼がたった一度だけ礼拝を行えなかったことを嘆き，生涯涙を流し続けたという意味の「よく泣く者」という意味の異称なので，文法的にいえば，表記は al-Bakkā' が正しく，音は「アル＝バッカーゥ」に近いと考えられる．しかし，恐らく最終文字にヤー（yā, ى, ي）を台にしたハムザ（hamza, ء）を使っていたところからハムザが脱落してしまい，習慣的に al-Bakkāy という表記や，それに基づく「アル＝バッカーイ」という音が定着したのだろう．ṬT-K, p. 96; ṬT-R, p. 145.

は，表1-1の10のスィーディー・アリー（＝サイイド・アリー）から6のアル＝ワーフィー（＝サイイド・アル＝ワーフィー）までの婚姻関係や子孫・支族の派生状況を特に詳しく記しているが，この時期だけを見ても，クンタの男性の配偶者は，大半がアブドゥーカルやタジャカーント（Tajakānt，タージャカーント〔Tājakānt〕），タンダガ（Tandagha）など，ベルベル起源を主張する有力部族もしくは部族連合の出身者であり[11]，しかも，彼らの子供が母方の一族の許で養育されていた事例も見出せる[12]．更に，ウクバの時代から15世紀頃まで，彼らが転々と変え続けていた根拠地は，いずれも，今日のチュニジア，モロッコ，西サハラ，モーリタニア，アルジェリアなどにあたる地域にあり[13]，換言すれば，アラブの南進が本格的に始まる15世紀頃まで，彼らは，完全にベルベルの生活圏で暮らしていたのである．

『新しき獲得物』や『書簡』以前に書かれたとされるクンタの血統を扱った著作（写本）を分析してこの集団の出自に迫ったトマス・ウィトコムは，その研究の中で，もともとアラブの血統を主張していなかったクンタは，サハラ西部におけるアラブ・ムスリムの支配の様相がより濃くなる17-18世紀頃，自らの様々な行動や野望を正当化するために有益であり，同時に不可欠でもあったため，集団のアラブ起源説を展開したのではないか，と述べている[14]．

序章第4節で触れたように，15世紀頃からハッサーン族の南進が本格的に始まり，彼らは，主に軍事力によって先住のベルベル諸部族を制圧しながら，サハラ西部の政治的・軍事的支配者たる戦士貴族階層を形成していった．このアラブの侵入が一つの契機となって出来上がったとされるモール社会を過度に図式化することの問題にも触れたが，しかし，クンタの名祖スィーディー・ムハンマド・アル＝クンティーが活動した15世紀頃から，彼の活動地域におい

11）これらの部族もしくは部族連合の起源・構成などについては，数多くの先行研究が様々な見解を提示している．いずれの部族・部族連合も，基本的にはムラービト運動の中心勢力であったラムトゥーナ族起源を主張しているようであるが，例えば，複数の部族の集合体と考えられるタンダガなどの中には，アラブ起源を主張する集団もいるようである．Harry Thirlwall Norris, *Saharan Myth and Saga*, p. 189.

12）RGh, pp. 148-64; Batran, "The Kunta," pp. 117-23.

13）RGh, pp. 139-48.

14）Whitcomb, "New Evidence—II," pp. 414-5.

て，アラブが政治的・軍事的優位を徐々に確保し始めたことは否定できないだろう[15]．故に，ウクバ起源の血統は，ベルベルの生活圏で暮らし，実際にベルベルの血を引いていながらも，クンタという集団が正統なアラブの出であることを裏づけ，アラブの侵攻者達が権力を握るようになった社会における集団の円滑な活動を保証する，一つの重要な資源であったと考えられる[16]．

さて，血統の問題に関しては，もう1点，始祖のウクバから表1-1の8のスィーディー・アフマド・アル＝バッカーイまでの世代交代が所謂一子相伝の形でなされていたことに触れておこう．クンタを中心としたカーディリー教団の道統は，しばしば「バッカーイーヤ」などと呼ばれ，このスィーディー・アフマド・アル＝バッカーイの登場によってクンタに布教および共同体の精神的指導といった宗教的機能が備わったとする見方や，彼がカーディリー教団の教えを初めて西アフリカにもたらしたとする見解がある[17]．そして，『書簡』は，彼を「クンタの樹木の苗床」(maghris shajara Kunta) と形容し，彼がそれまでの単線から，枝葉を広げた樹形へと変化するクンタの系譜図の根元に存在する人物であることを明らかにしている[18]．この形容の後，『書簡』は，まずスィ

---

15) 『書簡』によると，ハッサーン族の侵攻前，シンキート地方で強大な権力を保持していたのはアブドゥーカルであった．しかし，スィーディー・ムハンマド・アル＝クンティーがアブドゥーカルと対立状態に陥った際，ハッサーン族の一支族であるナースィル族（Awlād al-Nāṣir）がスィーディー・ムハンマド・アル＝クンティーからの助勢を得て，アブドゥーカルの制圧に成功したようである．先行研究の中には，この出来事を，シンキート地方におけるハッサーン族の覇権を決定づけた一要因としているものもある．仮にそうであるならば，覇権を握ったアラブの精神的指導者という立場を獲得した点で，この出来事は，スィーディー・ムハンマド・アル＝クンティーと彼の子孫であるクンタの影響力拡大にとっても，重要な意味を持っていたといえるだろう．RGh, pp. 149–51; Norris, *The Arab*, p. 33.

16) マグリブからサハラ西部に至る地域の諸部族についていえば，その出自をアラブもしくはベルベルのどちらか一方に断じることが困難な場合は少なくない．厳密にいえば，この地域で長い歴史を有する部族が純粋なアラブ，もしくは純粋なベルベルの血統を保持できるとは考えにくい．クンタの場合もその例に漏れないが，ウクバを始祖とする彼らの血統は，彼ら自身のみならず，周辺の諸部族からも認められてきたようで，更に，アラビア語を話す集団であるという事実が，彼らのアラブ性の確保にとって重要だったようである．Marty, “Etudes sur l’Islam et les tribus du Soudan, tome 1,” pp. 3–4; John Owen Hunwick, “Kunta,” pp. 393–5.

17) Octave Depont and Xavier Coppolani, *Les confréries religieuses musulmanes*, pp. 320–1; Marty, “Etudes sur l’Islam et les tribus du Soudan, tome 1,” p. 16; Batran, “The Kunta,” p. 120.

18) RGh, p. 154.

ーディー・アフマド・アル＝バッカーイ以前のクンタの後継者選択の伝統に触れている．

> 彼ら〔クンタの家督を継いできた者達〕に関して，後継者が先代から伝えてきた事柄の中に，以下のようなことがある．彼らのうちの1人に（複数の）子供が生まれ，彼らが若者となり，彼が彼らを教育し，教えを施した後で，自らの死が近づいていることを感じた時，彼らのうちから，敬虔さと相続の適正の刻印が打たれた者を選び，彼を生き永らえさせたのである．そして同時に，（クンタの血統の）廉直さが持続することと，偉大なるイスラーム法の規則の向こう側へ踏み込んでしまわないことを望んで，残り（の子供達の命）を取り去るよう神に祈ったので，彼らのうち，相続者の1人を除いて，誰も残っていないのである[19]．

つまり，クンタは，集団の血統そのものの聖性を維持するために，子供達の中から最も敬虔で宗教的に卓越した1人だけを血統の担い手として選抜していたのである．そして反対に，その最も優れた後継者以外の者の振る舞いによってクンタの血統に汚点が残る事態を未然に防ぐため，選抜に漏れた他の全ての子供達の遠からぬ未来には死が用意されていた．

このような伝統を知っていたスィーディー・アフマド・アル＝バッカーイの妻は，末子のスィーディー・ウマル・アッ＝シャイフを後継者に指名しようとする夫の意思を悟ると，残りの2人の息子の死を恐れて，学識者であった父親の許に相談に行った．父親は，上記のクンタの伝統のために後継者以外は死ぬことになっている，と諭したが，それでも娘が救済策を求めるので，スィーデ

19）原文は以下の通り．
wa kāna fī-mā yanqulu ʻan-hum khalaf ʻan salaf, anna al-wāḥid min-hum matā wulida la-hu awlād wa shabbū, wa ʻallama-hum wa darraba-hum wa aḥassa min nafs-hi bi-qurb al-raḥīl, ikhtāra min-hum man tawassama fī-hi wasm al-ṣalāḥ wa al-ṣalāḥīya li-l-irth ʻan-hu fa-ʻammara-hu. wa daʻā Allāh fī akhdh al-bāqīn, ḥirṣ[an] min-hu ʻalā dawām al-istiqāma wa ʻadam al-taʻaddī ilā mā warāʼ ḥadd al-sharʻ al-ʻazīz, fa-lā yabqā min-hum illā al-wāḥid al-wārith.
RGh, p. 155.

ィー・アフマド・アル＝バッカーイに対して息子達の命乞いをする前になすべき行動を彼女に指示した．そして，彼女がその指示通りに振る舞うと，スィーディー・アフマド・アル＝バッカーイは，彼女の望みを聞き入れ，更に，一族の許を離れて，シンキート地方南東部のワラータへと旅立っていったようである[20]．

上記の引用箇所には，一子相伝を継続してきた理由は示されているが，反対に，スィーディー・アフマド・アル＝バッカーイがそれまでの伝統を反故にして，何故妻の願いを聞き入れたのか，という理由は示されていない．しかし，いずれにせよ，一子相伝の伝統がなくなったことにより，スィーディー・アフマド・アル＝バッカーイ以降，クンタは，急激に支族の数を増やしていき，幾つかの有力支族が中心となって，西アフリカ各地に複数の勢力拠点を築くようになったのである．そして，そうした拠点の一つが学問・商業都市トンブクトゥの北に広がる広大な沙漠地帯アザワード（Azawād）であり，スィーディー・アル＝ムフタールの生涯は，この地域を中心に繰り広げられることとなる．

第2節　信仰への旅立ちとタサッウフの道統

『新しき獲得物』によると，スィーディー・アル＝ムフタールは，1729/30年，トンブクトゥの北にあるアラワーン（Arawān）に近いカスィーブ・ウガーッラ（Kathīb Ughālla）という場所で生まれた[21]．彼は，4，5歳の頃に母親を，10歳の頃に父親を亡くしたため，それ以後，年長の異母兄弟の庇護下で育つこととなった[22]．『新しき獲得物』には，スィーディー・アル＝ムフタールの幼少期の奇蹟譚が列挙され，この時期の彼を取り巻いた親族の多くも奇蹟を起こす敬虔な聖者であったことが記されている．しかし同時に，彼が同年代のクンタの若者に交ざり，『クルアーン』の学習や家畜の世話などを通じた一般的

20）RGh, pp. 155–6.
21）ṬT-K, p. 70; ṬT-R, p. 103.『新しき獲得物』には，生年の異説（1722/3年）も紹介されているが，同一頁に記されたスィーディー・アル＝ムフタール自身の発言を頼りにすると，1729/30年が正しいようである．
22）ṬT-K, p. 70; ṬT-R, pp. 103–4.

な養育法によって育てられたことも記されている[23].

ところが，13歳の時，クンタの普通の少年としての生活を送っていたスィーディー・アル＝ムフタールは，マブルーク（Mabrūk）という村で不思議な体験をし，信仰と知識を求める旅への出立を決意したのだった．

ある日，（スィーディー・アル＝ムフタールは）彼の一族の同年代の若者達とともに，アフリカハネガヤ〔イネ科の植物の一種〕を綯っている奴隷達の住居の前に立った．その若者達が皆，自分のために綯ってもらった縄を奴隷の手から受け取ったので，師〔スィーディー・アル＝ムフタール〕——彼に神の満足あれ——は，言葉も分からず，まともに返答もできないヌビアの奴隷の手から，縄を受け取った．すると，その奴隷は，（突如）明晰なアラビア語で喋り，（スィーディー・アル＝ムフタールに対して）「お前は，こんなことのために（神に）創造されたのではないし，こんなことを（神に）命じられたのでもない」といった．師〔スィーディー・アル＝ムフタール〕は，（その時の様子を回想して，次のように）語った．「（その出来事は，その奴隷が）私の魂に矢の如くそれ〔その言葉〕を送り込んだようであった．そこで，私は，『それでは私は，一体何のために創造され，何を命じられたというのでしょうか』と彼に尋ねた．すると，彼は，『お前は，お前の主〔神〕を知り，崇拝するために創造され，また知識を学び，求めることを命じられたのだ』と答えた」．（更に続けて，スィーディー・アル＝ムフタールは，次のように）語った．「こうして神は，知識を求める旅や，それを獲得するための遍歴，修行と魂の修養を目的とした隠遁といった事柄への決心を私の魂の中に投げ込んだのだ」[24].

23）Ṭ T-K, p. 75; Ṭ T-R, p. 110.

24）原文は以下の通り（句読点は引用者による）．
waqafa dhāt yawm maʻ baʻḍ lidāt-hi min ṣibyān qawm-hi ʻalā maʻābid yaftilūna al-ḥalfāʼ. fa-tanāwala kull ṣabī min ulāʼika al-ṣibyān ḥabl min yad ʻabd yaftilu-hu la-hu. fa-tanāwala al-shaykh raḍiya Allāh ʻan-hu ḥabl min yad ʻabd nūbī lā yafhamu kalām wa lā yuḥsinu jawāb fa-afṣaḥa al-ʻabd wa qāla mā li-hādhā khuliqta wa lā bi-hādhā umirta. fa-qāla al-shaykh fa-ka-anna-mā arsala-hā fī nafs-ī sahm^an. fa-qultu la-hu wa li-mādhā khuliqtu wa bi-mādhā umirtu. qāla khuliqta li-maʻrifa rabb-ka wa ʻibādat-hi wa umirta bi-taʻallum al-ʻilm wa ṭalab-hi. qāla fa-

彼は，まず，マブルークの南方に位置するマァムーン（Ma'mūn）という村に留まることにした．マァムーンには，アザワードの有力な宗教知識人の部族として知られるケル・アッ＝スーク（Kel al-Sūq，ケル・エッ＝スーク〔Kel es-Sūq〕）の居住地があり，スィーディー・アル＝ムフタールは，その一支族ケル・イナルブーシュ（Kel Inalbūsh）の若者達に交じり，ともに遊び，ともに学ぶ仲になった．しかし，ある日，普段のように遊んでから，彼らとともに彼らの書庫（bayt al-kutub，もしくは単に「学習の場」という意味か）に戻ると，スィーディー・アル＝ムフタール以外は，皆それぞれ書物を手にし，スィーディー・アル＝ムフタールだけがその様子を傍観している状態になってしまった．彼は，自らが彼らの「隣人」（jīrān）のようになってしまっている状況を前に，その日以来，遊ぶことをやめ，あらゆる書物の学習に専念することを宣言し，それを阻害する家畜の世話から解放されるため，マァムーンまで乗ってきた駱駝に鞍を乗せ，マブルークの方へ放してしまった[25]．

そして，スィーディー・アル＝ムフタールは，ケル・フルマ（Kel Ḥurma）という一族のアーッハ（Āḥḥa）と呼ばれる人物の許に行き，法学などを学び始めた．彼はそこで，アーッハの弟子達やアーッハの許を訪れた客人などから酷い嫌がらせを受け続けたようだが，ハリール・ブン・イスハーク（Khalīl bn Isḥāq，1365/67/74年頃歿）の『提要』（*Mukhtaṣar*）を始め，幾つかの著作をここで修めた．その後，アーッハの勧めに従って，学問都市トンブクトゥへ移動したスィーディー・アル＝ムフタールであるが，『新しき獲得物』の描写を見る限り，彼には頼みにする縁故がなく，当初は，修学の場はおろか，投宿する場所さえ得ることができず，厳しい生活環境に身を置かなければならなかったようである．ある時，トンブクトゥにやってきた人々の一団の中にスーディー・アル＝ムフタールの縁者がおり，この人物は，スィーディー・アル＝ムフター

---

alqā Allāh fī nafs-ī al-'azīma 'alā al-riḥla fī ṭalab al-'ilm wa al-tagharrub fī taḥṣīl-hi wa al-tajarrud li-l-irtiyāḍ wa tahdhīb al-nafs.

ṬT-K, p. 75; ṬT-R, p. 110.

25）ṬT-K, pp. 75-6; ṬT-R, p. 110-1. この一節が意味するところは不明確で，スィーディー・アル＝ムフタールが学習において同年代の学徒に遅れを取っていたと解釈することも，彼がケル・イナルブーシュの所蔵する書物の渉猟を禁じられていたと理解することもできる．

ルの酷い生活状態を目の当たりにすると，彼を諌め，同時に，そうした状況から脱却させるため，自分の一団に彼を引き入れ，トンブクトゥの町から連れ出したのであった[26]．

しかし，スィーディー・アル＝ムフタールは，結局この一団の許を離れ[27]，その後，彼にとって最大の師となるスィーディー・アリー・ブン・アン＝ナジーブ・アッ＝タクルーリー（Sīdī ʻAlī bn al-Najīb al-Takrūrī，1756/7年頃歿）の許を訪れた．スィーディー・アル＝ムフタールは，自らの師を求める旅がこのスィーディー・アリーの許に至って終了した，と述べており，一般的な宗教諸学に関しても，タサッウフに関しても，このスィーディー・アリーが彼にとって最も重要な師であったことは疑いない[28]．

スィーディー・アル＝ムフタールは，この師の許で，4年もの間，横になって眠ることも，笑うこともなかったというほどの過酷な修行を行い，その過程で，カーディリー教団のウィルド[29]を授かったようである[30]．『新しき獲得物』には，そのスィーディー・アリーに繋がる表1-2のような道統が記されている[31]．

一見して，9以前の時期に関して，道統の繋がりに疑問を抱く点が複数あることに気がつく．まず，先行研究でしばしば指摘されるのは，9と10，および10と11との繋がりに関する問題である．10のマギーリーも11のスユーティーもよく知られた人物であるが，スーダーン西部との関わりでいえば，序章第3節で言及したように，いずれもソンガイ帝国・アスキヤ朝初代の王アスキ

26）ṬT-K, p. 76; ṬT-R, pp. 111–3.

27）スィーディー・アル＝ムフタールは，この一団との旅程で，彼らの視界から消えるという奇蹟によって，彼らの許を離れたようである．ṬT-K, pp. 76–7; ṬT-R, p. 113.

28）ṬT-K, pp. 77, 271; ṬT-R, pp. 113, 390.

29）「はじめに」の「5　術語の説明—②ウィルド（wird）」参照．

30）ṬT-K, p. 77; ṬT-R, 113.

31）ṬT-K, pp. 90–123; ṬT-R, pp. 134–83. 表中の3から8までの歿年は，『新しき獲得物』の表記によっているが，10から30までの歿年は，基本的に *The Encyclopaedia of Islam*, New Edition もしくは Aḥmad Bābā al-Tinbuktī, *Nayl al-Ibtihāj bi-Taṭrīz al-Dībāj* の表記に従った．しかし，①これらの参考文献に歿年を見出せない，②これらの参考文献に記された歿年と『新しき獲得物』に記された歿年とが大きく異なる，③後出の議論で『新しき獲得物』に記された歿年が必要になる，という3つの場合には，『新しき獲得物』に記された歿年を［　］の中に示す．

表 1-2　スィーディー・アル＝ムフタールの道統

1	スィーディー・アル＝ムフタール
2	スィーディー・アリー・ブン・アン＝ナジーブ
3	スィーディー・アル＝アミーン・ブン・スィーディー・ウマル（Sīdī al-Amīn bn Sīdī 'Umar，1704 年歿．ズー・アン＝ニカーブ〔Dhū al-Niqāb〕）
4	スィーディー・アフマド・ブン・スィーディー・ウマル（Sīdī Aḥmad bn Sīdī 'Umar, 1681 年歿．アル＝ハリーファ〔al-Khalīfa〕：3 の兄弟）
5	スィーディー・アリー・ブン・スィーディー・アフマド（Sīdī 'Alī bn Sīdī Aḥmad, 1707? 年歿：4 の父方おじ）
6	スィーディー・アフマド・ブン・スィーディー・ムハンマド（Sīdī Aḥmad bn Sīdī Muḥammad, 1653 年歿：5 の父親）
7	スィーディー・ムハンマド（Sīdī Muḥammad，1585/6 年歿．アッ＝ラッカード〔al-Raqqād〕：6 の父親）
8	スィーディー・アフマド（Sīdī Aḥmad，1543/4 年頃歿．アル＝ファイラム〔al-Fayram〕：7 の父親）
9	スィーディー・ウマル・アッ＝シャイフ（8 の父親＝表 1-1 の 7）
10	ムハンマド・ブン・アブド・アル＝カリーム・アル＝マギーリー（Muḥammad bn 'Abd al-Karīm al-Maghīlī，1503/4/5/6 年頃歿［1533/4 年］）
11	アブド・アッ＝ラフマーン・アッ＝スユーティー（'Abd al-Raḥmān al-Suyūṭī, 1505 年歿［1517/8/9 年］）
12	アブド・アッ＝ラフマーン・アッ＝サアーリビー（'Abd al-Raḥmān al-Tha'ālibī, 1468 年歿［1417/8 年頃］）
13	ムハンマド・ブン・アブド・アッラーフ（Muḥammad bn 'Abd Allāh, 1148 年歿．イブン・アル＝アラビー〔Ibn al-'Arabī〕）
14	アブー・アブド・アッラーフ・ムハンマド・ブン・アフマド（Abū 'Abd Allāh Muḥammad bn Aḥmad，1379 年歿．イブン・マルズーク〔Ibn Marzūq〕）
15	アブー・ムーサー・イムラーン・ブン・ムーサー・アル＝マシャッダーリー（Abū Mūsā 'Imrān bn Mūsā al-Mashaddālī，1344/5 年歿）

ヤ・ムハンマドに対して帝国統治の助言を行った宗教知識人である．しかし，この 2 人の宗教知識人が書簡で互いの学問的見解に批判を加えていたことはよく知られており，現実的な西アフリカにおける統治の問題に関しても，前者が護符の製作などの伝統や慣習を排した厳格なイスラーム法の施行，および不信仰者に対する厳しい対応を勧めたのに対し，後者は，そうした伝統や慣習をある程度容認する，比較的柔軟な形でのイスラーム法の施行を求めていた[32]．『新しき獲得物』によると，9 のスィーディー・ウマルは，修学と巡礼のため

16	アブー・ハーミド・ムハンマド・アル＝ガザーリー（Abū Ḥāmid Muḥammad al-Ghazālī, 1111年歿［1111/2年もしくは1213/4年］）
17	アブー・アル＝ハサン・アリー・アッ＝シャーズィリー（Abū al-Ḥasan ʻAlī al-Shādhilī, 1258年歿［1258年］）
18	アブド・アッ＝サラーム・ブン・マシーシュ（ʻAbd al-Salām bn Mashīsh, 1227/8年歿）
19	ムハンマド・ブン・アリー・アル＝ハーティミー（Muḥammad bn ʻAlī al-Ḥātimī, 1240年歿. イブン・アル＝アラビー〔Ibn al-ʻArabī〕）
20	アブー・アン＝ナジーブ・アブド・アル＝カーヒル・アッ＝スフラワルディー（Abū al-Najīb ʻAbd al-Qāhir al-Suhrawardī, 1168年歿）
21	アリー・ブン・ヒーター（ʻAlī bn Hītā,［1184/5年頃歿］）
22	アブド・アル＝カーディル・アル＝ジーリー〔アル＝ジーラーニー〕
23	アブー・アル＝ワファー（Abū al-Wafā', 1119年歿）
24	アブー・ムハンマド・アッ＝シャンバキー（Abū Muḥammad al-Shanbakī）
25	アブー・バクル・ドゥラフ・ブン・ジャフダル・アッ＝シブリー（Abū Bakr Dulaf bn Jaḥdar al-Shiblī, 945/6年歿）
26	アブー・アル＝カースィム・アル＝ジュナイド（Abū al-Qāsim al-Junayd, 910年歿）
27	アブー・アル＝ハサン・サリー・アッ＝サカティー（Abū al-Ḥasan Sarī al-Saqaṭī, 867年歿）
28	マァルーフ・アル＝カルヒー（Maʻrūf al-Karkhī, 815/6年歿）
29	アル＝ハサン・アル＝バスリー（al-Ḥasan al-Baṣrī, 728年歿）
30	アリー・ブン・アビー・ターリブ
31	預言者ムハンマド
32	大天使ジブリール

にマグリブやマシュリクを旅した後，西アフリカに戻ってマギーリーと出会い，彼の指導を受けながら30年間行動をともにしたようである．そして，その間に2人でスユーティーの許を訪れたとされている[33]．

幾つかの先行研究は，他資料との比較から見出される問題（この逸話にあるよ

32）Aḥmad Bābā, *Nayl*, Vol. 2, pp. 267–8; John Owen Hunwick, "Notes on a Late Fifteenth-Century Document Concerning 'al-Takrūr'," pp. 29–30; Levtzion, "Islam," pp. 70–3; Sartain, *Jalāl*, p. 51.

33）Ṭ T-K, pp. 99–100; Ṭ T-R, pp. 150–2.『新しき獲得物』のこの逸話では，どちらかというと，マギーリーがスユーティーの上位に立っていたように描かれている．

うな3者の関係が『新しき獲得物』以外の資料に見出されないことや，『新しき獲得物』以外の資料の情報に基づく推測から『新しき獲得物』の情報が否定され得ることなど）や，『新しき獲得物』そのものの信憑性の問題（全体を通して『新しき獲得物』の記述に根拠のない主張が散見すること）などの論点で，3者の関係を疑問視している[34]．しかし，他資料の示す情報が『新しき獲得物』の示す情報と一致しないとしても，それによって『新しき獲得物』の情報を一方的に破棄することはできない．また，この逸話以外の箇所で『新しき獲得物』の記述に不正確な主張が見出されるとしても，それがこの逸話の情報を不正確と見做す理由にはならない．この逸話の信憑性が低いものであると述べるためには，この逸話を紹介する著者スィーディー・ムハンマドの提供する情報間の矛盾（この逸話に関する『新しき獲得物』内の矛盾，もしくは『新しき獲得物』と『書簡』との間に見出される矛盾）を指摘することが必要であろう．

一例を挙げて検討してみよう．マギーリーは，一般的に16世紀初めに死亡したとされている．もしスィーディー・ウマルが『新しき獲得物』の述べるように30年もの間マギーリーと行動をともにしたとすると，両者は，遅くとも1470年代前半頃には出会っていなければならない．しかし，『書簡』の記述によると，スィーディー・ウマルの父親スィーディー・アフマド・アル＝バッカーイの歿年は1514/5年頃で，しかも，前節で触れたように，父親の死期が迫って後継者に指名される時，スィーディー・ウマルは，その父親の許で暮らしていたようである[35]．スィーディー・アフマド・アル＝バッカーイが，長く見積もって，それから20年間生きたとしても，後継者指名は，1490年代になされたことになる．従って，スィーディー・ウマルが1470年代からマギーリーと行動をともにし続けたとは考えにくいのである．

しかし，『新しき獲得物』が興味深いのは，単一の資料内で3者の同時代性を確保できるように，スユーティーとマギーリーの歿年に関して，一般的に知られる年代ではなく，それぞれ1517/8/9年，1533/4年と記している点であろう．この歿年であれば，少なくともこの逸話の中では，3者の関係における時

34）Hunwick, “Notes,” p. 29; Whitcomb, “New Evidence—II,” p. 409; Norris, *The Arab*, pp. 127–32.
35）RGh, pp. 155–6, 159.

間的矛盾を排することができるのである[36]．

ところが，表 1-2 の道統には，この逸話以上に明白な，歿年を見ただけで分かる時代錯誤があることに気づくだろう．つまり，13 のムハンマド・ブン・アブド・アッラーフと，16 のアブー・ハーミド・ムハンマド・アル＝ガザーリー（以下，適宜ガザーリー）の位置が明らかに不自然なのである．まず，ムハンマド・ブン・アブド・アッラーフについてであるが，『新しき獲得物』には彼の歿年が記されていないものの，そこに記された彼に纏わる情報は，彼が 1148 年に死亡した通称イブン・アル＝アラビーとして知られるセビージャ（Sevilla）のハディース学者であることを物語っている[37]．彼がガザーリーの教えを仰いだことは知られているので[38]，あり得るとすれば，ガザーリーの次に繋がるはずである．そして，そのガザーリーであるが，『新しき獲得物』は，彼と表 1-2 の 17 のアブー・アル＝ハサン・アリー・アッ＝シャーズィリー（以下，適宜シャーズィリー）の歿年をそれぞれ 1111/2 年と 1258 年としており，後者から前者へのウィルドの伝達は不可能である[39]．

この点を検討するため，クンタとは別系統の，西アフリカのカーディィリー教団の道統と比較してみよう．この道統は，第 3 章で検討するムハンマド・アル＝ファーディィルの周囲に形成された，俗にファーディィリーヤ，すなわちファーディィリー教団などとも呼ばれる集団のそれである．ムハンマド・アル＝ファーディィルの息子サァド・アビーヒ（Sa‘d Abī-hi，1917 年歿．サァド・ブー〔Sa‘d

36）ただし，やはり総合的に判断すると，マギーリーとスィーディー・ウマルの同時代性についての疑問や，マギーリーとスユーティーとの根本的な競合関係，更にこの逸話に登場する地名や人名の不正確さなどが，この逸話の信憑性を低くしてしまっていることは事実で，この逸話が複数の歴史的要素の継ぎ接ぎによって構成されているという印象は否めない．

37）この人物は，イブン・アル＝アラビーと呼ばれるが，中世の大スーフィーとして有名なイブン・アル＝アラビーではない．後者は，表 1-2 の 19 の人物である．なお，ハディースについては，「はじめに」の「5　術語の説明—⑯ハディース（ḥadīth）」参照．

38）J. Robson, “Ibn al-‘Arabī,” p. 707.

39）ṬT-K, pp. 106, 109. これらの歿年は，いずれも一般的に知られるそれと一致する．ただし，ラバト写本では，ガザーリーの歿年が 1213/4 年となっており，シャーズィリーの歿年に関する一文は，欠落している．ṬT-R, pp. 160, 165. 仮にガザーリーの歿年が 1213/4 年だとしても，一般的に知られるシャーズィリーの生年（1196 年頃）を考えると，後者から前者へのウィルドの伝達は現実的でない．

表 1-3　ムハンマド・アル＝ファーディルの道統の一部

	道統を構成した人物	表1-2の対応番号
1	ザッルーク（Zarroûk）	
2	イブン・アル＝アカバ（Ibn El-Akaba）	
3	アリー・アル＝カドル（ʻAlî El-Kadr）	
4	アリー・ブン・アウフィー（ʻAlî ben ʻAoufi）	
5	ムハンマド・アウフィー（Mohammed ʻAoufi）	
6	アル＝イマーム・バージリー（L'Imam Bâdjilî）	
7	イブン・アター・アッラーフ（Ibn ʻAtâ Allâh）	
8	アブー・アル＝アッバース・アル＝ムルスィー（Aboû'l-ʻAbbâs El-Moursî）	
9	アル＝イマーム・シャーズィリー（L'Imam Châdhelî）	17
10	アブド・アッ＝サラーム・ブン・マシーシュ（ʻAbdesselâm ben Mechîch）	18
11	イブン・アル＝アラビー（Ibn El-ʻArabî）	19
12	アン＝ナジーブ・アッ＝スフラワルディー（En-Nadjîb Es-Souhraverdî）	20
13	イブン・ヒーター（Ibn Hîtâ）	21
14	アブド・アル＝カーディル・アル＝ジーラーニー（ʻAbd El-Kâder El-Djîlânî）	22
15	アブー・アル＝ワファー（Aboû'l-Wafâ）	23
16	アブー・アル＝ハラート・アッ＝シャンバキー（Aboû'l-Harât Ech-Chanbakî）	24
17	アッ＝シャブリー（Ech-Chablî）	25
18	アル＝ジュナイド（El-Djoneïd）	26
19	アッ＝サクト・アッ＝スィッリー・アブー・アル＝ハサン（Es-Sakt Es-Sirrî Aboû'l-Hasan）	27
20	マアルーフ・アル＝カルヒー（Maʻroûf El-Karkhî）	28
21	アル＝ハサン・アル＝バスリー（El-Hasan El-Basrî）	29
22	アリー・ブン・アビー・ターリブ（ʻAlî bn Abî Tâlib）	30

Būh]）が書いた著作の注釈書の内容に基づいて 1912 年に発表された論文には，表 1-3 のようなムハンマド・アル＝ファーディルの道統の一部が記されている[40]．

スィーディー・アル＝ムフタールの道統とムハンマド・アル＝ファーディルの道統は，シャーズィリー教団[41]の名祖としても知られるシャーズィリー

（表1-2の17および表1-3の9）から別の経路を取っている．しかし，表1-3の9から7へと至る経路が非常によく知られた師弟関係であるのに対し，表1-2では，シャーズィリーの後に，イスラーム史上の大思想家・スーフィーとして知られるガザーリーを無理やり嵌め込んだように見える．

興味深いのは，こうした明らかな時代錯誤を孕んでいるにも拘らず，スィーディー・ムハンマド以後の時代においても，この道統がクンタの「正式」な道統として伝承されていた点である．表1-4に記すのは，アフマド・バンバが『カーディリー教団の道統』（*al-Silsila al-Qādirīya*）という韻文の中で提示した自らの道統であり，スィーディー・アル＝ムフタールおよびスィーディー・ムハンマドに繋がるカーディリー教団の道統である[42]．僅かな違いは見出せるものの，この表を見ると，ガザーリーやムハンマド・ブン・アブド・アッラーフ（＝イブン・アル＝アラビー）を嵌め込んだ形での道統が，スィーディー・アル＝ムフタールおよびスィーディー・ムハンマドの「正式」な道統として後世に受け継がれていたといえる．

ガザーリーやスユーティーやマギーリーは，その存在が道統の価値を高める著名な人物であるため，そこに何らかの意図を感じてしまうかもしれない．しかし，本節で見たような諸問題点が，『新しき獲得物』の著者であるスィーディー・ムハンマド自身による意図的な創作であったとは考えにくい．何故なら，そうした問題点があまりにも明白だからである．つまり，周囲が確認を試みれば，容易にその矛盾点を指摘できてしまう類の事柄なのである．しかも，例えばガザーリーとシャーズィリーとの繋がりの場合などは，両者の歿年が『新しき獲得物』の中の比較的近い箇所に明記されており，その矛盾点に著者自身が気づかないとは思われないし，また不健全な意図があったとすれば，そうした

40）Lucien Bouvat, “Cheikh Saadibouh et son entourage d'après un manuscrit inédit,” pp. 190–1. 片仮名表記は，原論文のローマ字表記から推測されるアラビア語表記に基づいて記したが，念のため，原論文のローマ字表記も片仮名表記直後の（　）内に記し，対応する表1-2の人物の番号も併記する．

41）「はじめに」の「5　術語の説明―⑥シャーズィリー教団（al-Ṭarīqa al-Shādhilīya）」参照．

42）Aḥmad Bamba, *al-Silsila al-Qādirīya*, Manuscript, pp. 5–15; Aḥmad Bamba, *al-Silsila al-Qādirīya*, pp. 227–9. 韻律の関係上，道統を構成する人物の名前が変形したり，略称・通称で記されていたりするので，適宜修正して記し，対応する表1-2の人物の番号も併記する．

表 1-4 『カーディリー教団の道統』に見られるアフマド・バンバの道統

	道統を構成した人物	表1-2の対応番号
1	アフマド・バンバ	
2	バーバ（Bāba）	
3	ムハンマド（Muḥammad）	
4	スィーディーヤ（Sīdīya）	
5	ムハンマド（Muḥammad）	
6	アル＝ムフタール（al-Mukhtār）	1
7	イブン・アン＝ナジーブ（Ibn al-Najīb）	2
8	アル＝アミーン（al-Amīn）	3
9	アフマド（Aḥmad）	4
10	アリー（ʻAlī）	5
11	アル＝マァキリー（al-Maʻqilī）	6
12	ムハンマド（Muḥammad）	7
13	アル＝ファイラム（al-Fayram）	8
14	ウマル（ʻUmar）	9
15	アル＝マギーリー（al-Maghīlī）	10
16	アッ＝スユーティー（al-Suyūṭī）	11
17	アッ＝サアーリビー（al-Thaʻālibī）	12
18	イブン・アル＝アラビー（Ibn al-ʻArabī）	13
19	アッ＝ティリムサーニー（al-Tilimsānī）	14
20	アッ＝ムサッダーリー（al-Musaddālī）	15
21	アル＝ガザーリー（al-Ghazālī）	16
22	アッ＝シャーズィリー（al-Shādhilī）	17
23	アブド・アッ＝サラーム（ʻAbd al-Salām）	18
24	アル＝ハーティミー（al-Ḥātimī）	19
25	アブー・アン＝ナジーブ（Abū al-Najīb）	20
26	イブン・ヒーター（Ibn Hītā）	21
27	アル＝ジーリー（al-Jīlī）	22
28	アブー・アル＝ワファー（Abū al-Wafā'）	23
29	アッ＝シャンバキー（al-Shanbakī）	24
30	アッ＝シブリー（al-Shiblī）	25
31	アル＝ジュナイド（al-Junayd）	26
32	アッ＝スィクティー（al-Siqṭī）	27

33	マァルーフ・アル＝カルヒー（Maʻrūf al-Karkhī）	28
34	ダーウード（Dāwūd）	
35	ハビーブ・アル＝アジャミー（Ḥabīb al-ʻAjamī）	
36	アル＝バスリー（al-Baṣrī）	29
37	アリー・ブン・アビー・ターリブ（ʻAlī bn Abī Ṭālib）	30
38	神の使徒アフマド（Aḥmad rasūl Allāh）	31
39	ジブリール（Jibrīl）	32

矛盾を露呈するような真似はしなかったであろう[43]．

可能性として考えられるのは，道統の伝承過程のどこかで，それに関与した人物が過失によってガザーリーやムハンマド・ブン・アブド・アッラーフを不正確な位置に置いてしまったという事態であろう．そして，時代錯誤を孕んだその道統が「正式」なカーディリー教団の道統として師から弟子へと受け継がれていき，スィーディー・ムハンマドも，その「正式」な道統を『新しき獲得物』の中で紹介したと考えられるのである．更にいえば，こうした伝承過程における何らかの過失によると推察される系譜の混乱は，先行研究において疑問視されてきた，スユーティー，マギーリー，スィーディー・ウマル・アッ＝シャイフの繋がりを描く逸話にも見出すことができるかもしれない．

第3節　書物による学び

前節で見たように，タサッウフに関していえば，スィーディー・アル＝ムフタールは，スィーディー・アリー・ブン・アン＝ナジーブを最大の師としており，彼以外から直接的に多くを学んだ形跡は見出せない．そして，タサッウフ以外の宗教諸学に関してもスィーディー・アリー・ブン・アン＝ナジーブは重要な師の一人であったが，同時に，スィーディー・アル＝ムフタールは，彼以

43）しかし，疑問として残るのは，こうした問題点が何故クンタの道統にある人物達によって修正されず，また周囲の諸勢力によって批判されなかったのか，という点である．この点について，著者は明確な答えを得ていない．

外の複数の師の下でも学んだようである．『新しき獲得物』の第1章には，スィーディー・アル＝ムフタールが修学期にどのような学問領域の著作をどのような師の系譜で学んだのかに言及している箇所がある44)．表1-5は，それらを纏めたものである45)．

この表を見ただけでも，多様な学問領域の著名な著作群を異なる系譜の複数の師の許で学んだスィーディー・アル＝ムフタールの修学状況がよく分かる．ここでまず気がつくのは，弟子の側から見た師弟関係が，一対一ではなく，多対一の関係だということである．しかも，『新しき獲得物』には，スィーディー・アル＝ムフタールがある人物から学習した事柄をスィーディー・アリーに教示したという記述も見られ，師弟関係は，硬直した一方通行のものではなかったといえる46)．

また，マグリブからの影響を強く受けた西アフリカでは，法学派に関して，マーリク学派が支配的であるといわれており，実際，表1-5の1の法学の欄に記された著者は，皆マーリク学派に属する人物である．ところが，表1-5の4の法源学に目を向けると，（1）と（2）は，シャーフィイー学派の有名な著作であり47)，更に，そうした法学・法源学と密接な繋がりを持つと考えられる表1-5の5のハディース学や6のクルアーン解釈学まで視野に入れることが許

44）ṬT-K, pp. 82-3; ṬT-R, pp. 122-3. なお，師の系譜というのは，最終的にそれぞれの著作の著者に行き着くのであるが，『新しき獲得物』は，こうした系譜の確立が如何に重要であるかを論じている．また，著作内容の伝達方法には，読誦（qirā'a），聴講（samā'），提示（munāwala），筆記（mukātaba）など様々な形式があり，イジャーザ（「はじめに」の「5　術語の説明―①イジャーザ〔ijāza〕」参照）も，伝達の仕方によって数種類に分かれることが指摘されている．ṬT-K, pp. 83-5; ṬT-R, pp. 123-7.

45）人名・書名は，『新しき獲得物』の表記に基づきつつも，*The Encyclopaedia of Islam*, New Edition と Brockelmann, *Geschichte der arabischen Litteratur* を参照して，著者が情報を付加した．しかし，特定できなかった著者・著作，もしくは正確な読み方が分からなかった人名には疑問符を付した．また，後出の議論を考慮し，必要に応じて著者の所属法学派も記した．なお，法学派については，「はじめに」の「5　術語の説明―⑪スンナ派4大法学派」参照．

46）ṬT-K, pp. 78-9; ṬT-R, p. 116. 知識の伝達に関して，師弟関係が双方向的であった事例は，トンブクトゥの大学者で表1-5の系譜にも繰り返し登場するアフマド・バーバー・アッ＝ティンブクティーの修学期にも見られる．FSh, p. 32; El Hamel, *La vie*, p. 171. 参考文献 FSh については，「はじめに」の「6　アラビア語参考文献の略号と情報―② FSh」参照．

47）シャーフィイー学派の名祖ムハンマド・アッ＝シャーフィイー（Muḥammad al-Shāfi'ī, 820年歿）は，法源学そのものの創始者とされている．

表 1-5　スィーディー・アル＝ムフタールが学んだ著作と師の系譜

学問領域	著作標題	著　者	師の系譜
1 法学	（1）『提要』	ハリール・ブン・イスハーク（マーリク学派）	系譜1： ①ムハンマド・アフマド・アル＝イルティマーティーヒー？（Muḥammad Aḥmad al-Yiltimātīḥī）
	（2）『韻文』（*Manẓūma*）＝『契約と法規定の諸警句に関する法官達の贈　物』（*Tuḥfa al-Ḥukkām fī Nukat al-'Uqūd wa al-Aḥkām*）	イブン・アースィム（Ibn 'Āṣim, 1426年歿. ムハンマド・ブン・ムハンマド・アル＝ガルナーティー〔Muḥammad bn Muḥammad al-Gharnāṭī〕：マーリク学派）	↑ ②スィーディー・アフマド・ブン・アッ＝シャイフ・アル＝ヒーワトキル・アッ＝スーキー？（Sīdī Aḥmad bn al-Shaykh al-Hīwatkil al-Sūqī） ↑ ③以下，師弟の系譜を通じて著者へ
	（3）『法源集成』（*Jāmi' al-Uṣūl*）＝『諸基礎集　成』（*Jāmi' al-Ummahāt*）か？	イブン・アル＝ハージブ（Ibn al-Ḥājib, 1249年歿：マーリク学派）	系譜2： ①スィーディー・アリー・ブン・アン＝ナジーブ ↑
	（4）『書』（*Kitāb*）？	イブン・アラファ・アル＝ワルガンミー（Ibn 'Arafa al-Warghammī, 1401年歿：マーリク学派）か？	②スィーディー・アフマド・ブン・アッ＝シャイフ ↑ ③アンダグ＝ムハンマド・ブン・アンダグ＝アブド・アッラーフ（Andagh-Muḥammad bn Andagh-'Abd Allāh） ↑
	（5）『論考』（*Risāla*）	アブド・アッラーフ・ブン・アビー・ザイド・アル＝カイラワーニー（'Abd Allāh bn Abī Zayd al-Qayrawānī, 996年歿：マーリク学派）	④アフマド・バーバー・アッ＝ティンブクティー（Aḥmad Bābā al-Tinbuktī, 1627年歿） ↑ ⑤スィーディー・マフムード（Sīdī Maḥmūd） ↑ ⑥バグユァ（Baghyu'） ↑

			⑦以下，師弟の系譜を通じて著者へ
2 文法学	（1）『序』（*Muqaddima*）	イブン・アージュッルーム（Ibn Ājurrūm, 1323年歿）	系譜2と同じ
	（2）『要約』（*Khulāṣa*）＝『千行詩』（*Alfiya*）	イブン・マーリク（Ibn Mālik, 1274年歿）	
	（3）『癒しの充足』（*al-Kāfiya al-Shāfiya*）	イブン・マーリク	
	（4）『文法と語尾変化と書体に関する貴重な宝石』（*al-Farīda fī al-Naḥw wa al-Taṣrīf wa al-Khaṭṭ*）	スユーティー	
3 修辞学	（1）『修辞学に関する真珠の首飾り』（*'Uqūd al-Jumān fī 'Ilm al-Ma'ānī wa al-Bayān*）	スユーティー	系譜2と同じ
	（2）『鍵の提要』（*Talkhīṣ al-Miftāḥ*）	ムハンマド・アル＝カズウィーニー（Muḥammad al-Qazwīnī, 1338年歿）	
4 法源学	（1）『法源学に関する諸文書』（*al-Waraqāt fī Uṣūl al-Fiqh*）	アブド・アル＝マリク・アル＝ジュワイニー（'Abd al-Malik al-Juwaynī, 1085年歿. イマーム・アル＝ハラマイン〔Imām al-Ḥaramayn〕：シャーフィイー学派）	系譜3： ①アンダ＝アブド・アッラーフ・アル＝ワラーティー（Anda-'Abd Allāh al-Walātī） ↑ ②以下，師弟の系譜を通じて著者へ
	（2）『法源に関する大集成』（*Jam' al-Jawāmi' fī al-Uṣūl*）	アブド・アル＝ワッハーブ・ブン・アリー・アッ＝スブキー（'Abd al-Wahhāb bn 'Alī al-Subkī, 1370年歿：シャーフィイー学派）	
	（3）『充足』（*al-Kāfiya*）	イブン・アル＝ハージブ	
	（4）『諸節改訂』（*Tanqīḥ al-Fuṣūl*）もしくは『諸法源改訂』（*Tanqīḥ al-Usūl*）？	言及なし	

	（5）『諸基礎』（*Qawā'id*）	アル＝マンジューリー（al-Manjūrī）[48]	
5 ハディース学	（1）ハディース六書	ムハンマド・アル＝ブハーリー（Muḥammad al-Bukhārī, 870年歿）など	系譜2と同じ
	（2）『使徒の諸ハディースの法源集成』（*Jāmi' al-Uṣūl li-Aḥādīth al-Rasūl*）	イブン・アル＝アスィール（Ibn al-Athīr, 1210年歿．アブー・アッ＝サアーダート・アル＝ムバーラク〔Abū al-Sa'ādāt al-Mubārak〕：シャーフィイー学派）	
	（3）『大集成』（*al-Jāmi' al-Kabīr*）	スユーティー（シャーフィイー学派）	
	（4）『小集成』（*al-Jāmi' al-Ṣaghīr*）	スユーティー	
	（5）『選ばれし者の権利の教示による癒し』（*al-Shifā' bi-Ta'rīf Ḥuqūq al-Muṣṭafā*）	アル＝カーディー・イヤード（al-Qāḍī 'Iyāḍ, 1149年歿．イヤード・ブン・ムーサー・アル＝ヤフスビー〔'Iyāḍ bn Mūsā al-Yaḥṣubī〕：マーリク学派）	
	（6）『共同体全体からの嘆きの除去』（*Kashf al-Ghumma 'an Jamī' al-Umma*）	アブド・アル＝ワッハーブ・アッ＝シャアラーニー（'Abd al-Wahhāb al-Sha'rānī, 1565年歿：シャーフィイー学派）	
	（7）『熱望と脅迫』（*al-Targhīb wa al-Tarhīb*）	アブド・アル＝アズィーム・アル＝ムンズィリー（'Abd al-'Aẓīm al-Mundhirī, 1258年歿：シャーフィイー学派）	
6 クルアーン解釈学	（1）『2人のジャラールの注釈』（*Tafsīr al-Jalālayn*）	ムハンマド・アル＝マハッリー（Muḥammad al-Maḥallī, 1459年歿．以下，適宜マハッリー：シャーフィイー学派）およびスユーティー	系譜4： ①スィーディー・アリー・ブン・アン＝ナジーブ ↑

（2）『注　釈』（*Tafsīr*）＝『啓示の標識』（*Ma'ālim al-Tanzīl*）	アル＝フサイン・アル＝バガウィー（al-Ḥusayn al-Baghawī, 1117?年歿：シャーフィイー学派）	②スィーディー・アル＝アミーン ↑ ③スィーディー・アフマド ↑ ④アフマド・バーバー ↑ ⑤以下，系譜2-⑤からと同じ
（3）『啓示の意味に関する解釈の核心』（*Lubāb al-Ta'wīl fī Ma'ānī al-Tanzīl*）	アリー・ブン・ムハンマド・アル＝ハーズィン・アル＝バグダーディー（'Alī bn Muḥammad al-Khāzin al-Baghdādī, 1341年歿：シャーフィイー学派）	
（4）『注釈』（*Tafsīr*）	イブン・アティーヤ（Ibn 'Aṭīya, 1146/7年歿：マーリク学派）か？	
（5）『注　釈』（*Tafsīr*）＝『啓示の知覚と解釈の真理』（*Madārik al-Tanzīl wa Ḥaqā'iq al-Ta'wīl*）	アブー・アル＝バラカート・アン＝ナサフィー（Abū al-Barakāt al-Nasafī, 1310年歿：ハナフィー学派）	
（6）『注　釈』（*Tafsīr*）＝『啓示の光と解釈の秘　密』（*Anwār al-Tanzīl wa Asrār al-Ta'wīl*）	アブド・アッラーフ・アル＝バイダーウィー（'Abd Allāh al-Bayḍāwī, 1286?年歿：シャーフィイー学派）	

されるのなら，マーリク学派，シャーフィイー学派，ハナフィー学派の著者が入り乱れている．ソンガイ帝国のアスキヤ・ムハンマドが，シャーフィイー学派のスユーティーから帝国統治のための見解を引き出していたことには既に触れたが，こうした事例も考え合わせると，西アフリカにおける伝統的なマーリク学派の優位を強調する言説には，検討の余地が残されているかもしれない[49]．

48）恐らく，アル＝マンジュール（al-Manjūr）という名で知られるマグリブの法学者アフマド・ブン・アリー（Aḥmad bn 'Alī, 1587年歿）を指していると思われ，著作の『諸基礎』は，マグリブの著名なマーリク学派法学者アリー・ブン・カースィム・アッ＝ザッカーク（'Alī bn Qāsim al-Zaqqāq, 1506/7年歿）の『法学派の諸基礎〔諸法源〕への選ばれた道』（*al-Manhaj al-Muntakhab ilā Qawā'id* [*Uṣūl*] *al-Madhhab*）に対する注釈書を指している可能性が考えられる．

いずれにせよ，スィーディー・アル＝ムフタールのような西アフリカの宗教知識人が学んだ著作一覧に，多学派の著者の手による著作が含まれていたことは明らかであろう．

しかし，諸学問を網羅した彼ではあるが，闇雲に全ての学問領域に手を伸ばそうとしていたわけではない．『新しき獲得物』は，ガザーリーの大著『宗教諸学の再興』（*Iḥyā' 'Ulūm al-Dīn*）から，「理性的諸学問」（al-'ulūm al-'aqlīya）が現世的なものと来世的なものとに分かれ，一方に秀でると，他方に疎くなる，という言説を引き[50]，それに繋ぐ形で，スィーディー・アル＝ムフタールが来世的な学問に秀でて，現世的な学問に目を向けなかった，と述べている．更に，こうした学問に関して繰り広げられた，著者スィーディー・ムハンマド自身とスィーディー・アル＝ムフタールとの遣り取りも紹介している．スィーディー・アル＝ムフタールは，現世的な学問を「現象界の外面的な諸学問」（'ulūm

49）この点については，他の事例を交えて，次章で再度言及する．

50）『新しき獲得物』に見られる引用と，著者が参照した『宗教諸学の再興』の刊本の原文とは，文言が異なっている．『新しき獲得物』の引用では，「而してあなたは，医学や幾何学などといった現世の諸学問に精通している者達が，来世の諸学問に関して，大方，無知ではないと認識することはほとんどないだろう．そして（反対に），来世の諸学問の詳細に精通している者達が，現世の諸学問に関して，大方，無知ではない（と認識することはほとんど）ないだろう」となっているが，著者が参照した刊本の原文では，「それ故，あなたは，現世の諸事や，医学，算術，幾何学，哲学に精通している者達が来世の諸事に無知であると認識するだろう．そして（反対に），来世の諸学問の詳細に精通している者達が現世の諸学問の大部分に関して無知である（と認識するだろう）（後略）」となっている．原文は，それぞれ以下の通り．

fa-lā takādu tarā al-akyās fī 'ulūm al-dunyā min al-ṭibb wa al-handasa wa naḥw-humā illā juhhāl[an] fī al-akthar bi-'ulūm al-ākhira wa lā al-akyās fī daqā'iq 'ulūm al-ākhira illā juhhāl[an] fī al-akthar bi-'ulūm al-dunyā

ṬT-K, 54, ṬT-R, 80.

wa li-dhālika tarā al-akyās fī umūr al-dunyā wa fī 'ilm al-ṭibb wa al-ḥisāb wa al-handasa wa al-falsafa juhhāl[an] fī umūr al-ākhira. wa al-akyās fī daqā'iq 'ulūm al-ākhira juhhāl[an] fī akthar 'ulūm al-dunyā, ...

Abū Ḥāmid Muḥammad al-Ghazālī, *Iḥyā' 'Ulūm al-Dīn*, Vol. 3, p. 17（kitāb sharḥ 'ajā'ib al-qalb, bayān ḥāl al-qalb bi-al-iḍāfa ilā aqsām al-'ulūm al-'aqlīya wa al-dīnīya wa al-dunyawīya wa al-ukhrawīya）．なお，鎌田繁氏（東京大学教授）は，他の宗教知識人による学問分類との比較を交えて，ガザーリーによるそれが「来世の運命に対してどれだけ役に立つのか」という基準に沿ってなされており，ムスリムの救済を問題としている点で，「『イスラーム的』な知識の分類」であることを指摘し，更に，こうした分類の枠組みが後世の宗教知識人達に大きな影響を及ぼしたと述べている．鎌田繁「イスラームの伝統的知の体系とその変容」417–8頁．

ẓawāhir ʻālam al-mulk wa al-shahāda)[51] と呼んでいたようで，その中には，占星術，算術，天文学，幾何学などが含まれている．これは，引用箇所でガザーリーが例示している学問と完全には一致していないが，いずれにしてもスィーディー・アル＝ムフタールは，これらの学問に関心を抱かなかったようである[52]．

更に，『新しき獲得物』の第3章第1節は，表1-5に列挙したような所謂「一般的」な宗教諸学ではなく，例えば，呪術（siḥr）や護符，魔方陣，魔術

51）次注でも述べるように，『新しき獲得物』は，『宗教諸学の再興』の「心の不思議に関する注釈の書」（kitāb sharḥ ʻajāʼib al-qalb）から長文引用を行っているが，その中に，「現象界」（ʻālam al-mulk wa al-shahāda）という語が出てくる．スィーディー・アル＝ムフタールも，『宗教諸学の再興』におけるこの語の使用例を意識していたと思われる．「心の不思議に関する注釈の書」でのガザーリーの説明によると，心には2つの門があり，一方が「主権の世界」（ʻālam al-malakūt）に開かれており，他方が人間の五感で感知することのできる「現象界」に開かれているようである．つまり，神が全ての存在に関する予定を書きつけた「護持された書板」（al-lawḥ al-maḥfūẓ）の世界や，「天使達の世界」（ʻālam al-malāʼika）などとも呼ばれる「主権の世界」に対し，「現象界」は，現世の日常的な世界を指していると考えられる．Abū Ḥāmid Muḥammad al-Ghazālī, *Iḥyāʼ*, Vol. 3, p. 20（kitāb sharḥ ʻajāʼib al-qalb, bayān al-farq bayn al-maqāmayn bi-mithāl maḥsūs）；中村廣治郎『ガザーリーの祈禱論――イスラム神秘主義における修行――』，142頁．

52）ṬT-K, p. 54；ṬT-R, pp. 80–1；Abū Ḥāmid Muḥammad al-Ghazālī, *Iḥyāʼ*, Vol. 3, p. 17（kitāb sharḥ ʻajāʼib al-qalb, bayān ḥāl al-qalb bi-al-iḍāfa ilā aqsām al-ʻulūm al-ʻaqlīya wa al-dīnīya wa al-dunyawīya wa al-ukhrawīya）．スィーディー・ムハンマドは，この箇所を含め，カオラク写本の52–61頁，ラバト写本の78–90頁で，明確な参照表示をせずに，『宗教諸学の再興』の「心の不思議に関する注釈の書」から断続的に長文引用を行っている．参照表示がない上，引用の合間で，所々スィーディー・アル＝ムフタールの言行などを織り交ぜているため，一見すると，引用であることが分からない．極端な箇所では，「我々の師なる父〔スィーディー・アル＝ムフタール〕――彼に神の満足あれ――は語った」（qāla shaykh-nā al-wālid riḍwān Allāh ʻalay-hi）という文言だけが引用文の間に挿入され，ガザーリーの見解が，スィーディー・アル＝ムフタールの見解であるかのように見えてしまう例もある．更に，ガザーリーの原文に文言を追加して，自らにより都合のよい言説を生み出しているように見えてしまう箇所もある．例えば，原文で「現世の利益に関する沈思の完全性と宗教との合一」（al-jamʻ bayn kamāl al-istibṣār fī maṣāliḥ al-dunyā wa al-dīn）が諸預言者にしかできない，ということが述べられた直後に，「そして，彼ら預言者の痕跡が完全である者，彼ら預言者の共同体において彼らの後継者として擁立された者，特に，高位のシャイフ達（にも可能である）」（wa man tamma la-hu athar-hum wa uqīma khalīfa ʻan-hum fī umam-him sīya-mā ʻilya al-mashāʼikh）という文言が付加され，その後，再び引用に戻っている．しかし，この点に関しては，既出の事例からも分かるように，スィーディー・ムハンマドの参照した写本の文言と，著者が参照した刊本の文言とが異なっている可能性が十分に考えられるため，確定的なことはいえない．ṬT-K, pp. 52–61；ṬT-R, pp. 78–90；Abū Ḥāmid Muḥammad al-Ghazālī, *Iḥyāʼ*, Vol. 3, pp. 12–25（kitāb sharḥ ʻajāʼib al-qalb）．なお，シャイフについては，「はじめに」の「5　術語の説明―⑤シャイフ（shaykh）」参照．

(nīrajāt)，鳥占い，砂占い，占星術，予言，神名の学，ジン[53]や悪魔の使役，錬金術，天文学など，多様な知の体系に対する歴史上の宗教知識人やスィーディー・アル＝ムフタールの態度・見解，もしくは『新しき獲得物』の著者であるスィーディー・ムハンマド自身の見解を紹介している．『新しき獲得物』は，これらを扱う上で短絡的な是非論に陥っておらず，仮定される様々な状況・条件の下であるものは許容され，あるものは忌避され，あるものは禁止される，といった議論を展開している[54]．

しかし，このような知の体系の中には，「(スィーディー・アル＝ムフタールは）禁止や中傷はしなかったが，論理学と弁証術を嫌悪していた」[55]とあるように，スィーディー・アル＝ムフタールが明確に嫌った学問もあった．この2学問を嫌悪した主な原因は，スィーディー・アル＝ムフタールがこれらの学問を，理性的な推論に基づいてクルアーン創造説に至った神学派として知られるムァタズィラ派（Mu'tazila）と結びつけて理解していたためと読める．そして，『新しき獲得物』の記述から，息子スィーディー・ムハンマドも父親と同様の見解を持っていたと判断できる[56]．

なお，表1-5にはタサッウフ関連の著作群が含まれなかったが，これは，スィーディー・アル＝ムフタールが修学期にそうした著作群を学ばなかったからではない．『新しき獲得物』が他の宗教諸学と並べてそれらを列挙しなかったのは，タサッウフとそれ以外の宗教諸学との間に質的な線引きをしていたため，もしくは，後に西アフリカを代表するスーフィーとなるスィーディー・アル＝ムフタールにとって，そうした著作群の渉猟があまりにも当然のことであり，同時にその数も膨大であったため，などの理由によっていると思われる．いずれにせよ，スィーディー・アル＝ムフタール自身の著作を見ても，『新しき獲得物』に記された彼の言行を見ても，彼がタサッウフに関して，古典的なもの

53）「はじめに」の「5　術語の説明―⑧ジン（jinn）」参照．

54）ṬT-K, pp. 232-67; ṬT-R, pp. 335-83.「許容」，「忌避」，「禁止」については，序章の注34参照．

55）原文は以下の通り．

wa yarghabu 'an 'ilm al-manṭiq wa al-jadal min ghayr taḥrīm wa lā ṭa'n

ṬT-K, p. 228; ṬT-R, p. 329.

56）ṬT-K, pp. 228-32; ṬT-R, pp. 329-35.

から，他教団であるシャーズィリー教団系のものまで，種々の著作を繙いていたことは明らかである．

さて，このように多様な学問に精進したスィーディー・アル＝ムフタールの修学期の状況を記した『新しき獲得物』は，彼の学習過程における一つの興味深い逸話を紹介している．それは，スィーディー・アル＝ムフタールの師スィーディー・アリーが，ある書物の内容を教示したり，ファトワーを発したりする際，注釈書を始めとした紙媒体の著作にあたる習慣を持っており，記憶のみに頼る教授法を採らなかったという逸話である[57]．こうした習慣は，スィーディー・アリーのみに見られる特異な行状ではなく，例えば，西アフリカの宗教知識人達についての伝記集『開示』には，著作の教授を乞われても，その著作の注釈書を持っていなければ決して応じなかったという宗教知識人の逸話が見られる[58]．西アフリカのイスラーム知識人達については，著作の内容の暗記およびその暗記に基づいた口承での知識の伝達を重視する姿勢がしばしば指摘され，強調されてきた[59]．確かに，紙や写本の稀少性などといった環境的条件からも，暗記と口承を重視する伝統が西アフリカで受け継がれてきたことは疑いない．しかし，その一方で，上記のような逸話は，西アフリカにおいても紙媒体の著作が宗教知識人達の知識の拠り所であったことを示唆しており，この地域の知的体系における暗記や口承の位置づけ，もしくはその重要性は，相対化して考えられるべきであろう．

更に，こうした逸話は，宗教知識人が，師の許で学ぶ修学期を終えた後も，既に学んだ書物や未読の著作を繙き，そこから知識を吸収し続けていたことを示している．彼らは，各々の宗教的・学問的見解の構築に際し，著作という媒体を介してその著作の著者から常に影響を受け続けており，読者と著者という2人の宗教知識人は，著作が繙かれる限り，間接的にではあるが，不断の知的関係によって結ばれているのである．一人の宗教知識人の人生において，師の

57）ṬT-K, pp. 78-9; ṬT-R, pp. 115-6. なお，ファトワーについては，「はじめに」の「5 術語の説明—⑰ファトワー（fatwā）」参照．

58）FSh, p. 94; El Hamel, *La vie*, p. 261.

59）El Hamel, “The Transmission,” pp. 69-70; Lydon, “Inkwells,” pp. 50-1.

許から巣立ち，数多の書物に独りで向き合いながら思想形成をなしていくこのような期間の方が，恐らく修学のために師の許に滞在する期間よりも長いはずである．それ故にこそ，西アフリカの宗教的・知的世界を知る上で，この地域の宗教知識人達が著作を介して構築した繋がりを看過することはできないのである．

そこで次節では，こうした著作を介した影響関係も考慮に入れながら，スィーディー・アル＝ムフタールとその周辺から次の世代へと広がっていく宗教的・知的連関網を検討してみよう．

第4節　受け継がれる宗教的・知的遺産

スィーディー・アル＝ムフタールの影響力は，彼自身や彼の子孫，そして彼らの弟子達を通じ，サハラ西部からスーダーン西部の広大な地域で，多民族・多部族に及んだ[60]．息子達が彼の威光を継いだことはいうまでもないが，血統で繋がらない弟子達の中にも，各地で有力な宗教知識人となった者がおり，その筆頭は，シンキート地方南部を根拠地として強大な影響力を保持したスィーディーヤ・アル＝カビール（Sīdīya al-Kabīr，1868年歿．スィーディーヤ・ブン・アル＝ムフタール〔Sīdīya bn al-Mukhtār〕）であろう．

18世紀後半にシンキート地方南部で生まれた彼は，初歩的な学習を終えた後，まず，この地方の学問的権威であり，法学やクルアーン諸学，ハディース学，神学，文法学，論理学など，あらゆる学問に通じた碩学として知られるフルマ・ブン・アブド・アル＝ジャリール・アル＝アラウィー（Ḥurma bn ʻAbd al-Jalīl al-ʻAlawī，1827/8年歿）の許で諸学を学んだ[61]．フルマは，同じくシンキート地方の大学者であったイブン・ブーナ（Ibn Būna，1805/6年歿．アル＝ムフタール・ブン・サイード〔al-Mukhtār bn Saʻīd〕）[62]に学んだ弟子の中でも，特に秀

60）Marty, "Etudes sur l'Islam et les tribus du Soudan, tome 1," pp. 61–2.

61）WT, pp. 240–1; Marty, "L'Islam en Mauritanie," p. 32; Stewart with Stewart, *Islam*, pp. 28–32. 参考文献WTについては，「はじめに」の「6　アラビア語参考文献の略号と情報―⑨WT」参照．

でた存在として知られている63). 更に, 師となってからは, スィーディーヤのみならず, 次章で検討するムハンマド・アル＝ハーフィズなど, この地域の歴史にその名を刻む多くの宗教知識人が彼の許で学んでいる. 興味深いのは, 反タサッウフの見解を持っていたイブン・ブーナが, 同時代の西アフリカで最も影響力を持つスーフィーの一人であったスィーディー・アル＝ムフタールと対立し, そうした師の姿勢を引き継いだ弟子のフルマも, 後に西アフリカで広まったティジャーニー教団64) の信徒達と対立した点である. 皮肉なことに, スィーディーヤもムハンマド・アル＝ハーフィズも, そうした師の思想とは裏腹に, それぞれ, この地域の2大スーフィー教団であるカーディリー教団とティジャーニー教団の泰斗として, 後に絶大な力を持つようになるのである65).

さて, 地域の大学者の許での修学を終えたスィーディーヤは, 次にハビーブ・アッラーフ・ウルド・アル＝カーディー (Ḥabīb Allāh wuld al-Qāḍī) という人物の許で数年間学んだ後66), アザワードに移動し, 1810年末にスィーディー・アル＝ムフタールの許に到着する. しかし, 数ヵ月後にスィーディー・アル＝ムフタールが死亡してしまい, その後は, 息子のスィーディー・ムハンマドに師事した. スィーディーヤは, このクンタの2人の師の許に15年以上滞在し, 1826年にスィーディー・ムハンマドが死亡すると, シンキート地方南部に戻り, ブーティリミト (Boutilimit) という町を拠点に自らの部族を率い, 周辺地域に大きな影響を及ぼすようになっていった67).

---

62) このイブン・ブーナという人物は, 特に文法学に秀でた学者として知られ, 多くの著作を書き残した. 西アフリカで特に学ばれたのが, イブン・マーリクの文法論を韻文で纏めた『赤化』(*Iḥmirār*) である. FSh, pp. 141–2; El Hamel, *La vie*, pp. 321–3; WT, pp. 280–1; Samb, *Essai*, p. 28.

63) FSh, pp. 93–4; El Hamel, *La vie*, p. 260; WT, pp. 24–30.

64) 「はじめに」の「5　術語の説明—⑫ティジャーニー教団 (al-Ṭarīqa al-Tijānīya)」参照.

65) WT, pp. 24–30, 277–83; Abdallah Dedoud Ould Abdellah, "Le « passage au sud »: Muhammad al-Hafiz et son héritage," pp. 85–91; Abdel Wedoud Ould Cheikh, "Les perles et le soufre: Une polémique mauritanienne autour de la Tijâniyya (1830–1935)," pp. 125–61.

66) この第2の師の存在は, 先行研究では言及されているが, シンキート地方の宗教知識人達についての伝記集『媒介』では触れられておらず, フルマの許を離れたスィーディーヤは, 直接スィーディー・アル＝ムフタールの許に向かったことになっている. Marty, "L'Islam en Mauritanie," p. 32; Stewart with Stewart, *Islam*, pp. 32–3; WT, pp. 240–1.

このような長い修学・修行期に彼が大量の著作を学んだことは想像に難くないが，それに加え，彼は，アザワードから戻った後も，モロッコのマラケシュ（Marrakesh，マッラークシュ〔Marrākush〕）へ書籍蒐集の旅に出かけており，そこから200巻もの書籍を故郷に持ち帰っている[68]．先行研究は，この時蒐集した書籍を一覧表に纏めており，それを見ると，スィーディーヤが，クルアーン諸学，ハディース学，言語学，文法学，神学，法学，タサッウフ，医学など，多岐に亘る分野の学問に精進していたと分かる[69]．恐らくスィーディーヤ以後も，彼の後継者となった息子や孫によってこうした書籍蒐集は続けられたと思われ，孫のスィーディーヤ・バーバ（Sīdīya Bāba，1926年歿）の蔵書は，刊本683作品，写本512作品の合計1,195作品に達している[70]．

またスィーディーヤは，著作の蒐集家であると同時に，師のスィーディー・アル＝ムフタールやスィーディー・ムハンマドと同様，多作の著述家でもあった[71]．息子のムハンマド・ブン・スィーディーヤ（Muḥammad bn Sīdīya，1869年歿）が父の生涯を綴った短い伝記によると，スィーディーヤは，神学，法学，言語学，文法学，クルアーン読誦学など，多分野の著作を合計50以上書き残したようである[72]．そして，実際に彼の著した著作や回答状（ajwiba）の内容を見ると，師であるスィーディー・アル＝ムフタールとスィーディー・ムハンマドの言行や著作を始め，数多の先達の著作から得た豊富な知識が引用という形で披露されている[73]．アフマド・バンバを始めとした後世の宗教知識人がそうした引用箇所を孫引きしている事例を考慮すると，スィーディーヤの著作は，

67）WT, p. 241; Marty, "L'Islam en Mauritanie," p. 32; Stewart with Stewart, *Islam*, pp. 34–5, 78–9.

68）WT, p. 241; Stewart with Stewart, *Islam*, pp. 46, 83; Charles C. Stewart, "A New Source on the Book Market in Morocco in 1830 and Islamic Scholarship in West Africa," pp. 211–4.

69）Stewart, "A New Source," pp. 215–40.

70）Louis Massignon,"Une bibliothèque saharienne," pp. 409–18.

71）スィーディー・アル＝ムフタールとスィーディー・ムハンマドの著作数の多さは，写本目録などから明らかである．Hunwick, *The Writings of Western Sudanic Africa*, pp. 68–115. スィーディー・アル＝ムフタールに関していえば，生涯に亘って続いたその熱心な著作活動の一端が『新しき獲得物』にも記されている．ṬT-K, pp. 161, 221; ṬT-R, pp. 235, 318–9.

72）Muḥammad bn Sīdīya, *Tarjama Ḥayāt al-Shaykh Sīdīya*, p. 2.

73）Sīdīya bn al-Mukhtār, *Shudhūr al-Adhkār al-Māḥiya li-l-Awzār wa Muhayyi'a li-Ḥuṣūl al-Anwār wa al-Asrār*; Sīdīya bn al-Mukhtār, *al-Ajwiba al-Mubāraka.*

後世の人々にとって，スィーディーヤ自身の見解に触れられる場であったと同時に，スィーディーヤが師から直接吸収した知識や，大量の著作を介して吸収した先達の知識に触れられる場でもあったと思われる[74]．

バンバは，既に紹介した『カーディリー教団の道統』の内容からも分かるように，スィーディーヤの孫であるスィーディーヤ・バーバ（表1-4の2）からカーディリー教団のウィルドを受け取っており，そういった意味では，スィーディー・アル＝ムフタールの道統に繋がる人物である．このウィルドの獲得以後になされたバンバの主張を考慮すると，彼の道統をカーディリー教団の分派に位置づけることは難しいが[75]，それでも彼の著作を見ると，彼がスィーディーヤのみならず，スィーディー・アル＝ムフタールやスィーディー・ムハンマドの著作から宗教的・学問的影響を受けていたと分かる．

例えば，多作のバンバの作品の中でも，特によく知られている『アッ＝ダイマーニーが散らした事柄の結集に関する楽園の道』（*Masālik al-Jinān fī Jam‘ Mā Farraqa-hu al-Daymānī*，以下，『楽園の道』）を見ると，彼は，スィーディー・アル＝ムフタールやスィーディー・ムハンマドを，ガザーリーやシャーズィリー教団のイブン・アター・アッラーフ（Ibn ‘Aṭā’ Allāh，1309年歿）のような著名な宗教知識人と並べて紹介しており[76]，著作内の所々でスィーディー・アル＝ムフタールの『諸シャイフの優越性と諸ウィルドの真理への言及に関する輝く星』（*al-Kawkab al-Waqqād fī Dhikr Faḍl al-Mashā’ikh wa Ḥaqā’iq al-Awrād*，以下，『輝く星』）[77]と『選ばれし神の友の地位の保全に関する光の炬火』（*Jadhwa al-*

74）スィーディーヤの著作とバンバの著作との具体的な関連性については，第6章で後述する．

75）バンバのタサッウフの道統に関する問題は，第4章で後述する．

76）Aḥmad Bamba, *Masālik al-Jinān fī Jam‘ Mā Farraqa-hu al-Daymānī*, p. 2.

77）この著作の標題は，「…に関する輝く星」という文言以外，写本および写本目録によって様々に異なっている．しかし，著者であるスィーディー・アル＝ムフタールにアラビア語著作の標題にしばしば見られる韻律的な意図があったと考えると，「美質」（faḍīla）の複数形faḍā'ilと「真理」（ḥaqīqa）の複数形ḥaqā'iqとを並列させた標題，すなわち『諸シャイフの美質と諸ウィルドの真理への言及に関する輝く星』が適当かもしれない．なお，この著作については，以下の3写本を参照した．Sīdī al-Mukhtār al-Kuntī, *al-Kawkab al-Waqqād fī Dhikr Faḍl al-Mashā’ikh wa Ḥaqā’iq al-Awrād*, Manuscript-(a); Sīdī al-Mukhtār al-Kuntī, *al-Kawkab al-Waqqād fī Dhikr Faḍl al-Mashā’ikh wa Ḥaqā’iq al-Awrād*, Manuscript-(b); Sīdī al-Mukhtār al-Kuntī, *al-Kawkab al-Waqqād fī Dhikr Faḍl al-Mashā’ikh wa Ḥaqā’iq al-Awrād*, Manuscript-(c).

Anwār fī al-Dhabb ʻan Manāṣib Awliyā' Allāh al-Akhyār, 以下,『炬火』)[78], スィーディー・ムハンマドの『反抗者に対する求道者の楯』(*Junna al-Murīd dūn al-Marīd*, 以下,『楯』)[79] を引用している.

『輝く星』と『炬火』は, いずれも, 預言者の奇蹟 (muʻjiza)・無謬性 (ʻiṣma)・啓示 (waḥy) および聖者の奇蹟 (karāma)・庇護性 (ḥifẓ)・霊感 (ilhām) といった概念を巡る預言者性と聖者性との共通点や相違点に触れながら, 預言者と聖者の特質や両者の関係性を論じており,『楽園の道』の中でもそうした話題を扱った箇所で引用されている[80]. また, スィーディー・ムハンマドの『楯』は,『クルアーン』やハディース, マシュリクやマグリブの古典的な著作, 父親であるスィーディー・アル＝ムフタールの著作や言行, 他教団であるシャーズィリー教団の諸著作など, 様々な情報源から集められた文言の提示によって全体が構成されており, 一種の引用集のような形を取っている. そして, 多様な情報を集積したこの著作は,『楽園の道』の中で, 複数の主題に関連して繰り返し言及されている[81].

さて, 最後に, 19世紀頃から西アフリカで爆発的に広まったティジャーニー教団の信徒達との関係を検討しよう. まず, 19世紀後半以降のセネガルにおけるティジャーニー教団の定着に最も貢献した宗教知識人の一人であるマーリク・スィ (Mālik Sih, Mālik Sy, 1922年歿)[82] の『諸世界の主の御許へ導く事柄を求める者達の充足とイスラーム法に関して宗教に根拠のない事柄を捏造する者達の鎮圧』(*Kifāya al-Rāghibīn fī-Mā Yahdī ilā Ḥaḍra Rabb al-ʻĀlamīn wa Iqmāʻ al-Muḥdithīn fī al-Sharīʻa Mā Laysa la-hu Aṣl fī al-Dīn*, 以下,『求める者達の充足』) という著作を見てみよう. この著作は, マシュリク, マグリブ, 西アフリカの

---

78) 『炬火』は, タサッウフを巡って対立していた前述のイブン・ブーナの, 預言者と聖者が無謬性を共有しない, という見解に反駁する目的で書かれた著作として知られている. Hunwick, *The Writings of Western Sudanic Africa*, p. 76. なお, この著作については, 以下の写本を参照した. Sīdī al-Mukhtār al-Kuntī, *Jadhwa al-Anwār fī al-Dhabb ʻan Manāṣib Awliyā' Allāh al-Akhyār*.

79) 『楯』は, 以下の写本を参照した. Sīdī Muḥammad al-Kuntī, *Junna al-Murīd dūn al-Marīd*.

80) Aḥmad Bamba, *Masālik*, pp. 19–20, 91.

81) Aḥmad Bamba, *Masālik*, pp. 4, 22, 43, 91.

82) 序章第4節で言及したブンドゥのマーリク・スィとは別の人物である.

大量の著作からの引用で構成されており，典拠となった著作の数は，実に200を超えている．そして，そうした多様な時代と地域の著作群の一つとして『新しき獲得物』が引かれているのである[83]．

次に，同じくセネガルのティジャーニー信徒で，ナイジェリアを始め，西アフリカの広範な地域での教団網の拡大を実現したイブラーヒーム・ニヤース（Ibrāhīm Niyās, 1975年歿）の著作『（諸聖者の）封印アブー・アル＝アッバースの流出から覆いを取り除くもの』（*Kāshif al-Ilbās ‘an Fayḍa al-Khatm Abī al-‘Abbās*, 以下，『覆いを取り除くもの』）を見てみよう．標題のアブー・アル＝アッバースは，ティジャーニー教団の祖アフマド・アッ＝ティジャーニー（以下，適宜ティジャーニー）のことで，この著作の内容は，この祖が唱えた独自の教義に関する議論を中心に展開している．しかし，そうした議論は，ティジャーニー自身の文言や，ティジャーニー教団の先達の著作群からの引用だけで構築されているわけではない．つまり，『クルアーン』やハディースは当然であるが，アブド・アル＝カリーム・アル＝クシャイリー（‘Abd al-Karīm al-Qushayrī, 1072年歿．以下，クシャイリー）やガザーリー，イブン・アル＝アラビーなどが著した所謂古典的なタサッウフの著作群からの引用に加え，他教団の著作群からの引用も頻繁になされているのである．

具体的にいえば，シャーズィリー教団系の著作としては，イブン・アター・アッラーフの『箴言』（*Ḥikam*）や『アブー・アル＝アッバース・アル＝ムルスィー師と彼の師アブー・アル＝ハサン・アッ＝シャーズィリーの偉業に関する恩寵の佳話』（*Laṭā’if al-Minan fī Manāqib al-Shaykh Abī al-‘Abbās al-Mursī wa Shaykh-hi al-Shādhilī Abī al-Ḥasan*, 以下，『恩寵の佳話』），イブン・アッバード（Ibn ‘Abbād, 1390年歿．ムハンマド・ブン・イブラーヒーム・アッ＝ルンディー〔Muḥammad bn Ibrāhīm al-Rundī〕）の『『箴言』注釈』（*Sharḥ al-Ḥikam*），アフマド・ザッルーク（Aḥmad Zarrūq, 1493年歿．以下，適宜ザッルーク）の『諸基礎の構築』（*Ta’sīs al-Qawā‘id* ＝『タサッウフの諸基礎』〔*Qawā‘id al-Taṣawwuf*〕）などが引用されており，特に目を引くのは，序の最初の一文，つまり著作全体の冒

83）Mālik Sih, *Kifāya al-Rāghibīn fī-Mā Yahdī ilā Ḥaḍra Rabb al-‘Ālamīn wa Iqmā‘ al-Muḥdithīn fī al-Sharī‘a Mā Laysa la-hu Aṣl fī al-Dīn*, p. 252.

頭が『諸基礎の構築』からの引用で始まっている点であろう[84]．なお，こうしたシャーズィリー教団の著者達の著作群は，マーリク・スィの『求める者達の充足』にも頻繁に引用されている[85]．

そして，カーディリー教団系の著作として参照されているのが，スィーディー・アル＝ムフタールの『輝く星』とスィーディー・ムハンマドの『新しき獲得物』である[86]．これらの引用は，2人が先達の文言を引いている箇所，もしくは先達の文言ではなくとも，かなり一般的なタサッウフに関する言説を叙述している箇所が主であり，彼らの著作が，マシュリクやマグリブの古典的な著作と同様，教団の差異を越えた，ある種の共有されるべき宗教的・知的基盤として扱われている印象を受ける．そして，こうした印象は，上記のシャーズィリー教団系の著作からの引用箇所についても感じられることである．

しかし，ティジャーニー信徒の著作の中には，スィーディー・アル＝ムフタールとティジャーニーという同時代の2大シャイフの対置を意識した上で，前者の文言を後者の主張の裏づけのために利用していると思しき例もある．ティジャーニーが中世の大スーフィーとして知られるイブン・アル＝アラビーの思想を援用し，自らを「諸聖者の封印」[87]に位置づけたことを受け，ティジャー

---

84) Ibrāhīm Niyās, *Kāshif al-Ilbās ʻan Fayḍa al-Khatm Abī al-ʻAbbās*, p. 25.

85) Mālik Sih, *Kifāya*, pp. 66, 70, 92, 96, 120, 126, 128, 146, 172, 174, 218, 220, 226, 244, 260, 282, 304, 308, 328, 356, 378, 380.

86) スィーディー・アル＝ムフタールとスィーディー・ムハンマドの言行や著作が引用されているのは，以下の箇所である．Ibrāhīm Niyās, *Kāshif*, pp. 48-9, 76, 90-2, 108-10, 120, 123-6, 142-5, 150-1, 153, 167.

87) ティジャーニーに帰される「諸聖者の封印」とは，彼以後に聖者が現れない，ということではない．イブン・アル＝アラビーの主張などに基づいてなされるティジャーニー自身，もしくはティジャーニー信徒の議論は，基本的に，聖者性が一般的な聖者性と特別なムハンマド的聖者性とに分かれるという前提から始まり，前者の封印は，終末に再臨するとされるイーサー（ʻĪsā，イエス）で，後者の封印がティジャーニーであるとしている．ティジャーニーによると，特別な聖者性の持ち主とは，「真理者〔神〕の優れた300の性質」（akhlāq al-ḥaqq al-thalāthumiʼa）を一つも欠くことなく，完全に備えている者であり，その最初が預言者ムハンマドである．そして，預言者ムハンマドの後の時代には，歴史上の諸クトゥブ（quṭb，枢軸），すなわち世界中の聖者達の頂点に立つとされる人物が，彼の相続者としてその特別な聖者性を備えてきたのだが，ティジャーニーによってそれが封印され，彼以降の時代には，特別な聖者性を備えた者は現れないという．ʻAlī Ḥarāzim, *Jawāhir al-Maʻānī wa Bulūgh al-Amānī fī Fayḍ Sayyid-ī Abī al-ʻAbbās al-Tijānī*, Vol. 2, pp. 194-5.

ニー信徒達は，イブン・アル＝アラビーの著作を繙き，開祖のこの言説を裏づけようと試みてきたのであるが[88]，『新しき獲得物』に記されたスィーディー・アル＝ムフタールの言葉がこの裏づけ作業に利用されたのである．例えば，アル＝ハーッジ・ウマルは，『呪われた者の軍団の殺戮における慈愛遍き御方の軍団の槍』（*Rimāḥ Ḥizb al-Raḥīm ʻalā Nuḥūr Ḥizb al-Rajīm*，以下，『槍』）と題した著作の中で，ティジャーニーの言説の最大の拠り所であるイブン・アル＝アラビーの『メッカ啓示』（*al-Futūḥāt al-Makkīya*）などを引いた後，以下のように記している．

いと高き神を知る者（スィーディー・）アル＝ムフタール・アル＝クンティー師――彼にいと高き神の満足あれ――は，『新しき獲得物』の中でこういったのだ．「預言者ムハンマドのヒジュラ――その主〔預言者ムハンマド〕に最良の祝福と救済あれ――から12番目の世紀〔ヒジュラ暦12世紀＝1689-1786年〕は，諸側面から預言者ムハンマド――彼に神の祝福と救済あれ――の世紀に似ている．第1に，預言者ムハンマド――彼に神の祝福と救済あれ――の世紀に諸預言者の封印〔預言者ムハンマド〕がいたように，ヒジュラ暦12世紀には諸聖者の封印がいる．第2に，除去者にして封印者であるその預言者（ムハンマド）の教友達が善行を命じ，悪行を禁じ，神だけを信じ，逸脱した諸共同体と戦ったように，また，大ジハードとして魂や欲望や悪魔と戦ったように，この（ヒジュラ暦12世紀の）革新者にして封印者である聖者につき従う者達は，善を呼びかけ，善行を命じ，悪行を禁じる（中略）」．この言葉を見よ――我々とあなたに神の御慈悲あれ――，そして，正しくそれを熟考せよ．そうすればあなたは，その言葉が我々の師ティジャーニー――神が彼に満足し，彼を満足させ，また彼によって我々に満足しますように――の封印性を宣言しているものだと分かるだろう．何故なら，（スィーディー・）アル＝ムフタール師――彼に神の満足あれ――は，その（ヒジュラ暦12）世紀の人でありながら，自らに対する大封印者性を主張し

88）Jamil M. Abun-Nasr, *The Tijaniyya: A Sufi Order in the Modern World*, pp. 27-35.

なかったのだから89).

この後，ティジャーニーがヒジュラ暦12世紀に生まれ，覚醒状態で預言者ムハンマドから直接教えを授かったことなどが語られ，ティジャーニーを諸聖者の封印に位置づける言説が展開していくのである.

イブラーヒーム・ニヤースも，こうした言説を裏づける目的で書いた『ティジャーニー師が諸聖者の封印であることに関する賢き者達への警告』（*Tanbīh al-Adhkiyā' fī Kawn al-Shaykh al-Tijānī Khātim al-Awliyā'*）の中で，スィーディー・アル＝ムフタールのこの文言を引用し，ティジャーニーがスィーディー・アル＝ムフタールと同時代，すなわちヒジュラ暦12世紀の人であるという方向へと話を進めている90).

しかし，スィーディー・アル＝ムフタールが諸聖者の封印ではないとするアル＝ハーッジ・ウマルの論理は，『新しき獲得物』を検討すると，実は覚束ないものであると分かる．何故なら，上記の引用箇所で，ヒジュラ暦12世紀の諸聖者の封印は，同じ世紀の革新者，すなわち各世紀に現れてイスラームを革新するムジャッディド（mujaddid）であると叙述されているからである．『新しき獲得物』の記述によれば，スィーディー・アル＝ムフタールは，自身が革新

89）原文は以下の通り．ただし，『新しき獲得物』からの引用部分で誤記と思われる単語には，直後に［　］で『新しき獲得物』の単語を記し，それに沿って翻訳した．

al-'ārif bi-Allāh ta'ālā al-shaykh al-Mukhtār al-Kuntī raḍiya Allāh ta'ālā 'an-hu qāla fī *Kitāb al-Ṭarā'iq* [sic] : inna al-qarn al-thānī 'ashar min al-hijra al-Muḥammadīya 'alā ṣāḥib-hā afḍal al-ṣalāt wa al-salām yushākilu qarn-hu ṣallā Allāh 'alay-hi wa sallama min wujūd-hi [wujūh]. aḥad-hā: anna fī-hi khātim al-awliyā' ka-mā fī qarn-hi ṣallā Allāh 'alay-hi wa sallama khātim al-anbiyā'. thānī-hā: anna atbā' hādhā al-walī al-mujaddid al-khātim yad'ūna ilā al-khayr, wa ya'murūna bi-al-ma'rūf, wa yanhawna 'an al-munkar. ka-mā anna aṣḥāb dhālika al-nabī al-khātimī al-māḥī ya'murūna bi-al-ma'rūf wa yanhawna 'an al-munkar wa yu'minūna bi-Allāh waḥd-hu wa yujāhidūna al-umam al-ḍālla. ka-mā anna hā'ulā'i yujāhidūna al-nafs wa al-hawā wa al-shayṭān al-jihād al-akbar ... fa-unẓur raḥima-nā Allāh wa īyā-ka ilā hādhā al-kalām wa ta'ammal-hu rāshid[an] tajid-hu muṣarriḥ[an] bi-khatmīya shaykh-nā al-Tijānī raḍiya Allāh 'an-hu wa arḍā-hu wa 'an-nā bi-hi, li-anna al-shaykh al-Mukhtār raḍiya Allāh 'an-hu mā idda'ā al-khatmīya al-kubrā li-nafs-hi ma' anna-hu min ahl dhālika al-qarn.

'Umar bn Sa'īd al-Fūtī, *Rimāḥ*, Vol. 2, pp. 494–5. なお，『新しき獲得物』の対応箇所は，以下の頁である．ṬT-K, p. 296; ṬT-R, p. 424.

90）Ibrāhīm Niyās, *Tanbīh al-Adhkiyā' fī Kawn al-Shaykh al-Tijānī Khātim al-Awliyā'*, pp. 13–4.

者であることを夢の中で預言者ムハンマドから告げられたと主張しており[91]，彼の周辺も勿論それを承認していた．従って，ヒジュラ暦12世紀の革新者が1人だけだと想定される場合，スィーディー・アル＝ムフタールは，自分が諸聖者の封印だと主張していることになる．また，仮に革新者が複数出たと想定しても，スィーディー・アル＝ムフタールが諸聖者の封印である可能性は十分に考えられるのである．

18世紀後半以降，西アフリカの広範な地域においてスィーディー・アル＝ムフタールとその子孫・弟子達が保持した政治的・経済的・社会的影響力の大きさは，これまで数多くの研究者によって繰り返し指摘されてきた．この地域で最も長い歴史を有するカーディリー教団の指導者としての地位が，そうした彼らの影響力を裏づける要因の一つとなっていたことは明らかであろう．しかし，これは，彼らの宗教的・知的活動およびその影響がカーディリー教団の組織内にとどまっていたことを意味しない．

本章で見てきたように，スィーディー・アル＝ムフタールは，多くの師の許で種々の学問を学び，イスラーム諸学の古典的な著作群や他教団の著作群を渉猟することで自らの知的形成を図っており，政治的・経済的・社会的影響力の礎となった彼の宗教的・知的権威や名声は，単一の教団という枠組みに収まらない，そうした多様な知的源泉からの恩恵であったといえよう．そして，そのような彼が著した数多の著作群も，次世代において，単一の教団の枠組みに収まらない，西アフリカの宗教知識人の多くが共有する知的基盤の一部となったのである．

91）Ṭ T-K, pp. 218-9; Ṭ T-R, pp. 315-6.

第2章　新興の道
――ムハンマド・アル＝ハーフィズとティジャーニー教団

ティジャーニー教団は，アフマド・アッ＝ティジャーニーが，1781/2年，覚醒状態で預言者ムハンマドからウィルド[1)]を授かったことに端を発する[2)]．比較的歴史の浅い教団であるが，今日までのその短い期間に，発祥の地マグリブを確固たる拠点としながら，西アフリカを含む広範な地域での組織網の拡大に成功した．そして，特に西アフリカにおける勢力拡大についていうと，これまで多くの研究者が注目してきたのは，軍事的ジハードによって広大な版図を支配下に置いたアル＝ハーッジ・ウマルに関する諸事であった．しかし，そもそもマグリブを拠点としていたこの教団がスーダーン西部にまで至り，強大な勢力となる最初のきっかけを作ったのは，両地域の中間に位置するシンキート地方南部に生まれたムハンマド・アル＝ハーフィズ（以下，適宜ハーフィズ）という人物であった．換言すると，彼は，18世紀以降の西アフリカにおけるイスラームの展開を検討する上で看過することのできない重要な役割を担った人物といえるのだが，これまでの研究では，彼および彼の周辺に関する基本的な情報さえほとんど紹介されてこなかった．しかし，そのような状況の中，例外的な先行研究を2つ挙げることができる．

1つ目は，マルティの「モーリタニアとセネガルにおけるイスラーム」（“L'Islam en Mauritanie et au Sénégal”）で，彼は，その中の一章を「イダウ・アリ，モーリタニアのティジャーニー教団のシャリーフ[3)]」（Les Ida Ou Ạli, Chorfa tidianïa de Mauritanie）と題し，ハーフィズの出身部族の歴史や構成，更にこの

1)「はじめに」の「5　術語の説明―②ウィルド（wird）」参照．
2) ʻAlī Ḥarāzim, *Jawāhir*, Vol. 1, p. 34.
3)「はじめに」の「5　術語の説明―⑦シャリーフ（sharīf）」参照．

部族の大半が帰属したティジャーニー教団との関連性などを紹介している[4]．しかし，残念ながらハーフィズ自身のことにはほとんど触れていない．これに比して，2つ目の先行研究，すなわちモーリタニアの歴史学者アブダッラー・ドゥドゥ・ウルド・アブドゥッラーの論文は，アラビア語写本・刊本からの豊富な情報を盛り込んだ充実した研究で，特に，本章でも主要参考文献の一つとして検討する，ハーフィズの生涯を綴った伝記『散策』などの内容に基づき，彼の半生とティジャーニー教団網の拡大の様子を描写している[5]．

本章は，この2つの先行研究の内容を加味しつつも，あくまで現地で蒐集したアラビア語写本・刊本を主要な1次資料として分析し，まず，ハーフィズの出身部族に関する基本的な情報を整理し，続いて，マグリブを根拠地としていたティジャーニー教団が西アフリカへと組織網を広げていく過程において，広大な地域を跨ぐ架け橋の役割を担うこととなったハーフィズの半生を追う．更に，サハラ西部という中間地域で布教の中核を担った彼と彼の弟子達がスーダーン西部のどのような人物と関係を構築していったのかを具体的に検討していきながら，第Ⅱ部の材料となる宗教的・知的連関網の様相を描写しようと考えている．

第1節　シンキート地方のイダウ・アリ

ムハンマド・アル＝ハーフィズは，シンキート地方における宗教知識人階層の有力部族として知られるイダウ・アリ（＝イダウ・アリー）に帰属する．「イダウ」は，ハッサーニーヤ[6]で「…の子孫，…の一族」を意味し，「アリ」は，正則アラビア語名の「アリー」（ʻAlī）に相当するので，「イダウ・アリ」とは，すなわち「アリーの子孫」ということである．

シンキート地方の大学者として知られるイダウ・アリのアブド・アッラーフ・ブン・アル＝ハーッジ・イブラーヒーム・アル＝アラウィーは，自らの部

4）Marty, “L'Islam en Mauritanie,” pp. 221–74.

5）Dedoud Ould Abdellah, “Le «passage au sud».”

6）「はじめに」の「5　術語の説明―⑮ハッサーニーヤ（Ḥassānīya）」参照.

族の由来と歴史を記した『真正』の冒頭で，次のように記している．

私はいおう，アリー・ブン・ヤフヤーの子孫であるイダウ・アリの人々の中核がアリー・ブン・アビー・ターリブの末裔に数えられることに疑いはない，と[7]．

この文言によれば，「アリーの子孫」の「アリー」は，アリー・ブン・ヤフヤー（ʻAlī bn Yaḥyā）という人物を指しているようであるが，彼らが自らの血統において重要視していたのは，やはり，もう一人のアリー，すなわち預言者ムハンマドの従兄弟・娘婿であり，第4代ハリーファでもあるアリー・ブン・アビー・ターリブとの繋がりであろう．『真正』でも，この点を肯定する様々な人物の証言を引いており，その中には，スィーディー・アル＝ムフタール・アル＝クンティーや，エジプトを活動拠点としながらアフリカ大陸各地の宗教知識人達と交流したハディース学者ムルタダー・アッ＝ザビーディー（Murtaḍā al-Zabīdī, 1791年歿）[8]などの名も見出せる[9]．そして，最終的に，イダウ・アリの血統について次のような見解を提示している．

しかし，私に閃光のように明らかになり，それによって四散した事柄の結集がなされるところの事実は，イダウ・アリが，父系において先述のムハンマド・ブン・アル＝ハナフィーヤの子孫であり，母系においてファーティマの子孫であるということだ[10]．

7）原文は以下の通り．
fa-aqūlu lā shakk anna ṣamīm Idaw ʻAli wa hum awlād ʻAlī bn Yaḥyā maʻdūdūn min dhurrīya ʻAlī bn Abī Ṭālib
ṢN-K, p. 1; ṢN-Sh, p. 1. 参考文献ṢN-K, ṢN-Shについては，「はじめに」の「6　アラビア語参考文献の略号と情報―⑦ṢN-KおよびṢN-Sh」参照．

8）ムルタダー・アッ＝ザビーディーとアフリカ大陸各地の宗教知識人との交流については，以下の論文に詳しい．Stefan Reichmuth, "Murtaḍā al-Zabīdī（1732-91）and the Africans: Islamic Discourse and Scholarly Networks in the Late Eighteenth Century." なお，ハディースについては，「はじめに」の「5　術語の説明―⑯ハディース（ḥadīth）」参照．

9）ṢN-K, pp. 1-3; ṢN-Sh, pp. 1-2.

10）原文は以下の通り．

ムハンマド・ブン・アル＝ハナフィーヤの情報に戻る．彼は，アリー・ブン・アビー・ターリブの息子のムハンマドであり，（中略）彼の母親は，ヤマーマの戦い[11]の捕虜のうち，アリーの許にやってきたハニーファ族のハウラである．（一説によると）彼女は，ハニーファ族の人ではなく，ハニーファ族が所有するスィンド[12]出身の女奴隷であるともいわれている[13]．

つまり，イダウ・アリの血統は，預言者ムハンマドの娘ファーティマ（Fāṭima, 633年歿）とアリーとの間にできた血統を継ぐ女性と，ハウラ（Khawla）とアリーとの間に生まれたムハンマド・ブン・アル＝ハナフィーヤ（Muḥammad bn al-Ḥanafīya, 700/1年歿）の血統を継ぐ男性との間にできた血統であると要約できる．アリー・ブン・アビー・ターリブの末裔であるというこうした主張は，スィーディー・アル＝ムフタールが肯定していたことからも分かるように，周囲の部族から認められていたようである[14]．

更に『真正』は，イダウ・アリの歴史にも詳しい．イダウ・アリの母体となるアリー・ブン・アビー・ターリブの子孫集団は，もともとアルジェリアのターバルバーラト（Tābalbālat）という場所に住んでいたが，その後，シンキートに近い村，アーッバイル（Ābbayr, アブワイル〔Abwayr〕）に居を定めた．以下の引用からも分かるように，この村に居住している頃から，集団は，相当数の部族によって構成されていたようである．

---

lākinna alladhī ẓahara l-ī wa baraqa wa bi-hi yajtamiʻu mā tafarraqa anna-hum awlād Muḥammad al-madhkūr min jiha al-ab wa awlād Fāṭima min jiha al-umm

ṢN-K, p. 3; ṢN-Sh, p. 2.

11）632/3年に起こったヤマーマの戦いは，預言者ムハンマドの初代ハリーファであるアブー・バクル（Abū Bakr, 634年歿）が派遣した軍隊と，生前の預言者ムハンマドから「偽預言者」と見做されたムサイリマ（Musaylima, 632/3年歿）率いる軍隊との戦いである．

12）スィンド（Sind）は，インダス川下流域に広がる地域である．

13）原文は以下の通り（句読点は引用者による）．

rujūʻ ilā khabar Muḥammad bn al-Ḥanafīya. huwa Muḥammad bn ʻAlī bn Abī Ṭālib ... umm-hu Khawla min Banī Ḥanīfa ṣārat ilā ʻAlī min subī al-Yamāma wa qīla inna-hā laysat min-hum wa inna-hā ama Sindīya li-Banī Ḥanīfa

ṢN-K, p. 6; ṢN-Sh, p. 4.

14）マルティも，周辺部族がこの点を認めていたと述べている．Marty, "L'Islam en Mauritanie," p. 223.

そして，アリーの子孫集団と多くの部族がアーッバイルに住み続けた．我々に伝わってきたところによると，（部族）名に「イダ」を冠する宗教知識人階層の全ての部族は，アーッバイル出身である．そして，アーッバイルにいたアリーの子孫集団は，純粋なアリーの子孫達とその同盟者達で 40 ないし 60 の部族であった．彼らは，殺人を犯した者を殺していたが，（ある時）我々の祖ヤフヤーが殺人を犯した．ある者は，「ヤフヤーを殺そう」といい，ある者は，（それを）拒否した．そして（結局），ヤフヤーが彼らの間で誉れ高い存在であり，また高貴な人物であったため，彼を殺すことはなかったが，（その代わりに）彼を放逐したのだった．ヤフヤーは，各地を放浪した末，シンジート〔シンキート〕に至った．そこには既に少数の家が建っており，その中にアァマル・ヤブニとイダイジュルの祖がいたのだった．ヤフヤーが彼らとともに住むことを望むと，彼らのうちのある者は，「好きにさせなさい．だが彼は，（近い将来）お前達なしで，単独でことをなすようになるぞ」といった．こうしてヤフヤーは，彼らとともに暮らしたのである．アーッバイルは，（この）シンジートのすぐ近くにあり，シンジートの意味は，「馬の泉」である．そして，シンジートの建設は進展していったが，アーッバイルの繁栄は衰退していき，過ぎ去りし昔（のような状態）になってしまった．こうした（シンジートの）建設の開始から（アーッバイルの）繁栄の終焉までは，40 年間であった[15]．

15）原文は以下の通り（句読点は引用者による）．

thumma lam yazal al-ʻAlawīyūn wa qabā'il kathīra bi-Ābbayr. balagha-nā anna kull man awwal ism-hi Ida bi-kasr al-hamza wa fatḥ al-dāl min qabā'il al-zawāyā kharaja min Ābbayr. wa kāna ʻAlawīyūn fī-hi arbaʻīn aw sittīn qabīla mā bayn ṣamīm wa ḥalīf. wa kānū yaqtulūna al-qātil ḥattā qatala jadd-nā Yaḥyā qatīl fa-qāla baʻḍ-hum naqtulu-hu wa abā baʻḍ-hum fa-lam yaqtulū-hu li-sharaf-hi fī-him wa ʻulū manzilat-hi bal ṭaradū-hu fa-jāla fī al-bilād thumma atā Shinjīṭ wa qad buniyat fī-hi abyāt qalīla fī-hā Aʻmar Yabni wa jadd Idayjr fa-arāda al-nuzūl maʻ-hum fa-qāla baʻḍ-hum khallū-hu lākin yastabiddu bi-al-amr dūn-kum fa-sakana maʻ-hum. wa Ābbayr qarīb jidd min Shinjīṭ wa Shinjīṭ maʻnā-hu ʻuyūn al-khayl. thumma lam tazal ʻimāra Shinjīṭ tarabbū [sic] taḍmaḥillu ʻimāra Ābbayr ilā an ṣāra ka-amsi al-dābir. wa ibtidā' ʻimāra hādhā ilā zawāl ʻimāra dhālika arbaʻūn sana

ṢN-K, pp. 3–4; ṢN-Sh, pp. 2–3.

つまり，イダウ・アリが独立した部族となるきっかけは，「我々の祖」（jaddnā）と呼ばれているヤフヤー（Yaḥyā）が母集団であるアリーの子孫集団から独立し，シンキートに居を定めたことにあったと分かる．そして『真正』は，この引用箇所の後に，サハラ西部の塩交易の拠点として，またメッカ巡礼のための集合地として，シンキートが繁栄していく様を描いている[16]．

しかし，シンキートにおける彼らの繁栄は，17世紀後半，部族内に勃発した紛争により終焉を迎える[17]．シンキート地方の歴史的諸事を扱った『媒介』によると，イダウ・アリ内にはもともと「白」（al-bīḍ）と「黒」（al-kuḥl）と呼ばれる派閥があったが，所有する奴隷（mamālīk）を巡り，「黒」の一部と「白」との連合が，残りの「黒」との戦闘を開始したようである．昼夜を問わず断続的に続いた戦いは，双方合わせて400人の死者を出す大規模なものであったが，これにより，イダウ・アリとともに暮らしていたアグラール[18]の大半は，シンキート地方南東部のハウドへ移住してしまい，イダウ・アリの「白」も，シンキート地方中部のタガーント（Tagānt，タガント〔Tagant〕，タガーニト〔Tagānit〕）にティジクジャ（Tijikja，ティジグジャ〔Tijigja〕，ティージジュガ〔Tījijga〕）という村を建設し，そこに移住した[19]．

そして，この戦闘によってシンキートを離れた集団は，他にも存在した．それが，ムハンマド・アル＝ハーフィズの先祖アル＝ハサン・ンダワージュ（al-Ḥasan 'Ndawāj）を中心とした集団と，『散策』の著者であるバッディの先祖で，通称アル＝カーディー（al-Qāḍī）と呼ばれるアブド・アッラーフ（'Abd Allāh）を中心とした集団である．アル＝ハサン・ンダワージュは，戦闘の勃発を予知し，開戦前にシンキート地方南部のギブラ（Gibla，キブラ〔Qibla〕，ゲブラ〔Gebla〕）[20]へと移住し，次いで戦闘が始まると，アル＝カーディーもギブラへと移動した[21]．

恐らくこの時から，アル＝ハサン・ンダワージュの子孫集団とアル＝カーデ

16）ṢN-K, pp. 4–5; ṢN-Sh, p. 3.
17）ṢN-K, p. 5; ṢN-Sh, p. 4.
18）「はじめに」の「6　アラビア語参考文献の略号と情報—⑥ RGh」参照．
19）WT, pp. 495–7.
20）ギブラは，今日のモーリタニア南西部にあたる地域で，v頁に記した「北・西アフリカ（2）」の地図でいうと，概ねトラールザ（Trārza）とブラークナ（Brākna）を包含する一帯である．

ィーの子孫集団との間に親密な関係が構築されていったと考えられる．後述するように，ハーフィズは，ギブラの地で学習を開始したのであるが，そこで彼の師となった3人は，いずれもアル＝カーディーの子孫であった．そして彼は，後継者の選択において，息子，つまりアル＝ハサン・ンダワージュの子孫にあたるアフマッド（Aḥmadd, 1907年歿）と，アル＝カーディーの子孫にあたるバッディの2人を等しく指名したのである[22]．『真正』や『散策』，『媒介』を見ると，この2つの血統からは，数多くの聖者や優れた学者が輩出しており[23]，内紛のためにシンキートを離れなければならなかったイダウ・アリのうち，ギブラへと移住した一団は，恐らくこの2集団を核として，新天地に根を下ろしていったのだろう．

第2節　修学の旅とティジャーニー教団

ムハンマド・アル＝ハーフィズは，18世紀半ば，ギブラに生まれた．父アル＝ムフタール（al-Mukhtār, 1806/7年歿）は，敬虔な宗教知識人であると同時に能書家としても知られており，母方の祖父ムハンマド（Muḥammad）は，卓越した知識を持つ聖者・カーディー（al-qāḍī, イスラームにおける裁判官）として有名な人物であった．また，ハーフィズの兄弟のうち，夭逝したムハンマド・アル＝アミーン（Muḥammad al-Amīn, 1799/800年歿）は，父を超える能書家として知られ，サイード（Sa'īd, 1820/1年歿）は，ハーフィズと同父母の兄弟であり，後にハーフィズから直接ティジャーニー教団のウィルドを授かったようである．更にこのサイードは，自らの師が戦士貴族階層の暴君に殺された時，武器を手に取って復讐を果たしたことから，その勇敢さでも広く知られていた[24]．

このような優れた人物が数多く輩出する一族に生まれたハーフィズも，7歳にして『クルアーン』全体を暗唱するほど，幼少期からその優れた知的能力を

21）NM, pp. 15-6; WT, p. 496. 参考文献NMについては，「はじめに」の「6　アラビア語参考文献の略号と情報―⑤ NM」参照．

22）Seesemann, "The *Shurafā'*," p. 74.

23）ṢN-K, pp. 1-3; ṢN-Sh, pp. 1-2; NM, pp. 15-26; WT, p. 30.

24）NM, pp. 16-26; Dedoud Ould Abdellah, "Le «passage au sud»," p. 76.

示していたようであるが，その後一時期，一般的な教育課程から離れることとなった[25]．『媒介』などによると，シンキート地方では5歳から教育が始まり，まず1から10までの数の数え方を教わるが，これができない者は，それ以上の学習を断念することになる．その後，母音符号の振り方などを含めた文字の基礎知識や『クルアーン』の暗唱・読み方を学び，更に，様々な著作の学習を通じ，専門的な諸学問の修得に進んでいく[26]．しかし，『散策』によると，ハーフィズは，上述の祖父ムハンマドが男児を残さずに死亡した後，ムハンマドの妻と彼女の盲目の姉妹の世話を担うこととなり，彼女達を養うため，家畜の世話などの諸事に時間を費やさねばならなくなったようである．そして，そもそも彼らが住んでいたのが，「学問の地」（balad ʻilm）ではなく，戦士貴族階層が強い影響力を持つ土地であったことも関係し，ハーフィズは，上記のような段階的な教育課程から離れざるを得なくなったのである[27]．

しかし，彼はこの時期，敬虔な女性として知られていたこの祖母の許で，イブン・アター・アッラーフの『箴言』や，ハリール・ブン・イスハークの『提要』，アブド・アッラーフ・ブン・アビー・ザイド・アル＝カイラワーニー（以下，カイラワーニー）の『論考』，イブン・マーリクの『千行詩』を学んだといわれている[28]．これらの著作は，既に前章でその標題が挙がっていたことからも分かるように，いずれも，西アフリカで学問を志す者達が伝統的に学んできた書物である[29]．シンキート地方の特に宗教知識人階層では，女性であっても読み書きを学び，クルアーン学校に通う前の年少の子供達に対する基礎教育は，こうした女性達の仕事とされている[30]．しかし，ハーフィズの祖母が彼に

25）NM, p. 26; Dedoud Ould Abdellah, “Le «passage au sud»,” p. 76.

26）WT, pp. 517-8; El Hamel, *La vie*, p. 127. なお，アラビア語の文字は，アリフ（alif, ا）を除き，全て子音であり，母音符号とは，その子音にa, i, uのいずれの母音が付加されるかを示す符号である．例えば，m-l-kの3子音は，母音符号の振り方によって，「（彼は）所有した」（malaka），「王権」（mulk），「王」（malik），「天使」（malak），「財産」（milk）など様々な意味になるため，母音符号の振り方の習得は，アラビア語学習の基礎ともいえる．

27）NM, p. 26; Dedoud Ould Abdellah, “Le «passage au sud»,” p. 76.

28）NM, p. 26; Dedoud Ould Abdellah, “Le «passage au sud»,” pp. 76-7.

29）El Hamel, *La vie*, pp. 132-6; WT, pp. 518-9; al-Mukhtār wuld Ḥāmid, *Ḥayāt Mūrītāniyā*, Vol. 2: *al-Ḥayāt al-Thaqāfīya*, pp. 5-90.

30）El Hamel, *La vie*, pp. 129-32; WT, pp. 517-8.

教授した著作は，勿論，そうした基礎教育の段階で扱われる書物ではない．つまり，このような彼の学習過程は，シンキート地方の一般的な教育課程から逸脱する，極めて例外的なものであったといえる．

以上のように，ある意味で特殊な少年期を過ごしたハーフィズは，祖母が死亡すると，イダウ・アリのシャイフ達[31]の許での専門的な修学に乗り出すことになったが，この時，同年代の若者達と比較して自分が大きく立ち遅れてしまっていることに気づき，激しい情熱を学問に傾けたようである[32]．

彼の最初の師は，スィーディー・アブド・アッラーフ・ブン・アフマッダーン（Sīdī ʻAbd Allāh bn Aḥmaddān，1815年歿）という人物で，特に法学と文法学，その他にも論理学や修辞学，秘術と魔方陣の知識（ʻilm al-sirr wa al-awfāq）などに精通したナースィリー教団[33]のシャイフであった[34]．更に続けて，前章でスィーディーヤ・アル＝カビールの師として紹介した碩学フルマ・ブン・アブド・アル＝ジャリール[35]，そして，『散策』の著者バッディの父であり，法学に秀でた宗教知識人でもあるスィーディー・アブド・アッラーフ（Sīdī ʻAbd Allāh，1826/7年歿）の許を巡った[36]．既に述べた通り，この3人は，いずれもアル＝カーディーの子孫であり，ハーフィズにとっては，比較的近い存在だったと思われる．

しかし，ハーフィズは，こうした近しい師の許での学習を終えた後，更なる研鑽の場を求めて生地を離れ，タガーントへと旅立った．宗教知識人が故郷を離れ，一般的な宗教諸学やタサッウフの優れた師を求めて各地を遍歴する事例は，西アフリカで広く観察され，前章のスィーディー・アル＝ムフタールやスィーディーヤ・アル＝カビール，更には後述するアフマド・バンバの例もこれに相当するだろう．だが，『媒介』によると，そもそもワクフ（waqf，イスラー

31）「はじめに」の「5　術語の説明―⑤シャイフ（shaykh）」参照．
32）NM, p. 27; Dedoud Ould Abdellah, “Le «passage au sud»,” p. 77.
33）「はじめに」の「5　術語の説明―⑬ナースィリー教団（al-Ṭarīqa al-Nāṣirīya）」参照．
34）NM, pp. 27-30; Dedoud Ould Abdellah, “Le «passage au sud»,” p. 77.
35）フルマの許で学習したスィーディーヤ・アル＝カビールとハーフィズとの間に何らかの影響関係があった可能性を指摘する研究もある．Stewart with Stewart, *Islam*, p. 30.
36）NM, pp. 30-7; Dedoud Ould Abdellah, “Le «passage au sud»,” pp. 77-8.

ム特有の財産寄進制度）のような，宗教に根ざした財源が学業を支援する制度のなかったシンキート地方では，学業への従事に様々な困難が伴ったようである．教わる側が家畜などの僅かな財産を持参する場合もあったが，基本的に教育は無償で行われるため，師の財産であり，生活の糧となる家畜の世話を弟子達が交代で行いながら，共同生活を送り，学業に勤しむのが一般的な形だったらしい[37]．

ハーフィズの旅も，こうした優れた師を求める修学の旅であり，行き着いたタガーントで師と仰いだのが，既に何度も言及している『真正』の著者アブド・アッラーフ・ブン・アル＝ハーッジ・イブラーヒームであった．アブド・アッラーフは，フルマ・ブン・アブド・アル＝ジャリールの師として紹介したイブン・ブーナなど，シンキート地方の大学者の許で学んだ後，マグリブのフェズで長期間学び，メッカへの聖地巡礼の際には，その旅程でエジプトの知識人などとも交流したといわれている[38]．『散策』の記述によると，ハーフィズは，この師を特に重要視しており，後に彼にとっての最大の師となるティジャーニーに比肩するほどの存在と考えていたようである．

> 私の師達のうち，我が師であり我が主人であるアフマド・アッ＝ティジャーニー――彼にいと高き神の満足あれ――の後に，我が主人アブド・アッラーフと同等の者はいなかった．彼ら２人は，私にとって同等であり，２人のうちどちらか一方を他方よりも重要視することなどできないのである[39]．

しかし，『散策』は，以上のような師を紹介している箇所で，ハーフィズが彼らからどのような学問分野のどのような著作を学んだのかについて詳しく記していない．そこで，先述の祖母に学んだ４著作に加え，他の写本[40]の記述

37）WT, pp. 518–21.

38）FSh, pp. 173–5; El Hamel, *La vie*, pp. 367–9; WT, pp. 37–40.

39）原文は以下の通り（句読点は引用者による）．
mā ba'd shaykh-ī sayyid-ī Aḥmad al-Tijānī raḍiya Allāh ta'ālā 'an-hu min ashyākh-ī mithl sayyid-ī 'Abd Allāh 'ind-ī. wa kānā ka-'idlayn 'ind-ī. lā urajjiḥu aḥad^{an} min-humā 'alā al-ākhar
NM, p. 39.

から，ハーフィズが学んだとされる著作を集めてみよう（表2-1）[41]．

この表を見てまず気がつくのは，スィーディー・アル＝ムフタールを始めとした宗教知識人達が学習・渉猟した著作として既に前章で紹介したものが少なくないということである．これは，西アフリカにおいて学ばれた著作群のうち，特にその中核をなす普遍性の高いものがある程度定まっていたことを意味しているのだろう．

また，前章で西アフリカにおけるマーリク学派[42]の影響力について触れたが，ハーフィズの場合も，法学の欄にはマーリク学派の有名な2著作が挙がっている．しかも，参照した写本の記述によると，ハーフィズは，カイラワーニーの『論考』を幼少期に既に暗記していた上，成人してから再度暗記し直すなど，この著作の学習に驚くほどの情熱を見せている．また，ハリール・ブン・イスハークの『提要』に関していうと，ハーフィズは，この著作の後半部についての注釈書を著している．

ハリール・ブン・イスハークの『提要』が西アフリカの宗教知識人達の法学的見解に及ぼした影響の大きさを物語る逸話は『開示』に見られ，前章で言及したトンブクトゥの大学者アフマド・バーバー・アッ＝ティンブクティーなどは，自らを「ハリール派」（khalīlīyūn）の一人と称していたという．また，この地域の法学者の中には，『提要』から裁定が引き出せないような法学的問題は存在しないと述べる者までいたらしい[43]．

しかし，前章でも述べたように，こうした西アフリカにおけるマーリク学派

40）この写本は，カオラクのシャイフ・アル＝イスラーム・アル＝ハーッジ・イブラーヒーム・ニヤース図書館所蔵のものであるが，冒頭部分が欠落しており，正式な標題が分からない．この図書館の所蔵写本を整理した人物が付したと思われる別紙には，著者名としてムハンマド・アル＝ハーフィズ，標題として『教団の法学と秘密に関する諸ファトワー』（*Fatāwā ḥawl Fiqh al-Ṭarīqa wa Asrār-hā*）と記されていたので，本書においてもこれを採用する．頁番号は，欠落していると思われる冒頭箇所を無視し，残存している部分だけで換算する（合計8頁）．なお，ファトワーについては，「はじめに」の「5　術語の説明—⑰ファトワー（fatwā）」参照．

41）NM, p. 26; Muḥammad al-Ḥāfiz, *Fatāwā ḥawl Fiqh al-Ṭarīqa wa Asrār-hā*, p. 4. この表は，あくまでもここで挙げた2資料の情報をもとに纏めたものであり，ハーフィズが学んだ全著作を示しているわけではない．また，特定できなかった著者・著作には疑問符を付した．

42）法学派については，「はじめに」の「5　術語の説明—⑪スンナ派4大法学派」参照．

43）FSh, pp. 60, 125; El Hamel, *La vie*, pp. 134, 215, 301.

表 2-1　ムハンマド・アル＝ハーフィズが学んだ著作

学問領域	著作標題	著　者
1　法学	（1）『論考』	カイラワーニー
	（2）『提要』	ハリール・ブン・イスハーク
2　タサッウフ	（1）『箴言』	イブン・アター・アッラーフ
	（2）『『箴言』注釈』	イブン・アッバード
3　文法学	（1）『千行詩』	イブン・マーリク
4　修辞学	（1）『韻文』（*al-Manẓūma*）＝『菊の花』（*Nawr al-Aqāḥ*）44)	アブド・アッラーフ・ブン・アル＝ハーッジ・イブラーヒーム
	（2）『鍵の提要』	ムハンマド・アル＝カズウィーニー
	（3）『『鍵の提要』注釈』	マスウード・アッ＝タフターザーニー（Mas'ūd al-Taftāzānī, 1390 年歿）
5　論理学	（1）『美しき梯子』（*al-Sullam al-Murawnaq*）	アブド・アッ＝ラフマーン・アル＝アフダリー（'Abd al-Raḥmān al-Akhḍarī, 1575/6 年歿）
6　法源学	（1）『法源に関する大集成』	スブキー
	（2）『『法源に関する大集成』注釈』？	アル＝ムフキー（al-Muḥkī）？
	（3）『韻文』＝『上昇と登攀を望む者にとっての幸運の梯子』（*Marāqī al-Su'ūd li-Mubtaghī al-Ruqī wa al-Ṣu'ūd*）	アブド・アッラーフ・ブン・アル＝ハーッジ・イブラーヒーム
	（4）『『上昇と登攀を望む者にとっての幸運の梯子』注釈』＝『『幸運の梯子』に対する旗の掲揚』（*Nashr al-Bunūd 'alā Marāqī al-Su'ūd*）	アブド・アッラーフ・ブン・アル＝ハーッジ・イブラーヒーム
7　クルアーン諸学	（1）『2 人のジャラールの注釈』	マハッリーおよびスユーティー
	（2）『注釈』（*Tafsīr*）＝『啓示の知識の容易化』（*al-Tashīl li-'Ulūm al-Tanzīl*）	イブン・ジュザイ（Ibn Juzayy, 1340 年歿．ムハンマド・アル＝カルビー〔Muḥammad al-Kalbī〕）

	（3）『クルアーン諸学への精通』（*Itqān fī ʻUlūm al-Qurʼān*）	スユーティー
8 ハディース学	（1）『真正集』（*Ṣaḥīḥ*）	ムハンマド・アル＝ブハーリー
	（2）『真正集』（*Ṣaḥīḥ*）	ムスリム・ブン・アル＝ハッジャージュ（Muslim bn al-Ḥajjāj, 875 年歿）
	（3）『真正集抄』（*Tajrīd al-Ṣiḥāḥ*）？	ザイド・ブン・ムアーウィヤ・アル＝アンダルスィー（Zayd bn Muʻāwiya al-Andalusī）？
	（4）『千行詩』（*Alfīya*）	アブド・アッ＝ラヒーム・ブン・アル＝フサイン・アル＝イラーキー（ʻAbd al-Raḥīm bn al-Ḥusayn al-ʻIrāqī, 1404 年歿）
	（5）『千行詩』（*Alfīya*）	スユーティー

の影響に関して再考を促す事例が存在していることも事実である．ハーフィズがイジャーザ[45]を受けた師の中に，法学派の見解に重きを置く伝統墨守に反対し，あらゆる法学的判断において常に『クルアーン』とハディースに根拠を求める立場を取ったサーリフ・アル＝フッラーニー（Ṣāliḥ al-Fullānī, 1803 年歿）という人物がいる．フータ・ジャロン出身のサーリフは，1773/4 年にメッカ巡礼を果たし，その後，死亡するまでメディナに暮らし，ハーフィズを始め，西アフリカの多くのムスリムにイジャーザを与えた[46]．このことから，サーリフの教えを受けた彼らを通じ，常に『クルアーン』とハディースに判断の拠り所を求める法学的姿勢が西アフリカの地に広まった可能性を考慮しなければならなくなる[47]．そして，仮にこうした姿勢の広まりが確認されれば，西アフリ

44）『菊の花』の標題原綴は，文法上は *Nawr al-Aqāḥī* になると思われるが，参照写本や，この標題を記した他の刊本において *Nawr al-Aqāḥ* となっていたので，それに従った．

45）「はじめに」の「5 術語の説明―①イジャーザ（ijāza）」参照．

46）ʻAbd al-Ḥayy bn ʻAbd al-Kabīr al-Kattānī, *Fihris al-Fahāris wa al-Athbāt wa Muʻjam al-*

カにおけるマーリク学派の影響力に関する定説の再考が必要になるであろうし，また，西アジアから西アフリカへと広がる知的共通基盤の存在を新たに見出すことができるかもしれない．

さて，シンキート地方の複数の師の許での学習に一区切りをつけたハーフィズは，聖地巡礼への旅立ちを決意した．彼は，この巡礼の旅程でティジャーニーに師事することになるが，フェズでのティジャーニーとの面会の時期や，聖地巡礼とフェズ訪問との時間的前後関係については，あまりはっきりしていない．

まずマルティは，ハーフィズが1780年頃，聖地巡礼の帰路にフェズを訪れた，と記しているものの，典拠が示されていないため，如何なる根拠でこの年代を特定したのか分からない[48]．次に『散策』は，この年代から大分遅れて，1802/3年をハーフィズの巡礼の年としている[49]．そして，これら2つ以外にも，ティジャーニーの生涯や教義，更に彼の周辺の人物について纏まった情報を与えてくれる『『求道者の願い』の注釈のために益を求める者の望み』(*Bughya al-Mustafīd li-Sharḥ Munya al-Murīd*，以下，『望み』）という著作がハーフィズの巡礼譚を記している．この著作は，イダウ・アリ出身の宗教知識人として『媒介』にもその伝記が綴られているアッ＝ティジャーニー・ブン・バーバ（al-Tijānī bn Bāba，1846/7年歿）の韻文著作『求道者の願い』(*Munya al-Murīd*）に対する注釈書である．著者のムハンマド・アル＝アラビー・ブン・ムハンマド・ブン・アッ＝サーイフ（Muḥammad al-ʻArabī bn Muḥammad bn al-Sā'iḥ，1891/2年歿）は，モロッコのメクネス（Meknes，ミクナース〔Miknās〕）に生まれ，その後ラバトに移り住んだティジャーニー信徒で，アッ＝ティジャーニー・ブン・バーバと親交を結び，彼から聴き取った情報に基づいて，聖地巡礼

Maʻājim wa al-Mashyakhāt wa al-Musalsalāt, Vol. 2, pp. 901–6. この師からのイジャーザは，バッディ，更にその息子・孫へと伝承されている．

47）この点は，サーリフに関しての詳細な議論を展開したハンウィックの以下の論文によっている．John Owen Hunwick, "Ṣāliḥ al-Fullānī of Futa Jallon: An Eighteenth-Cenury Scholar and Mujaddid"; John Owen Hunwick, "Ṣāliḥ al-Fullānī (1752/3–1803): The Career and Teachings of a West African ʻĀlim in Medina."

48）Marty, "L'Islam en Mauritanie," p. 239.

49）NM, p. 14.

を巡るハーフィズの動向を叙述している[50]．それによると，年代は不明であるが，ハーフィズは，まず聖地巡礼を行い，そこで「完全な師」(shaykh kāmil) との出会いを求めて様々な人々の許を訪ね歩いた末，とうとうティジャーニーの後継者とされていたアリー・ハラーズィム（ʻAlī Ḥarāzim，1802/3? 年歿）に出会い，フェズにいるティジャーニーのことを聞かされた．そして，聖地巡礼からの帰路，ハーフィズは，フェズを訪れ，ティジャーニーからウィルドを授かり，彼の弟子となったようである[51]．

しかし，ドゥドゥ・ウルド・アブドゥッラーは，以上の情報を考慮しつつも，特に『散策』の情報を重視し，次のように纏めている．まずハーフィズは，聖地巡礼を行う前，1800年頃にフェズのティジャーニーの許を訪れ，彼の弟子となった．そして，ティジャーニーの生涯や教義についての著作『我が主人アブー・アル＝アッバース・アッ＝ティジャーニーの流出に関する意味の宝石と望みの達成』(*Jawāhir al-Maʻānī wa Bulūgh al-Amānī fī Fayḍ Sayyid-ī Abī al-ʻAbbās al-Tijānī*，以下，『意味の宝石』)[52] を纏め終えたアリー・ハラーズィムとともに1802/3年に聖地巡礼に旅立ち，1805/6年には故郷に戻った[53]．

このような見解の相違はあるものの，ハーフィズが聖地巡礼の旅程でフェズにいるティジャーニーの許を訪れ，彼の弟子となったことに関しては，異論の余地がないようである．そして，『望み』によると，ハーフィズは，ティジャーニーの修道所で教えを施された後，故郷に戻ろうとした際にイジャーザを授かったようである[54]．

---

50)『望み』というこの注釈書の存在は，サハラ西部が宗教的・学問的情報をマグリブから一方的に受容するだけではなかったことを物語っている．

51) アリー・ハラーズィムに出会うまでの過程は，特に詳しく書かれている．Muḥammad al-ʻArabī bn Muḥammad bn Sāʼiḥ, *Bughya al-Mustafīd li-Sharḥ Munya al-Murīd*, pp. 245–6.

52) 本書において既に何度か参照しているこの著作は，師であるティジャーニーの生涯や教義を知ろうとするティジャーニー信徒にとって最重要の著作に位置づけられる．ティジャーニーが自らの生涯や言葉をアリー・ハラーズィムに口述筆記させ，その情報をもとに纏められたが，完成後，剽窃疑惑が持ち上がり，ティジャーニー教団批判の材料とされたようである．Abun-Nasr, *The Tijaniyya*, pp. 24–5.

53) Dedoud Ould Abdellah, "Le «passage au sud»," pp. 80–1.

54) Muḥammad al-ʻArabī, *Bughya*, p. 246.

そして，（ハーフィズが）自分の土地への旅立ちを決心した時，師〔ティジャーニー〕――彼に神の満足あれ――は，自分の教団についての絶対的イジャーザをハーフィズに授け，ムカッダムの指名に関してだけを除き，如何なる制限も課さなかった．つまり（その制限とは，ムカッダムの指名が）ハーフィズにおいて10人を超えないということである[55]．

「ムカッダム」の原義は，「前に置かれたもの・人」であるが，スーフィー教団の文脈では，師に代わって宗教的諸行為を行う権利・権威を付与された代理人を意味する[56]．そして，「絶対的イジャーザ」（al-ijāza al-muṭlaqa）とは，全ての宗教的行為の遂行をハーフィズに許可する免状のことであろうが，この場合，1つだけ特記事項が設けられており，それは，ハーフィズによる新たなムカッダム指名を10人までとする制限である[57]．しかし，このイジャーザを実際に読んでみると，「（ハーフィズが指名した）ムカッダム達のうち，（ハーフィズが）許可を与えた者は，我々の主人〔ティジャーニー〕が許可を与えたのと同様である」[58]とあり，指名されたムカッダム達にも新たな10人のムカッダム

55）原文は以下の通り．

wa ḥīn azmaʻa al-safar ilā balad-hi ajāza la-hu al-shaykh raḍiya Allāh ʻan-hu fī ṭarīq-hi bi-al-ijāza al-muṭlaqa wa lam yuqayyid la-hu bi-shayʼ illā fī al-taqdīm faqaṭ fa-lā yazīdu fī-hi ʻalā ʻashara

Muḥammad al-ʻArabī, *Bughya*, p. 246.

56）ティジャーニー教団は，こうしたムカッダム，もしくはハリーファの指名によって，各地に布教の中心となる人物を置き，広域を網羅する勢力を築いていったとされる．Abun-Nasr, *The Tijaniyya*, p. 22. ムカッダムとハリーファは，ほぼ同義の言葉として使用されることがある．例えば，ティジャーニー教団に関する包括的な研究をなしたジャミル・M・アブン＝ナスルは，ハーフィズがムカッダムであったとしているが，マルティは，彼をハリーファとしている．しかし，例えばアル＝ハーッジ・ウマルなどは，ムカッダムとハリーファを明確に区別し，ムカッダムに許されているのがズィクル（「はじめに」の「5　術語の説明―⑨ズィクル〔dhikr〕」参照）の教授のみであるのに対し，ハリーファは，師の完全な代理人であるため，ムカッダムやムカッダムの弟子達は，ハリーファに従属した存在であると定義している．ただ，2つの単語の実際の使用例を見る限り，この定義にそれほどの妥当性があるとは考えにくい．Abun-Nasr, *The Tijaniyya*, p. 22; Marty, “L'Islam en Mauritanie,” p. 239; ʻUmar bn Saʻīd al-Fūtī, *Rimāḥ*, Vol. 1, p. 442.

57）この内容が記されたイジャーザの原文写真と仏訳は，マルティが「イダウ・アリのティジャーニー教団のシャイフの免状」（Diplôme de Cheikh des Tidianïa Ida Ou Ạli）として附録に掲載している．Marty, “L'Islam en Mauritanie,” pp. 269–73.

指名が許されたように見える．これに比して，例えば，ティジャーニーの直弟子であり，アル＝ハーッジ・ウマルの師としても知られるムハンマド・アル＝ガーリーに与えられたイジャーザには，ムカッダム指名について「2段階で4人ずつだけ」（arbaʻa fī martabatayn faqaṭ）という制限があったとされている[59]．つまり，ムハンマド・アル＝ガーリーが4人のムカッダムを指名したら，その4人がそれぞれ4人のムカッダムを指名するが，それ以降のムカッダム指名は許されないのである．これに比べれば，ハーフィズに与えられたイジャーザの制限は，緩やかであったといえる．

そして，ティジャーニーは，ハーフィズが故郷に戻る時，次のような忠告をした．「お前を現す御方であるいと高き神がおわすまで，お前が自ら現れてはならない」[60]．ハーフィズは，この忠告に従い，ティジャーニー教団の布教を全く行わないまま，暫くの間，諸学問を生徒達に教えて過ごしていた．しかし，ある時，敬虔さで知られるある男がハーフィズの許にやってきて，突如ティジャーニーのウィルドを伝授してくれるよう依頼した．ハーフィズは，この依頼を承諾してウィルドを授けたが，『望み』によると，これをきっかけに，同様の伝授を望む人の波がハーフィズの許に押し寄せたようである．

> そこで，（ハーフィズは）ウィルドの伝授を依頼した男に応諾の返事をし，ウィルドを伝授した．すると，その座に居合わせた者は皆立ち上がり，彼〔ハーフィズ〕に向かってウィルドの教授を願った．そして，彼らの各々が自分の家族や一族の許に行き，前述の男性のことを語って聞かせた．その夜，ハーフィズ師の住居の近くの家々では，師〔ティジャーニー〕――彼に神の満足あれ――に関する言及だけで夜が過ぎていった．翌日，彼〔ハーフィ

58）原文は以下の通り．
fa-man adhina la-hu min-hum ka-anna-hu adhina la-hu sayyid-nā
Marty, "L'Islam en Mauritanie," p. 270.

59）Muḥammad al-ʻArabī, *Bughya*, pp. 246, 248.

60）原文は以下の通り．
lā taẓhar bi-nafs-ka ḥattā yakūna Allāh taʻālā huwa alladhī yuẓhiru-ka
Muḥammad al-ʻArabī, *Bughya*, p. 246.

ズ〕から（ウィルドを）得るために，人々が大挙して彼の許にやってきた．そして，ウィルドの取得が次々と継起し，やがて彼の手によって，（ティジャーニーの教えの）道は広まっていった．何という広まりようだろう．その地域のほとんど数えきれないほどの男達が，彼の手によって教えを施されたのだ[61]．

こうしてハーフィズの手によってティジャーニー信徒となった弟子達は，サハラ西部やスーダーン西部において，急速に教団網を拡大させていくこととなったのである[62]．

第3節　教団網の拡大と教団網を越える連関

ティジャーニー教団に関する包括的な研究で知られるアブン＝ナスルによると，他のシャイフや聖者に優越する「諸聖者の封印」が率いるティジャーニー教団に帰属する者にとって，究極のスーフィー教団である自教団以外の教団の存在は不要であるとされ，例えば，ティジャーニー信徒が他教団に帰属するこ

61）原文は以下の通り．

fa-'ind dhālika an'ama la-hu wa adhina la-hu fī al-wird, fa-qāma jamī' man ḥaḍara dhālika al-majlis wa raghiba ilay-hi fī talqīn-hi īyā-hu wa sāra kull wāḥid min-hum ilā ahl-hi wa 'ashīrat-hi, fa-qaṣṣa 'alay-him khabar al-sayyid al-madhkūr, fa-lam yubat fī bayt tilka al-layla min al-buyūt al-qarība min manzil al-shaykh al-Ḥāfiẓ illā wa bāta fī-hi dhikr al-shaykh raḍiya Allāh 'an-hu, wa min al-ghad atā-hu al-nās afwāj^{an} li-l-akhdh 'an-hu, thumma tawāṣala dhālika wa tarāsala, fa-intasharat al-ṭarīq 'alā yad-hi ayy intishār, wa takharraja 'alā yad-hi mā lā yakād yuḥṣā min al-rijāl fī hātīka al-aqṭār

Muḥammad al-'Arabī, *Bughya*, p. 247.

62）ティジャーニーから直接ウィルドを伝授された西アフリカのムスリムは，ハーフィズだけではない．ティジャーニーの周辺にいた人々の情報を纏めた以下のような著作を見ると，そうした直弟子が複数いたことが分かる．Muḥammad al-'Arabī, *Bughya*; Aḥmad bn al-'Ayyāshī Sukayrij, *Kashf*; Muḥammad al-Sayyid al-Tijānī, *Ghāya al-Amānī fī Manāqib wa Karāmāt Aṣḥāb al-Shaykh Sīdī Aḥmad al-Tijānī*. だが，例えば『望み』には，ハーフィズの手によってシンキート地方周辺にティジャーニー教団が広まったと書かれており，またドゥドゥ・ウルド・アブドゥッラーは，こうした複数の直弟子達の中で，ハーフィズだけが唯一精神的な後継者を西アフリカに残したと述べている．Muḥammad al-'Arabī, *Bughya*, p. 245; Dedoud Ould Abdellah, "Le «passage au sud»," pp. 81–2.

とは，基本的に禁じられており，特にティジャーニー歿後，教団が第2世代に入って以降，この禁止事項は，厳格に適用されたようである[63]．確かに，ハーフィズがティジャーニーから与えられたとされる先述のイジャーザにも「(ティジャーニー教団のウィルドは，他教団の）シャイフ達のウィルドを持っている者には与えられない」[64]という条件が記されており，ウィルドの伝達を通じた他教団との差別化の意図が見て取れる．ところが，ハーフィズは，このイジャーザにおける条件を満たしながらも，ティジャーニー教団の絶対的優越論や他教団不要論などに代表される，ある意味で高圧的な論理を前面に押し出すことなく，自らの思想を構築していたようである．

我が主人アブド・アル＝カーディル・アル＝ジーラーニー師やそれに類する諸シャイフのウィルドについていえば，それは，(神の許へ）至るものとして存在している．つまり，礼儀作法の道によってウィルドを獲得した者は，いと高き神がその手を取り，自らの許へ彼を到達させるのである[65]．

お前達〔ティジャーニー信徒〕以外の諸ウィルドの徒についていえば，彼に彼の持つウィルドの放棄を命じてはならないし，そのウィルドを控えるよう促してもならない．しかし，もし（ティジャーニー教団以外の）諸シャイフのウィルドを持っている者がお前達のウィルドを求めて，お前達の許へやってきたのなら，(次のように）教えなさい．全てのウィルドは，いと高き神の許へ繋がる道であるが，我々のウィルドは，他のウィルドと合流しない，と．そして，もしそのために彼が自らのウィルドを放棄するというのであれ

63）Abun-Nasr, *The Tijaniyya*, p. 40.

64）原文は以下の通り．
　lā yu‘ṭā li-man ‘ind-hu wird min awrād al-ashyākh
　Marty, "L'Islam en Mauritanie," p. 270.

65）原文は以下の通り．
　wa ammā awrād al-ashyākh ka-al-shaykh sayyid-ī ‘Abd al-Qādir al-Jīlānī wa amthāl-hi fa-hiya mawjūda muttaṣila fa-man akhadha-hā bi-ṭarīq al-adab akhadha Allāh ta‘ālā bi-yad-hi ḥattā yūṣila-hu ilay-hi
　Muḥammad al-Ḥāfiẓ, *Fatāwā*, p. 2.

ば，そのことは，彼を害したりはしない，と[66]．

ウィルドの原義は，「水場へ至る道」であるが，ハーフィズの見解によると，ティジャーニー教団の道も，それ以外の教団の道も，神もしくは真理という水場へ至る点において本質的な差異はない．しかし，他教団の道が互いに合流し合う可能性を秘めているのに対し，ティジャーニー教団の道は，他の道と合流することのない，真っ直ぐに神の許へと至る一本道なのである．こうした論理は，ハーフィズが，ティジャーニーから授かったイジャーザの文言を遵守し，ティジャーニー教団の独自性を主張しながらも，同時に，周囲との軋轢を生み出す可能性が高い，他教団の存在を否定する議論や，他教団の信徒に対する強制的な勧誘を避けていた証拠であろう[67]．ドゥドゥ・ウルド・アブドゥッラーも，ハーフィズの大きな特徴の一つとして，自制を挙げており，無闇に布教を行うことや，他教団の信徒にその教団のウィルドの放棄を強要することがなかったと指摘している[68]．

しかし，そうした控え目な態度にも拘らず，もしくは，周囲との軋轢を回避する自制的な布教方法を採用した故に，というべきかもしれないが，マルティによると，ハーフィズが死亡する1830年頃には，イダウ・アリのほぼ全員がティジャーニー信徒になっていたようであり[69]，ハーフィズと彼の弟子達による布教は，目を見張る成果を残したといえる．そして，2人の後継者バッディとアフマッド，更にハーフィズの直弟子であったマウルード・ファール(Mawlūd Fāl, 1851年頃歿)[70]などの主要シャイフとその子孫が中心となり，ハ

66）原文は以下の通り．
wa ammā ghayr-kum min ahl al-awrād fa-lā ta'murū-hu bi-tark wird-hi wa lā tuzahhidū-hu fī-hi wa lākin idhā atā-kum man 'ind-hu wird min awrād al-mashā'ikh yaṭlubu wird-kum fa-akhbirū-hu anna al-awrād kull-hā ṭuruq muwaṣṣila ilā Allāh ta'ālā wa anna wird-nā lā yajtami'u ma' wird ākhar wa anna-hu in taraka wird-hu li-ajl-hi lā yuḍirru-hu dhālika
Muḥammad al-Ḥāfiẓ, *Fatāwā*, p. 3.

67）こうした教団間の差異の問題に関していうと，次章で検討するムハンマド・アル＝ファーディルは，より極端な理論を構築した人物であり，そうした差異を完全に否定し，全ての教団が単一の存在であるという方向へと議論を展開させていった．

68）Dedoud Ould Abdellah, "Le «passage au sud»," p. 83.

69）Marty, "L'Islam en Mauritanie," p. 239.

ーフィズがサハラ西部にもたらしたティジャーニーの道統[71]は，更に南へと広まっていったのである．

それでは，具体的にスーダーン西部の指導的なティジャーニー信徒の道統を確認し，ハーフィズの道統の広がりを見てみよう．まず，本書でここまで何度か言及しているアル＝ハーッジ・ウマルの事例である．彼は，『槍』の中で自らの複数の道統を紹介している（表2-2）[72]．聖地巡礼の際に築いたムハンマド・アル＝ガーリーとの師弟関係は表中の4であり，これは比較的よく知られている．しかし，アル＝ハーッジ・ウマルは，この師と出会う遥か以前，同じく表中の1，2，3に出ているアブド・アル＝カリーム・ブン・アフマド・アン＝ナーキル（ʻAbd al-Karīm bn Aḥmad al-Nāqil，1820年頃歿）という人物の手によってティジャーニー教団の信徒になっている．彼はフータ・ジャロンの人で，表からも分かるように，ハーフィズの直弟子であるマウルード・ファールの手によってティジャーニー信徒となった人物である[73]．

この表は，同じティジャーニー教団のスィルスィラ[74]であっても，経路が僅かでも異なれば，別種のものとして認知されることを示唆している．そして，アブド・アル＝カリームおよびムハンマド・アル＝ガーリーとアル＝ハーッジ・ウマルとの関係に見られるように，イジャーザの授受やウィルドの伝授などを通じ，異なる師の手によって教団への帰属を「更新」（tajdīd）するという現象はしばしば見られ，一人の人間に繋がる師弟関係の道統は，極めて複雑な様相を呈するのである[75]．

70）マウルード・ファールは，イダイクーブ（Idayqūb, イダ・ヤァクーブ〔Ida Yaʻqūb〕＝ヤァクーブの子孫）という部族の出身であるが，『望み』では，ハーフィズの直弟子の中で最初に言及されており，ドゥドゥ・ウルド・アブドゥッラーは，特にギブラ以外の土地での彼の布教の成果を重要視している．Muḥammad al-ʻArabī, *Bughya*, p. 247; Dedoud Ould Abdellah, "Le «passage au sud»," pp. 91–3.

71）「はじめに」の「5　術語の説明—⑩スィルスィラ（silsila）」参照．

72）ʻUmar bn Saʻīd al-Fūtī, *Rimāḥ*, Vol. 1, pp. 438–9.

73）ʻUmar bn Saʻīd al-Fūtī, *Rimāḥ*, Vol. 1, pp. 438–9; Mūsā Kamara, *Ashhā*, pp. 106–7; 仏訳＝"La vie" (suite), pp. 383–4.

74）「はじめに」の「5　術語の説明—⑩スィルスィラ（silsila）」参照．

75）マーリク・スィのスィルスィラを扱った研究によると，ティジャーニー教団の祈禱には，それぞれ個別の秘儀が含まれており，様々な師の許での「ウィルドの更新」（le renouvellement du

表 2-2　アル＝ハーッジ・ウマルの道統

1	預言者ムハンマド→ティジャーニー→ハーフィズ→マウルード・ファール→アブド・アル＝カリーム・ブン・アフマド・アン＝ナーキル→アル＝ハーッジ・ウマル
2	預言者ムハンマド→ティジャーニー→アリー・ハラーズィム→ムハンマド・アル＝ガーリー→アブド・アル＝ハリーム→アブド・アル＝カリーム・ブン・アフマド・アン＝ナーキル→アル＝ハーッジ・ウマル
3	預言者ムハンマド→ティジャーニー→ムハンマド・アル＝ガーリー→マウルード・ファール→アブド・アル＝カリーム・ブン・アフマド・アン＝ナーキル→アル＝ハーッジ・ウマル
4	預言者ムハンマド→ティジャーニー→ムハンマド・アル＝ガーリー→アル＝ハーッジ・ウマル

しかし，いずれにせよ，アル＝ハーッジ・ウマルがティジャーニー信徒となったのは，間違いなくハーフィズとその周辺がなしたスーダーン西部への布教の結果であるといえる．

次に，セネガルにおけるティジャーニー教団の定着を促した一人であるマーリク・スィの事例を見てみよう．彼の著作『悪事を働く否定者を黙らせること』（*Ifḥām al-Munkir al-Jānī*）の長い序文は，自らの道統を紹介する自伝的な内容となっており，それによると，彼をティジャーニー教団へと導いたのは，母方のおじムハンマド・ブン・アビー・バクル（Muḥammad bn Abī Bakr，アルファ・マヨロ〔Alfa Mayoro〕）であった．そして，このムハンマド・ブン・アビー・バクルは，アル＝ハーッジ・ウマルとマウルード・ファールの息子を師とした人物で，いずれもハーフィズに繋がる道統である[76]．マーリク・スィは，イジャーザの蒐集に驚異的な情熱を傾けた人物で，ムハンマド・ブン・アビー・バクルの後，マウルード・ファールの弟子であったムハンマド・アリー・アル＝ヤァクービー（Muḥammad ʻAlī al-Yaʻqūbī）という人物を皮切りに，ハーフィズ系統の数多くのシャイフからイジャーザを獲得し，更に後年には，こうした西アフリカのシャイフ達を介さず，ティジャーニー教団の生地マグリブの

wird）によって，その都度，新たな秘儀を獲得できるようである．Bousbina, "Al-Hajj Malik Sy," p. 185.

76）Mālik Sih, *Ifḥām al-Munkir al-Jānī*, pp. 48–51.

シャイフ達からも直接複数のイジャーザを獲得している[77]．そのため，彼のスィルスィラは，アル＝ハーッジ・ウマルのそれよりも遥かに複雑なものとなるが，その大部分をハーフィズ系統のシャイフが占めていたことは明らかである．

そして，前章にも登場したイブラーヒーム・ニヤースの場合であるが，『覆いを取り除くもの』によると，彼は，父親のアブド・アッラーフ・ニヤース（ʻAbd Allāh Niyās，1922年歿）を最も重要な師と認識していたようである．アブド・アッラーフ・ニヤースが生前に獲得したスィルスィラの数は11にも及んだが，彼は，イダウ・アリの有力一族出身の弟子ムハンマド・マフムード・ブン・ムハンマド・ブン・アフマド・アッ＝サギール（Muḥammad Maḥmūd bn Muḥammad bn Aḥmad al-Ṣaghīr）に遺言を残し，自分の死後，その全てのスィルスィラを伝達するイジャーザを息子のイブラーヒーム・ニヤースに授けるよう指示していたらしく，実際，アブド・アッラーフ・ニヤースが歿した年，この遺言は遂行されたようである[78]．このスィルスィラが如何なる系譜のものであったのかについて『覆いを取り除くもの』は触れていないが，アブド・アッラーフ・ニヤースがアル＝ハーッジ・ウマルの弟子筋や，フェズのティジャーニー教団のシャイフ達と交流していたことは知られているので[79]，恐らく，そうした系統のスィルスィラであると考えられる．更に父親の歿後，イブラーヒーム・ニヤースは，積極的に他の師からのイジャーザ獲得に乗り出し，上記のアブド・アッラーフ・ニヤースからの遺言的なイジャーザを除き，『覆いを取り除くもの』に記された残り3つのイジャーザは，全てハーフィズ系統のものである[80]．

ここまで見てきた事例からも分かるように，一人の人間が複数のスィルスィラによって同一教団の複数の師と繋がることは，一般的に見られる現象である．これはつまり，特定の師との関係構築が，他の師との新たな関係構築の障碍にならないということであろう．更にいえば，単一の教団内における複数のスィ

77）Mālik Sih, *Ifḥām*, pp. 52–81.

78）Ibrāhīm Niyās, *Kāshif al-Ilbās*, pp. 158–9.

79）Kane, "Shaikh," pp. 300–3. なお，イブラーヒーム・ニヤースのスィルスィラを扱った最近の研究としては，以下の論考がある．Seesemann, "The *Shurafā*"; Seesemann, *The Divine*.

80）Ibrāhīm Niyās, *Kāshif al-Ilbās*, pp. 159–62.

ルスィラどころか，そもそも一人のムスリムが複数の教団に帰属する事例も珍しくなく，これは，ある教団との関係の構築が，他の教団との関係の構築を必ずしも制約するものではないことを意味している[81]．外部から観察する我々が西アフリカ・イスラーム社会の実像に迫るために注意すべきは，同一の修行の道を歩む人々の集団を指す「教団」（タリーカ）や，そこに見出される師弟関係の「道統」（スィルスィラ）といった言葉に引きずられすぎて，以下に示すような，単一の教団や道統の枠組みを越えて築かれていた個々人の交流網を見逃さないようにすることであろう．

まず，前章の内容も加味して，著作を介した間接的な関係を検討してみると，ハーフィズやその道統に属するティジャーニー信徒達は，諸学問分野の著作群を広く学んでおり，その中心は，所謂古典と呼べるようなマシュリクやマグリブの著作群である．しかし同時に，彼らは，アブド・アッラーフ・ブン・アル＝ハーッジ・イブラーヒームやイブン・ブーナといった西アフリカの著者による著作も数多く渉猟している．そして，タサッウフという分野を見ると，クシャイリー，ガザーリー，イブン・アル＝アラビーなど，教団的文脈を離れた古典的諸著作の他にも，既に述べたように，シャーズィリー教団[82]のイブン・アター・アッラーフやアフマド・ザッルーク，イブン・アッバードの諸著作なども広く学んでいたようである．更には，カーディリー教団[83]のスィーディー・アル＝ムフタールやスィーディー・ムハンマドの著作を渉猟の射程に入れていたことも前章で明らかにした．つまり，著作を介した間接的関係という点でいえば，地域的な差異や教団の垣根は，彼ら西アフリカの宗教知識人達の交流を阻害する要因にはなっておらず，そうした差異や垣根を越えたところで，彼らは，宗教的・知的体系を構築していたと考えられるのである．

また，直接的関係に目を向けると，アフマド・バンバの伝記には，バッディの息子アフマド（Aḥmad，1904/5/6 年歿．アフマド・ブン・バッディ）との直接的

81）ただし，既に述べたように，ティジャーニー教団は，この点に関して比較的厳しい見解を持っているといわれる．

82）「はじめに」の「5　術語の説明―⑥シャーズィリー教団（al-Ṭarīqa al-Shādhilīya）」参照．

83）「はじめに」の「5　術語の説明―④カーディリー教団（al-Ṭarīqa al-Qādirīya）」参照．

な交流が以下のように描かれている．

（アフマド・バンバが，アフマド・アル＝カスタッラーニー〔Ahmad al-Qastallānī, 1517年歿〕の『神秘の贈物』〔*al-Mawāhib al-Ladunīya*〕を入手するためにサン・ルイへと派遣したイブラーヒーム・アンマル[84]という人物は，次のように語った．）「私〔イブラーヒーム・アンマル〕は（サン・ルイに）行き，苦心惨憺したが，何も得ることはできず，（本を入手しようという）思いを打ち砕かれた状態で帰った．（帰路で）互いによく知った仲であるアフマド・ブン・バッディ師の居住区に対面すると，私は，挨拶と訪問のため，彼の許へと向かった．そして，彼の許に到着すると，彼は，私（がやってきたこと）をこの上なく喜び，私を留まらせ，歓迎してくれた．くつろいで座をともにし，会話をしていると，彼が（そこに至るまでの）私の細かな道程について尋ねてきたので，私は，シャイフ〔バンバ〕が私をサン・ルイなどの町に遣わしたことを告げ，更にシャイフが必要としているものを得られなかった故の私の苦しみを述べた．（すると）彼は，即座に立ち上がり，本（の山）を漁り，とうとう2巻のそれ〔『神秘の贈物』〕を私のために取り出してくれたのだった．そして私に，『これは，私からシャイフへの，神の尊顔のための贈物です，と彼にお伝え下さい』といった．私は，それをこれ以上ないほど喜んだが，シャイフは，私以上にその本と贈り主のことを嬉しく思ったのである」[85]．

84）写本では，Ibrāhīm Ḥ-M-R（母音不明），2刊本には，Ibrāhīm ʻAmmar とあり，いずれも別名として Ibra Jōr と記している．

85）原文は以下の通り（句読点は引用者による）．
fa-dhahabtu wa atʻabtu nafs-ī kull itʻāb fa-lam aẓfar bi-shay' fa-rajaʻtu munkasir al-khāṭir. fa-lammā ḥādhaytu ḥayy al-shaykh Aḥmad bn Baddi wa kāna bayn-ī wa bayn-hu maʻrifa miltu ilay-hi li-l-salām wa li-l-ziyāra fa-lammā waṣaltu ilay-hi fariḥa b-ī ghāya wa anzala wa raḥḥaba. fa-lammā iṭma'anna bi-nā al-majlis wa dāra al-ḥadīth bayn-nā sa'ala-nī ʻan bunayyāt ṭarīq-ī, fa-qultu la-hu inna al-shaykh kāna arsala-nī ilā 'Ndar ilā ākhir-hi wa dhakartu la-hu tawajjuʻ-ī min ʻadam nayl ilā 〔sic〕 ḥāja al-shaykh, qāma min fawr-hi wa fattasha fī al-kutub ḥattā akhraja-hu l-ī bi-juz'ay-hi wa qāla l-ī qul li-l-shaykh inna-hu hadīya min-nī la-hu li-wajh Allāh. fa-fariḥtu bi-hā ghāya al-faraḥ wa fariḥa al-shaykh akthar min faraḥ-ī bi-l-kitāb wa bi-l-muhdī.
IN, pp. 154–5; pp. 97–8; p. 161. 参考文献INについては，「はじめに」の「6　アラビア語参考文

（アフマド・ブン・バッディの息子ムハンマドによると）彼の父親〔アフマド・ブン・バッディ〕は，シャイフ〔バンバ〕に手紙もしくは口頭で，彼が自分に代わって神の使徒〔預言者ムハンマド〕――彼に神の祝福と救済あれ――とアフマド・アッ＝ティジャーニー師――彼にいと高き神の満足あれ――とに平安の挨拶[86]をしてくれるように，そして，神の使徒――彼に神の祝福と救済あれ――と上述の方〔ティジャーニー〕からの返事を持ってきてくれるように依頼した．シャイフは，神の使徒――彼に神の祝福と救済あれ――が自分に平安の挨拶を返し，ティジャーニー師も同様であった，と彼に返事をした．（そして）伝達者〔アフマド・ブン・バッディの息子ムハンマド〕は，次のように語った．「それ以来，私の父は（忘我）状態となり，常に頭を揺り動かし，理性を眩ませるものに驚嘆した者の状態で，ぶつぶつと呟くようになりました．（その当時）我々は，伝記で語られているシャイフ〔バンバ〕とは遠く離れていたのですが，彼〔アフマド・ブン・バッディ〕――彼に神の満足あれ――は，このような状態のまま，とうとう死に至ったのです．これ〔アフマド・ブン・バッディの死〕は，夜の出来事だったのですが，我々は，そのことを誰にも告げず，朝方，シャイフ〔バンバ〕の使いの方々がやってくるまで，立ち上がることもなかったのです．そして彼ら〔バンバの使いの者達〕は，父〔アフマド・ブン・バッディ〕の埋葬に参列し，一族の者達に慰めの言葉をかけるよう，シャイフ〔バンバ〕が彼らを派遣したというのです（後略）」[87]．

献の略号と情報―③ IN」参照．

86）「あなた方の上に平安あれ」（al-salām ʻalay-kum）というアラビア語の挨拶のこと．

87）原文は以下の通り（句読点は引用者による）．
wālid-hu kataba ilā al-shaykh aw qāla la-hu an yusallima ʻan-hu ʻalā rasūl Allāh ṣallā Allāh ʻalay-hi wa sallama wa ʻalā al-shaykh Aḥmad al-Tījānī [sic] raḍiya Allāh taʻālā ʻan-hu wa an yātiya-hu bi-radd salām min rasūl Allāh ṣallā Allāh ʻalay-hi wa sallama wa min al-madhkūr fa-radda la-hu al-shaykh bi-anna rasūl Allāh ṣallā Allāh ʻalay-hi wa sallama radda ʻalay-hi al-salām wa ka-dhālika al-shaykh al-Tījānī [sic]. qāla al-mukhbir wa akhadha wālid-ī al-ḥāl min dhālika wa ṣāra yahuzzu raʼs-hu dāʼim wa yuhaynimu ḥāl al-mutaʻajjib bi-mā bahara ʻaql-hu wa lam yazal ka-dhālika ḥattā māta raḍiya Allāh ʻan-hu wa naḥnu baʻīdūn ʻan al-shaykh al-mutarjam la-hu wa lam nuʻlim bi-hi aḥad wa hādhā fī al-layl wa lam naqum ḥattā wāfā-nā rusul al-shaykh ṣubḥ^an^ wa qālū inna al-shaykh arsala-hum li-ḥuḍūr dafn al-wālid wa li-taʻziya

第1の逸話は，古典的著作の贈答を通じた知的交流と，そこから予想される知的基盤の共有を物語っており，第2の逸話は，非日常的な宗教体験の実現を介した，2者間の親密で濃密な宗教的交流を示している．これらの逸話に描かれた出来事があった頃，バンバは，既に預言者ムハンマドのみを師と仰ぎ，自らの周りに新たな信徒集団を形成していた．そうしたことから，これらの逸話が伝える出来事は，教団や師弟関係の枠組みを越えた，直接的な宗教的・知的関係の事例と見做すことができるだろう．

マグリブで産声を上げたティジャーニー教団は，ムハンマド・アル＝ハーフィズという一人の宗教知識人の存在によって，短期間のうちにサハラ西部を貫き，スーダーン西部にまで広まっていった．本章で確認したように，西アフリカでこの教団の勢力拡大に寄与した主要人物の道統は，いずれもハーフィズに繋がっており，この広大な地域に張り巡らされた今日の組織網を考える時，ハーフィズの存在感は，一層その大きさを増すように思われる．

しかし，西アフリカのティジャーニー信徒達は，ハーフィズを中継点として形成された教団の組織網を前提としながらも，その組織網の内部に閉じ籠って自らの宗教的・学問的深化を図っていたわけではなかった．マシュリク，マグリブ，西アフリカで書かれた多様な学問領域の著作群を学んでいた彼らは，他教団の信徒が著した著作をも積極的に渉猟し，時代・地域・教団の垣根を越えた間接的な連関網を構築していた．また，アフマド・バンバの事例で見たように，彼らは，直接的な接触によっても，教団間の壁を越えた親密な宗教的・知的関係を構築していたのである．

---

ahl-hi ...

IN, pp. 151-2; pp. 95-6; pp. 158-9.

第3章　単一の道
――ムハンマド・アル＝ファーディルとその道統

シンキート地方南東部にハウドと呼ばれる地域がある．この地域のワラータやニァマ，そして隣接する地域のティーシート（Tīshīt，ティシット〔Tichitt〕）といった町は，サハラ西部における重要な宗教・学問都市として機能してきた．また，西アフリカ最大の学問都市の一つであるトンブクトゥとの間に密な交流のあったこの地域は，サハラ西部とスーダーン西部という広大な2地帯を結びつける接続部でもあった．

18世紀末，このハウドにムハンマド・アル＝ファーディル（以下，適宜ファーディル）[1] という人物が生まれた．彼を名祖とするタサッウフの道統[2] で繋がれた集団は，しばしばファーディリー教団などと呼ばれ，植民地期の西アフリカを扱った数多の研究で繰り返し言及される彼の息子マー・アル＝アイナイン（Mā' al-'Aynayn，1910年歿）やサァド・アビーヒも，この集団に含まれる．マー・アル＝アイナインは，現在のモーリタニア北部，西サハラ，モロッコ南部にあたる地域を舞台に活動した宗教知識人であると同時に，フランス植民地行政当局の進出に抵抗した人物としてもよく知られている．サァド・アビーヒは，主にシンキート地方南部のトラールザなどを活動の拠点としながら，スーダーン西部の多くのムスリムに対する影響力を保持し，また，兄とは異なり，植民

1) ファーディルの名前は，ムハンマド・アル＝ファーディルと書かれたり，ムハンマド・ファーディル（Muḥammad Fāḍil）と書かれたりする．『明らかな光』でも，大半はムハンマド・アル＝ファーディルと記されているが，ムハンマド・ファーディルと記されている箇所も散見する．本書では前者に統一する．また，生年に関しては，1780年，1795年，1797年など諸説あるが，ファーディルの一族の全ての伝承は，ヒジュラ暦1211年8月27日，つまり西暦1797年2月25日で一致しているようである．Boubrik, *Saints*, p. 67; Marty, "L'Islam en Mauritanie," p. 141.

2)「はじめに」の「5　術語の説明―⑩スィルスィラ（silsila）」参照．

地行政当局と比較的近しい関係を築いたといわれている．そして，生涯ハウドの地を離れなかったといわれるファーディルの道統や教えは，故郷を離れた彼らの活動を介して，サハラ西部の北から南，更にスーダーン西部へと広がっていったのである．

しかし，西アフリカの植民地統治の問題と深い関わりを持った2人の息子に関する先行研究の数が比較的多いのに対し，彼らの宗教的・知的源泉たる父親についての研究は，これまで充分になされてきたとはいい難く，著者は，彼と彼の道統を包括的に検討した先行研究を2つしか把握していない．

1つ目は，マルティによるものであり，これまで本書でも繰り返し参照してきた「モーリタニアとセネガルにおけるイスラーム」の一章を「ファーディリー教団」（Les Faḍelïa）と題して，この集団に関する研究にあてている[3]．20世紀前半に現地に赴いて直接蒐集したと思われる情報をふんだんに盛り込んだこの研究は，ファーディルの半生や思想に関する概説だけではなく，当時教団を構成していた彼の息子や弟子の略歴・家族構成なども紹介している．しかし，「はじめに」の「2　問題設定」で述べたように，マルティの研究は，純粋な学術的探究の側面よりも，当時の植民地行政の枠組みの中でなされた調査報告の側面が強く，記された内容を裏づける典拠などはほとんど明記されていない．そのため，彼がどのような根拠で論を展開しているのかが明らかでない箇所も少なくない．

2つ目は，モロッコの人類学者ラアル・ブブリクによる研究である．この研究は，数多くのアラビア語写本・刊本を主たる1次資料として検討し，サハラ西部の社会構造の概括に始まり，ファーディルの血統や半生，周辺部族との関係などを紹介するとともに，マー・アル＝アイナインやサァド・アビーヒの活動も詳しく検討し，ファーディル亡き後の教団の動向にまで踏み込んでいる．この研究の最大の目的は，その標題が示し，また結論で纏められているように，

3）この研究の中でも，ファーディルの48人の息子達のうち，特にマー・アル＝アイナインとサァド・アビーヒに関する情報に多くの頁が割かれており，この事実は，2人が植民地行政に重大な影響を及ぼす人物として注目されていたことを示唆している．Marty, "L'Islam en Mauritanie," pp. 157–74, 180–200.

聖者と呼ばれるような宗教的役割を担うとされる人物が，如何なる在り方でサハラ西部の社会の中に存在していたのか，その社会とどのような関係を構築していたのかを詳らかにすることであると思われる．この目的のために，ブブリクは，1次資料から得た豊富な情報を整理・解釈し，俯瞰的な視点からそれらを再構築し，宗教的役割を担う人物が従来語られてきたような政治的・社会的問題の調停者としてのみ存在するのではなく，部族的・政治的・社会的な対立の当事者たる集団を率いる役割をも担うという結論に至っている[4]．

以上の優れた先行研究の内容を加味して本章でなされる作業は，第1に，本書全体の目的に呼応する形で，ファーディルの血統や宗教的・学問的研鑽などに関する基本的な情報を，彼の弟子が著した伝記的著作『明らかな光』とその他幾つかのアラビア語著作を主たる資料として整理し，ファーディルや彼の一族・弟子の宗教的・知的連関網を描写することである．そして，第2の作業として，上の2研究を含む従来の研究では十分に論じられてこなかった問題を検討する．これまでの研究では，ファーディルらの思想・教義・儀礼の表面的な特異性はしばしば強調されてきたものの，彼らがそうした思想・教義・儀礼を如何なる根拠によって展開していたのか，という極めて素朴ではあるが，同時に彼らの思想的核心に迫るための重要な問いは立てられてこなかったように思われる．つまり，彼らの言説の背後にあって，少なくとも彼らの中でそれらを矛盾なく正当化するに足る，彼らなりの「論理」を描き出す作業は，ほとんど顧みられてこなかったのである．こうした彼らの思想的な根幹部分に迫ろうとせず，彼らの言動の表層部分にのみ注目してきてしまったことは，今日まで彼らが特異な教義を広めた変わり種の集団として把握され続けてきたことと無関係ではないだろう．そこで本章では，彼らの思想・教義・儀礼の中から特徴的なものを具体例として取り上げ，1次資料の分析を通じてこの素朴な疑問に向き合うことで，彼らの主張の背後に隠れた「論理」を検討したい．

4）Boubrik, *Saints*, pp. 185–8.

第1節　血　　統

ファーディルの言行を伝える『明らかな光』によると，彼は，父祖の書に書かれていたとされる表3-1のようなシャリーフ[5]の血統を主張していたようである[6]．この表の35から分かるように，ファーディルが主張するのは，マグリブから伝わったイドリース朝（789-985年）系のシャリーフの血統である．

1912年に発表された，フランスの東洋学者リュスィアン・ブヴァの論文には，サァド・アビーヒの著作について書かれた注釈書の写本の内容が紹介されている[7]．この写本は，サァド・アビーヒのために書かれたものであり，そこに記されたファーディルの血統が論文内で紹介されているのだが，それは，ブヴァの誤読と思しき箇所や幾つかの異同はあるものの，イドリースを介したシャリーフの血統であり，表3-1の血統に近似している[8]．ファーディルが父祖の書から血統の記述を引用したと主張している点と，サァド・アビーヒのために書かれた写本に類似の血統が見出される点を考え合わせると，恐らく表3-1のようなイドリース朝系の血統は，一族の中では「公式」のものとして伝承されていたのであろう[9]．

この血統の中で特に注目すべき人物は，12のヤフヤー・アル＝カビール・アル＝ガルガミーである．ブブリクは，ファーディルの血統を論じている箇所で，グラーグマ（Glāgma，クラークマ〔Qlāqma〕）という部族の名祖として一般的に知られるスィーディー・ヤフヤー・アッ＝タードリー（Sīdī Yaḥyā al-Tādlī, 1461/2年歿．スィーディー・ヤフヤー・アッ＝タードルスィー〔Sīdī Yaḥyā al-Tādlsī〕）

5）「はじめに」の「5　術語の説明―⑦シャリーフ（sharīf）」参照．

6）Ḍ̣M, 9r-v. なお，正しい発音が不明である名前，もしくは写本の文字が不鮮明で正確に読み取れない名前には，疑問符をつけた．参考文献ḌMについては，「はじめに」の「6　アラビア語参考文献の略号と情報―①ḌM」参照．

7）この論文は，第1章でスィーディー・アル＝ムフタールのスィルスィラ（「はじめに」の「5　術語の説明―⑩スィルスィラ〔silsila〕」参照）を論じた際にも参照したものである．

8）Bouvat, “Cheikh,” pp. 188-9.

9）また，出版されているマー・アル＝アイナインのある著作の冒頭にも，マー・アル＝アイナイン自身の手による記述ではないが，類似のイドリースを介したシャリーフの血統が掲載されている．［Mā’ al-‘Aynayn］, *Na‘t al-Bidāyāt wa Tawṣīf al-Nihāyāt*（*wa bi-Hāmish-hi Fātiq al-Ratq ‘alā Rātiq al-Fatq*）, p. 5.

の名を挙げ，彼に纏わる情報を紹介しているが，子孫の名前などを含めて総合的に判断すると，このスィーディー・ヤフヤー・アッ＝タードリーが，ヤフヤー・アル＝カビール・アル＝ガルガミーであると考えられる[10)]．そして，彼を名祖とするグラーグマは，著名な学識者や聖者を生み出した敬虔で知的な集団として知られ，そのシャリーフ性に関しても，周囲から疑義が呈されることのない傑出した部族であるといわれている[11)]．つまり，ファーディルは，自らの血統が，この宗教的卓越性を広く認知されたグラーグマの祖に繋がると述べているわけである．

ただ，疑問として残るのは，『明らかな光』で示されているヤフヤー・アル＝カビール・アル＝ガルガミーの先祖が，他の著作で示されているスィーディー・ヤフヤー・アッ＝タードリーの先祖と異なっている点である．例えば，西アフリカの宗教知識人達についての伝記集『開示』で紹介されているスィーディー・ヤフヤー・アッ＝タードリーの先祖は，遡っていくと38のアル＝ハサン（670年頃歿）に繋がるが，その経路に現れる人物の名前は，『明らかな光』に示されたヤフヤー・アル＝カビール・アル＝ガルガミーの先祖と全く異なっている[12)]．

こうした先祖に関する疑問に加え，ファーディルの属するアッ＝ターリブ・アル＝ムフタール族（Ahl［Āl］al-Ṭālib al-Mukhtār）についても不鮮明な部分が見出される．マルティによると，一般にこのアッ＝ターリブ・アル＝ムフタール族は，グラーグマと親戚関係にある集団（les cousins des Glagma）とされているようである[13)]．更に，ファーディルがアッ＝ターリブ・アル＝ムフタール族と呼ばれる部族に属していたことは，『明らかな光』から明らかである[14)]．しかし，スィーディー・ヤフヤー・アッ＝タードリーの子孫集団には，アル＝ジ

10）Boubrik, *Saints*, pp. 65–7; ʻAbd al-Raḥmān al-Saʻdī, *Ta'rīkh al-Sūdān*, p. 23（Arabic），p. 39（French）；英訳＝Hunwick, *Timbuktu*, pp. 32–3．しかし，ブブリクは，何故かこの箇所では『明らかな光』を参照しておらず，ここに示した血統にも注目していない．

11）Marty, *Etudes*, Vol. 3, pp. 241–4; Boubrik, *Saints*, pp. 68–70; FSh, pp. 67–8; El Hamel, *La vie*, pp. 225–6.

12）FSh, p. 217; El Hamel, *La vie*, pp. 416–7.

13）Marty, *Etudes*, Vol. 3, p. 248–9.

14）ḌM, 4r.

表3-1 ムハンマド・アル＝ファーディルの血統

1	ムハンマド・アル＝ファーディル
2	ムハンマド・アル＝アミーン（Muḥammad al-Amīn）
3	アッ＝ターリブ・アフヤール（al-Ṭālib Akhyār）
4	アッ＝ターリブ・ムハンマド（al-Ṭālib Muḥammad）
5	アル＝ジーヤ・アル＝ムフタール（al-Jīyah al-Mukhtār）[15]？
6	アッ＝ターリブ・アル＝ハビーブ（al-Ṭālib al-Ḥabīb）
7	アッ＝ターリブ・アァリ（al-Ṭālib A'li）？
8	サイイド・ムハンマド（Sayyid Muḥammad）
9	サイイド・ヤフヤー（Sayyid Yaḥyā）
10	サイイド・アリー（Sayyid 'Alī）
11	シャムス・アッ＝ディーン（Shams al-Dīn）
12	ヤフヤー・アル＝カビール・アル＝ガルガミー〔アル＝カルカミー〕（Yaḥyā al-Kabīr al-Galgamī [al-Qalqamī]）[16]
13	サイイド・ムハンマド（Sayyid Muḥammad）
14	サイイド・ウスマーン（Sayyid 'Uthmān）
15	マウラーヤ・アブー・バクル（Mawlāya Abū Bakr）
16	サイイド・ヤフヤー（Sayyid Yaḥyā）
17	ヤフヤー（Yaḥyā）
18	ウスマーン（'Uthmān）
19	マウラーヤ・アブド・アッ＝ラフマーン（Mawlāya 'Abd al-Raḥmān）
20	アウラーン（Awrān）？
21	マウラーヤ・アトラーン（Mawlāya Atlān）？
22	アジュムラーン（Ajmulān）？
23	イブラーヒーム（Ibrāhīm）
24	マウラーヤ・マスウード（Mawlāya Mas'ūd）
25	マウラーヤ・イーサー（Mawlāya 'Īsā）
26	マウラーヤ・ウスマーン（Mawlāya 'Uthmān）
27	マウラーヤ・アフマド（Mawlāya Aḥmad）
28	マウラーヤ・アブド・アル＝ワッハーブ（Mawlāya 'Abd al-Wahhāb）
29	マウラーヤ・ユースフ（Mawlāya Yūsuf）
30	マウラーヤ・ヤダール（Mawlāya Yadāl）？
31	アブド・アッラーフ（'Abd Allāh）
32	アブド・アッ＝ラフマーン（'Abd al-Raḥmān）

33	マウラーヤ・アフマド（Mawlāya Aḥmad）
34	小イドリース（Idrīs al-Aṣghar, イドリース2世）
35	イドリース（Idrīs, イドリース1世）
36	アブド・アッラーフ・アル＝カーミル（'Abd Allāh al-Kāmil）
37	アル＝ハサン（al-Ḥasan）
38	アル＝ハサン（al-Ḥasan）
39	アリー・ブン・アビー・ターリブ

ーヤ・アル＝ムフタール（表3-1の5）ではなく，アッ＝ターリブ・アル＝ムフタールという人物を祖とする同名の別部族も存在している上，ある著作には，グラーグマの支族としてギーヤ・アル＝ムフタール族（Ahl 'Gīyah al-Mukhtār, أهل اجيه المختار.「ギーヤ」は，「ジーヤ」の転訛と考えられる）という名も見出せる[17].

ブブリクも述べているように[18]，このような部族・支族名称に関する混乱や，部族・支族の形成過程に関する見解の相違，部族―支族間の帰属関係についての不鮮明さはしばしば問題となるところであり，それらに明確な回答を提示することは容易でない．本書では，『明らかな光』の記述などから総合的に判断し，ファーディルの帰属する部族は，グラーグマの祖とされるスィーディー・

15）後述するように，この人物は，ファーディルの血統を語る上で重要な位置を占めるが，その名前の読み方は判然としない．写本では，الجيه と読めるので，「アル＝ジーヤ」と表記した．ブブリクは，この人物の名前を aj-Jîh al-Mukhtâr と記している．このローマ字転写のみから判断すると，ブブリクは，アラビア文字のジーム（jīm, ج）を太陽文字と勘違いし，発音記号のシャッダ（shadda）がジームに対して振られていると解釈しているようである．Boubrik, *Saints*, p. 67.

16）写本には Yaḥyā al-Kabīr al-Qalqamī と綴られているので，ニスバは，正則アラビア語の発音であれば「アル＝カルカミー」，ハッサーニーヤの発音であれば「アル＝ガルガミー」と読める．また，他の著作には，ヤフヤー・アル＝カビールと同部族の別人の名前に，al-Galgamī（الكَلكَمي）という綴りも見出せる．ḌM, 9r; FSh, p. 67; El Hamel, *La vie*, p. 225. なお，マルティによると，このニスバは，知識が広いことを意味するカルカム（qalqam）もしくはガルガム（galgam）という単語に由来しているらしい．Marty, *Etudes*, Vol. 3, p. 241. ニスバおよびハッサーニーヤについては，「はじめに」の「5　術語の説明―⑭ニスバ（nisba），⑮ハッサーニーヤ（Ḥassānīya）」参照．

17）Boubrik, *Saints*, p. 94; al-Mukhtār wuld Ḥāmid, *Ḥayāt Mūrītāniyā: al-Jughrāfiyā*, p. 68; al-Mukhtār wuld Ḥāmid, *Ḥayāt Mūrītāniyā*, Vol. 2, pp. 362–3.

18）Boubrik, *Saints*, pp. 93–102.

ヤフヤー・アッ＝タードリーもしくはヤフヤー・アル＝カビール・アル＝ガルガミーの子孫にあたるアル＝ジーヤ・アル＝ムフタールを祖とするアッ＝ターリブ・アル＝ムフタール族であるとして論を進める.

ところが，マルティによると，ファーディルの属したアッ＝ターリブ・アル＝ムフタール族のシャリーフ性は，周囲の多くの部族から否定されていたようである．こうした否定的見解を示した人々は，アッ＝ターリブ・アル＝ムフタール族の出自が，敬虔な宗教知識人階層であるどころか，従属階層であり，シャリーフの血統を捏造したアル＝ジーヤ・アル＝ムフタールもしくは彼の子孫が200年ほど前にハウドにやってきて，グラーグマの傍に住み着いたと考えていたらしい．そして，ファーディルの時代，西アフリカで強大な影響力を誇っていたクンタも，同様の否定的見解を示していたのである[19]．このような見解が広まった原因として考えられるのは，ファーディルの展開した教義や宗教儀礼が与える「非正統」の印象や，それらを嫌うクンタのような強大な宗教的権威からの圧力などであるが，この点については，第3節で検討する.

さて，『明らかな光』の著者は，この血統のうち，ファーディルからアル＝ジーヤ・アル＝ムフタールまでの5人に関して，親から子へとタサッウフのイジャーザ[20]が受け継がれ，その道統が繋がっていることを確実視している[21]．ファーディルを含めた彼ら5人は，学識者であると同時に聖者であり，『明らかな光』にはその宗教的・学問的卓越性を示す多くの逸話が見られる．また，彼らの妻の中にも奇蹟譚を持つ人物がおり，ファーディルの母親ハディージャ（Khadīja）もその一人である．更に，ファーディルの兄弟姉妹や異母兄弟姉妹も聖者であったとされている[22].

このように，『明らかな光』は，アッ＝ターリブ・アル＝ムフタール族の血統における本質的な宗教的卓越性を繰り返し確認しているが，そうした一族に

19）Marty, “L’Islam en Mauritanie,” p. 140.
20）「はじめに」の「5　術語の説明—①イジャーザ（ijāza）」参照.
21）ḌM, 82v–87r.『明らかな光』の著者は，イジャーザの紙を所有していないという理由から，アル＝ジーヤ・アル＝ムフタールのタサッウフの師が誰であったのかは不明であるとしながらも，それが預言者ムハンマドに繋がる道統であることは知っていると述べている.
22）ḌM, 84r–87r.

あって，ファーディルに関しては，彼が世界中に散在する聖者達の頂点に立つ枢軸，すなわちクトゥブであると主張し，その宗教的卓越性を特に強調している[23]．

ファーディルが特別な宗教的資質を持った存在になることは，彼の誕生前に既に一族の知るところであったようで，父親のムハンマド・アル＝アミーンは，クトゥブとなる子供の誕生をある聖者に告げられたり，夢の中でそのような子供の誕生を知らされたりしていた[24]．更に興味深いのは，ファーディルの母方の祖父アッ＝ターリブ・アブー・バクル（al-Ṭālib Abū Bakr）の逸話である．彼は，スィーディー・アル＝ムフタール・アル＝クンティーを含む3人の師についたのだが，この3人の師が皆，アッ＝ターリブ・アブー・バクルに，クトゥブたるファーディルの誕生を予言したというのである[25]．後述するように，ファーディルやその子孫とクンタとの関係は，少なからぬ緊張を孕んだものであったと考えられる．しかし，宗教的な権威と名声を背景に西アフリカで絶大な影響力を保持していたスィーディー・アル＝ムフタールの存在とその発言は，そうした関係にあってもなお，ファーディルの宗教的卓越性を裏づけるために十分な利用価値があったのであろう．

そして，実際にこの世に生を受けたファーディルは，既に生まれて間もない赤子の時期から，神への仲介を依頼する者の訪問を受け，更に，自らが彼の師の一人に名を連ねるため，彼に対して密かに神名を教える者なども現れたという[26]．

23）聖者が階層構造の中に位置づけられ，その頂点にクトゥブ，もしくはガウス（ghawth，助け手）が立つというのは，イスラームの聖者論における一般的な考え方である．Annemarie Schimmel, *Mystical Dimensions of Islam*, p. 200; Reynold A. Nicholson, *The Mystics of Islam*, pp. 123–4; 邦訳＝『イスラムの神秘主義：スーフィズム入門』，159–60頁．『明らかな光』も，幾つかの古典的著作を引用しながら，この聖者の階層構造を紹介している．ḌM, 3r–v.

24）ḌM, 4v, 100r.

25）ḌM, 4v, 100r, 139r.

26）99あるとされる「神の美称」（al-asmāʾ al-ḥusnā）は，礼拝や祈禱の際に唱えられ，ムスリムは，神の名前を覚えることによって，神について学ぶことができるとされている．また，スーフィー達は，「最も偉大な神名」（al-ism al-aʿẓam），つまり特別に高貴な神の秘密の名を獲得し，その名の功徳によって神への接近を試み，至上の幸福へと至ろうとするが，赤子のファーディルが教わった神名とは，恐らくこうした特別な功徳を持つ秘密の神名のことであろう．L. Gardet,

第2節 開示される知

前節で述べたように，ファーディルの血統は，少なくとも彼の4代前から，タサッウフの道統と一致しており，彼にとってのタサッウフの師は，父親のムハンマド・アル＝アミーンである．このように父のみを師とする慣習は，ファーディル自身とマー・アル＝アイナインおよびサァド・アビーヒとの関係にもいえることである．

ブヴァとマルティの見解を総合すると，ファーディルが父親から継承したのはカーディリー教団[27]の道統であり，これは，ファーディルの8代前の先祖サイイド・ヤフヤーが，一般にはシャーズィリー教団[28]のシャイフ[29]として有名なマグリブのアフマド・ザッルークから継承し，それ以降，血統に沿ってファーディルに至った系譜である[30]．そして，既に表1-3で示したアフマド・ザッルーク以前の道統には，シャーズィリー教団の祖であるシャーズィリーや，第3代教団長イブン・アター・アッラーフ，カーディリー教団の名祖ジーラーニーなどの名が見られ，最終的にはアリー・ブン・アビー・ターリブを介して預言者ムハンマドに繋がっている[31]．

しかし，より広く種々の学問や知識全般を考える時，ファーディルは，20歳前後で全ての知識を仲介なしに神から享受できるようになったという．その段階に至るまでの彼の宗教的・学問的研鑽を，『明らかな光』の記述に沿って追ってみよう．

ファーディルは，5歳からクルアーン学校に通い始め，短期間のうちに『クルアーン』の他，預言者伝や幾つかの小著を暗記した．この時の師は，ファー

"al-Asmā' al-Ḥusnā," pp. 714–7; 塩尻和子「神名」，520頁；Schimmel, *Mystical*, pp. 25, 177; ḌM, 4v, 100v.

27）「はじめに」の「5 術語の説明―④カーディリー教団（al-Ṭarīqa al-Qādirīya）」参照．

28）「はじめに」の「5 術語の説明―⑥シャーズィリー教団（al-Ṭarīqa al-Shādhilīya）」参照．

29）「はじめに」の「5 術語の説明―⑤シャイフ（shaykh）」参照．

30）ちなみに，アフマド・ザッルークの道統を記したある写本は，彼や彼の先達がシャーズィリー教団とカーディリー教団を含む複数の道統に属していたことを明らかにしている．*al-Silsila al-Zarrūqīya*, 89r–91r.

31）Bouvat, "Cheikh," pp. 190–1; Marty, "L'Islam en Mauritanie," p. 144.

ディルがあまりの速さで『クルアーン』を筆写し，暗記してしまうので，教育の謝金を彼から受け取るのは，禁じられた行為[32]であるといった[33]．

そして，7歳になると，父親の許での学習を開始した．この時，神の許へ至るために父親に帰依し，最も偉大な神名や，秘儀（asrār），箴言（ḥikam）などを学んだとされている[34]．これは恐らく，7歳にしてタサッウフの修行に入ったことを意味していると思われるが，前章で触れたシンキート地方の一般的な教育課程に鑑みると，かなり特異な例といえよう．しかし，著名な宗教知識人の特異な学習過程を伝える逸話は少なくない．前章で見たムハンマド・アル＝ハーフィズの事例は，その一つに数えられるだろうし，『媒介』によると，既に本書で何度か言及したシンキート地方の大学者イブン・ブーナも，若年期の修学において，一般的な課程から逸脱していたようである[35]．こうした複数の事例を考慮すると，一般的な修学課程からの逸脱は，時に，宗教知識人の知的形成における瑕疵ではなく，その特別な宗教的・知的資質の証左になっていたと考えられる．

既にこの時期，彼は，同年代の友人達の中で秀でた存在となっており，周囲から特別な存在として認識されていた．ある時，友人達と果実採りに行った際には，独り木蔭に座っていたファーディルの許に大量の果実がもたらされる奇蹟が起こったとされている．また，彼らと出かけても，彼らが遊びに興じている傍らでズィクル[36]に没頭していたため，「アッラーの他に神はなし（という

32）禁じられた行為の原語はハラームで，序章の注34で述べた法規定の5範疇のうちの「禁止」のことである．

33）つまり，ファーディルの呑み込みがあまりに早く，指導の手間が全くかからなかったため，師は，指導の対価としての謝金を受け取るべきではないと考えたのだろう．ḌM, 108r–v.

34）ḌM, 108v.

35）『媒介』によると，若年期のイブン・ブーナは，修学に背を向け，いつも同世代の若者に乱暴狼藉を働いているような人物であった．ある時，そうした乱暴狼藉を働いた相手の母親に無知を激しく罵られ，それを機にイブン・アージュッルームの『序』を学び始めたのであるが，それまで修学に背を向けていたため，その内容を全く理解できないでいると，その後，神によって知識を開示されたという．『媒介』は，この他にも，神がイブン・ブーナに知識を開示したという逸話を記しており，彼の知的形成が通常とは異なる過程を経てなされたことを明らかにしている．WT, pp. 277–83.

36）「はじめに」の「5　術語の説明—⑨ズィクル（dhikr）」参照．

文句）の主」(ṣāḥib lā ilāh illā Allāh) という渾名で呼ばれていたようである[37].

こうして父親の許で学習を続け，15歳になるとイジャーザとターバン(ʻimāma) を受け取り，好きな所に赴くよういわれた[38]．後述の通り，ファーディルはこの後，諸学問の基本的な著作の学習に旅立っていることから，この時父親から受け取ったイジャーザは，恐らくタサッウフのそれであろう．また，ターバンに関していえば，一般的にタサッウフの師から弟子へとその道統が継承された証として授与されるヒルカ（khirqa，布の断片，外套）に相当するものかもしれない．『新しき獲得物』によると，クンタに代表される西アフリカのカーディリー教団においては，ヒルカではなく，数珠や礼拝用絨毯，杖など，師の所有物を後継者に授与する慣習があったようで，ファーディルが受け取ったターバンもこうした類のものであると考えられる[39].

父親の許を離れたファーディルは，まず法学を学ぶため，アフマド・アンム・ブン・アイニー（Aḥmad ʻAmm bn ʻAynī)[40]という人物の許に向かおうとしたが，彼の弟子であったムハンマド・ファール・ブン・ザッルーク（Muḥammad Fāl bn Zarrūq）という人物が，アフマド・アンムはファーディルの師としてふさわしくない，と忠告を与えた．そこでファーディルは，父方のおばの息子であるアッ＝ターリブ・ブン・アル＝ハサン（al-Ṭālib bn al-Ḥasan）の許に行き，そこでカイラワーニーの『論考』を短期間のうちに学び終えた[41].

この師の許にいる時も，ファーディルは，神秘的な力によって，病人を治療したり，不妊女性に懐妊の吉報をもたらしたり，記憶力の悪い人物に驚異的な記憶力を与えたりと，様々な奇蹟を起こした．また，学習者としてアッ＝ターリブ・ブン・アル＝ハサンの許にいたファーディルが，ある人物に，『論考』

37）ḌM, 108v–109v. つまり，ファーディルが常に「アッラーの他に神はなし」という文句（ハイララ〔haylala〕）のズィクルを行っていたため，そういう渾名をつけられたということであろう．

38）ḌM, 110v.

39）ṬT-K, p. 123; ṬT-R, p. 184; Batran, "The Kunta," p. 130.

40）この人物の名前に関して，著者が参照した『明らかな光』の写本では，احمد عم ابن عينيと読めるので，上記のようなローマ字転写と片仮名表記をした．しかし，ブブリクは，Ahmad ʻAm b. Shaykh ʻIsâと記している．従って，上記の名前の「アンム」は「アム」，「アイニー」は「イーサー」の可能性がある．ḌM, 110v; Boubrik, *Saints*, p. 74.

41）ḌM, 110v–111r.

の他，アブド・アッ＝ラフマーン・アル＝アフダリー（以下，アフダリー）の礼拝と浄めに関する著作や，イブン・アーシル（Ibn ʻĀshir，1630/1 年歿．アブド・アル＝ワーヒド・ブン・アフマド・アル＝アンダルスィー・アル＝ファースィー〔ʻAbd al-Wāḥid bn Aḥmad al-Andalusī al-Fāsī〕）の韻文を教えたとされており[42]，更に師であるアッ＝ターリブ・ブン・アル＝ハサンも，ファーディルから「真理の知識」（ʻulūm al-ḥaqāʼiq）を教わり，バラカ[43]を授かったらしい[44]．「真理の知識」が具体的に何を指しているのか明確ではないが，一般的に「真理」（単数形 ḥaqīqa／複数形 ḥaqāʼiq）がタサッウフの修行の果てに到達する目標を指す語として使われることから，恐らくタサッウフに関する知識を意味しているのであろう．しかし，いずれにしても，この逸話は，第1章で言及した師弟関係における知識伝達の双方向性を示す事例として興味深い．

さて，アッ＝ターリブ・ブン・アル＝ハサンの許での学習を終えたファーディルは，次にムハンマド・ブン・アッ＝ターリブ・イブラーヒーム（Muḥammad bn al-Ṭālib Ibrāhīm）という人物の許に，ハリール・ブン・イスハークの『提要』を学びに行った．『明らかな光』によると，20 歳に満たないファーディルは，この時既に数人の弟子を抱えていたらしく，彼らを引き連れて，ムハンマド・ブン・アッ＝ターリブ・イブラーヒームの許を訪れたようである．ファーディルはそこで，この師の許から戦士貴族階層の人物に強奪された家畜を奇蹟によって取り返すなどの逸話を残しているが，この師との間には問題が生じ，良好な関係を築けなかったため，前章でムハンマド・アル＝ハーフィズの師として紹介したアブド・アッラーフ・ブン・アル＝ハーッジ・イブラーヒーム・アル＝アラウィーの許へ向かうことを決意した[45]．

42）この2著作はそれぞれ，『イマーム・マーリクの学派における宗教儀礼についての提要』（*Mukhtaṣar fī al-ʻIbādāt ʻalā Madhhab al-Imām Mālik*）と『必須の宗教諸学において援助する導き手』（*al-Murshid al-Muʻīn ʻalā al-Ḍarūrī min ʻUlūm al-Dīn*）を指していると思われ，いずれも西アフリカで広く学ばれた著作である．

43）「バラカ」については，序章の注 47 参照．

44）ḌM, 110v–111v.

45）ḌM, 111v–112r. ムハンマド・ブン・アッ＝ターリブ・イブラーヒームは，ファーディルらを引きとめようとしたが，彼らは，自分達の家畜を引き連れて，ムハンマド・ブン・アッ＝ターリブ・イブラーヒームに気づかれることなく出発したという奇蹟譚が記されている．

しかし，ファーディルは，この大学者の許へ向かう道中，2人の男に出会い，彼らの話からアブド・アッラーフの死期が迫っていることを知ったため，行き先をサイイド・アル＝ムスタファー・ブン・ムハンマド・アル＝カイハル・ブン・ウスマーン（Sayyid al-Muṣṭafā bn Muḥammad al-Kayḥal bn ʻUthmān）という人物の許へと急遽変更した．すると，預言者ムハンマドがこのサイイド・アル＝ムスタファーの許に現れ，ファーディルらがやってくる方角を告げ，実際にその方角から彼らがやってきたという[46]．ファーディルは，この師の許で早速ハリール・ブン・イスハークの『提要』の学習を始め，僅か2カ月でその内容を完全に暗記したが，この頃，アブド・アッラーフ・ブン・アル＝ハーッジ・イブラーヒームが死去した[47]．

『明らかな光』には，このアブド・アッラーフの死とファーディルの知的形成とを結びつける重要な神秘的逸話が示されている．それは，アブド・アッラーフの死に際し，彼が生前保持していた「知識の鍵」（mafātīḥ al-ʻulūm）なるものの相続者を選抜するために諸聖者が集合し，話し合ったという逸話である[48]．ある聖者は，サイイド・アル＝ムスタファーがふさわしいと述べたが，彼の死期が迫っているという意見によってこの案は却下され，結局，ファーディルが相続者に選ばれることとなった[49]．この逸話は，アブド・アッラーフの許で実際に学ぶことができなかったにも拘らず，諸聖者の承認を経て，この大学者の知的能力をファーディルが継承したという主張であり，諸学に通じた偉人との象徴的な関係によってファーディルの学問的能力を権威づけようとする逸話として読むこともできる．

いずれにせよ，こうして，当時の師であるサイイド・アル＝ムスタファーから「子供」（ṭifl）と呼ばれるような若年のファーディルは，20歳にしてこの「知識の鍵」を手にし，全ての知識が神から授けられるようになった[50]．ファ

46）ḌM, 112r–v.
47）ḌM, 113r.
48）勿論これは，聖者の奇蹟に基づく神秘的な逸話として捉えるべきである．聖者は，毎晩全宇宙を巡ったり，遠隔地を瞬間的に移動したりする能力を持つといわれており，そうした能力によって，世界中の聖者達が一堂に会したということであろう．Schimmel, *Mystical*, pp. 203, 205.
49）ḌM, 113r–v.

ーディル自身が語ったとされるところでは，彼は，父親から『クルアーン』と「秘密の知識」(ʻulūm al-asrār) を教わったが，それ以外は全て，神から如何なる仲介もなしに教わり，しかも，神から教わった知識をそれぞれの学問分野の専門家に提示したという[51].

こうした特別な知識の獲得に関して，『明らかな光』の著者は，次のように説明している．まず，知識は，「獲得の知」(al-ʻilm al-kasbī) と「授与の知」(al-ʻilm al-wahbī) とに大別される．スンナ派4大法学派[52]の祖を含めたウラマー（イスラーム諸学を修めた知識人）は，知識を求めて各地を巡り，学習によって学問を修めたが，「獲得の知」は，こうして得られる種類の知識であり，それはウラマーの遺産であるとされる．これに対し，預言者とその相続人たる聖者は，自ら求めることなく，また労苦も伴わず，知識を与えられる．こうした形態の知を「授与の知」といい，預言者の遺産たるこの知は，「獲得の知」よりも優れており，預言者の相続人たるファーディルは，この「授与の知」を得た一人とされている[53].

『明らかな光』によれば，「知識の鍵」を手にして以降，彼の周囲の状況は大きく変化し，サイイド・アル＝ムスタファーの許で学習していた人々は，ファーディルに開示された知識の驚異を目の当たりにし，一人残らず彼に帰依したようである．また，サイイド・アル＝ムスタファーの許に相談にやってきた人物にファーディルが問題解決のための箴言を与え，実際にその問題が解決されると，人々が彼の許に集まるようになったとも記されている[54].

しかし，こうして神から全ての知識を与えられるようになったにも拘らず，ファーディルは，学習の旅をやめなかった．サイイド・アル＝ムスタファーの許を離れたファーディルは，次に文法学を学ぶため，タガーントやハウド西部を拠点とする有力部族イダウ・イーシュ (Idaw ʻĪsh) のアフマド・ブン・アッ

---

50) Ḍ.M, 114r, 117r, 118r–v.
51) Ḍ.M, 118v, 142v.
52)「はじめに」の「5　術語の説明—⑪スンナ派4大法学派」参照.
53) Ḍ.M, 117v–118r.
54) Ḍ.M, 113v–114r. 人々がファーディルの許にやってくると，彼は，いつも樹の下で動物達に囲まれて過ごしていたという．これも聖者に典型的な逸話である.

=ターリブ・マフムード・ブン・アァマル（Aḥmad bn al-Ṭālib Maḥmūd bn A'mar）という人物の許に向かった．しかし，実はこのアフマドと彼の弟子達よりも，ファーディルと彼の弟子達の方が文法学に通じていることが判明し，アフマドの方がファーディルに文法学の諸問題に関する質問をし，その答えを得て満足したとされている[55]．

以上が，『明らかな光』に記されたファーディルの宗教的・知的形成過程の大まかな流れである．興味深いのは，彼が故郷から遠く離れた土地へ修学のための旅をしていないように見える点である．マルティも，ファーディルが生涯故郷を離れなかった，と述べており[56]，これは，労苦を伴いながら優れた師を求めて各地を遍歴するというシンキート地方の一般的な学習課程から外れている．しかし，このような逸脱も，前述の「知識の鍵」や「授与の知」がファーディルに与えられたとする主張によって，論理的には克服されるのであろう[57]．

第3節　宗教儀礼と「論理」

本節では，ファーディルの唱道した宗教儀礼を論じるが，それに先立って触れておかなければならない人物とその教団が存在する．それは，ハウドのムハンマド・アル=アグザフ・アル=ジャァファリー（Muḥammad al-Aghẓaf al-Ja'farī, 1803/4? 年歿）と，彼を名祖とするグズフィー教団（al-Ṭarīqa al-Ghuẓfīya, アグザフィー教団〔al-Ṭarīqa al-Aghẓafīya〕）である．

この教団は，その宗教儀礼や信徒達の奇抜な外貌などが原因で，周囲からの軽蔑と非難に晒され，更に，1902年から本格的に開始されたモーリタニアを中心とするサハラ西部の平定作戦を指揮したグザヴィエ・コッポラニ（Xavier Coppolani, 1905年歿）の暗殺にこの教団の信徒が関わったため，フランス植民地行政当局からも危険視されていたようである[58]．また，この教団のシャイフ

55）ḌM, 117v.

56）Marty, "L'Islam en Mauritanie," p. 141.

57）なお，「授与の知」の資質は，息子に継承されたようで，例えば，サァド・アビーヒがこの資質を持っていたという言説も見られる．Boubrik, *Saints*, p. 117.

達は，神との合一への欲求と相容れない人格や自惚れをもたらすという理由で著作活動に否定的な態度を取っていたといわれている[59]．こうした幾つかの理由が重なって，この教団に関しては，外部からの，しかもしばしば過度に偏った視点からの観察による極めて限られた情報しか得られていない[60]．

グズフィー教団は，一般的にシャーズィリー教団の分派とされているが[61]，信徒達は，シャーズィリー教団と同時にカーディリー教団にも属していると考えていた[62]．そして，実際に教団活動を広く展開したのは，名祖ムハンマド・アル＝アグザフの後継者・弟子達で，特にイダウ・ブサート（Idaw Busāt）[63]という部族が中心的な役割を果たしたようである[64]．

グズフィー教団を非難する声は，この教団の宗教儀礼――手を叩いて拍子を取りながら大声で行うズィクルや踊り――や，それに伴う信徒達の興奮・忘我・恍惚・失神状態に向けられた．こうした激しい宗教儀礼がタサッウフの歴

58）J. Beyries, "Questions mauritaniennes," pp. 63-5; RGh, p. 259（footnote 601）; Harrison, *France*, p. 40.

59）Beyries, "Questions," p. 66.

60）このような中，本節でグズフィー教団に関して主に参照する植民地行政官J・ベイリーの研究は，教団の組織体系のみならず，思想や教義にまで踏み込んでおり，しかも，比較的偏りのない視点から書かれている印象を受ける．

61）Beyries, "Questions," p. 54. ベイリーが示すムハンマド・アル＝アグザフの道統には，イブン・アター・アッラーフやアフマド・ザッルーク，ムハンマド・ブン・ナースィルといったシャーズィリー教団の著名なシャイフが並んでいる．この道統のみから判断すると，グズフィー教団は，シャーズィリー教団の一派であるナースィリー教団に繋がるといえる．なお，ナースィリー教団については，「はじめに」の「5　術語の説明―⑬ナースィリー教団（al-Ṭarīqa al-Nāṣirīya）」参照．

62）Beyries, "Questions," p. 54. マグリブでは，カーディリー教団とシャーズィリー教団が同一の教団として認識される時期があったといわれている．Boubrik, *Saints*, p. 78. グズフィー教団の信徒達が自らをこの2つの教団に同時に属すると認識していたのは，こうしたことの影響かもしれない．更にいえば，このようなグズフィー教団の状態が，後述するファーディルの「教団単一論」の発想に何らかの影響を及ぼした可能性も否定できない．

63）この部族のニスバは，アル＝ブサーディー（al-Buṣādī）もしくはアル＝ブサーティー（al-Busātī）と書かれるのが一般的である．この部族の知識人の中には，グズフィー教団を論難したクンタと強い結びつきを持った人物も少なくないようで，シンキート地方で広く知られた学識者ガーリー・ブン・アル＝ムフタール・ファール・アル＝ブサーディー（Ghālī bn al-Mukhtār Fāl al-Buṣādī, 1824/5年歿）も，スィーディー・ムハンマド・アル＝クンティーの弟子であった．RGh, p. 21; WT, pp. 372-4.

64）Beyries, "Questions," pp. 52-4.

史にしばしば現れ，同時にその正統性を巡る議論がスーフィーを含む多く宗教知識人達の間で繰り広げられてきたことはよく知られている．グズフィー教団も，そうした歴史の例に漏れず，これらの宗教儀礼を巡って同時代の多くの宗教知識人達と対立したのであるが，グズフィー教団批判を展開する勢力の中には，当時，この地域で最大の宗教的権威であったクンタも名を連ねていた[65]．例えば，1824年，当時クンタの長であったスィーディー・ムハンマド・アル＝クンティーは，アグラール[66]の有力者達に送った『書簡』の中で，「正統」なイスラームから逸脱した思想や行為，すなわちビドア（bid'a）を批判し，その文脈でこうした宗教儀礼を厳しく非難しながら，グズフィー教団を名指しで論難している[67]．18世紀後半から西アフリカで強大な勢力を確立していたクンタの長がこのような論を展開しているという事実は，翻って考えると，グズフィー教団が当時，そうした強大な勢力に少なからぬ影響を与えるほどの集団になっていたことを示唆しているといえよう．実際，ベイリーの論文が発表された1935年の時点で，グズフィー教団は，内部に派閥が生まれるほどの組織に成長し，多数の異なる部族の出身者を信徒として抱える巨大な集団になっていたようである[68]．こうした成長は，恐らく教団活動を展開したムハンマド・アル＝アグザフの後継者の時代，つまり19世紀初め頃から徐々に進み，タガーントやハウドなど，シンキート地方の中部から東部に至る地域で一定の影響力を持つようになったものと思われる．

ところが，ファーディルは，こうした非難の的となっていた宗教儀礼を自らの弟子達に推奨したのである．ベイリーは，典拠を明らかにしていないものの，ムハンマド・アル＝アグザフがファーディルの「精神的な師」であったと述べており[69]，実際，『明らかな光』を読むと，ファーディルがこの同郷のシャイ

65）Beyries, "Questions," pp. 60-3. 勿論，グズフィー教団のシャイフ達は，これらの宗教儀礼が「正統」なイスラームに則したものであると主張し，その理由を挙げて反論したようである．Beyries, "Questions," pp. 65-7.

66）「はじめに」の「6　アラビア語参考文献の略号と情報—⑥ RGh」参照．

67）RGh, pp. 259-324.

68）Beyries, "Questions," pp. 68-73.

69）Beyries, "Questions," p. 53.

フを特別視していたことが分かる．

例えば，ファーディルは，父親の許を離れて最初についた師アッ＝ターリブ・ブン・アル＝ハサンの許にいる時，ムハンマド・アル＝アグザフの宗教的卓越性を称讃した．すると，それを聞いたアッ＝ターリブ・ブン・アル＝ハサンが，そのムハンマド・アル＝アグザフよりも優れた存在がファーディルであるとし，彼を称讃したという逸話がある[70]．また，ファーディルは，息子の一人にムハンマド・アル＝アグザフと同じ名前をつけており，別の息子ムハンマド・タキー・アッラーフ（Muḥammad Taqī Allāh）は，ムハンマド・アル＝アグザフの「遺産」がそのファーディルの同名の息子によって完全に相続された，と語っている[71]．

そして，最も興味深いのは，以下のようなムハンマド・アル＝アグザフとの神秘的な出会いに関する2つの逸話である．1つ目は，アッ＝ターリブ・ブン・アル＝ハサンの許での学習を終えて一族の許に戻ったファーディルが，アッ＝ターリブ・ブン・アル＝ハサンの許で親交のあった知人の死期が迫っていることを父親ムハンマド・アル＝アミーンから聞かされ，2人でその知人の最期を看取りに行った帰路での出来事である．

> そして2人は，踵を返した．すると，ムハンマド・アル＝アグザフ師が飛行して2人の前に現れたのだ．彼は，2人をこの上なく歓迎し，我々のシャイフ〔ファーディル〕を自分の許に送るよう，マーミーン〔ムハンマド・アル＝アミーン〕に依頼した．彼〔ムハンマド・アル＝アグザフ〕が2人の許から去ると，我々のシャイフは，父親にいった．「あの男は誰ですか」．父親は，彼にいった．「あれはムハンマド・アル＝アグザフ師で，お前を自分の許に派遣するよう私に依頼していたのだ」[72]．

70） Ḍ M, 100v–101r, 111r.

71） Ḍ M, 124r–v. ここでいう「遺産」の相続は，先達の優れた性質の継承を意味していると考えられる．

72） 原文は以下の通り（句読点は引用者による）．
thumma raja'ā min wijhat-himā, fa-laqiya-humā al-shaykh Muḥammad al-Aghẓaf ṭā'ir^{an} mu'tariḍ^{an} ilay-himā. fa-raḥḥaba bi-himā akmal al-tarḥīb wa sa'ala min Māmīn an yursila ilay-

そして2つ目は，ファーディルによる語りであり，『明らかな光』の中で上の逸話とは離れた箇所に記されているものの，その内容から，上の出来事と連続性を持った逸話であると考えられる．

(ファーディルは) 語った.「私の父がムハンマド・アル＝アグザフ師の許に私を送った時，父は，ムハンマド・アル＝アグザフ師の許で読むよう私に命じた書簡を既にしたためており，私は，贈物を携えて，ムハンマド・アル＝アグザフ師——それは既に彼の死後であったのだが——の許にやってきた．夕方にムハンマド・アル＝アグザフ師の墓所に辿り着くと，そこには（墓に）寄り添う（ムハンマド・アル＝アグザフの）弟子達がおり，彼らの中に（神によって知識を）開示され，恍惚状態に陥っている者が一人いた．彼と私との間に面識はなかったのだが，彼は，手足を拘束された状態で私の許にやってきて[73]，私にいった．『修道所に籠る者達の息子よ，ムハンマド・アル＝アグザフ師は，お前（の心のうち）を読み，お前にこうおっしゃっている．お前の望みは叶えられたのだから，もう行きなさい，と』」．(ファーディルは) 語った．「私は，彼（の言葉）に注意を払わなかった．而して（その夜）眠りに落ちると，（夢の中で）私は，父から受け取った書簡を読むために，ある庭園にやってきた．そして，そこにムハンマド・アル＝アグザフ師が現れ，預言者（ムハンマド）——彼に神の祝福と救済あれ——がやってきて，神——その御方に称讃あれ——以外には数えきることができないほど（多く）の神の友〔聖者〕が集合したのだ．すると神は，私の望みを叶え，そこでの私の用事を完了させて下さった．そこにいた神の友の多くが私に帰

---

hi shaykh-nā. fa-lammā dhahaba min ʻind-humā, qāla shaykh-nā li-abī-hi, man hādhā al-rajul. fa-qāla la-hu, dhālika al-shaykh Muḥammad al-Aghẓaf, kāna yas'alu min-nī an ursila-ka ilay-hi. ḌM, 111r. この知人を看取る旅は，ファーディルとムハンマド・アル＝アミーンの2人が遠隔地を一瞬で移動する奇蹟譚の要素も持っている．

73)「手足を拘束された状態で」と訳したのは，原文の yarsifu（完了形は rasafa）であるが，この語は，比喩的に「枷をはめられた人のように歩く」，つまり「ゆっくりと穏やかに歩く」という意味も有するので，この場面も，実際に枷で拘束されていたのではなく，単に「ゆっくりとファーディルの方に歩いてきた」ことを意味しているのかもしれない．Edward William Lane, *An Arabic-English Lexicon,* Vol. 1, p. 1081.

依した後，その時点で私は出発を命じられた．而して私は，その土地のある純正者〔聖者〕の墓を訪れるために出発したのだった」[74]．

『明らかな光』を読む限り，ファーディルは，生前のムハンマド・アル＝アグザフに面会したことがなかったようである．しかし，「知識の鍵」の継承によって地域の大学者であるアブド・アッラーフに繫がるある種の象徴的な関係を築こうとしたように，ファーディルは，このような神秘的な面会を通じて，ムハンマド・アル＝アグザフとの強い宗教的な結びつきを主張したのである．

前述のように，ファーディルは，グズフィー教団が周囲からの非難に晒される原因となった，大声でのズィクルの実践を弟子達に命じていた．また，自らもズィクルにおいて体を振動させ，しばしば恍惚状態に陥っており，その根拠を『クルアーン』やハディース[75]，種々の古典的著作に求めていたようである[76]．しかし，上述のような神秘的な面会の逸話や，ファーディルの故郷ハウドを含むシンキート地方中・東部でのグズフィー教団の存在感を考慮すると，彼がムハンマド・アル＝アグザフの思想や実際のこの教団の振る舞いに影響を受けて，自らの弟子達にこうした宗教儀礼を命じたと考えることはできるだろう．例えばマルティは，ファーディルの「一族のある伝承」（une tradition de famille）なるものを根拠に，ファーディルの革新的な一面であるこうした宗教

74）原文は以下の通り（句読点は引用者による）．

qāla, lammā arsala-nī ab-ī ilā al-shaykh Muḥammad al-Aghẓaf, ataytu-hu baʿd wafāt-hi bi-hadīya wa qad kataba l-ī wālid-ī kitāb[an] amara-nī an aqraʾa-hu ʿind al-shaykh Muḥammad al-Aghẓaf. fa-ataytu maḥall qabr-hi ākhir al-nahār wa wajadtu hunāka talāmīdh mujāwirīn wa fī-him wāḥid majdhūb mukāshaf. fa-atā-nī yarsifu min ghayr maʿrifa bayn-ī wa bayn-hu, wa qāla l-ī, yā ibn al-murābiṭa, al-shaykh Muḥammad al-Aghẓaf yaqraʾu-ka wa yaqūlu la-ka, qad quḍiyat ḥājat-ka, fa-sir. qāla, fa-mā iltafattu ilay-hi. fa-lammā kāna baʿd al-manām, ataytu al-rawḍa li-aqraʾa waraqa risāla ab-ī. fa-kharaja l-ī al-shaykh Muḥammad al-Aghẓaf wa atā al-nabī ṣallā Allāh ʿalay-hi wa sallama wa ijtamaʿa hunāka min awliyāʾ Allāh mā lā yuḥṣī-hi illā huwa subḥāna-hu. fa-qaḍā Allāh ḥājat-ī wa atamma amr-ī hunāka. wa umirtu bi-al-masīr fī dhālika al-waqt baʿd an bāyaʿa-nī kathīr min awliyāʾ Allāh hunāka. fa-sirtu li-azūra baʿḍ maqābir al-ṣāliḥīn fī tilka al-balda.

ḌM, 165v.

75）「はじめに」の「5　術語の説明―⑯ハディース（ḥadīth）」参照．

76）ḌM, 16v–17r, 66r–68v, 75r–78v.

儀礼は，もともとムハンマド・アル＝アグザフがファーディルの祖父アッ＝ターリブ・アフヤールに教えたものであり，後にファーディルがそれを広めたとしている．また同時に，こうした声を上げて行うズィクルや，失神・痙攣などの神秘主義的な発作は，外面的な信仰の表象として西アフリカの人々に好まれ，ファーディルの道統の宣伝を成功に導く一要因になったとも述べている[77]．

スィーディー・ムハンマド・アル＝クンティーが上記のグズフィー教団批判を展開した1824年当時，18世紀末に生まれたといわれるファーディルは，30歳前後の若年であり，彼の周囲に形成された集団は，その規模においても，影響力においても，まだ発展途上の段階にあったと考えられるため，彼の名声や彼の唱道する宗教儀礼が周辺地域に広く知れ渡っていたとは想定しにくい．従って，スィーディー・ムハンマドがファーディルと彼の推奨する宗教儀礼を意識しながら批判を展開していたと想定することも難しい．

しかし，反対にファーディルの側からすれば，彼の若年期に既にクンタの長から明確な批判が上がっていたのである．この地域におけるクンタの影響力を考慮すると，彼がそうした批判を知らずに上述の宗教儀礼を奨励したとは思われない．そして，『明らかな光』にも，ファーディルの宗教儀礼を巡って，スィーディー・ムハンマドや彼の父親スィーディー・アル＝ムフタールの名が登場するのであるが，興味深いことに，そこでは，彼らクンタの長達が上記のような宗教儀礼を非難したのではなく，反対に奨励したと記されているのである．例えば，「礼拝所やその他の場所でのズィクルにおいて声を上げることに関して」（fī rafʿ al-ṣawt bi-al-dhikr fī al-masājid wa ghayr-hā）と題された節は，ファーディルが声を上げて公然と行うズィクルを弟子達に命じていたという話から始まり，それに続いて，その根拠となる『クルアーン』やハディース，複数の古典的著作の記述を多数紹介した後，最後に以下のような引用を記している．

サイイド〔スィーディー〕・アル＝ムフタール（・アル＝クンティー）師の息子である後継者サイイド〔スィーディー〕・ムハンマド（・アル＝クンテ

77）Marty, “L’Islam en Mauritanie,” p. 142. ただし，「一族のある伝承」が具体的に何を指しているのかを，マルティは明らかにしていない．

ィー）師がいうには，彼の父親は，公然とズィクルを行うよう彼に命じていた．サイイド〔スィーディー〕・ムハンマド師の言葉を逐語的に記せば，次の通りである．「（スィーディー・アル＝ムフタール）師――彼に神の歓悦あれ――は，私〔スィーディー・ムハンマド〕にこういったものである．『もし時が熟し，お前のズィクルに対する喜びがお前の内面を圧倒し，諸ズィクルに関して，それ以外の感覚がなくなったのなら，最大限に公然と（ズィクルを）行う必要はない．それは，魂に様々な思いや懸念が堆積している状態においても同様である．また，そうした懸念の痕跡を心から払拭するためや，（悪魔の）囁きやその類似物の道となる諸感覚をズィクルに集中させるために（ズィクルを）公然と行うことも必要ではない．（しかし）もし活力が減退し，まどろみが支配的になってしまい，ズィクルを公然と行うことが諸感覚を活性化させたり，まどろみから覚醒させたりする（のに有効な）場合には，（宗教儀礼を行うのにふさわしい）時間を確立することと，（適切な）時間に日課（である宗教儀礼）を遂行することを望みながら，公然とズィクルを行え』と」[78]．

この引用箇所に見られるスィーディー・アル＝ムフタールの文言は，スィーディー・ムハンマドの著作『楯』に見られる[79]．しかし，この引用箇所を含む「礼拝所やその他の場所でのズィクルにおいて声を上げることに関して」の後

78）原文は以下の通り（句読点は引用者による）．
wa dhakara al-shaykh Sayyid Muḥammad al-khalīfa ibn al-shaykh Sayyid al-Mukhtār anna abā-hu kāna ya'muru-hu bi-al-jahr bi-hi. wa naṣṣ kalām-hi: kāna al-shaykh riḍwān Allāh ʻalay-hi yaqūlu l-ī, idhā ṭāba waqt-ka, wa istawlat ladhdhat-ka al-dhikr ʻalā bāṭin-ka, wa ghibta ʻan al-adhkār ʻan al-shuʻūr bi-al-aghyār, fa-lā ʻalay-ka an tajhara ḥadd al-ijhār, wa ka-dhālika fī ḥāla tarākum al-khawāṭir wa al-hawājis ʻalā al-nafs, wa lā ʻalay-ka an tajhara ayḍ^{an} li-kans al-qalb min āthār tilka al-hawājis wa shughl al-ḥawāss bi-al-dhikr allatī hiya ṭuruq al-waswās wa mithl-hi mā. law fatara al-nashāṭ, wa ghalabat al-sina, wa kāna al-jahr bi-al-dhikr munashshiṭ^{an} li-l-ḥawāss munabbih^{an} la-hā min al-sina, fa-l-tajhar bi-al-dhikr ḥirṣ^{an} ʻalā ʻimāra al-waqt wa al-ityān bi-al-waẓīfa fī ān-hā.
ḌM，68r．他にも，例えば神秘主義的な発作としての恍惚状態に関する議論や，金銭・贈物を求めて遠隔地を訪れる旅に関する議論などでもスィーディー・ムハンマドの見解を引いている．
ḌM, 77r–v, 78v–80v.

半部は，典拠は示されていないものの，明らかにファーディルの著作『議論家の剣』（*Sayf al-Mujādil*）からの引用で構成されている．『議論家の剣』は，ズィクルに関する諸事を扱った著作であるが，「礼拝所やその他の場所でのズィクルにおいて声を上げることに関して」で引用されている箇所は，ズィクルを公然と行うべきか否かとの問いに対してファーディルが回答を提示している件の一節である．そこでの彼の見解は，短絡的な是非論ではなく，例えば，ズィクルを公然と行って，それが人々から偽善的な行為（riyā'）だと受け取られるのを恐れる時は秘密裏に行うべきである，と述べるなど，状況に応じてズィクルの方法を変化させる必要性を説いている[80]．だが，このような偽善に対する恐怖という条件を考慮したズィクルの方法に関する見解も『楯』の中に見出されるものであり[81]，ファーディルは，明らかに『楯』から学び取った知識を自らの主張の土台の一部としているのである．この箇所だけでなく，主に『クルアーン』やハディース，先達の著作群からの文言の列挙によって成り立っている『議論家の剣』において，ファーディルは，『楯』を繰り返し引用する極めて重要な典拠としており，スィーディー・ムハンマド，および『楯』の中で紹介されたスィーディー・アル＝ムフタールの見解を自らのズィクル論に積極的に取り込もうとしていたようである．

また，『明らかな光』には，スィーディー・アル＝ムフタールの息子で，ハウドをその勢力の中心としたバーバ・アフマド（Bāba Aḥmad, 1826年歿）も登場する．そこで描かれる彼は，ファーディルの弟子達が激しいズィクルを行い，恍惚状態に陥って罵詈雑言を吐いている，とある中傷家から伝えられた際，その言葉を否定し，更にファーディルと彼の父親ムハンマド・アル＝アミーンに起こった奇蹟を自ら目撃したと述べて，彼らの宗教的卓越性を証言したことになっている[82]．

79）Sīdī Muḥammad al-Kuntī, *Junna*, pp. 269–70.

80）Muḥammad al-Fāḍil bn Muḥammad al-Amīn, *Sayf al-Mujādil*, 16v–18v.

81）Sīdī Muḥammad al-Kuntī, *Junna*, p. 270. なお，アフマド・バンバも，偽善を恐れる場合は秘密裏にズィクルを行うべきであるとする見解を『楯』から引き出している．Aḥmad Bamba, *Masālik*, pp. 21–2.

82）ḌM, 85r–v, 101r, 102v.

以上のことを纏めると，ファーディルとその周辺は，非難を浴びる原因となり得るグズフィー教団的な宗教儀礼に関して，『クルアーン』やハディース，古典的著作の記述による裏づけや，地域の宗教的権威であると同時に当の宗教儀礼を非難していたと思われるクンタの言説・証言の部分的な取り込み，クンタの著作の内容に基づく宗教儀礼遂行のための条件提示などといった複数の予防線を張ることで，非難の矛先が自分達に向くのを回避しようとしていたと考えられる[83]．

しかし，現実の状況に応じた戦略的ともいえるこのような対症療法を実行していたものの，ファーディルらの主張を支えた根本的な「論理」は，目の前の強大な地域的宗教権威に従属する方向には展開しなかった．本章のここまでの内容を振り返ると，ファーディルの家系，すなわち数多くの聖者達が名を連ねるシャリーフの血統は，先天的な宗教的卓越性を彼に約束していた．そして，既に誕生前から，彼がクトゥブとなることを複数の人間が予言し，実際に生まれてみると，彼は，幼少期から傑出した知的能力を示し，数多の奇蹟を起こす聖者となっただけでなく，土地の大学者から神秘的な過程を経て「知識の鍵」を受け取り，神から直接知識を開示されるまでになったとされている．

また，クンタとの関係を検討すると，既に第1節で紹介したように，スィーディー・アル＝ムフタールは，ファーディルがクトゥブになることを予言した人々の一人であったとされている．この他にも，『明らかな光』には，スィーディー・アル＝ムフタールがファーディルのシャリーフ性を証言した逸話や，スィーディー・ムハンマドがファーディルを神との特別な近接性を有する人物と評した逸話，バーバ・アフマドがファーディルの宗教的卓越性を激賞した逸話などを見出すことができる[84]．ファーディルの息子達がクンタへの敵対心を

83）ブブリクの見解によれば，ファーディルらは，ウィルド（「はじめに」の「5　術語の説明―②ウィルド〔wird〕」参照）の授受を介した道統に関してクンタとの繋がりを否定しながらも，この地域におけるスィーディー・アル＝ムフタールの権威を認め，自らの教団の正統性を確保するため，そして，何よりも対立を回避するため，彼との象徴的な関係を築こうとしたようである．Boubrik, *Saints*, pp. 107–8.

84）Ḍ M, 4v, 102v, 139r–v. なお，スィーディーヤ・アル＝カビールと思しき人物も登場する．原文にはالشيخ سيديと記されているだけなので確証はないが，ファーディルと同時代の西アフリカでسيديもしくはسيدياなどとその名が表記される著名な人物はスィーディーヤ・アル＝カビールなの

持っていたとするマルティの見解や[85]，上で述べたような宗教儀礼を巡る問題などを考慮すると，このようなファーディルに対するクンタの証言や称讃が全て「歴史的事実」であったと判断するのは難しいかもしれない．しかし，ファーディルらの視点を検討している本書にとって，これらが「歴史的事実」であったか否かは，それほど重要な問題ではないだろう．

更に，こうしたクンタからの証言や称讃を離れると，以下のような逸話がある．これは，ムハンマザン・ブン・ムハンマド・ラァビード（Muḥammadhan bn Muḥammad Laʻbīd）という人物が，クトゥブを訪ねる神秘的な旅を巡って，ムハンマド・アル＝アグザフの弟子であったサイイド・ムハンマド・ブン・アフマド・アル＝アスワド（Sayyid Muḥammad bn Aḥmad al-Aswad, 1843/4年歿）[86]と交わした会話を，『明らかな光』の著者に伝えたもので，スィーディー・アル＝ムフタールを超えるファーディルの立場を明確に描き出している[87]．

> （ムハンマザン・ブン・ムハンマド・ラァビードは，サイイド・ムハンマド・ブン・アフマド・アル＝アスワドに）いった．「おお，師よ，サイイド〔スィーディー〕・アル＝ムフタール（・アル＝クンティー）師は，彼の時代のクトゥブなのですか，それともそうではないのですか」．「彼は，彼の時代のクトゥブではない」．「それでは，誰がその時代のクトゥブなのですか」．「それはシャリーフであるサイイド・アル＝ハーディーだ」．「シャリーフのサイイド・アル＝ハーディーとは誰のことですか」．「お前はその方を知らない」．「それでは，その方の（住む）土地は何処なのですか」．「イエメンにいる」．「それであなたは，その方に会ったことがあるのですか」．「ある」．「それはどのようにですか」．「その方を訪れるために，ムハンマド・アル＝アグ

で，恐らく彼を指していると思われる．ちなみに，このスィーディーヤは，『明らかな光』の中で，ファーディルをクトゥブとして認識し，カーディリー教団の祖ジーラーニーに匹敵する人物と評価している．ḌM, 4v, 139v.

85）Marty, “L’Islam en Mauritanie,” p. 141.

86）この人物は，ファーディルの宗教的卓越性を称讃した人物の一人として，『明らかな光』に繰り返し登場する．

87）長い逸話なので，旅程での出来事に関する記述や発話者の表記などを適宜省略する．

ザフ師が私を連れて行ったのだ」.「その詳細を教えて下さい」.「我々は，700 人の聖者に交じって，ムハンマド・アル＝アグザフ師の使節団と呼ばれるマグリブの民の一団に入り，その方の許に到着した．そして，その（一団と同じ）数のインドの民，およびシリアの民がやってきて，更には（世界の）あらゆる方面から，その（一団と同じ）数，もしくはそれ以上の民がやってきたのだ」.（中略）ムハンマザンは，（『明らかな光』の著者に）いった．「そこで私は，サイイド・ムハンマドに，その方がいつ亡くなったのか，と尋ねたのです．すると彼は，バーグナの君主アァリ・ブン・アァマル・ブン・アァリ[88]が死亡した時期にその方は亡くなったのだ，とおっしゃいました．そこで私は，誰がその方（の地位）を受け継いだのか，といったのです」．そして（ムハンマザン）曰く，その聖者〔サイイド・ムハンマド〕は，「その方（の地位）を継承したのは，マーミーン〔ムハンマド・アル＝アミーン〕の息子ムハンマド・アル＝ファーディル師だ」といいながら，自分の馬を摑み，遊ばせ，踊らせると，更に彼〔ムハンマザン〕に対して，その言葉を繰り返したというのである[89]．

この他にも，ジーラーニーやスィーディー・アル＝ムフタールを含む歴史上

88）このアァリ・ブン・アァマル・ブン・アァリ（A'li bn A'mar bn A'li）という人物の詳細は，判然としない．バーグナ（Bāghna）は，ハウドの南に位置するバーフーヌー（Bākhūnū）という地域であると考えられ，その地域の君主（sulṭān，スルターン）とは，恐らく戦士貴族階層のムバーラク族（Awlād Mubārak）の長を指しているのだろう．サハラ西部へのアラブの流入に関する包括的な研究を著したノリスによると，18 世紀前半，ムバーラク族の長ハンヌーン・アル＝アバイディー（Hannūn al-'Abaydī）が，マグリブのアラウィー朝の君主であったマウラーヤ・イスマーイール（Mawlāya Ismā'īl, 在位 1672–1727 年）から，このバーフーヌーを与えられたようであり，ムバーラク族の長の地位は，その後，ハンヌーン・アル＝アバイディーの息子ウマル（'Umar），更にその息子アリー（'Alī）へと引き継がれていったとされている．このアリーの統治期間が 1762 年から 1808 年頃であることや，アァリ（もしくはアァリー〔A'lī〕）とアァマルという名が，それぞれ正則アラビア語のアリーとウマルに相当することなどを考えると，アァリ・ブン・アァマル・ブン・アァリは，このハンヌーン・アル＝アバイディーの孫で，ウマルの息子であるアリーを指しているのかもしれないが，確証はない．RGh, pp. 158–9（footnote 315）; 'Abd al-Raḥmān al-Sa'dī, *Ta'rīkh al-Sūdān*, p. 9（Arabic）, p. 18（French）; 英訳＝Hunwick, *Timbuktu*, p. 13; Norris, *The Arab*, pp. 69–70.

89）原文は以下の通り（句読点は引用者による）．

の著名なシャイフ達が過酷な奉仕を課すことによってしか弟子の教育を行えなかった，と述べられている箇所では，ファーディルがそうした慣習を打ち破り，自らの優れた宗教的資質によって，厳しい奉仕を課すことなく，意欲のある弟子にもそうでない弟子にも成長や改善を達成させ，歴史上の諸シャイフには不可能であった，より容易な内面的教育（tarbiya）を実現したと記されている[90].

以上のことから分かるように，ファーディルらの主張を支える根本的な「論理」は，血統に由来する優れた宗教的資質を有したファーディルが，その資質を裏づけるように数々の奇蹟を起こし，神から知識を開示されるほどの聖者に成長し，クンタは勿論のこと，イスラームの歴史に名を残したその他の著名な諸シャイフが到達することのできなかった特別な宗教的地位に就いた，という言説を起点にしている.

ファーディルが生きた時代の西アフリカには，カーディリー教団の巨大勢力たるクンタの他にも，ティジャーニー教団[91]，シャーズィリー教団，ナースィリー教団，グズフィー教団など，数多くのスーフィー教団が乱立するようになっていた．このような状況の中，ファーディルらは，目の前に存在する巨大勢力からの非難を避けるための現実的な戦略を展開していたが，根本的には，クンタのみならず，そうした乱立する諸教団の全シャイフの権威を凌ぐ資質がファーディルに宿っているとする「論理」をもとに自説を構築し，この地域にお

---

qāla la-hu, ayy-hā al-shaykh, hal al-shaykh Sayyid al-Mukhtār huwa quṭb zaman-hi am lā. fa-qāla la-hu lā huwa quṭb-hu. fa-qāla, wa man al-quṭb fī dhālika al-zaman. fa-qāla, huwa al-sharīf Sayyid al-Hādī. fa-qāla, wa man al-sharīf Sayyid al-Hādī. qāla la-hu, lasta ta'rifu-hu. fa-qāla la-hu, wa ayna arḍ-hu. qāla, bi-al-Yaman. qāla, a-wa qad ijtama'ta ma'-hu. qāla, na'am. qāla, wa kayfa dhālika. qāla, atā b-ī al-shaykh Muḥammad al-Aghẓaf li-yazūra-hu b-ī. qāla la-hu, akhbir-nī bi-kayfīya dhālika. qāla, qadimnā ilay-hi fī wafd ahl al-Maghrib fī sab' mi'a walī yuqālu la-hu wafd al-shaykh Muḥammad al-Aghẓaf wa atā qadr dhālika min ahl al-Hind wa qadr dhālika min ahl al-Shām wa atā min kull nāḥiya qadr dhālika aw akthar ... qāla Muḥammadhan, thumma sa'altu-hu matā tuwuffiya. qāla, tuwuffiya mudda mawt A'li bn A'mar bn A'li sulṭān Bāghana. qāla, fa-qultu, wa man takhallafa ba'd-hu. qāla, fa-akhadha dhālika al-walī faras-hu la''aba-hu wa arqaṣa-hu wa huwa yaqūlu takhallafa ba'd-hu al-shaykh Muḥammad al-Fāḍil bn Māmīn, thumma karrara-hā 'alay-hi mirār.

ḌM, 3v–4r.

90）ḌM, 151v–159v.

91）「はじめに」の「5　術語の説明—⑫ティジャーニー教団（al-Ṭarīqa al-Tijānīya）」参照.

ける揺るぎない宗教的地位の確立を企図したのではないだろうか．そして，この「論理」は，従来の教団的な枠組みそのものを改編しようとする試みの背後にも隠れているように思われる．この点を次節で検討しよう．

第4節　教団単一論

20世紀初めに西アフリカで調査を行ったマルティは，ファーディルの道統の勢力拡大に寄与した要素の一つとして，ファーディルが主張した特別な権限に関する言説を挙げている．その言説とは，この世に存在する数多のスーフィー教団の中心に自らの教団を据えるファーディルが，預言者ムハンマドから付与されたという特別な権限によって，あらゆる教団への新たな帰属申請を信徒に対して承認でき，また信徒のそれまでの教団への帰属を追認できるというものである．そして，これによって彼は，複数の異なる教団から広く人員を集めたとされている[92]．換言すれば，カーディリー教団であれ，シャーズィリー教団であれ，ティジャーニー教団であれ，ある信徒が何らかの教団への帰属を望んだ場合，ファーディルは，どの教団に関しても，ウィルドの授与などを通じてそれを承認することができ，また，例えばある信徒が既にティジャーニー教団に帰属している場合，その帰属の放棄や他教団への新たな帰属を命じたりはせず，ティジャーニー教団への帰属をファーディルが更新する形で承認できるのである．従って，ファーディルの許に来れば，どの教団への帰属も認められ，当然，複数の教団に同時に帰属することも認められることになる．このような事態は，前節に述べた宗教儀礼に匹敵する，ファーディルの特徴的な教義の表象として，マルティ以外の研究者からも注目されてきた[93]．

教団的な枠組みを考える時，ファーディルの道統は，しばしばカーディリー教団の分派とされ，スィーディー・アル＝ムフタールとの繋がりが示唆されることもある[94]．確かに『明らかな光』を見ても，ファーディルとカーディリー

92) Marty, "L'Islam en Mauritanie," pp. 142-3.
93) Boubrik, *Saints*, pp. 81-4; 坂井信三「ファーディリー教団」，827-8頁．
94) Depont and Coppolani, *Les confréries*, p. 317; Marty, "L'Islam en Mauritanie," p. 141; Boubrik,

教団の名祖ジーラーニーとの結びつきは，他教団の祖との結びつきよりも重視されていることが分かる．例えば，ファーディルが，ジーラーニー以後，誰も飛び込んだことのない神秘的な直観知の海[95]に飛び込んだとする言説や，息子のサイイド・ウスマーン（Sayyid ʻUthmān）にジーラーニーの地位を譲り与えたという逸話が見られる[96]．また，マー・アル＝アイナインは，ある著作の中で種々のウィルドについての見解を明らかにしているが，そこで，「カーディリー教団のウィルドは，（他の）全てのウィルドなしに（人々を）充足させるが，（他の如何なる）ウィルドも，カーディリー教団のウィルドなしに，（人々を）充足させることはない」[97]と述べており，カーディリー教団のウィルドに特別な価値を見出している．

しかし，『明らかな光』には，タサッウフの道，すなわち教団について論じる以下のような一節がある．

この（タサッウフの）集団には多様な道〔教団〕があり，それらは全て，いと高き神の許へと繋がり，目的・出発点・終着点において一致するのである．目的とは，他の誰でもないいと高き神との結合であり，出発点とは，（中略）その御方〔神〕の方へと向かうことである．そして，終着点はといえば，他の誰でもないいと高き神の本質の観照の中に消滅することである[98]．

Saints, pp. 81–2; Robinson, *Paths*, p. 162. マルティは，クンタに敵対心を持っているファーディルの息子達がクンタとファーディルとの師弟関係を否定した，と述べている．しかし同時に，彼は，ファーディルがスィーディー・アル＝ムフタールに帰されるところの宗教的・知的復興の恩恵を間接的に享受していた，という曖昧な形で両者の結びつきを表現している．

95）原文では，単に「海」（buḥūr）と書いてある．しかし，タサッウフの文脈における海は，しばしば，神の許へ至る途上の経験や知識，特に神秘的な直観知を意味する．例えば，クシャイリーの代表的な著作でも，直観知と波（amwāj）とを結びつけた文言が紹介されている．Nicholson, *The Mystics*, pp. 74–8; 邦訳＝前掲『イスラムの神秘主義』，96–101 頁；ʻAbd al-Karīm al-Qushayrī, *al-Risāla al-Qushayrīya fī ʻIlm al-Taṣawwuf*, p. 477.

96）ḌM, 4v, 121v–122r, 139v.

97）原文は以下の通り．

wa huwa yughnī ʻan jamīʻ al-awrād, wa lā yughnī ʻan-hu wird

[Māʼ al-ʻAynayn], *Naʻt*, p. 249.

98）原文は以下の通り（句読点は引用者による）．

wa li-hādhihi al-ṭāʼifa ṭuruq mukhtalifa kull-hā muwaṣṣila ilā Allāh taʻālā, wa inna-mā al-ittiḥād

つまり，複数に分岐している教団は，そもそも神の許へと至る単一の道であり，その点において差異は存在しない，という単純明快な主張である．本章では，この教義を便宜的に「教団単一論」と呼ぶ．

この教団単一論にもう少し踏み込むために，マー・アル＝アイナインが著した『『げに私は同胞関係にある』に水を与える者への裨益』（*Mufīd al-Rāwī ʻalā Inn-ī Mukhāwī*，以下，『裨益』）を検討してみよう．この著作は，『げに私は全ての教団に対して同胞関係にある』（*Inn-ī Mukhāwī li-Jamīʻ al-Ṭuruq*，以下，『同胞』）と題された20行の詩についての自注書である．諸教団が1つのものであることを詳らかにするために書かれたこの詩の冒頭の2行を見るだけで，彼が教団間の差異を認めていなかった事実は明らかになる．

げに私は，神を畏れる者が信仰に対して同胞関係にあるのと同様に，全ての教団に対して同胞関係にある．私は，諸預言者を峻別する者のように，（教団の祖である）諸聖者を区別するようなことはない[99]．

そして，注釈書『裨益』では，ファーディルとの関係も踏まえ，より詳しく教団単一論に言及している．

神が，親友達の瞳の喜びである我が師なる父〔ファーディル〕を通じて，最良の預言者〔ムハンマド〕から伝えられる聖者達の諸ウィルドを私〔マー・アル＝アイナイン〕に授け，更に私に対し，聖者達からの諸ウィルドを望む者にそれを付与する権限を与えた時，神の民〔スーフィー〕の諸教団の単一性を知らない者は，それに驚き，質問した．「神に讃えあれ．ある者が某教

---

bayn-hum [sic] fī al-maqṣid wa al-mabda' wa al-muntahā. fa-al-maqṣid al-wuṣla ilā Allāh taʻālā lā ghayr, wa al-mabda' al-tawajjuh ilay-hi ... wa ammā al-muntahā fa-huwa al-fanā' fī shuhūd dhāt Allāh taʻālā ʻan shuhūd ghayr-hā

ḌM, 63v.

99）原文は以下の通り（韻律：ラジャズ）．

inn-ī mukhāwin li-jamīʻi-ṭ-ṭuruqī / ukhūwata-l-īmāni ʻinda-l-muttaqī
wa lā ufarriqu li-l-awliyā'ī / ka-man yufarriqu li-l-anbiyā'ī

Mā' al-ʻAynayn, *Mufīd al-Rāwī ʻalā Ann-ī* [sic] *Mukhāwī*, p. 44.

団（の道統）を伝え，（同時に別の）某教団（の道統）を伝える．こんなことが可能なのですか」．またある者は，（それを）否定していった．「こんなことはあり得ない」[100]．

（アラウィー朝の君主であるマウラーヤ・アル＝ハサン〔Mawlāya al-Ḥasan, 在位 1873–1894 年〕から使いが送られてきたのを受け，マー・アル＝アイナインは，1886/7 年〔ヒジュラ暦 1304 年〕にマラケシュを訪れた．そこで，現地のスーフィー達に教団単一論を以下のように語った．）そこで私は，彼にいった．「ああ，我が息子よ．神に誓って，私は，神の民の諸教団が単一のものであるとしか考えたことがない．何故なら，私の師〔ファーディル〕──彼に神の満足あれ，そして，神が彼を満足させますように──は，神の民の間に区別があるなどと私にいわなかったからだ．これについて彼が取った態度を要約すれば，彼は，このウィルドは誰某が信奉した諸ウィルドの一つであるといったのであり，自分はそれ以外のウィルドを持っていないとか，それ以外のウィルドを与えなかったとか，そのウィルドを得た者がそれ以外のウィルドを得てはいけないなどとはいわなかったということだ（後略）」[101]．

さて，ここまでの叙述から，神の民の諸教団に属する人々は一つであること，

100）原文は以下の通り．

lammā tafaḍḍala Allāh ʻalay-ya bi-awrād al-awliyāʼ al-marwīya ʻan khayr al-anbiyāʼ, ʻan shaykh-ī ab-ī qurra ʻayn al-aṣfiyāʼ, wa aʻṭā-nī al-idhn fī iʻṭāʼ-hā li-man shāʼa-hā min awliyāʼ-hā, ṣāra man lam takun la-hu khibra bi-ittiḥād ṭuruq ahl Allāh yataʻajjabu min dhālika, wa yaqūlu: subḥāna Allāh, fulān yuʻṭī al-ṭarīqa al-fulānīya, wa yuʻṭī al-ṭarīqa al-fulānīya, a hādhā yumkinu? mustafhim[an], wa baʻḍ-hum yaqūlu: hādhā lā yumkinu munkir[an].

Māʼ al-ʻAynayn, *Mufīd*, p. 42.

101）原文は以下の通り．

fa-qultu la-hu: yā bunay-ya anā fa-wa Allāh mā kuntu aẓunnu illā anna ṭuruq ahl Allāh shayʼ wāḥid, li-anna shaykh-ī raḍiya Allāh ʻan-hu wa arḍā-hu mā dhakara l-ī tafriqa bayn-hum, bal quṣārā khabar-hi fī dhālika an yaqūla hādhā al-wird min al-awrād allatī kāna fulān mulāzim[an] la-hā min ghayr an yaqūla l-ī lā wird la-hu ghayr-hu, aw lam yuʻṭi ghayr-hu, aw man akhadha-hu lā yaʼkhudhu ghayr-hu ...

Māʼ al-ʻAynayn, *Mufīd*, p. 43.

そして，彼らの間に隔たりはないことが明らかになった．それは，あたかも父親の息子達の間に隔たりがないようなものだ[102]．

諸聖者は皆，彼らの弟子達に「お前達は，預言者の言行に従え」という．そうであれば，彼らの道はその出発点と終着点に関して一つである（後略）[103]．

勿論，マー・アル＝アイナインは，以上のような箇所の合間に『クルアーン』やハディース，古典的著作群から根拠となる文言を並べ，自説の正当性を裏づけようとしている．しかし，その裏づけが適切なものであるか否かを判断することは，本書の射程に入っていない．重要なのは，上の引用からも分かるように，マー・アル＝アイナインがファーディルの教団単一論を受け継ぎ，異なる複数の教団のウィルドを信徒に授けていたということである．

マルティの調査によれば，サァド・アビーヒもカーディリー教団とティジャーニー教団の布教を同時に行っており，更に，スーダーン西部の各地で活動した彼の弟子達の中には，カーディリー信徒とされる者もいれば，ティジャーニー信徒とされる者もおり，いずれもサァド・アビーヒの名の下に布教活動を行っていたようである[104]．

このような表面的な現象のみに注目してしまうと，ファーディルらは，単に複数の教団に同時に帰属し，そのウィルドを頒布していたことになってしまうが，ここまでに述べた教団単一論を反芻すれば，そうした見方が彼らの意図を汲み取れていない不十分なものであると分かる．比較対象として，前章のムハンマド・アル＝ハーフィズの思想を振り返ってみよう．ハーフィズは，自らの

102）原文は以下の通り．

fa-bāna min hādhā anna ahl ṭuruq ahl Allāh shay' wāḥid wa anna-hu lā tafriqa bayn-hum, ka-mā lā tafriqa bayn banī al-ab.

Mā' al-'Aynayn, *Mufīd*, p. 46.

103）原文は以下の通り．

al-awliyā' kull-hum yaqūlūna li-atbā'-him, 'alay-kum bi-ittibā' af'āl al-nabī wa aqwāl-hi. wa idh^{an} fa-ṭarīq-hum ṭarīq wāḥida fī al-mabda' wa al-muntahā …

Mā' al-'Aynayn, *Mufīd*, p. 55.

104）Marty, "L'Islam en Mauritanie," pp. 192–3.

帰属するティジャーニー教団が特別な存在であるという前提に立ちながらも，他の複数の教団が並立する状況を認めていた．これは，他教団の存在の必要性を認めない一般的なティジャーニー教団の思想に比すると，かなり寛容であり，革新的とさえいえる．そして，ファーディルの教団単一論も，表面的な観察のみからでは，このような教団の並存を認める見解と何ら違いのない思想のように受け取られてしまうかもしれない．しかし，教団単一論は，こうした複数の教団を並置する思想とは根本的に一線を画している．すなわちそれは，従来自明のものと考えられてきた異なるスーフィー教団間の壁を否定し，神の許に至る道である教団が本質的に一つしか存在し得ないとする思想であり，異なる教団のウィルドを同時に伝授することが可能であるとする見解は，この思想の核心部分ではなく，附随的な結果にすぎないと考えるべきであろう．そして，このような見方をすれば，ファーディルが父親からカーディリー教団の道統を引き継いだとしても，またカーディリー教団のウィルドを弟子達に伝授していたとしても，彼の道統を安易にカーディリー教団の分派に位置づけることはできないのではないだろうか．

また同時に，彼らの「論理」に照らし合わせて考えると，それぞれの教団間に障壁を設ける従来の在り方を否定し，それらをもう一回り大きな枠組みで包み込む統一的な教義を唯一展開し得たのは，それまでの教団的枠組みを受け入れ，その中で権威を保持してきた歴史上のシャイフ達ではなく，彼らを凌ぐ特別な宗教的地位に立つ人物，すなわちムハンマド・アル＝ファーディルだけだったのであろう．

19世紀前半，ファーディルの生きた西アフリカには，カーディリー教団の権威たるクンタの強大な影響力が広く及んでいた．ファーディルらが，特異ともいえる儀礼を巡って，クンタの言説を取り込む現実的な戦略を展開した事実は，そうした戦略を取らざるを得ないほど，この影響力が身近に迫っていたことを物語っている．

しかし，ファーディルらが必ずしも目の前の巨大勢力への対応に汲々としていたわけではないことは，これまでの議論から明らかであろう．彼らの視線は，より広大な時間的・空間的領野へと向けられていたのである．つまり，彼らが見ていたのは，クンタのカーディリー教団のみならず，数多の異なる教団が乱立する西アフリカ全体の状況であり，更には，教団的な枠組みが出来上がって以来のイスラーム史全体だったのではないだろうか．神から直接知識を開示される特別な地位を獲得したファーディルが，地域の宗教的権威であったスィーディー・アル＝ムフタールを始めとする歴史上のシャイフ達の上に立つ存在であるという「論理」が成り立つとすれば，そうした諸シャイフが保持してきた従来の教団的枠組みそのものを改編しようとする教義の構築も可能になるのであろう．

そして，マルティが記したように，この教団単一論から派生した言説は，教団の差異に囚われることなく，広範囲・多方面から信徒を引きつけることを可能にし，彼らの勢力拡大に寄与した．既に触れたように，マー・アル＝アイナインは，マラケシュで教団単一論を説いている．また，彼の著作がスーダーン西部でも受容されていたことは，例えば，マーリク・スィが『求める者達の充足』においてそれを引用している事実からも明らかであろう[105]．そして，サァド・アビーヒは，スーダーン西部において複数の異なる教団のウィルドを伝授しながら布教活動を展開し，その傍ら，アフマド・バンバを含むこの地域の宗教知識人達と密接な関係を構築していた．バンバについての伝記『渇きの癒し』と『恩寵』には，書簡の遣り取りなどを通じたサァド・アビーヒとバンバとの交流が記されており，ある書簡の中では，サァド・アビーヒがバンバの許に集積した財産を求め，その譲渡の依頼までしている[106]．また，シンキート地方の宗教知識人達の手によるバンバへの称讃詩集にサァド・アビーヒの編んだ一編が掲載されていることも，両者の近しい関係を物語っているといえよう[107]．

つまり，故郷を離れなかったといわれるファーディルとは対照的に，彼を師

105）Mālik Sih, *Kifāya*, p. 400.

106）IN, pp. 201–2; pp. 131–2; pp. 211–2; MB, Vol. 1, p. 256; p. 226. 参考文献 MB については，「はじめに」の「6　アラビア語参考文献の略号と情報—④ MB」参照.

107）*Dawāwīn Shu'arā' Ahl al-Zawāyā al-Murītānīyīn* [sic] *fī Mazāyā al-Shaykh al-Khadīm Ḥalīf-him Sayyid al-Maghāriba Jamī' Bīḍān-him wa al-Sūdānīyīn*, pp. 11–2.

と仰いだ息子・弟子達は，異郷に拠点を置きながら，周辺地域の宗教知識人達との関係を精力的に構築していたのであり，そうした彼らの活動を介することで初めて，ファーディルの思想は，より広範な地域への拡散を実現したのである．

小　　結

第Ⅰ部では，18 世紀後半以降の西アフリカで広大な教団的組織網を張り巡らすことに成功した集団と，それらの集団の核となった 3 人の宗教知識人に纏わる種々の情報を検討した．「はじめに」で述べた通り，ここまでの議論は，この地域における強固な教団的枠組みの存在を確認するための作業として行ったものである．しかし，そうした目的であったにも拘らず，各集団を構成する人々および本書の軸となるアフマド・バンバが教団的枠組みの垣根を越えて直接的に交流し，複数の著作を知的基盤として共有し，異なる集団の著作の内容を積極的に吸収することで互いに連繫していた状況も大まかに確認できたのではないだろうか．

短く纏めると，最も早い時代のスィーディー・アル＝ムフタールとその息子スィーディー・ムハンマドは，特にその著作を通じ，教団間の垣根を越えて後世の宗教知識人達に多大な影響を及ぼした存在であり，同時に，バンバとはタサッウフの道統によっても結ばれていた．またハーフィズは，サハラ西部とスーダーン西部に広大な教団網を展開し，その教団網を形成した数多くの宗教知識人達が他教団との直接的・間接的関係を構築することとなった．そしてバンバも，ハーフィズの道統に属するティジャーニー信徒と濃密な直接的関係を構築した宗教知識人の一人であった．更にファーディルは，微妙な緊張を孕んだ関係でクンタと向き合いながらも，スィーディー・アル＝ムフタールやスィーディー・ムハンマドの言説を自らの思想に取り込み，同時に自らを特別な宗教的卓越性の保持者に位置づける主張を背景に，従来の教団的枠組みそのものを変革しようとする思想を打ち出した．そうした彼の思想は，彼の息子を中心とした次世代の宗教知識人達によって，サハラ西部のみならず，マグリブやスーダーン西部にまで広まっていったのである．そして彼らの中でも，ファーディルの息子サァド・アビーヒは，バンバと特に頻繁に接触した人物であった．

第Ⅱ部では，議論を整理するための軸としてバンバを据え，ここまでに紹介した宗教知識人達の繋がりを纏め直すと同時に，第Ⅰ部で論じられなかった新たな情報を検討することで，西アフリカという時間的・空間的舞台の上に張り巡らされた宗教的・知的連関網を詳しく描写していきたい．

第 II 部
西アフリカにおけるイスラームの宗教的・知的連関網

第4章　信仰と知
——アフマド・バンバの若年期

西アフリカの他の多くの地域と同様，民衆を巻き込んだ教団的枠組みが18世紀頃から徐々に出来上がっていったセネガルは，現在，その人口の約9割がムスリムであるといわれ，しかも，その大半が何らかのスーフィー教団に帰属している．そうした複数の教団のうち，今日，最大の信徒数を擁しているとされるのはティジャーニー教団[1]であるが，この18世紀末のマグリブに起源を持つ巨大教団に匹敵する，もしくはそれを凌ぐとまでいわれるほどの急激な成長を果たした土着の教団がこの地には存在する．それが，19世紀末，アフマド・バンバという一人のスーフィーの周りに形成された小集団を濫觴とするムリッド教団である．

セネガルでは，住居の壁，店舗の看板，通りを走る自動車の車体など，ありとあらゆる所に，植民地期に撮影された彼の写真（図4-1）や，その写真を模した肖像画（図4-2）が溢れかえっており，20世紀初めに書かれたフランス植民地行政当局の公文書に見出されるようなバンバに対する信徒達の熱は，1世紀を経た今日まで冷めることを知らない．

本章は，後にこうした熱狂的ともいえる崇敬を集めることとなるバンバの若年期を考察対象とし，修学期の彼が如何なる人物と交流し，如何なる著作を学び，如何なる著作を著したのか，そして，そうした過程で如何なる思想を構築し，それに基づいて如何なる行動をとったのかを具体的に検討することで，本書の最大の目的である西アフリカにおける宗教的・知的連関網の描写のための始点を定めたい．

---

1)「はじめに」の「5　術語の説明―⑫ティジャーニー教団（al-Ṭarīqa al-Tijānīya)」参照.

図 4-1　アフマド・バンバ
（Marty, *Etudes sur l'Islam au Sénégal*, Vol. 1, p. 222）

図 4-2　ダカールの町中に描かれたアフマド・バンバ
（著者撮影）

第 1 節　著作活動の開始まで

伝記によると，アフマド・バンバ[2]は，1853 年頃[3]，セネガル西部のバウォルにあるンバッケ・バウォル（Mbakke Bawol）[4]という村に生まれたが（図 4-3），

2）『恩寵』によると，バンバという名は，彼の父親ムハンマド（Muḥammad, 1881/2 年頃歿．マーム・モル・アンタ・サリ〔Maam Mor Anta Sali〕）が法学や神学を教わった師ムハンマド・サル（Muḥammad Ṣal）という人物の出身地の名にちなんでつけられたようである．このように，師の故郷の名を自分の子の名とすることは，この地域の慣習であったとされている．MB, Vol. 1, p. 33; pp. 25-6.

3）バンバの生年については，1853/4 年や 1855/6 年など諸説ある．IN, p. 6; p. 7; pp. 11-2; MB, Vol. 1, p. 31; p. 24; Muḥammad bn Aḥmad al-Daymānī, *Riḥla Shaykh-nā al-Shaykh Aḥmad Banba fī Ghaybat-hi al-Baḥrīya wa Ba'ḍ Karāmāt-hi wa Wird-hi al-Khafīf al-Ma'khūdh min Allāh bi-Wāsiṭa Rasūl-hi Muḥammad / Ṣābūn al-Dhunūb al-Mu'aṭṭar fī Aḥādīth Mukaffirāt Mā Taqaddama min al-Dhanb wa Mā Ta'akhkhara*, p. 4.

4）ンバッケ・バウォルは，バンバの父方曾祖父ムハンマド・アル＝ハイル（Muḥammad al-Khayr, ムハンマド・アル＝カビール〔Muḥammad al-Kabīr〕，マハラム〔Maharam〕）が，バウォルと隣接するカジョールとを治めていた現地の王アマリ・ンゴーネ（Amari Ngoone, 在位 1790-1809 年）から割譲された土地に築いた村であるといわれている．『渇きの癒し』は，これを 1780 年の出来事としているが，アマリ・ンゴーネの統治期間と一致しない．IN, p. 7; p. 7;

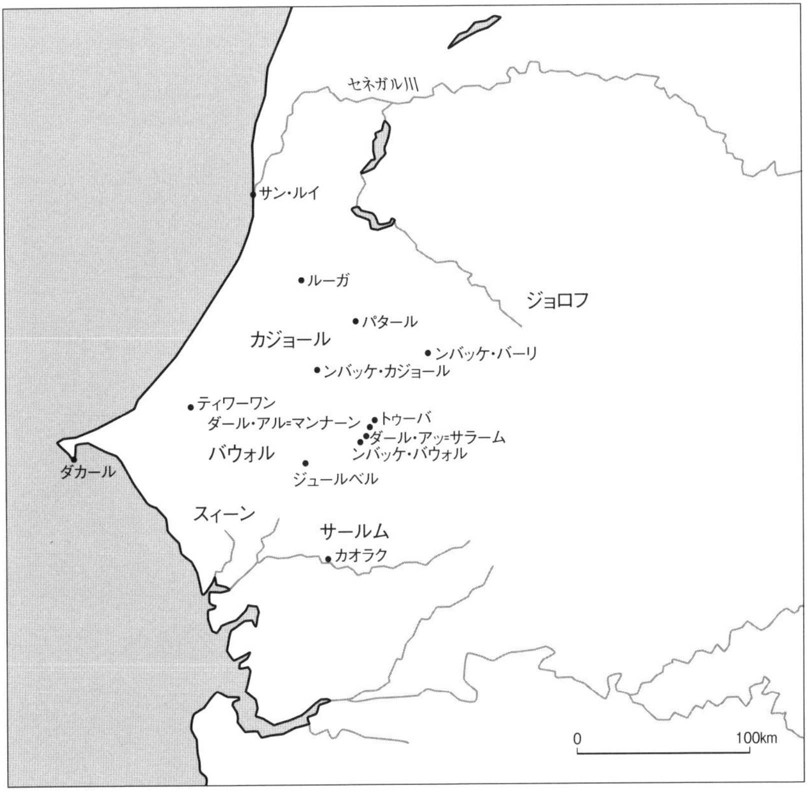

図 4-3：セネガル西部
（Babou, *Fighting*, p. xiv の地図をもとに著者作成）

父系を辿っていくと，先祖は，フータ・トロのトゥクロール[5]であったらしい．正確な年代の特定は難しいものの，ある時期，彼らは南下してジョロフに移住し，そこに住むウォロフ[6]と徐々に同化していったという．しかし，トゥクロ

p. 12; MB, Vol. 1, pp. 31-2; p. 24. なお，このムハンマド・アル＝ハイルは，バンバの母方高祖父（母方祖母の父方祖父）でもある．

5）序章の注 95 参照．

6）「はじめに」の「5　術語の説明―③ウォロフ（Wolof）」参照．

ール以前の先祖を更に遡ると，もともとは「白人」，すなわちサハラ西部のビーダーン[7]の土地に住むシャリーフ[8]であったとされている．そして，今日でも敬虔な女性として人々の崇敬の対象となっているバンバの母親ジャーラ・アッラーフ・マルヤム（Jāra Allāh Maryam, 1866/7年歿．マーム・ジャーラ・ブソ〔Maam Jaara Buso〕）の父系も，遡ると預言者ムハンマドの第4代ハリーファであるアリーの息子アル＝ハサンに繋がるシャリーフであると伝えられている[9]．これらの情報は，つまり，バンバの血統が父方からも母方からもアラブに繋がり，更には預言者ムハンマドに繋がっていることを主張しているのであろう．

乳母が語ったとされるところでは，バンバは，赤子の頃から泣き喚くこともなく，宗教的に好ましくない遊興の場などに連れて行かれると怒り出し，また授乳期が終わると，母親との同床を拒み，家の祈りの場に座り続けた．このような様子を見て，周囲の人々は，彼の精神状態を懸念したとさえいわれる．また，幼少期のバンバは，夜間の不眠の行を欠かさなかった歴史上の聖者達の逸話を母親から聞かされると，すぐにそれを模倣し，夜通し屋外の広場で不眠の行を行うようになったという[10]．

暫くして学習年齢に達したバンバは，『クルアーン』を学ぶため，母方のおじムハンマド・ブン・ムハンマド・ブソ（Muḥammad bn Muḥammad Buṣo）と，クルアーン解釈学者である母方の大おじンバッケ・ンドゥンベ（Mbakke Ndumbe）の許に預けられた．伝記によって時期の異同はあるものの，バンバが彼ら2人の許で『クルアーン』を学んだことは間違いないようである．そして，既にこの頃，同年代の生徒達に比べ，秀でた学習への意欲と知的能力を示していたとされている[11]．

しかし，学習に没頭し始めたこの時期，バンバの周囲に大きな環境の変化が訪れた．そのきっかけは，マ・バ・ジャフ（Ma Ba Jakhu, 1867年歿）という人物が1861年に開始した軍事的ジハードであった．ガンビア川中流域にあった

7)「はじめに」の「5　術語の説明―⑳モール（Maure）」参照．
8)「はじめに」の「5　術語の説明―⑦シャリーフ（sharīf）」参照．
9) IN, pp. 6–9; pp. 7–9; pp. 11–5.
10) MB, Vol. 1, pp. 9–10; pp. 15–6.
11) IN, pp. 9–11; p. 9; pp. 15–6; MB, Vol. 1, pp. 10–1, 36–7; pp. 16–7, 27–8.

王国バディブ（Badibu）出身のマ・バは，故郷の非ムスリム王権に対するジハードを皮切りに，徐々に戦闘地域を拡大していき，ジョロフやバウォルの南に位置するサールムに拠点を築いた．そして，当時バンバが居住していたジョロフの現地王権に対しても軍事行動を起こし，同時に，ジョロフに住む移動可能なムスリムに対しては，サールムへの移住を命じた．この時マ・バは，サールムとバウォルとの境界地域に位置する村に住んでいたバンバの祖父ハビーブ・アッラーフ（Ḥabīb Allāh）にサールムへの同行を求めたが，ハビーブ・アッラーフは，高齢を理由にこれを断ったようである．しかし，彼の息子であるバンバの父親は，この時既にサールムに移動しており，加えて，バンバを預かっていたムハンマド・ブン・ムハンマド・ブソも，要請に応じてマ・バに同行することとなった[12]．

バンバらが移住したサールムには，植民地行政当局の介入によってカジョールの王座を追われ，マ・バの庇護を求めて逃れてきたラト・ジョール（Lat Joor，1886年歿）という人物がいた．マ・バは，亡命してきたこの王族に対し，庇護の条件として「改悛」を要求した．具体的にいえば，それは，現世における覇権を目的化する姿勢を改め，あらゆる行為を神のみのためになす「正しい」ムスリムになること，そして，そのことを明らかにするために剃髪することである．ラト・ジョールは，当初，この条件の受け入れに難色を示していたが，王座と故郷を追われた彼に選択肢はなく，王族に仕える王侯奴隷達の中で傑出した影響力を持っていたデンバ・ワール・サル（Demba Waar Sal，1902年歿）[13]の助言に従って剃髪を実行し，マ・バの庇護を獲得した．そして，この

12）MB, Vol. 1, pp. 34-7; pp. 26-8; Tamsir Ousmane Bâ, "Essai historique sur le Rip (Sénégal)," pp. 570-83; Martin A. Klein, *Islam and Imperialism in Senegal: Sine-Saloum, 1847-1914*, pp. 70-93; Charlotte Alison Quinn, "Maba Diakhou and the Gambian *Jihād*, 1850-1890" , pp. 234-48. このサールムへの移住に際し，バンバが誰の許にいたのか，そして，誰とともに移動したのかに関して，2つの伝記の見解は異なっている．『恩寵』では，ムハンマド・ブン・ムハンマド・ブソの許で学んでいた時，『渇きの癒し』では，父親の許で学んでいた時であったように読める．MB, Vol. 1, p. 37; p. 28; IN, pp. 10-1; p. 9; p. 16.

13）ウォロフ語で「ジャーミ・ブール」（jaami-buur）と呼ばれる王侯奴隷は，古くからカジョール王権の政治に深く関与してきた存在で，特に17世紀末以降，ラトスカーベ・ファール（Latsukaabe Faal，在位：1697-1719年）という王の時代から，軍事部門および中央・地方行政部門における彼らの権限は飛躍的に増大したようである．Diop, *La société*, pp. 116-9; Diouf, *Le*

時，同じ土地に滞在することとなったバンバの父親と密接な関係を築いたのである[14)]．

カジョールの王族さえも庇護下に置いたマ・バは，1867年，サールムの隣に位置するスィーンへの侵攻を開始したが，巨大な軍勢を率いて仕掛けたこの侵攻は，マ・バ自身の戦死という結果で幕を閉じた．『恩寵』には，イスラームを広めるためにジハードを展開したマ・バの行為について神に赦しを乞う文言が綴られているが，同時に，知識の不足や，イスラーム法学に対する不案内，適切な統治・宗教政策の不履行など，幾つかの問題が彼にあったことも指摘されている．更に，統率を欠いた大軍勢を率いて侵攻を開始したマ・バに比べ，スィーンの人々は，自らの土地を守る決意から強く結束していたようである[15)]．

マ・バの死後，カジョールの王座奪還のために動き出したラト・ジョールは，植民地行政当局と数度の戦闘を繰り広げたが，1871年には，当局も彼の王位を正式に承認することとなった[16)]．そして，ラト・ジョールは，このカジョールへの帰還に際してバンバの父親を同行させ，宗教問題に関する相談役として登用したため，サールムを離れた後も，彼らの関係は維持されたのである．しかし，バンバの父親は，王権と一定の距離を置こうと，ラト・ジョールの都ハムド・ヤッラ（Ḥamd Yalla，ハマド・ヤラ〔Ḥamad Yala〕，アマドゥ・ヤラ〔Amadu Yala〕）から少し離れたパタール（Paṭār，パタル〔Patar〕）という村に住むことを選んだ[17)]．

バンバは，父親とラト・ジョールが離れたサールムに約1年間留まり，父親の従兄弟サンバ・トゥクロール・カ（Ṣamba Tukulōr Ka）の許で，カイラワーニーやムハンマド・アッ＝サヌースィー（Muḥammad al-Sanūsī，1490年歿．以下，適宜サヌースィー）[18)] の諸著作を学んだとされている[19)]．

Kajoor, pp. 93–4; Searing, *West*, pp. 21–3; Glover, *Sufism*, p. 37.

14）MB, Vol. 1, pp. 38–9; p. 29; Bassirou Dieng, *L'épopée du Kajoor*, pp. 392–5; Amadou-Bamba Diop, "Lat Dior et le problème musulman," pp. 505–15; Lucie Gallistel Colvin, "Islam and the State of Kajoor: A Case of Successful Resistance to Jihad," pp. 602–3.

15）MB, Vol. 1, pp. 34–41; pp. 26–30.

16）Tanor Latsoukabé Fall, "Recueil sur la vie des *Damel*," p. 132.

17）IN, pp. 11–2; pp. 9–10; pp. 16–7; MB, Vol. 1, p. 41; pp. 30–1.

そして，サールムでの学習を終えたバンバは，父親の許に戻り，更なる学習を続けた．間もなくラト・ジョールが都を移転し，それに合わせてバンバの父親も新都付近への移住を余儀なくされたが，やはりラト・ジョールの許に同居することはせず，近くにンバッケ・カジョール（Mbakke Kajoor）という村を築き，バンバを含む一族とそこに移り住むこととなった[20]．

主に父親の許で学習を続けていたバンバであるが，この時期，ラト・ジョールにカーディー（イスラームにおける裁判官）として仕えていた碩学マ・ジャハテ・カラ（Ma Jakhate Kala, 1902年歿）や，シンキート地方のダイマーン族（Banū Daymān）という部族のシャイフ[21]などから，アラビア語学や修辞学，論理学を教わったようである[22]．

ところで，バンバが大量のアラビア語著作を書き残したことには既に触れたが，生涯に亘って続いた彼の著作活動は，どうやらこの頃から本格的に開始されたらしい．1870年代から90年代前半にかけて書かれた著作として伝記に挙がっているのは表4-1のようなものであり[23]，いずれも今日，ダカールの路上などで購入することができるほどよく知られた作品である．

これらの著作群を繙いて分かるのは，バンバがガザーリーの著作のようなマシュリクの古典から，マグリブで知られるサヌースィーやアフダリーの著作群，更にはヤダーリーの著作のような，西アフリカ内部でのみよく知られた書物まで，幅広く渉猟していたという事実である．この点に関しては，彼が若年期に渉猟した著作群と絡めて，後で再度触れることにしよう．

18）サヌースィーは，アルジェリアのトレムセン（Tlemcen，ティリムサーン〔Tilimsān〕）出身の宗教知識人で，数多くの著作を書き残した著述家として知られる．詳しくは，本章内および第6章で後述する．

19）IN, p. 11; p. 9; pp. 16-7; MB, Vol. 1, pp. 157-8; pp. 142-3.

20）IN, p. 14; p. 11; p. 19.

21）「はじめに」の「5　術語の説明—⑤シャイフ（shaykh）」参照．

22）IN, pp. 12-4; pp. 10-1; pp. 17-9.

23）IN, pp. 20-1, 51; pp. 14-5, 31; pp. 25-6, 54; MB, Vol. 1, pp. 119-22, 125; pp. 110-2, 115; Vol. 2, pp. 97-8; p. 341.

表 4-1　若年期のアフマド・バンバの代表的著作

1	『我々の師サヌースィーの散文の韻文化に関する神聖者の贈物』(*Mawāhib al-Quddūs fī Naẓm Nathr Shaykh-nā al-Sanūsī*)：西アフリカで広く学ばれた神学・信仰箇条の著作であるサヌースィーの『諸証拠の起源』(*'Umm al-Barāhīn* = 『タウヒード[24] の徒の小信仰箇条』〔*'Aqīda Ahl al-Tawḥīd al-Ṣughrā*〕) を韻文にした作品.
2	『勇敢な者』(*Ṣindīd*)：諸預言者や天使，正統カリフ，法学者などの名によって神に様々な祈願をする内容の韻文著作. 20 歳から 30 歳の間 (1873-1883 年頃) に書かれた.
3	『心を和らげるもの』(*Mulayyin al-Ṣudūr*)：ガザーリーの『導きの始まり』(*Bidāya al-Hidāya*) を韻文にした著作. 後に『宿所と家において心を照らすもの』(*Munawwir al-Ṣudūr ladā al-Manāzil wa 'ind al-Dūr*) という標題で書き直された[25].
4	『領袖アフダリーの散文を纏めることに関する貴重な宝石』(*al-Jawhar al-Nafīs fī 'Aqd Nathr al-Akhḍarī al-Ra'īs*, 以下,『貴重な宝石』)：アフダリーの『イマーム・マーリクの学派[26] における宗教儀礼についての提要』(以下,『宗教儀礼についての提要』) を韻文にした作品.
5	『地獄の錠と楽園の鍵』(*Maghāliq al-Nīrān wa Mafātīḥ al-Jinān*)：知識と行為との関係，魂のジハード，改悛，身体の諸器官に対して払うべき注意など，複数の主題を扱った韻文著作.
6	『楽園の道』：シンキート地方南部出身の碩学ムハンマド・アル＝ヤダーリーが著した散文『タサッウフの封印』(*Khātima al-Taṣawwuf*) を底本にした 1,500 行を超す韻文. 父親の死後すぐ (1880 年代初め頃) に書かれた[27].
7	『選ばれし方への奉仕のために遊興から年少者達を引きつけるもの』(*Jadhba al-Ṣighār 'an La'ib li-Khidma al-Mukhtār*)：イスラームが「正しい信仰」(īmān),「神への絶対的帰依」(islām),「善行」(iḥsān) の 3 要素からなることを論じた韻文著作. バンバは，年少者や若者に向けて，類似の内容の韻文著作を複数著している.
8	『涙を流さなければならない』(*Ḥuqqa al-Bukā'*)：1 行目は，マ・ジャハテ・カラがバンバに贈った詩であり，それを続ける形でバンバが 40 歳頃 (1894 年頃) に書いた韻文著作.

24)「タウヒード」は，術語として「神が唯一であると信じ，それを表明すること」や「神の唯一性」を意味するが，この神の唯一性の論理的証明や，神の本質と諸属性に関する議論を行うイスラーム神学が「タウヒードの学問」と呼ばれることもある. ここで紹介したサヌースィーの著作は，正にそうした神の唯一性やその本質・諸属性を論じた神学的内容であるため，ここでいうタウヒードとは，イスラーム神学を指しているのであろう.

25) 書き直しの理由について,『渇きの癒し』は，単に要約のためとしているが,『恩寵』は,「弟子達の手がそれ〔『心を和らげるもの』〕を弄んだので，とうとうその真正が失われてしまった」(la'ibat bi-hā aydī al-talāmidha ḥattā fuqidat ṣiḥḥat-hā) ためとしている. 恐らく後者は，弟子達の手による筆写が繰り返された結果，原形をとどめないものが流布してしまったという意味であ

第2節　宗教的志向の深化

父親を始め，複数の師の許で研鑽を積んだバンバは，次第に諸学問の才能を開花させていった．そして，教育者として多くの生徒を集めていた父親は，彼らの教育を徐々にバンバに任せるようになり，更には，生徒達が父親の許にではなく，バンバの許に直接集まるようになっていったようである．そうした人々の中には，ラト・ジョールの甥であるサンバ・ラオベ・ファール（Samba Laobe Faal，1886年歿）のような現地の王族も含まれていた．サンバ・ラオベは，自分のおじであるラト・ジョールとバンバの父親との関係に類するものを，自分とバンバとの間にも築こうとして，バンバの許を訪れたが，この依頼は断わられた．バンバは，父親の命令以外では人を受け入れず，特に現地の王族を中心とした政治権力との交流を嫌悪したため，周囲から狂人と評されることもあったといわれている[28]．

バンバのこうした姿勢に関しては，複数の視点からの解釈が可能であろうが，その一つとして，現世と来世に対する彼の思想的立場の把握による解釈が挙げられる．醜く儚い仮の住処である現世が永遠の住処である来世で楽園に入るための準備の場であり，それ故，信仰に根ざした禁欲的で敬虔な生活を送るべき場であるという考え方は，イスラームの文脈において，また特にタサッウフの文脈においては，広く受け入れられるものであると思われるが，『楽園の道』の以下のような文言から，バンバもそうした思想に親しんでいたと考えられる．

宗教の所有者〔神〕の許では，極めて忌むべき下劣なこの現世もまた，それ〔被造物〕に属する．現世での禁欲のために，心の手を現世から振り払え．

ろう．IN, p. 21; p. 15; p. 26; MB, Vol. 1, p. 125; p. 115.

26）法学派については，「はじめに」の「5　術語の説明—⑪スンナ派4大法学派」参照．

27）ヤダーリーのこの散文著作の標題は，『タサッウフの封印』，もしくは『タサッウフに関する封印』（*Khātima fī al-Taṣawwuf*）などと記されるが，本書での日本語訳標題は，『タサッウフの封印』に統一する．なお，本書では，ある散文著作とその内容を韻文化した著作とがある場合，前者を後者の「底本」と呼ぶ．

28）IN, p. 14; p. 11; p. 19; MB, Vol. 1, pp. 45-6; p. 34.

お前が示す心の手が純粋になるように．批評する者の言葉によれば，禁欲の本質とは，永遠者〔神〕のために心における現世志向を放棄することである．現世の存在物を理由に喜んだり，喪失物を悲しんだりすること勿れ．というのも，人々は知らないが，本性による現世への愛着こそ[29]，全ての災厄の元凶なのだから．全ての悪は，現世への愛から分岐する．それ故，敬虔な者は，現世を放棄する．現世で禁じられている事柄についていえば，それは，（神に対する奉仕からの）放逐や（堕獄による）責め苦，（神に対する服従の承認の）厳しい取消し，覆い（の原因）となる．また，現世の（合法性が）疑わしい諸事は，復活の日における譴責や，（心の）闇，口論，非難（の原因）となる．（そして）現世で合法とされるものを傲慢に取得することは，（堕獄の）勘定となり，それを過度に取得することは，将来〔最後の審判において〕，罰の対象となる．また，それを快楽のために取得することは，将来〔最後の審判において〕，（堕獄の）勘定や（楽園からの）締め出し（の原因）となる．以上のことを疑ってはならない[30]．

---

29)「本性による」と訳したのは，『タサッウフの封印』の自注書の該当箇所における bi-ḥukm al-ṭabʿ という注釈によっている．Muḥammad al-Yadālī, *Sharḥ Khātima fī al-Taṣawwuf*, Manuscript-(a), p. 453; Muḥammad al-Yadālī, *Sharḥ Khātima fī al-Taṣawwuf*, Manuscript-(b), p. 196.

30) 原文は以下の通り（韻律：ラジャズ）．

wa min-hu ti-d-dunya-d-danīyatu-llatī / ḥaqīratun jiddan ladā dhi-l-millatī
fa-nfuḍ yada-l-qalbi li-zuhdin fī-hā / min-hā li-tazkuwa-llatī tubdī-hā
ḥaqīqatu-z-zuhdi bi-qawli man naqad / tarku-ka qaṣda-hā bi-qalbin li-ṣ-ṣamad
lā tafraḥan bi-sababi-l-mawjūdī / min-hā wa lā taḥzan ʻala-l-mafqūdī
li-anna ḥubba-hā bi-ṭabʻin raʼsū / kulli radan wa mā darā-hu-n-nāsū
wa kullu sharrin min-hu dhū tafarruʻī / min ajli dhā yatruku-hā dhu-l-waraʻī
ammā ḥarāmu-hā fa-ṭardun wa ʻadhāb / wa shiddatu-l-ḥirmāni ayḍan wa ḥijāb
wa shubuhātu-hā ʻitābun fi-l-qiyām / wa ẓulumātun wa khiṣāmun wa malām
akhdhu ḥalāli-hā tafākhuran ḥisāb / wa akhdhu-hū takāthuran ghadan ʻiqāb
wa akhdhu-hū li-shahwatin ḥisābū / ghadan wa ḥabsun fī-hi lā tartābū

Aḥmad Bamba, *Masālik*, p. 46. 翻訳中の丸括弧で示した補足的語彙は，主に『タサッウフの封印』の自注書に基づいているが，「覆い」(ḥijāb)，「口論」(khiṣām)，「非難」(malām) に関しては，『タサッウフの封印』に見られない増補であるため，具体的な内容が判然としない．また，「(心の) 闇」に関しては，『タサッウフの封印』の自注書に，ẓulma fī al-qalb とだけ記されており，詳しい内容は明らかでない．更に，「勘定」(ḥisāb) に対する「(堕獄の)」という補足は，この語の一般的な使用例からの推測に基づいている．Muḥammad al-Yadālī, *Sharḥ Khātima*,

人間を連れ去る流れが速いということを知れ．そして，死の恐怖に注意を払え，おお，従順なる者よ．欲望を抱えたお前は，自らがぐらついた破滅の穴の縁[31]にいるのかどうかさえ知らなかったのだ．（何かを）案ずることもないような状態での怠惰や寿命の浪費についていえば，その病は，害をもたらす．而して，個々人の時間が最も重要な事柄に属していることを知れ．そして，その時間を最も重要な事柄で満たすがよい[32]．

これらの文言の要点は，仮の住処である現世では，享楽や繁栄，栄華を望まず，常に来世を意識した禁欲的な生活を送るべきであること，そして「現世の放棄」，より厳密にいえば「現世の諸事に対する執着や愛の放棄」を心がけないと[33]，永遠の住処である来世で悲惨な運命が待っていることの２点に集約される[34]．

Manuscript-(a), pp. 437–84; Muḥammad al-Yadālī, *Sharḥ Khātima*, Manuscript-(b), pp. 188–211.

31）「ぐらついた破滅の穴の縁」(shafā ḥafr halāk hār）という表現は，Q3:103の「業火の穴の縁」(shafā ḥufra min al-nār）やQ9:109の「ぐらついた岸の縁」(shafā juruf hār）などに基づいていると考えられる．

32）原文は以下の通り（韻律：ラジャズ）．

wa-ʻlam bi-anna-s-sayra bi-l-marʼi sarīʻ / fa-rāqiban ahwāla mawtin yā muṭīʻ
lam tadri hal anta maʻa-l-awṭārī / fawqa shafā ḥafri halākin hārī
amma-l-baṭālatu wa taḍyīʻu-l-ʻumur / bi-ghayri mā yaʻnī fa-dāʼu-hā yaḍurr
fa-ʻlam bi-anna waqta shakhṣin min aʻazz / ashyāʼi-hī fa-ashghilan-hu bi-l-aʻazz

Aḥmad Bamba, *Masālik*, p. 69.

33）「現世の放棄」が現世での生活を蔑ろにするという意味でないことは，上記の２つ目の引用からも明らかであろう．『恩寵』も，長寿や健康を神に祈願するバンバの詩の一節を紹介し，彼がそのような祈願を行ったのは，長寿や健康の獲得によって現世における長期間の滞りない信仰行為を可能にするためであったと説明している．MB, Vol. 1, pp. 148–9; pp. 134–5.

34）現世における禁欲の重要性や，現世と来世との価値の比較，現世での振る舞いが来世での運命に与える影響に関する議論は，同じ著作の別の箇所でも繰り返されている．Aḥmad Bamba, *Masālik*, pp. 56–7. 人間の行為によって来世での運命が決定するかのような見解は，一見すると，ムスリムが義務としてその存在を信じるべき６つの事柄，すなわち六信（神，天使，使徒，啓典，来世，神の予定）のうちの神の予定に矛盾する．しかし，ガザーリーの見解を引いた中村廣治郎氏（東京大学名誉教授）によると，こうした矛盾は外見的なものにすぎない．つまり，神の予定実現は，神の慣行という一定の秩序に沿ってなされており，人間の行為は，そうした秩序の中に位置づけられる．喉の渇きを癒すという結果のために水を飲むことや，着火という結果のためにマッチを擦ることは，正にこの慣行の流れの中に位置づけられる．中村，前掲『ガザーリーの祈禱論』94–6頁．怠惰な不信仰者を楽園に入れることも神にとっては可能だが，それが神の慣行

これらは，基本的には一般論としての忠言と捉えるべきであろう．しかし同時に，この著作の執筆時期（1880年代），バンバの視界において，ラト・ジョールとその取り巻き達が現世志向の体現者として一際目立っていたと考えられ，上記のような詩行を綴るバンバの念頭には，彼ら現地王権の存在があったと推察される．王権の人々の振る舞いや彼らとバンバとの関係は本節で具体的に検証していくが，上記の引用を通じてここで予め想像しておくべきは，現世における繁栄よりも来世における救済を重視する考え，更にいえば現世での繁栄を追い求めることが来世での救済を妨げる要因になり得るという見解を持っていたバンバの目に，現世での政治的な覇権争いに没頭する現地の王権や植民地行政当局が如何なる姿で映っていたのかという点である．

恐らくバンバは，ムスリムであるか否かの基準よりももう一段上の，現世的繁栄を重視する人物であるのか，来世的繁栄を重視する人物であるのか，という基準で他者を評価していたと考えられる．彼が対峙した現地王権の象徴たるラト・ジョールがそもそもムスリムであり，マ・バの要求に応じて改悛の剃髪を行い，しかも後述するように，周囲に宗教知識人を配置し，自らの行為の合法性をイスラーム法に照らして確認していたにも拘らず，バンバは，彼が率いる王権との交流を忌避し続けたのである．その理由は，ラト・ジョールの振る

ではないから，そうならないだけなのである．バンバも，この点は明確に意識しており，以下のような文言から，現世における人間の行為によって来世での運命が決定されるとは考えていなかったと分かる．「私はいう，禁欲と敬虔と服従によって救われようとする決意もまた，それ〔行為への依存〕の1つである．どこであれ主の定めが下されている場合には，心を迷わすことなくそれに従え．（中略）疑いなく，服従が服従者を自惚れへと導くことの何と多かったことか．（服従者は）不注意で自惚れに陥ったために，神の正義によって破滅するのだ．（中略）努力せよ．しかし，お前が努力した事柄ではなく，神の恩寵を信頼せよ．それ〔お前が努力した事柄〕には警戒せよ」．原文は以下の通り（韻律：ラジャズ）

qultu wa min-hu-l-jazmu bi-n-najātī / li-z-zuhdi wa-l-wara‘i wa-ṭ-ṭā‘ātī
fa-ḥaythu-mā yajri qaḍā’u-r-rabbī / fa-mil la-hū dūna-ḍṭirābi-l-qalbī
…
wa rubba ṭā‘ātin ila-l-i‘jābī / addat muṭī‘an dūna-li-rtiyābī
fa-ṣāra hālikan bi-‘adli-llāhī / li-‘ujbi-hī bi-‘adami-ntibāhī
…
fa-jtahidanna wa bi-faḍli-hī thiqī / lā bi-lladhī tas‘ā wa īyā-hu-ttaqī

Aḥmad Bamba, *Masālik*, pp. 49–51.

舞いやその在り方を一つの典型とする現地王権が，来世における運命よりも現世における栄華を重視し，現世への愛の軛から逃れられない存在であった——少なくともバンバの目にはそのように映った——ことに求められるだろう．換言すると，バンバは，ラト・ジョールを頂点とするカジョール王権を現世への愛や執着の体現者として捉えていたからこそ，そこへの接近を忌避したのである．

バンバの若年期を通観した時，サールムからカジョールへ移動した頃を境に，現世的な諸事への執着の放棄と宗教的志向の深化とが顕著になっていったように見える．そして，師でもある父親への服従を果たし，彼に命じられた教育に従事しようとすると，父親の許に集まる人々や彼を介して自分の許に集まる人々との交流，つまり現世的な交流を必然的に持たねばならず，信仰行為に没頭し，神への服従を果たそうとすると，父親に命じられた教育などを通じて生ずるそうした交流を絶たねばならないという葛藤にバンバは苦しんだようである[35]．

伝記には，バンバのこうした性質を形成するきっかけとなる出来事が幾つか記されており，特にラト・ジョールに纏わる逸話が目を引く．例えば，ある時，バンバがラト・ジョールの許を訪れると，そこには，彼の命で処刑され，打ち捨てられた2人の宗教知識人の遺体が転がっていた．『恩寵』は，この出来事について，バンバの発言を交えて以下のように叙述している．

> 我々の師〔バンバ〕——彼に神の満足あれ——はいった，「私は，樹の下に打ち捨てられた2人（の遺体）の前に立った時，現世で私の許に残っていたものをそこで投げ捨てた」と．しかし，彼〔バンバ〕の心に（もともと）現世などあったのであろうか．我々は（それについて）知らなかったし，知らされてもいなかった[36]．

35）MB, Vol. 1, p. 44; p. 32.

36）原文は以下の通り．ただし，引用者の判断で原文に振られた母音符号と異なる読み方をした単語に関しては，直後に［　］を用いて引用者の読み方を提示する．

qāla shaykh-nā raḍiya Allāh ʻan-hu lammā waqaftu ʻalay-himā malqīyayn［mulqayayn］taḥt shajara alqaytu mā baqiya ʻind-ī min al-dunyā thamma wa hal kānat fī qalb-hi dunyā mā

『恩寵』の著者であるバンバの息子は，父親がもともと「現世」から解き放たれた存在であったことを示唆しているが，バンバ自身の言葉を考慮するならば，この事件は，彼にとって自らの内に残っていた「現世」――より正確にいえば「現世」に対する執着や愛であろう――を完全に捨て去るための一つの契機になったと解釈できる．

またある時，バンバは，父親の使いとしてラト・ジョールの許を訪れた．バンバが父親からの言葉を伝え，御前から退き返答を待っていると，ラト・ジョールは，その場にいた者達に対して次のように公言した．

> お前達は，（将来）この若者〔バンバ〕が諸王の支配の道を塞ぐ固い石となるのを目にするだろう．而して，彼が怠惰な宗教諸学の大家どもの文法的な誤りを正（すことだけに専念）し，（諸王によって）恐れられないような（場所，つまり諸王の支配の道から離れた）傍らへと彼を孤立させてしまおう．そうすれば，我々が害されることはないのだ[37]．

この発言は，バンバに対するラト・ジョールの警戒感を明示している．つまり，ラト・ジョールは，敬虔さや学識を背景にして徐々に名声を得始めていたバンバが政治権力を志向する可能性や，その際に彼が獲得するであろう影響力を危惧しており，そうした事態を未然に防ぐために，政治権力から隔絶した学問の世界に彼を蟄居させる必要性を訴えているのである．また，この発言からは，ラト・ジョールが，王権や政治と距離を置いて学問に没頭するイスラーム知識人達を「怠惰な」人間の集まりと見做し，そうした人々の集う世界に大きな価値を見出していなかった状況も読み取れる．

'alimnā wa mā balagha-nā

MB, Vol. 1, p. 116; p. 107.

37）原文は以下の通り．ただし，引用者の判断で原文に振られた母音符号と異なる読み方をした単語に関しては，直後に［ ］を用いて引用者の読み方を提示する．

hādhā al-ṣabī sa-tarawna-hu ḥajar ṣalb [ṣulb] 'alā ṭarīq taghallub al-mulūk wa lākin nadharu-hu jānib^{an} fa-lā nataḍarrara [nataḍarraru] bi-hi wa ḥayth yuqīmu li-akābir al-'ulamā' al-mutasāhilīn al-luḥūn wa lā yahābu [yuhābu]

MB, Vol. 1, 115; 107.

更に，個々の出来事を越えてバンバの若年期を俯瞰すると，そこには，複数の勢力が権力を求めて相争う現世の儚い有為転変が見出される．この時代，植民地行政当局や現地の王権に代表される政治権力者，王権の周囲で伝統的に宗教的権威を保持してきたイスラーム知識人，ジハードの名の下に大軍を率いて各地に侵攻したムスリムの集団などの諸勢力が離合集散を繰り返し，複雑な駆け引きの中で互いを牽制し合っていた．例えばマ・バは，カジョールの王族であるラト・ジョールを庇護し，その権力の絶頂に至ったが，巨大な軍勢を率いて攻め込んだスィーンの地で戦死してしまう．そのラト・ジョールはといえば，植民地行政当局の介入でカジョールの王権を追われ，サールムのマ・バの許へと避難したが，その庇護者の死後，当局の承認を得て，カジョールの王に返り咲いた．ところが，後述するように，その後再び当局との対立に陥ると，それまで緊張関係にあったバンバに助けを求めながら，結局，当局との戦いに敗れて死亡してしまう．そして，こうした権力闘争に振り回されたバンバの一族は，マ・バの号令でサールムへの移動を余儀なくされ，そのマ・バが死亡すると，今度はラト・ジョールによってカジョールへと連れて行かれたのである．もともと来世を志向する宗教的教育で培った素地を持つバンバは，このような政治権力闘争の剥き出しの欲望とその虚しさを目の当たりにする過程で，現世の諸事に対する関心を徐々に失っていったと考えられる．

しかし，こうしたバンバの姿勢は，現世の政治権力に価値を見出す現地の王族や，その取り巻きであった宗教知識人との間に緊張関係を生み出すこととなった．バンバにとって最も近い政治権力者は，父親を介して関係を持たねばならなかったラト・ジョールであり，彼や彼の許でカーディーとして仕えていた前述のマ・ジャハテ・カラとの緊張関係は，伝記に記された諸逸話から読み取れる．

バンバは，師である父親に完全なる服従の姿勢を示していたが，その父親がラト・ジョールと関係を持っていることを嫌悪しており，2つの伝記には，そうした関係の断絶を願うバンバの言動が散見する[38]．しかし，この願いの実現

38) IN, pp. 41–2; p. 25; p. 44; MB, Vol. 1, p. 115; p. 107; Vol. 2, p. 100; p. 343.

は，1880年代初めの父親の死を待たねばならなかった．そして，父親が死亡すると，王権に対するバンバの嫌悪感を察しないあるシャイフが，彼に対し，父親がラト・ジョールの許で保持していた地位を引き継ぐよう助言を与えたが，バンバは，当然これを拒絶し，次のような詩を詠んだ．

> 彼ら〔人々〕は，私にいった，「政治権力者達の門に寄りかかれ．そうすれば，いつまでも十分な報酬を得られる」と．そこで私はいった，「私には私の主〔神〕で十分であり，その御方で充足している．私は，学問と宗教以外では満足しないし，私の王〔神〕以外を望んだり畏れたりもしない．何故なら，栄光に満ちたその御方は，私を充足させ，私を救って下さるのだから（後略）」と[39]．

伝記は，政治権力への接近を拒絶するバンバのこうした姿勢が，一般の人々だけではなく，篤信のムスリム（ṣulaḥā'，単数形はṣāliḥ）とされる人々にも強い衝撃を与えた様子を描いている[40]．これは，バンバの姿勢とは反対に，当時の宗教権威者達が如何に現世に執着し，政治権力に寄りかかっていたのかを示唆しているように読める．

そして，こうしたバンバと王権との間の緊張が頂点に達したのは，アフマド・シャイフ（Aḥmad Shaykh，1875年歿）という人物のジハードに起因した一連の出来事においてであろう．アフマド・シャイフは，1864年から1869年にかけてセネガル川流域で発生した疫病と飢饉を神の罰と捉え，セネガル北部のフータ・トロを拠点に武力によるジハードを展開し，植民地行政当局と対立した．そして，1874年から1875年にかけてカジョールへ侵攻したものの，当局

39）原文は以下の通り（韻律：バスィート〔basīṭ〕）．
qālū li-ya-rkan li-abwābi-s-salāṭīnī ／ taḥuz jawā'iza tughnī kulla-mā ḥīnī
fa-qultu ḥasbi-ya rabb-ī wa-ktafaytu bi-hī ／ wa lastu rāḍiya ghayri-l-'ilmi wa-d-dīnī
wa lastu arjū wa lā akhshā siwā malik-ī ／ li-anna-hū jalla yughnī-nī wa yunjī-nī
…
IN, p. 18; p. 13; p. 23.

40）IN, pp. 15–8; pp. 11–3; pp. 20–3.

とラト・ジョールら現地王権との同盟の前に敗れ，死亡した[41].

ラト・ジョールは，このアフマド・シャイフを破った村で略奪を行い，ムスリムを奴隷としたのであるが，この自らの行為に関して，マ・ジャハテ・カラを始めとした取り巻きの宗教知識人達にファトワー[42]を求めた．これに対して彼らは，自らの預言者性を僭称したアフマド・シャイフに非があると見做し，ラト・ジョールの行為を合法とするファトワーを発したようである．奴隷になり得るのが原則的に非ムスリムのみであると定めたイスラーム法の規定を考慮すると[43]，ラト・ジョールの行為を合法とした宗教知識人達は，預言者ムハンマドが最後の預言者であるというイスラームの大原則を無視したとされる人物および彼の率いた集団に非ムスリムの烙印を押したのである．

ところが，バンバの父親は，この戦闘がそもそもムスリム同士の争いであり，略奪や奴隷化は禁止されるべきであると断じ，バンバもこの判断に同意したようである．更に，バンバは，彼の手によってムスリムとなったラト・ジョールの父方の従兄弟に対して略奪品の返還と奴隷の解放を命じることで，マ・ジャハテ・カラらのファトワーの正当性を明確に否定したのである[44].

バンバが若年期に著した著作の中には，不正に奪取された事物の返還に触れたものが幾つか見出され，上記のような略奪品の返還や奴隷の解放は，彼の重視した宗教的見解の一つが実現された出来事であったとも考えられる．例えば，表4-1の4の『貴重な宝石』には，改悛（tawba）の条件として，以下のように記されている．

> また同様に，（神に）服従する者〔ムスリム〕の許では，不正に奪取された事物の返還は全て，その〔改悛の〕条件に数えられる．というのも，それは宗教的義務だからだ．それを軽視して蔑ろにする者は，彼の王〔神〕に反抗することになる．そして，不正に奪取された事物は，偽りなく，財産と名誉

41）Christian Coulon, *Le marabout et le prince*（*Islam et pouvoir au Sénégal*）, pp. 38–41; Searing, *“God Alone Is King”*, pp. 50–1.

42）「はじめに」の「5　術語の説明―⑰ファトワー（fatwā）」参照.

43）Schacht, *An Introduction*, p. 127; Wright, *The Trans-Saharan*, p. 4.

44）IN, pp. 42–4; pp. 26–7; pp. 44–7; MB, Vol. 1, pp. 69–70; pp. 55–6.

の２つに分類される．まず，（不正に奪取された）財産は，疑いなくその所有者達が存在するのであれば，常に彼らにそれを返還すべきである．そして，もし所有者達が存在しないのであれば，躊躇することなく，彼らの相続者達にそれを返還すべきである．更に，相続者達も存在しないのであれば，（伝承を）確証する者が語るように，彼らに代わってそれを喜捨すべきである[45]．

興味深いのは，この不正に奪取された事物の返還という事項が，底本となった『宗教儀礼についての提要』の冒頭に記された改悛の条件に見出されない点である[46]．恐らくバンバは，『貴重な宝石』とほぼ同時期に著した『楽園の道』の底本であるヤダーリーの著作『タサッウフの封印』およびその自注書からこの条件を引き出したと考えられるが[47]，実際に自らの命令で略奪品の返還や奴隷の解放を実現させた事態を考え合わせると，バンバにとって，この底本にない改悛の条件の提示は，増補によって明示するに値する重要な事柄であったのだろう．そうしたバンバの認識を示すかのように，『貴重な宝石』，および『タサッウフの封印』を底本とした『楽園の道』以外に，例えば，これら２著作と近い時期に書かれた『地獄の錠と楽園の鍵』（表 4-1 の 5）の中でも，不正に奪取された事物の返還という事項を含めた形で改悛の諸条件が提示されている[48]．

45）原文は以下の通り（韻律：ラジャズ）．ただし，引用者が原文に振られた母音符号と異なる読み方をした単語に関しては，直後に［　］を用いて引用者の読みを提示する．
wa hā-ka-dhā raddu-l-maẓālimi jamī‘ / yu‘addu min shurūṭi-hā ‘inda-l-muṭī‘
li-anna-hū farḍun fa-man taraka-hū / mukhaffifan fa-qad ‘aṣā malika-hū
thumma-l-maẓālimu atat qismaynī / amwālan-a‘rāḍan bi-ghayri maynī
fa-l-yardudi-l-amwāla li-l-arbābī / in wujidu-d-dahra bi-la-rtiyābī
thumma idhā lam yūjadū fa-l-yardudī / li-wārithī-himū bi-lā taraddudī
thumma idhā lam yūjadū tuṣuddiqā［taṣaddaqā］/ ‘an-hum bi-hā ka-dhā ḥakā man ḥaqqaqā
Aḥmad Bamba, *al-Jawhar al-Nafīs fī ‘Aqd Nathr al-Akhḍarī al-Ra’īs*, pp. 82–3.

46）‘Abd al-Raḥmān al-Akhḍarī, *Mukhtaṣar al-Akhḍarī fī al-‘Ibādāt ‘alā Madhhab al-Imām Mālik*, p. 2.

47）Muḥammad al-Yadālī, *Khātima (fī) al-Taṣawwuf*, p. 138; Muḥammad al-Yadālī, *Khātima fī al-Taṣawwuf*, Manuscript-(a), p. 11; Muḥammad al-Yadālī, *Khātima fī al-Taṣawwuf*, Manuscript-(b), p. 3; Muḥammad al-Yadālī, *Sharḥ Khātima*, Manuscript-(a), pp. 327–8; Muḥammad al-Yadālī, *Sharḥ Khātima*, Manuscript-(b), p. 139; Aḥmad Bamba, *Masālik*, p. 41.

48）Aḥmad Bamba, *Maghāliq al-Nīrān wa Mafātīḥ al-Jinān*, pp. 188–9.

バンバのこうした態度を受け，ラト・ジョールは，繰り返し彼を召喚したようである．しかし，バンバは，手紙を書いてこの召喚を拒絶している．『恩寵』によると，バンバは，その手紙の中で，自分が驕りや恐怖からラト・ジョールの召喚を拒絶したのではないと前置きをした上で，ウラマーは，学習を望む者によって「訪れられる」ことはあっても，学習や教育の場を離れて権力者などの許を「訪れる」べきではない，という意志を明らかにしたようである[49]．そして，マーリク学派の名祖マーリク・ブン・アナスが，アッバース朝の第5代ハリーファであるハールーン・アッ＝ラシード（Hārūn al-Rashīd，在位：786-809年）に対して発したとされる言葉を引いている．

もしあなたの目的が学ぶことであるのなら，あなたが私の許に来なさい．そして，もしあなたが現世的な徴だけを求めて，学ぶことを目的としないのであれば，私は，現世的な事柄のために王の門の前に立っている自分の姿を天使達に見られることを本当に恥ずかしく思うのだ[50]．

更にバンバは，先人の言葉を引きながら，ラト・ジョールとマ・ジャハテ・カラに対するより痛烈な文面もしたためている．

その〔手紙の〕中で，師〔バンバ〕は，次のように書いた．「ムハンマド・ブン・マスラマ[51]——彼にいと高き神の満足あれ——はいった，『権力者の

49）MB, Vol. 1, p. 70; p. 56.

50）原文は以下の通り．

in kāna qaṣd-ka al-taʻallum fa-'ti-nī wa in lam taqṣid al-taʻallum wa aradta sima dunyawīya faqaṭ fa-innī astaḥyī min al-malā'ika an yaraw-nī ʻalā bāb al-amīr li-amr dunyawī

MB, Vol. 1, p. 70; p. 56. このマーリク・ブン・アナスとハールーン・アッ＝ラシードの逸話の出所は明らかでないが，『渇きの癒し』における描写では，バンバが類似の文言を使者に口頭で伝えさせたことになっている．IN, p. 44; p. 27; p. 47. なお，バンバは，自身の著作の中で，マーリク・ブン・アナスがハールーン・アッ＝ラシードに対して「知識は訪れられるのであって，訪れるのではない」（al-ʻilm yuzāru wa lā yazūru）と述べたという伝承を紹介している．Aḥmad Bamba, *Silk al-Jawāhir fī Akhbār al-Sarā'ir*, p. 7.

51）預言者ムハンマドのヒジュラに際してメディナで彼を受け入れた人々をアンサール（Anṣār）と呼ぶ．ムハンマド・ブン・マスラマ（Muḥammad bn Maslama）は，恐らくその一人として

門にいる学者は，排泄物の上にいる蠅のようなものだ』と」[52]．

つまり，ラト・ジョールを排泄物に，マ・ジャハテ・カラをその上にたかる蠅に譬えているわけである．この手紙を受け取った２人は，強い衝撃を受けたが，議論の末，どの農地にも耕作に適さない区画があるという喩言に至り，そのような区画に等しいバンバのことは放っておくのが適切であると結論づけた[53]．

しかし，その後，ラト・ジョールとマ・ジャハテ・カラがバンバの家の近くの村に滞在することがあり，バンバは，嘗て教えを乞うた師であり，父親の親友でもあったマ・ジャハテ・カラに対する礼儀から，この２人と面会せざるを得なくなってしまった．話題は，やはり先述のファトワーの正当性に関するものとなったが，そこでバンバは，アフマド・シャイフが預言者性を僭称した点に関して，アフマド・シャイフと敵対したカジョールの人々の証言などに基づいて論を展開するマ・ジャハテ・カラの見解の理不尽さを指摘し，そのファトワーが如何に曖昧な根拠に基づく不合理なものであるのかを明らかにしたという[54]．

王権に服従することのないこのようなバンバの態度を見て，彼の粛清をラト・ジョールに促す者もいたが，ラト・ジョールは，先述のように，バンバを「耕作に適さない区画」と認識していた上，特に1870年代後半頃からは，カジョールにおける鉄道敷設を巡って悪化し始めた植民地行政当局との関係にも手を焼いていたため，そのような粛清が実行されることはなかった[55]．更に1870年代末頃からは，王権の行政・軍事面を支えてきたデンバ・ワール・サルら王侯奴隷との関係までも悪化し始め，徐々にその権力に翳りを見せ始めたラト・ジョールは，ついに1882年，再度カジョールの王位を追われる身とな

知られる人物を指している．

52）原文は以下の通り．

kataba fī-hā al-shaykh qāla Muḥammad bn Maslama raḍiya Allāh ta'ālā 'an-hu al-'ālim 'alā bāb al-sulṭān ka-al-dhubāb 'alā al-'adhira

IN, p. 45; p. 27; p. 47.

53）IN, pp. 45–6; pp. 27–8; pp. 47–9.

54）IN, pp. 46–9; pp. 28–30; pp. 49–52.

55）MB, Vol. 1, pp. 70–1; pp. 56–7; Monteil, *Esquisses*, pp. 71, 93.

り，サールムへと逃れた．しかし，『恩寵』によると，そこでラト・ジョールを迎えたマ・バの息子サイード・バ（Saʻīd Ba）は，嘗ての父に比肩する強権を有しておらず，ラト・ジョールにとっての強力な庇護者たり得なかったようである．そして，更なる追い打ちをかけるように，ラト・ジョールに従ってきた配下の軍勢の大半がサンバ・ラオベ・ファールの許に集結してカジョールに戻ってしまい，当局は，1883年，そのサンバ・ラオベ・ファールをカジョールの王座に就かせたのである[56]．

ラト・ジョールは，この事態を受けてカジョールに戻ろうとしたが，当局によってそれを封じられたため，それまで緊張関係にあり続けたバンバの許を訪れ，再び王権に戻るための策を相談しようとした．しかし，バンバは，ラト・ジョールに対して次のように述べ，現世の軛からの解放を促したのである．

> 現世の統治に関する見解であるが，あなたは，それ〔現世〕に背を向け，現世（の諸事）は，新しい統治機構〔植民地行政当局〕の所有者達に任せるべきだ．実際，その（植民地行政当局の）軍勢は迎え入れられており，神が望むのでない限り，何ものもそれ〔植民地行政当局の軍勢〕に抗うことなどできない．そして，分別のある者にとって，現世（の諸事）に属するそれ〔現世の統治〕や，あなたの王家の一族や，あなたの王位を巡って（植民地行政当局と）争うことは，望ましくないのである．そこで私は，あなたにこう断言しよう．あなたがもしあなたとともにいるこれらの人々の許を離れ，武器と馬とを捨てることで身一つになったならば，（私の手によってムスリムとなった）あなたの兄弟ムフタール・ジョーブのように，あなたとあなたの主〔神〕との間で，あなたにとってよりよい事柄を見出し，現世の懊悩や悲嘆から解放されるだろう[57]．

---

56) MB, Vol. 1, pp. 75–6; p. 61; Monteil, *Esquisses*, pp. 93–9; Searing, *"God Alone Is King"*, pp. 55–9; Fall, "Recueil," pp. 133–7; Germaine Ganier, "Lat Dyor et le chemin de fer de l'arachide 1876–1886," pp. 228–43.

57) 原文は以下の通り．ただし，引用者の判断で原文に振られた母音符号と異なる読み方をした単語に関しては，直後に［ ］を用いて引用者の読み方を提示する．

al-ra'y fī tawallī al-dunyā an tatawallā ʻan-hā fa-tatruka li-arbāb al-dawla al-jadīda dunyā-hum

この発言からは，「現世」という場において，統治や覇権などに関わる政治的領域とそうした事象から離れた宗教的領域との間に線を引き，自らの関心を後者にのみ集中させていたバンバの基本的な姿勢が窺われる．そして，前者は，そこから距離を置くべき植民地行政当局の領分であり，根本的に彼の関心の埒外にあったといえる．遅くとも1880年代後半には定まっていたこのような姿勢は，バンバと植民地行政当局との関係を検討する際，常に留意しなければならない点であろうが，ここでは，ラト・ジョールに対してもそうした姿勢を取るように勧めている．翻って考えると，これは，ラト・ジョールが，マ・バの要求した「剃髪」後も変わらず，現世における覇権を目的としており，バンバの考える政治的領域に身を置いていたことを意味している[58]．

バンバの忠告を聞いたラト・ジョールは，それを尤もであるとしながらも，自分のような人間にとって現世を放棄することは困難であると答え，同時に，来世で役立つようにと，祈りの文句とバンバの衣服を所望したという．バンバは，この望みを叶えたが，それから間もなく，ラト・ジョールは，バンバの父親の墓があるデクレ（Deqle）の地で，植民地行政当局や，嘗ては仲間であった王族や王侯奴隷と対峙し，戦死した[59]．

第3節　師と知を求める旅

1880年代初めの父親の死の前後，つまり30歳を迎えた頃から，バンバは，

---

fa-inna tilka al-qūwa mustaqbila [mustaqbala] wa lā yaruddu-hā shay' illā an yashā'a Allāh wa lā yanbaghī li-ʻāqil an yunāziʻa fī dhālika wa ahl bayt-ka wa amārat-ka [imārat-ka] min al-dunyā ammā anā fa-aqṭaʻu la-ka bi-anna-ka in ṣarafta hā'ulā'i alladhīna maʻ-ka wa tarakta al-silāḥ wa al-khayl ḥattā tabqā waḥd-ka sa-tajidu mā huwa khayr la-ka fī mā bayn-ka wa bayn rabb-ka wa tastarīḥa [tastarīḥu] min humūm al-dunyā wa ghumūm-hā ka-mā faʻala akhū-ka Mukhtār Jōb

MB, Vol. 1, p. 77; p. 62.

58）バンバは，ジョロフの王アルブリ・ンジャーイ（Alburi Njaay, 在位1875-1890年）に対しても，現世の軛から解放されることの必要性や，植民地行政当局と争うことの危険性を諭していたようである．MB, Vol. 1, pp. 82-3; pp. 66-7.

59）MB, Vol. 1, pp. 78-9; p. 63; Fall, "Recueil," pp. 136-7. デクレの戦いは，一般的に1886年に起きたとされているが，『恩寵』は，1882/3年としている．

自らの知識欲の充足と宗教的な深化を欲するようになり，イスラーム諸学に関する著作の蒐集と，様々な師の許での学習を目的とした旅を繰り返し，各地を巡ったようである．伝記やバンバ自身の著作群を検討すると，若年期の彼は，表4-2のような著作を渉猟していたと推察される[60]．

マシュリク6項，マグリブ9項，西アフリカ7項からなるこの表を見ると，バンバが時間的・空間的な垣根，更には教団間の垣根をも越えて多様な著作を渉猟し，そこから多岐に亘る学問分野の知識を吸収していたことがよく分かる．特にタサッウフの知識の吸収に関して，彼が教団間の差異に囚われていなかったことは，彼が旅の過程でどのような師についたのかを知ると，一層明らかになる．

伝記を検討すると，各地を巡った彼の旅の最大の目的は，自分に神と預言者ムハンマドを示してくれる真の導き手を探すことであり，こうした旅は，1893年頃まで繰り返されたようである．まず彼は，セネガル北部のサン・ルイに住むカーディリー教団のシャイフ，アル＝ハーッジ・カマラ（al-Ḥājj Kamara）の許を訪れたが，芳しい成果は得られず，次いで，スィーディーヤ・アル＝カビールを名祖とするスィーディーヤ一族を訪れた[61]．そこでは，スィーディーヤ・アル＝カビールの孫であるスィーディーヤ・バーバとともに暮らし学んだ

60）表4-1で紹介した著作群からの情報と，IN, pp. 20-1, 80, 196; pp. 14-5, 50, 127-8; pp. 25-6, 85-6, 206; MB, Vol. 1, pp. 12-3, 50, 119-22, 157-8; pp. 17-8, 37-8, 110-2, 142; Vol. 2, pp. 97-8; p. 341. をもとにしたが，『クルアーン』や代表的なハディース集（「はじめに」の「5　術語の説明—⑯ハディース〔ḥadīth〕」参照）などは省略した．また，地域を特定する略号として，マシュリクの著作にはMash，マグリブの著作にはMagh，西アフリカの著作にはWAと記したが，15だけは，著者名・著作名を特定する情報が提示されていないので，いずれの略号も付さなかった．なお，ここで列挙した著作以外にも，『恩寵』には，タサッウフの著作として『入門』（*Madkhal*）という標題が挙げられている．この標題の有名な古典的著作としては，イブン・アル＝ハーッジ（Ibn al-Ḥājj, 1336年歿，ムハンマド・ブン・ムハンマド・アル＝アブダリー〔Muḥammad bn Muḥammad al-ʻAbdarī〕）の『高貴なイスラーム法の入門』（*Madkhal al-Sharʻ al-Sharīf*）があるが，これは法学書なので，ここで意図されているものではないだろう．

61）正確な時期は明らかでないものの，サールムでバンバの師となったサンバ・トゥクロール・カは，スィーディーヤ一族の許で学び，セネガルでその道統を広めたらしい．そして，バンバの父親も，このサンバ・トゥクロール・カを介する形でスィーディーヤ一族の道統に属していたようである．MB, Vol. 1, p. 157; p. 142; Babou, *Fighting*, pp. 44, 185, 213 (note 45). なお，道統については，「はじめに」の「5　術語の説明—⑩スィルスィラ（silsila）」参照．

表 4-2　若年期のアフマド・バンバが渉猟した著作

1	カイラワーニー『論考』Magh
2	ハリール・ブン・イスハーク『提要』Mash
3	アフダリー『宗教儀礼についての提要』Magh
4	サヌースィー『諸証拠の起源』Magh
5	アブー・ターリブ・ムハンマド・アル＝マッキー（Abū Ṭālib Muḥammad al-Makkī, 996 年歿．以下，マッキー）『愛されし者の処遇とタウヒードの階梯へと至る求道者の道の描写に関する心の糧』（*Qūt al-Qulūb fī Mu‘āmala al-Maḥbūb wa Waṣf Ṭarīq al-Murīd ilā Maqām al-Tawḥīd*, 以下，『心の糧』）Mash
6	アブー・ヌアイム・アフマド・アル＝イスファハーニー（Abū Nu‘aym Aḥmad al-Iṣfahānī, 1038 年歿．以下，イスファハーニー）『聖者達の装飾と親友達の諸階層』（*Ḥilya al-Awliyā’ wa Ṭabaqāt al-Aṣfiyā’*, 以下，『装飾』）？[62] Mash
7	クシャイリー『論考』（*Risāla*）Mash
8	ガザーリー『導きの始まり』，『宗教諸学の再興』Mash
9	カーディリー教団[63]の諸著作 ①スィーディー・アル＝ムフタール・アル＝クンティー『輝く星』，『炬火』，『愛しき預言者への祈りに関する芳香』（*Nafḥ al-Ṭīb fī al-Ṣalāt ‘alā al-Nabī al-Ḥabīb*）[64] など WA ②スィーディー・ムハンマド・アル＝クンティー『楯』など WA
10	シャーズィリー教団[65]の諸著作 ①シャーズィリー『海のヒズブ』（*Ḥizb al-Baḥr*）[66] Magh

62）タサッウフの著作として，単に『装飾』（*Ḥilya*）と書かれているだけなので，断定はできない．

63）「はじめに」の「5　術語の説明―④カーディリー教団（al-Ṭarīqa al-Qādirīya）」参照．

64）『恩寵』には，神学・タサッウフ・祈禱・法学の著作の一つとして『芳香』と記されているだけで，著者名は表記されていない．『芳香』という標題で有名な著作としては，アフマド・アル＝マッカリー（Aḥmad al-Maqqarī, 1632 年歿）の『瑞々しいアンダルスの枝から漂う芳香』（*Nafḥ al-Ṭīb min Ghuṣn al-Andalus al-Raṭīb*）があるが，この著作は，アンダルスの歴史・地理などを扱ったものなので，ここで意図されているものではないだろう．これに対し，スィーディー・アル＝ムフタールの『愛しき預言者への祈りに関する芳香』は，預言者ムハンマドに対する祈禱書であると同時に，複数の注釈書や摘要が書かれ，西アフリカで広く伝播した著作でもある．また，バンバ自身の著作『楽園の道』の中の預言者ムハンマドへの祈りを論じた一節に『芳香』という書名が登場することや，バンバがクンタの著作群を渉猟の射程に入れていたことなどを考え合わせると，『恩寵』が指示する『芳香』がこの著作である可能性は高い．Aḥmad Bamba, *Masālik*, p. 26.

65）「はじめに」の「5　術語の説明―⑥シャーズィリー教団（al-Ṭarīqa al-Shādhilīya）」参照．

66）ヒズブは，各スーフィー教団が『クルアーン』の章句などを織り込んで定式化した祈禱句である．『恩寵』は，バンバが若年期に渉猟した著作として，シャーズィリー教団の諸ヒズブを挙げ

②イブン・アター・アッラーフの諸著作 Mash
③イブン・アッバードの諸著作 Magh
④ムハンマド・アル＝ジャズーリー（Muḥammad al-Jazūlī, 1465 年頃歿．以下，ジャズーリー）『善の徴』（*Dalā'il al-Khayrāt*）Magh
⑤アフマド・ザッルークの諸著作 Magh

11　ティジャーニー教団の諸著作
①アリー・ハラーズィム『意味の宝石』Magh
②ムハンマド・アル＝アラビー・ブン・ムハンマド・ブン・アッ＝サーイフ『望み』Magh
③アル＝ハーッジ・ウマル『槍』WA
④スィーディー・ムハンマド・ブン・ムハンマド・アッ＝サギール（Sīdī Muḥammad bn Muḥammad al-Ṣaghīr, 1858/9 年歿）『ティジャーニー師に対して拒絶の剣を抜く者への復讐を請け負う軍団』（*al-Jaysh al-Kafīl bi-Akhdh al-Tha'r mim-Man Salla 'alā al-Shaykh al-Tijānī Sayf al-Inkār*, 以下，『軍団』）WA

12　ヤダーリー『タサッウフの封印』，『比類なき神の書に関する純金』（*al-Dhahab al-Ibrīz 'alā Kitāb Allāh al-'Azīz*, 以下，『純金』）など WA

13　イブン・ブーナ『赤化』WA

14　ムハンマズィン・ファール・ブン・ムッターリー・アッ＝タンダギー（Muḥammadhin Fāl bn Muttālī al-Tandaghī, 1870/1 年歿）[67] の諸著作 WA

15　歴史上の著名なスーフィー達の諸伝承（Ma'thūrāt）

が，結局自らの「渇き」（ghalīl）を癒すことはできず，続いて，シャーズィリー教団とティジャーニー教団のシャイフの許を訪れ，ウィルド[68] を授かった．正確な時期は特定できないが，バンバは，最初に父親から伝授されたカーディリー教団のウィルドの他にも，シャーズィリー教団のウィルドを８年間，ティジャーニー教団のウィルドを８年間以上使ったらしい[69]．

ているが，シャーズィリー教団のヒズブとして最も有名な『海のヒズブ』がその中に含まれるのは間違いないだろう．『渇きの癒し』には，ガボンへの流刑中，バンバが毎日この『海のヒズブ』を朗誦していたと記されており，このヒズブを重視していたバンバの姿勢が窺える．MB, Vol. 1, p. 50; p. 37; IN, p. 80; p. 50; pp. 85–6.

67)『媒介』によると，この人物の「ムハンマズィン」という名は，正則アラビア語の表記では「ムハンマド」（Muḥammad）になるようであるが，本書では「ムハンマズィン」と記す．WT, p. 343.

68)「はじめに」の「5　術語の説明―②ウィルド（wird）」参照．

69) IN, pp. 34–40; pp. 21–5; pp. 37–43; MB, Vol. 1, pp. 49–50, 158–9; pp. 37, 143.『渇きの癒し』は，

しかし，このような各地を巡る旅を以てしても自らの目的を達成することができなかったため，彼は，とうとう同時代のシャイフ達への希望を絶って改心し，預言者ムハンマドへの奉仕[70]や，『クルアーン』の読誦などによって神への接近を試みた．そして，1893年，同時代のシャイフの教えによってではなく，神の摂理（'ināya）によって，カーディリー教団，シャーズィリー教団，ティジャーニー教団の祖を知覚し，彼らからウィルドを授かったという[71]．勿論，この3教団の祖は既に死亡した人物であったが，スーフィーが睡眠中に夢の中で，もしくは覚醒状態で，既に歿したはずの預言者や聖者，諸教団の開祖などに出会い，教えを授かったり，忠告を受けたりする逸話は，イスラームの歴史上数多く存在している．このバンバの逸話も，そうした非日常的な宗教体験として解釈できるだろう[72]．

ところが，バンバは，この3教団の祖との邂逅だけでは満足することができず，更に預言者ムハンマドに出会うことを望み続けた．そして，バンバ自身が弟子のハムザ・ジャハテ（Ḥamza Jakhate）という人物に語ったとされるところでは，1894年3/4月，韻文著作『涙を流さなければならない』（表4-1の8）を書いている時，ついに薄い幕の向こう側に立つ預言者ムハンマドに出会ったというのである[73]．

バンバは，今日でも一般に「神の使徒の奉仕者」と呼ばれており，真の導き

バンバにシャーズィリー教団の教えを施したシャイフとして，ビーダーンのバーバ師（al-ustādh Bāba）という人物を挙げている．IN, pp. 36-8; pp. 22-4; pp. 39-41.

70）「預言者ムハンマドに奉仕する者」という意味で，「神の使徒の奉仕者」（Khadīm Rasūl Allāh）を自認するバンバは，この預言者ムハンマドへの「奉仕」という言葉を頻繁に使うが，それが意味する具体的な行為は，状況によって様々である．ここでは，預言者ムハンマドへの祈りや，そうした祈りを韻文や散文の形にする著作活動を指していると思われる．

71）MB, Vol. 1, pp. 159-62; pp. 143-6. バンバは，植民地行政当局の総督（amīr 'Ndar, サン・ルイの長）からなされた18の質問に対する回答の中で，西アフリカにおいてタリーカ（序章第5節参照）を再興したのがこの3教団の祖である，と述べ，自身の生地である西アフリカとの関係性におけるこの3教団の特別な地位を主張している．Aḥmad Bamba, *Majmū'a Tashtamilu 'alā Ba'ḍ Ajwiba li-l-Shaykh al-Khadīm*, pp. 28-9.

72）例えば，既に触れたように，ティジャーニー教団の開祖アフマド・アッ＝ティジャーニーも，1781/2年，覚醒状態で預言者ムハンマドに出会い，彼からウィルドを授かり，人々に教えを広めるよう命じられたといわれている．'Alī Ḥarāzim, *Jawāhir*, Vol. 1, p. 34.

73）MB, Vol. 1, pp. 162-73; pp. 146-55.

手を探す旅の果てに，漸く邂逅を果たしたとされるこの時期の前後から，自らが仕えるべき唯一の師として，預言者ムハンマドを強く意識するようになったと考えられる．

> 私は今日，選ばれし使徒〔ムハンマド〕への奉仕によって忠誠を誓い，その完遂を神に懇願する．（中略）太陽〔ムハンマド〕が現れたため，私には空の星々〔諸預言者達〕と月〔諸聖者達〕が見えなくなった．彼〔ムハンマド〕を満足させる奉仕は，私に，贈物を得るための諸王に対する奉仕をやめさせた．（中略）1893/4年〔ヒジュラ暦1311年〕から旅立ちの年まで，私は使徒の僕であり，奉仕者であり続けた[74]．

ここでの「旅立ちの年」は，バンバがガボンへの流刑に処された1895年を指しているのだろう．彼は，自らこの流刑について記した流刑記『憐れみ深き感謝者の報酬』(*Jazā' al-Shakūr al-'Aṭūf*) の中でも，預言者ムハンマドとの関係について，以下のような詩を書いている．

> 最初に奉仕者〔バンバ〕が始めたのは，（篤信者を）優先する御方〔神〕を慕うことであった．そして，1896年〔ヒジュラ暦1313年〕，彼〔バンバ〕は，（預言者ムハンマドへの）奉仕を明らかにした．彼〔バンバ〕の心は，1883/4年〔ヒジュラ暦1301年〕からそれを隠していたのだ[75]．

74）原文は以下の通り（韻律：ラジャズ）．
ubāyi'u-l-yawma-r-rasūla-l-muṣṭafā / bi-khidmatin wa as'alu-llāha-l-wafā
…
zahhada-nī ṭulū'u shamsin fī naẓar / ila-n-nujūmi fi-s-samā'i wa-l-qamar
zahhada-nī khidmatu-hu-l-marḍīyah / fī khidmati-l-mulūki li-l-hadīyah
…
ẓaliltu 'ābidan khadīman li-r-rasūl / min 'āmi aysashin ilā 'āmi-r-raḥīl
MB, Vol. 1, pp. 163–5; pp. 147–8.

75）原文は以下の通り（韻律：ラジャズ）．
awwalu ma-btadā bi-hi-l-khadīmū / ta'alluqun bi-man la-hu-t-taqdīmū
wa aẓhara-l-khidmata 'āma jaysashī / wa qalbu-hū aḍmara-hā min asashin
Aḥmad Bamba, *Jazā' al-Shakūr al-'Aṭūf*, p. 512.

1883/4年は，父親の死や師を求める旅の開始などといった契機を指している可能性が考えられる．1896年は，ガボンのマユンバ（Muyumba）という島にいる状況を指している．何故なら，同じ流刑記の中で以下のように述べているからである．

その島〔マユンバ〕で，私の主〔神〕は，私の魂の欠陥を全て私に示し，それを浄化してくれた．その結果，私は神の使徒〔預言者ムハンマド〕の奉仕者となったのである[76]．

以上を短く纏めると，バンバは，1880年代初頭から預言者に対する憧憬を抱くようになり，1894年には預言者との邂逅を果たし，流刑中の1896年にそれを明らかにしたことになる．

ムリッド教団は，しばしばカーディリー教団の分派に位置づけられることがある．確かにバンバは，父親からカーディリー教団のウィルドを伝授されている．また，師を求める旅の最中にスィーディーヤ一族の許に滞在した時，スィーディーヤ・バーバからもカーディリー教団のウィルドを伝授された[77]．更に，『恩寵』の記述を検討すると，ウィルドを授かった上述の3教団の祖のうち，バンバが特に重視していたのは，カーディリー教団の祖ジーラーニーであったと分かる[78]．

しかし，ここで見たように，バンバは，真の師を探す旅を経て，最後は預言者ムハンマドのみを師として認めたと主張している．また伝記中には，スィーディーヤ一族との関係を尋ねられた時の逸話が紹介されており，そこでバンバは，師を求めて旅をしていた当時の自分が誰彼構わずに贈物を乞う盲人のよう

76）原文は以下の通り．
wa fī tilka al-jazīra arā-nī rabb-ī ʻuyūb nafs-ī kull-hā wa ṭahhara-nī min-hā ḥattā ṣirtu khādim li-rasūl Allāh
Aḥmad Bamba, *Jazā'*, p. 495.

77）IN, pp. 34–5; p. 21; p. 37; MB, Vol. 1, pp. 49, 158; pp. 37, 143. この関係については，第1章で言及した．

78）MB, Vol. 1, pp. 160–3, 174–5; pp. 144–6, 156–7.

であり，預言者ムハンマドが自分の前に現れてからというもの，自分にとって，神への仲介者たる師は預言者ムハンマドだけになった，と述べ，スィーディーヤ一族との師弟関係を否定している[79]．更にいえば，バンバは，ガボンに続いて1903年からシンキート地方南部へ流刑に処されたのであるが，その際，預言者ムハンマドを介して神からウィルドを授かったとも主張している[80]．

つまり，バンバ自身，もしくは彼の周辺の人々の主張に基づいて彼の若年期の出来事を検討し，それに流刑中の出来事を加味して考えると，彼の道統は，安易にカーディリー教団の分派に位置づけられるべきものではない，といえるだろう．

第4節　流 刑 へ

父親の生前からバンバの許に人々が集まり始めていたことには既に触れたが，彼は，そうした状況を嫌ってしばしば沙漠へと退き，そこで時を過ごしていたという．伝記によると，バンバの名声が高まるにつれて，親族の中にも嫉妬に駆られて嫌がらせを行う者が現れたようで，バンバは，これを避けるため，仲間とともに礼拝所を移動させたりしたが，そこにも人々が集まってきたので，嫉妬する者達の怒りが静まることはなかった[81]．

父親の死後，1883/4年に，バンバは，ンバッケ・カジョールを離れ，故郷のンバッケ・バウォルに戻った．しかし，ンバッケ・バウォルにも人々が大挙して押しかけたので，1886年10/11月，ンバッケ・バウォルの東にダール・アッ＝サラーム（Dār al-Salām）という村を築き，そこに移り住んだ．ところが，ここにも人々が殺到したため，1888年後半，ダール・アッ＝サラームの北東の沙漠に，今日のムリッド教団の聖都であるトゥーバを建設し，家族とともに

79）IN, pp. 35-6; pp. 21-2; pp. 37-8.

80）IN, pp. 141-5; pp. 89-91; pp. 148-51. このウィルドについては，「補遺　ムリッド教団のウィルド」（299-309頁）参照．なお，このモーリタニア流刑中にスィーディーヤ一族の許に滞在した際も，バンバは，スィーディーヤ・バーバとの師弟関係を明確に否定している．MB, Vol. 1, pp. 179-80; p. 160.

81）IN, pp. 40-1; p. 25; pp. 43-4; MB, Vol. 1, p. 57; p. 44.

移住した．バンバは，トゥーバに住みながらも，周辺のダール・アル＝マンナーン（Dār al-Mannān）やダール・アッ＝ラフマーン（Dār al-Raḥmān），ダール・アル＝クッドゥース（Dār al-Quddūs）などの村々を巡りながら生活していたようである[82]．

また，詳細な時期は特定できないが，父親の死後数年の間に，後に教団の重要なシャイフとなるイブラーヒーム・ファール（Ibrāhīm Fāl，1930年歿．イブラ・ファール〔Ibra Faal〕）やシャイフ・アンタ・ンバッケ（Shaykh Anta Mbakke，1941年歿），アーダマ・ゲイ（Ādama Gey），イブラーヒーム・サール（Ibrāhīm Ṣār，イブラ・サール〔Ibra Saar〕），アル＝ハサン・ンジャーイ（al-Ḥasan Njāy）などが徐々にバンバの許に集まってきた[83]．

ところで，殺到する群衆を避けるように各地を転々と移動していたバンバではあるが，これは，彼が人々を教え導いていくことに消極的であったことを意味しない．むしろ彼は，特に父親の死後，自分の許に集まる人々に対して，如何に適切な教育を施せるかということに苦心していたらしい．

バンバは，その全ての命令に応え，常につき従ってきた父親が死亡すると，それまで以上に信仰行為や知識の獲得に没頭していったが，それでも暫くの間は，生前の父から任されていた一般的なイスラーム諸学の教師として振る舞い続けていた．しかし，間もなく彼は，自らの内側に沸き起こる信仰の「熱望」（himma）[84]を抑えきれなくなり，自分の許に集まる人々に対して，次のように宣言した．

（一般的な意味での）学習を目的として我々とともにいた者は，自らを省み，好きな所へ向かうか，自らの一族の庇護の下へ向かいなさい．そして，我々

82）IN, pp. 33-4, 52-4; p. 21, 31-3; pp. 35-7, 55-7; MB, Vol. 1, p. 57; p. 44.

83）IN, pp. 51-2; p. 31; pp. 54-5.

84）『渇きの癒し』の参照箇所には，この語についての詳しい定義は記されていない．しかし，タサッウフについての著名な語彙集などを見ると，「熱望」は，3段階からなるスーフィーの心的状態で，その最終段階に至ったスーフィーは，神以外に何も求めなくなる，とされている．ʻAbd al-Razzāq al-Qāshānī, comp., *Kitāb Iṣṭilāḥāt al-Ṣūfīya*, pp. 23-4（Arabic），pp. 17-8（English）．

図 4-4：トゥーバのモスク
（著者撮影）

が望むことを望む者は，我々の歩みとともに歩み，我々の命を実行しなさい[85]．

この宣言に人々は混乱し，結局多くの者がバンバの許を立ち去り，僅かな弟子のみが残ったという．この出来事は，教育者であったバンバの父親の周囲に成立した集団の解体を意味していると同時に，既存の集団から完全に独立した，バンバを中心とする新たな集団の形成，すなわちムリッド教団の原型の成立をも意味しているといえよう．

そして，新たに生まれたこの集団に対して，指導者であるバンバが提示したのは，「一般的教育」（tadrīs，タドリース），「内面的教育」（tarbiya，タルビヤ），「上昇」（tarqiya，タルキヤ）という３段階の教育方法であった．特に若年期のバンバの教育理論において重要なのは，「一般的教育」と「内面的教育」であ

85）原文は以下の通り．
a-lā man kāna ṣaḥiba-nā li-l-ta‘allum fa-l-yanẓur li-nafs-hi wa-l-yadhhab ḥayth shā’a wa-l-ya’wi li-jins-hi wa man arāda mā aradnā fa-l-yasir bi-sayr-nā wa-l-yaqum bi-amr-nā
IN, p. 20; p. 14; p. 25.

り，この2段階の明確な区別を重視していたようである．

「一般的教育」とは，書物などを利用したイスラーム諸学の教育のことである．これに対し，「内面的教育」とは，ズィクル[86]や断食，更には肉体労働や寄進を含む徹底した師への奉仕といった具体的な行為を介して，神の赦しを乞い，魂の欠陥の認知と浄化を実現するためになされる教育であるとされる[87]．

伝記では，教育によって人々が導かれる先にあるものは，神に対する「誠実」(ikhlāṣ) であり，この「誠実」によって，究極的な目的である神の許への到達が成就するとされている．しかし，「一般的教育」のみを施す教師 (mudarris) は，この「誠実」へ至る道についての観念的な理解を弟子達に促すことはできるが，実際に彼らをそこに導く手引きはできない．つまり，「一般的教育」だけでは「誠実」の獲得は不可能なのである．これに対し，「内面的教育」を施す教育者 (shaykh al-tarbiya) は，「一般的教育」を施すと同時に，前述のような具体的な行為を弟子達に課し，彼らの内面を浄化させ，「誠実」へと至らせるのである．しかし，このために「内面的教育」の教育者は，「一般的教育」の教師には課されない義務を負うことになる．それは，弟子達の傍を片時も離れず，常に彼らとともに生活を送り，教育に従事し続けることであり，伝記ではこれを「求道者〔弟子〕達への忍耐」(mukābada al-murīdīn) と表現している[88]．

ただし，こうした教育および教育者の分類は，バンバ独自の発想というわけではない．例えば，スィーディー・ムハンマド・アル＝クンティーの『新しき獲得物』には，「一般的教育」(taʻlīm)，「内面的教育」(tarbiya)，「上昇」(tarqiya) という分類や，「一般的教育」と「内面的教育」に似た「言葉による教育」(tarbiya bi-al-maqāl) と「心的状態による教育」(tarbiya bi-al-ḥāl) という分類が見られる．『恩寵』では，正にこの著作を引用して「言葉による教育」と「心的状態による教育」を紹介し，これを実際のバンバの教育方法と関連づけて論じている[89]．そして，更に遡ると，こうした分類は，バンバやスィーディー・

86)「はじめに」の「5 術語の説明—⑨ズィクル (dhikr)」参照.
87) IN, pp. 32–3; pp. 20–1; pp. 34–6.
88) IN, pp. 31–3; pp. 20–1; pp. 34–6.

ムハンマドを含む西アフリカの宗教知識人達が共通して学んでいた知的源泉たるアフマド・ザッルークの『タサッウフの諸基礎』にも，「一般的教育の師」(shaykh al-taʻlīm)，「内面的教育の師」(shaykh al-tarbiya)，「上昇の師」(shaykh al-tarqiya) という言葉で以下のように紹介されている．

> 後代のアンダルスの清貧者達が，師を持たずに書物（の学習だけ）で十分であるか否かについて議論した．そして彼らは，各地（の宗教知識人達）に書簡を送り，(書簡を受け取った宗教知識人達は) 皆，それぞれ（になされた神から）の開示に従って回答した．そうした回答は，総じて以下の3点に関連している．第1点目は，師についての見解である．知の源泉に精通した知識人の書物があれば，一般的教育の師は不要である．そして，誠実で理性的な宗教者に同伴すれば，内面的教育の師は不要である．更に，(預言者ムハンマドに？) 面会し，祝福を受ければ，上昇の師は不要である[90]．

つまり，バンバは，確かに教育の分類とそれに基づく師もしくは弟子の分類を重要視していたのであるが，その分類方法に関しては，明らかに先達の思想を参照し，そこに見出される形式を採用していたのである．

しかし，トゥーバに起こった人口増加現象が，バンバの望んだこのような分類を徐々に蝕んでいった[91]．伝記には，その様子が以下のように記されている．

---

89) Ṭ T-K, pp. 123–4, 278–9; Ṭ T-R, pp. 184–5, 399–400; MB, Vol. 1, pp. 59–60; pp. 46–7.『新しき獲得物』は，多作のスィーディー・ムハンマドの著作の中でも特に有名なものの一つであり，クンタの著作を渉猟の射程に入れていたバンバは，この著作にも目を通していたと推測される．

90) 原文は以下の通り．誤記と思しき単語には，直後に適切と考えられる単語を [ ] で記し，それに沿って翻訳した．

> wa qad tashājara fuqarā' al-Andalus min al-muta'akhkhirīn, fī al-iktifā' bi-al-kutub ʻan al-mashā'ikh thumma katabū li-l-bilād, fa-kull ajāba ʻalā ḥasab fatḥ-hi. wa jumla al-ajwiba dā'ira ʻalā thalāth: awwal-hā: al-naẓar li-l-mashā'ikh, fa-shaykh al-taʻlīm takfī ʻan-hu al-kutub li-l-bayt [li-labīb] ḥādhiq alladhī yaʻrifu mawārid al-ʻilm. wa shaykh al-tarbiya takfī ʻan-hu al-ṣuḥba li-dhī dīn ʻāqil nāṣiḥ. wa shaykh al-tarqiya yakfī ʻan-hu al-liqā' wa al-tabarruk.

Aḥmad Zarrūq, *Qawāʻid al-Taṣawwuf*, pp. 54–5 (qāʻida 67).

91) ちなみにバンバは，この時期，メッカ巡礼への強い衝動に駆られるようになっていたようである．実際，ダイマーン族のムハンマド・ブン・ハムド・アル＝アブハミー (Muḥammad bn Ḥamd al-Abhamī) という人物とともに聖地へ赴く具体的な計画まで立てていたらしいが，ガボ

> 師〔バンバ〕がジョロフの地に（新しい村を）建設した理由は，次のようなことである．トゥーバー〔トゥーバ〕に人が増え，多くの教友達が結婚し，（トゥーバ以外の）村々で結婚した者の多くが，自分の一族を引き連れて（トゥーバに）移住してきたので，彼〔バンバ〕の（教えを受けていた）純粋な「タルビヤの徒」がそれ以外の人々と混ざり合ってしまい，そのため，秩序の基盤が乱れてしまったのである．その基盤とは，彼が望んでいたような，『クルアーン』や（イスラーム諸学の）知識を学ぶ学習者達の隠逸と，純粋な「奉仕の徒」の選抜である．（この一般的な学習者と「奉仕の徒」という）2種類（の弟子）の混じり合いが，彼〔バンバ〕にとって耐え難い悩みであり，更には，彼ら（2種類の弟子）がそれ以外の者と混じり合うことは，最も耐え難い悩みであった[92]．

恐らく，一般的な学習者と対比されている「奉仕の徒」は，前述の「内面的教育」を受ける弟子，つまり「タルビヤの徒」を指しているのだろう．

この引用にもあるように，バンバは，トゥーバの人口増加に伴う問題を解決し，教育体制を整えるために，バウォルに隣接するジョロフの地への移住を計画し始めた．嘗て『クルアーン』を教わったおじムハンマド・ブン・ムハンマド・ブソの息子であるンバッケ・ブソ（Mbakke Buṣo，1945年歿）を相談相手に選び，その詳細を練っていったようであるが，その結果，弟子達を「学習の徒」（ahl al-ta'allum），「奉仕の徒」（ahl al-khidma），「それ以外」の3種類に区分し[93]，まず「学習の徒」と「奉仕の徒」とを「それ以外」から分離し，それか

ン流刑によってこの計画は頓挫してしまい，結局，生涯これを果たすことができなかった．IN, p. 55; pp. 33–4; pp. 58–9.

92）原文は以下の通り．

sabab binā' al-shaykh fī arḍ Jolof anna al-nās lammā kathurū fī Ṭūbā wa tazawwaja kathīr min al-aṣḥāb wa intaqala ilay-hā kathīr mim-man ta'ahhalū fī al-qurā bi-ahālī-him ikhtalaṭat ahl tarbiyat-hi al-maḥḍa bi-ghayr-him fa-ikhtalla min niẓām al-amr rukn wa huwa mā kāna yurīdu min i'tizāl al-muta'allimīn *Qur'ān*^{an} wa 'ilm^{an} jānib^{an} wa akhdh ahl al-khidma al-maḥḍa jānib^{an} wa shaqqa 'alay-hi ikhtilāṭ al-naw'ayn wa ikhtilāṭ-hum bi-ghayr-him ashaqq

IN, pp. 54–5; p. 33; pp. 57–8.

93）「学習の徒」の「学習」（ta'allum）は，既述の「一般的教育」（tadrīs）に，「奉仕の徒」の「奉仕」（khidma）は，既述の「内面的教育」（tarbiya）に対応していると考えてよいだろう．

ら「学習の徒」と「奉仕の徒」を分離することになった．更に，「学習の徒」の教育に関して，『クルアーン』の教育は，アブド・アッ＝ラフマーン・ロー（ʻAbd al-Raḥmān Lō, 1944年歿）というシャイフに任され，それ以外のイスラーム諸学の教育は，バンバの異母兄弟イブラーヒーム・ファーティ（Ibrāhīm Fāṭi, 1943年歿．イブラ・ファーティ〔Ibra Faati〕）に任された．ここまで記している『渇きの癒し』は，「奉仕の徒」の教育者を明示していないが，恐らくそれは，バンバ自身が担当したのであろう[94]．こうして，ンバッケ・ブソにトゥーバの管理を任せた上で，バンバは，上述の2人の教師と「学習の徒」，「奉仕の徒」だけを連れて，1895年3/4月，先祖の地であるジョロフへと移動し，そこで廃墟となっていたンバッケ・バーリ（Mbakke Bāri）の村を再建した[95]．

伝記によると，バンバは移住前，この計画をおじのムハンマド・ブン・ムハンマド・ブソに打ち明けたが，その際，ジョロフ王権の問題点や土地ごとの慣習の違いが障碍になると忠告された．実際に移住してみると，ンバッケ・バーリにもバンバを慕う人々が殺到してしまい，このことが現地の首長との不和を招く原因の一つとなったようである．また，当局の後押しを受けて1890年にジョロフの王となったサンバ・ラオベ・ペンダ（Samba Laobe Penda, 在位1890–1895年）のバンバに対する態度に関しては諸説あるようだが，彼は，バンバとジハードを計画していた嫌疑をかけられ，1896年，バンバと同じガボンへの流刑に処された[96]．

興味深いのは，これまで幾つかの研究が，前述のンバッケ・バウォルへの移動や，このジョロフへの移動を，植民地行政当局の存在を意識したバンバの策略，すなわち，当局の統制の弱い地域への戦略的移住として説明してきた点である[97]．こうした説明が，バンバを危険視していた当局の公文書，もしくはそ

94）これは，ジョロフへの移動に際し，バンバが「彼の奉仕者とともに」（bi-khuddām-hi）旅立った，という表現が見られるためである．IN, p. 57; p. 35; p. 61.

95）IN, pp. 55–8; pp. 34–5; pp. 59–61; MB, Vol. 1, p. 82; p. 66.

96）IN, pp. 56–65; pp. 34–40; pp. 59–69; MB, Vol. 1, p. 82; p. 66; Muḥammad bn Aḥmad al-Daymānī, *Riḥla*, pp. 6–7; Ba, *Ahmadou*, pp. 74–88; Babou, *Fighting*, p. 75.

97）Cruise O'Brien, *The Mourides*, p. 42; Coulon, *Le marabout*, pp. 74–5; Robinson, "Beyond," p. 159.

うした公文書の情報に基づいた先行研究に依存した結果であることは明らかである．というのも，伝記を読むと，ンバッケ・バウォルへの移動は，それまで完全に服従していた師である父親が死亡し，ンバッケ・カジョールに住み続ける理由がなくなり，更には，自分の許に殺到する人々の煩わしさを避けるため，故郷の村に帰っただけであったと解釈できるからである．また，ジョロフへの移動についても，ここで見たように，教育体制を整えるためという積極的で明白な理由づけがなされているのである．しかし，バンバの出身地さえ把握できていなかったこの時期の植民地行政当局が[98]，バウォルへのバンバの移動を帰郷と理解できるはずもなければ，ジョロフへの移動の背後にあった上記のような複雑な事情を読み解くだけの正確な情報を蒐集できるはずもなかった．

当局がバンバに注意を向けたのは，1880年代後半のことだと考えられるが[99]，この時から抱いていたバンバに対する疑惑と恐怖は，当局の手から逃げ回り，武器を蓄え，人々を組織してジハードの機会を窺っているというバンバ像を描いた報告書が各地の現地人首長達から続々と上がってくることによって，また，実際に彼の周囲で日々巨大化していく集団の様子を目の当たりにすることによって着実に増大していった．そして，そうした当局の疑惑と恐怖が頂点に達した1895年，バンバは，「容疑者」のままガボンへと流されたのである[100]．

19世紀後半のセネガルは，既存の現地王権や，宗教的権威を独占してきたイスラーム知識人の集団，本格的な統治に乗り出したフランス植民地行政当局，ジハードの名の下に結集したムスリムの集団が複雑な駆け引きの中で互いに覇権を争う熾烈な闘争の場と化していた．

しかし，若年期のバンバは，こうした場に参戦することができる境遇にあったにも拘らず，明らかにそこから距離を置く道を選択したのである．本章の議

98）Ba, *Ahmadou*, pp. 56, 62.
99）Ba, *Ahmadou*, p. 25.
100）IN, pp. 58–84; pp. 35–53; pp. 62–90; MB, Vol. 1, pp. 62–7, 79–88; pp. 49–53, 63–71; Babou, *Fighting*, pp. 74–5, 116–29; Searing, *"God Alone Is King"*, pp. 77–88; Ba, *Ahmadou*, pp. 29–72.

論からは，彼のこうした選択が，現世の政治権力の希求によって得られる「報酬」よりも，宗教的な知識の獲得と信仰の深化によって得られる「報酬」の方が遥かに大きいという確信，つまり，来世までも視野に入れた広い意味での功利的な判断によるものであったと分かる．自らの境遇故に避けて通ることのできなかった現地王権や植民地行政当局との関わりも含め，こうした判断に至る要因は様々であったが，現世の政治権力の希求と宗教的・学問的な深化との間に線を引き，自らの足場を後者に定めることで得た，この広い意味での功利的な姿勢は，彼の若年期を，そして彼のその後の生涯を特徴づける重要な思想的立場であったといえよう．

第5章　直接的関係

本章では，ここまでの議論の中で言及してきた直接的な宗教的・知的連関網の広がりのよりよい把握を促すため，登場した宗教知識人達の相関関係概略図を幾つか提示し，そこに補足的な説明を加えていきたい．いずれの概略図にも，議論の軸として設定したアフマド・バンバが登場するが，これは，各図の間に関連性があることを示している．

多数の宗教知識人達によって編まれる連関網の広がりは，文章による個々の繋がりの詳しい説明にはない，簡略化された図の持つ視覚的な効果によって，よりよく理解されると思われる．しかし，概略図はあくまでも「概略」図なので，ここまでの議論で登場した人物や人物間の相関関係を完全に反映したものではない．勿論，以下に提示する図に，更に多くの人物や相関関係の線を書き足すことは可能であるが，それによって図が煩雑で見にくいものになってしまっては，理解の一助となるどころか，反対に理解の妨げとなってしまいかねないため，主だった人物の相関関係のみを簡潔に提示するにとどめた．従って，以下に提示する関係のより詳細な点については，ここまでの議論と，それぞれの図の後に記した補足的な説明とを併せて確認していただきたい．

さて，まず教団的枠組みを念頭に置き，スィーディー・アル＝ムフタール・アル＝クンティーの道統[1)] にある人々とバンバとの直接的関係を纏めると，図5-1のようになる[2)]．

---

1)「はじめに」の「5　術語の説明―⑩スィルスィラ（silsila）」参照．

2) 以下，本章の図においては，二重実線が親子関係，破線が直接的関係の可能性がある繋がり，破線矢印が仲介者を挟んだ形での道統を意味し，一重実線は，これら以外の直接的関係を意味している．厳密にいうと，破線矢印は，繋がれる2者間の直接的関係とはいえないが，参考までに記した．また，いずれの図においても，縦軸を時間軸として，上から下へと時間が経過するよう

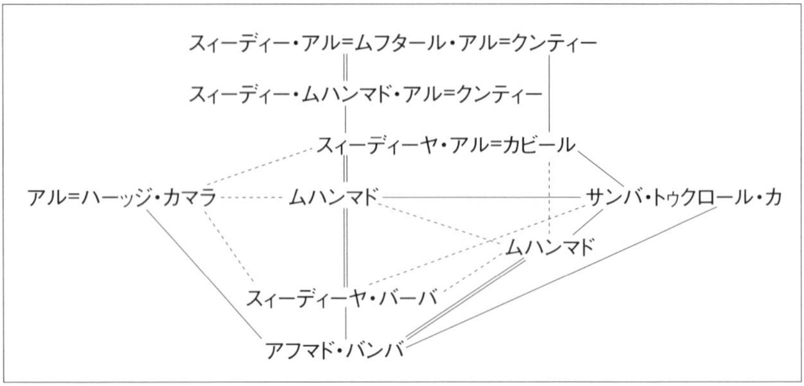

図 5-1　スィーディー・アル＝ムフタールの道統とアフマド・バンバ

この図に関連して，ここまでの議論で説明不足であったと思われる2点を補足する．

第1点目は，サンバ・トゥクロール・カとバンバの父親ムハンマド，そしてスィーディーヤ一族との関係である．セネガル出身の歴史学者シェイク・アンタ・バブーは，近年の研究で，バンバの父親ムハンマドがサンバ・トゥクロール・カを通じたカーディリー教団[3]の道統でスィーディーヤ一族に繋がっており，更には，サンバ・トゥクロール・カとともにブーティリミトのスィーディーヤ一族の許を直接訪れたと述べている[4]．従って，スィーディーヤ一族の3人との関係として記した破線は，バンバの父親ムハンマドがこれら3人のいずれか，もしくは全員と接触していた可能性を示している．

第2点目は，サン・ルイのアル＝ハーッジ・カマラとスィーディーヤ一族との関係である．『恩寵』の情報だけでは，アル＝ハーッジ・カマラの素性はほとんど分からない．しかし，マルティが「サン・ルイにおけるスィーディーヤ一族のムカッダム」(moqaddem des «Sidïa» à Saint-Lous) と形容していることを

に人名を配置したが，紙面の余白の都合上，大まかな配置となっているので，個々の歿年等に関する詳しい情報については，本文を参照していただきたい．

3)「はじめに」の「5　術語の説明―④カーディリー教団 (al-Ṭarīqa al-Qādirīya)」参照．

4) Babou, *Fighting*, pp. 44, 185, 213 (note 45).

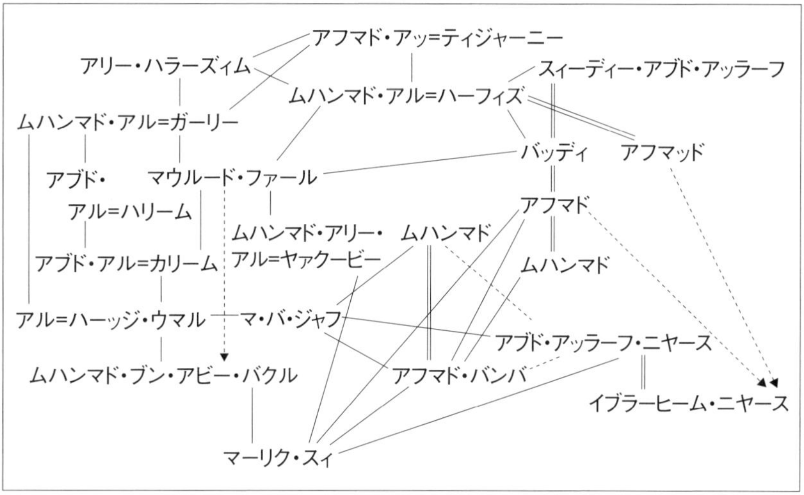

図 5-2　ムハンマド・アル＝ハーフィズの道統とアフマド・バンバ

考慮すると[5]，恐らく彼は，スィーディーヤ一族からサン・ルイにおける代理人として指名された人物であると考えられ，スィーディーヤ一族の3人と繋がる破線は，彼がこれら3人のいずれか，もしくは全員と直接的関係を持っていたことを意味している．

次に，ムハンマド・アル＝ハーフィズを中心としたティジャーニー教団[6]の人々とバンバとの直接的関係を纏めると，図5-2のようになる．

まず，この図では，煩雑さを避けるため，フェズやアイン・マーディーなどを拠点としたマグリブのシャイフ達[7]を大部分省略し，西アフリカにおける連関網を中心に描写した．しかし，実際には，地理的に離れたスーダーン西部のマーリク・スィやアブド・アッラーフ・ニヤースも，そうしたマグリブのシャイフ達からイジャーザ[8]を獲得している．

---

5) Marty, “L'Islam en Mauritanie,” p. 101.
6)「はじめに」の「5　術語の説明―⑫ティジャーニー教団（al-Ṭarīqa al-Tijānīya）」参照.
7)「はじめに」の「5　術語の説明―⑤シャイフ（shaykh）」参照.
8)「はじめに」の「5　術語の説明―①イジャーザ（ijāza）」参照.

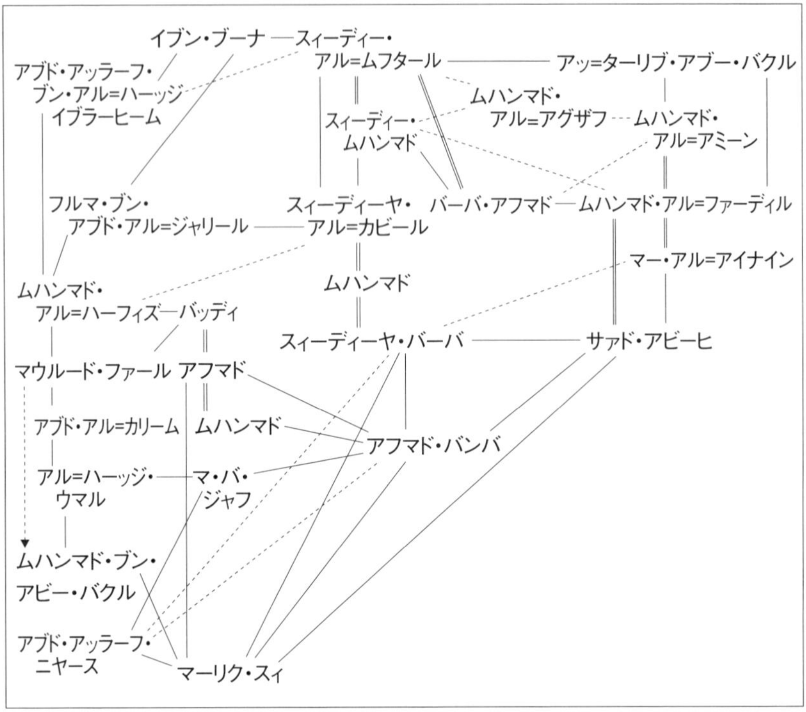

図 5-3　教団的枠組みを越えた直接的関係

そして，アブド・アッラーフ・ニヤースの周辺関係であるが，彼は，バンバと同世代であり，サールムへの集合を呼びかけるマ・バ・ジャフの号令に，父親とともに応じている．従って，この時期にバンバやバンバの父親と何らかの直接的関係があった可能性が考えられる．

さて，以上の２つの図は，個々の教団を念頭に置いた直接的関係であったが，それでは，そうした教団間の垣根を越えた直接的関係は，どのようなものになるだろうか．ムハンマド・アル＝ファーディルらの集団を加え，それを描き出してみよう（図 5-3）．

大まかにいって，図の左側がハーフィズの系統，中央がスィーディー・アル＝ムフタールの系統，右側がファーディルの系統になっている．

補足的説明としては，まず，スィーディーヤ・バーバとマー・アル＝アイナインとの関係であるが，フランス植民地行政当局と融和的関係を築いていたスィーディーヤ・バーバに対し，当局と対立していたマー・アル＝アイナイン周辺の宗教知識人達は，そうした友好関係の分断を促していたようであり[9]，そのような一連の動きの中で，2者間に書簡の往復などを含めた直接的関係があったと予想される．

次に，バンバ，スィーディーヤ・バーバ，サァド・アビーヒ，アブド・アッラーフ・ニヤース，マーリク・スィの相関関係である．彼らは，今日のセネガルからモーリタニア南部にかけての地域を活動の中心地としたほぼ同世代の宗教知識人達で，それぞれの関係の質や深さに違いはあるものの，互いに何らかの直接的関係を持っていたと考えられる．例えば，スィーディーヤ・バーバおよびサァド・アビーヒとマーリク・スィとの繋がりを見ると，マルティは，そこに「公式の関係」（relation officielle）がなかったとしている．だが同時に，互いに親族や使者の往来があったと述べており，またサァド・アビーヒがマーリク・スィの本拠地であるティワーワン（Tiwāwan，ティヴァワヌ〔Tivaouane〕）に滞在した事実にも言及しているので，直接的関係があったと判断してもよいだろう[10]．

いずれにしても，この図からは，当時の西アフリカ・イスラーム社会が，教団もしくは教団内派閥という纏まりを保持しながらも，そうした纏まりの垣根を越えた，より大きな交流網の上に成り立っていた事実を一目で把握できるのではないだろうか．

しかし，このような直接的な交流網も，西アフリカ・イスラーム社会のより広大な連関網の一部にすぎない．というのは，直接的関係は，必然的に一定の時間的・空間的制約を受けるからである．換言すれば，2者間に直接的関係の線が引けるのは，その2者が同時代に生き，しかも交流が可能となる空間的範囲に共存している場合に限られるのである．そして，個々の宗教知識人に及んだ現実的な宗教的・知的影響を把握するためには，こうした直接的関係の分析だけでは不十分であるといえよう．何故なら，彼らは，同時代・同地域の人々

9）Marty, "L'Islam en Mauritanie," pp. 59, 109–10; Robinson, *Paths*, p. 186.

10）Marty, "L'Islam en Mauritanie," pp. 194, 398–9.

との交流だけによって自らの宗教的・知的形成を図っていたわけではないからである．

従って，より正確な宗教的・知的連関網の描写は，そうした時間的・空間的束縛から解放された関係，すなわち，書物などを媒介とする間接的関係が描き出された時，初めて完成に近づくものと思われる．

最終章となる次章では，バンバの著作群を軸に，そのような間接的関係を検討し，西アフリカにおける，そして西アフリカから他地域へと繋がる，イスラームのより広大な宗教的・知的連関網の様相に迫りたい．

第6章　間接的関係

「知識を求めよ，シナまでも」――これは，知的探求の重要性を伝える有名なハディースである[1]．預言者ムハンマドが活動したのは西アジアのアラビア半島であるが，知識の探求のためであれば，そこから遠く離れた東アジアの地に赴くことさえ厭うべきではない，ということであろう．知識の探求の重要性を説くハディースはこの他にも数多く存在し，イスラームは，信仰に根ざした知識の吸収に積極的な価値を認めている．

アラビア半島から遥か西に位置するイスラームの地，西アフリカにおいても，この価値観を体現するかのように，人々は，知識を求め，多くの優れた宗教知識人が輩出した．そして，彼らの宗教的・学問的深化を知る上で看過することができないのは，書物という媒体を通じた間接的関係である．というのも，西アフリカに限らず，イスラーム知識人として学問を志す者達は，アラビア語で書かれた聖典『クルアーン』の学習で長い修学の道のりの第一歩を踏み出し，その後，より多くの師からより多くのイジャーザ[2]を獲得することによって，自らの知的成長を裏づけていくのであるが，このイジャーザは，特定の著作の

1）このハディース（「はじめに」の「5　術語の説明―⑯ハディース〔ḥadīth〕」参照）は，信憑性において「ダイーフ」（ḍaʿīf），すなわち「脆弱」とされるが，有名なハディースとして人口に膾炙している．例えば，スィーディー・アル＝ムフタール・アル＝クンティーも，息子のスィーディー・ムハンマドに宛てた手紙の中でこのハディースを引き，知識の探求と修学の旅の重要性を述べている．ṬT-K, p. 159; ṬT-R, p. 232.「脆弱」なハディースについていえば，神の属性を論じたり，法学的判断を下したりする場合にそれを典拠とすることは許されないが，物語を語ったり，ここでの事例のように人に善行を勧めたりする場合には，「脆弱」であることを明らかにすることなく，それを引拠としても問題はないようである．鎌田繁「イスラーム講座2　ハディース」105頁．

2）「はじめに」の「5　術語の説明―①イジャーザ（ijāza）」参照．

内容が師から弟子に伝達されたことを保証する免状であり，各学問分野における研鑽とは，すなわちその学問分野の著作群を一つずつ学んでいくことに他ならないからである．

本章は，この著作という媒体に注目し，起点となるアフマド・バンバの著作群および彼に関する伝記から遡及することのできる著者・著作を紹介しながら議論を展開していく．こうした議論の目的は，第1に，西アフリカの宗教知識人達が西アフリカ以外の地域から受容した著作群，および西アフリカの宗教知識人達が生み出した著作群についての情報の整理と蓄積，第2に，そうした著作群を介して繋がる間接的な宗教的・知的連関網の描写である．

なお，本章では，西アフリカを基準として，便宜的に，西アフリカの宗教知識人によって書かれた著作を「地域内著作」，マシュリクとマグリブの宗教知識人によって書かれた著作を「地域外著作」と分類する[3]．

第1節 地域外著作

1 アフマド・バンバと地域外著作

既に第Ⅰ部において複数の西アフリカ宗教知識人が渉猟した数多の地域外著作を具体的に提示しており，この地域にどのような地域外著作が流入していたのかは，ある程度明らかになっていると思う．しかし，より一般的で俯瞰的な視点に立つため，まずは先行研究の情報に基づき，この地域で伝統的に学ばれてきた地域外著作を表6-1に纏める[4]．

3）ただし，本書でこの分類を採用したのは，あくまでも分析のためである．つまり，西アフリカの宗教知識人達が実際の学習においてこうした地域的基準による著作の選り分けを行っていたわけではない．なお，第1節で提示する全ての地域外著作一覧表では，マシュリクとマグリブとの区別を明確にするため，マシュリクの著作に Mash，マグリブの著作に Magh と記す．

4）この表は，基本的に al-Mukhtār wuld Ḥāmid, *Ḥayāt Mūrītāniyā*, Vol. 2, pp. 5–90 と El Hamel, *La vie*, pp. 115–8, 132–7 とに共通して提示されている著作，および Samb, *Essai*, pp. 27–8 に提示されている著作の一部からなる．そして，前2者の研究のどちらかに提示されていて，かつ著者のこれまでの研究から重要であると判断した著作も加えた．なお，『クルアーン』やハディースの六書などは，あらゆる学問の基礎として当然学ばれたが，本章で示すいずれの著作一覧表にお

この表は，多岐に亘る地域外著作が西アフリカに流入していたことを一目で把握するための大まかなものであり，ここに列挙した著作が実際に西アフリカで学ばれた著作群のほんの一部であることはいうまでもないだろう．しかし，西アフリカの宗教知識人達がこれらの著作群を受容していた事実は，第Ⅰ部に登場した宗教知識人達の渉猟著作がこの一覧表の中に数多く見出せることからも確認できるはずである．そして彼らは，注釈・韻文化・引用などの知的営為を介してこれらの著作群に働きかけることで，独自の地域内著作を大量に生み出すことに成功したのである[5]．バンバも，若年期から地域外著作を精力的に受容した人物であるといえるが，表4-2からそうした地域外著作だけを取り出して纏めたものが表6-2である[6]．

西アフリカの他の宗教知識人同様，バンバは，受容した著作の内容に基づいて独自の著作を生み出したのであるが，その具体的事例を幾つか検討してみよう．

まず，彼が最初に著したとされる韻文著作『我々の師サヌースィーの散文の韻文化に関する神聖者の贈物』（以下，『贈物』）[7] である[8]．これは，標題からも分かるように，サヌースィーの散文著作を韻文化したものであるが，その散文著作とは，表6-1および表6-2に出てくる『諸証拠の起源』である．

マグリブの宗教知識人であるサヌースィーの著作群は，弟子達の手によって西アフリカにも伝えられ，神学・信仰箇条に関する複数の著作の中でも，特にその原題『タウヒードの民の小信仰箇条』が示す通りの小著である『諸証拠の起源』は，注釈書の執筆や韻文化が頻繁に試みられた作品である[9]．その内容

いてもこれらを省略する．

5) こうした地域内著作の具体的事例は，以下のような研究に挙げられている．al-Mukhtār wuld Ḥāmid, *Ḥayāt Mūrītāniyā*, Vol. 2, pp. 5–90; El Hamel, *La vie*, p. 118.

6) 以下，本節で提示する著作一覧表には，各著作の後に（　）を用いて，表6-1との対応番号を併記する．また表中以外でも，必要に応じてこの番号を表記する．

7) 表4-1の1参照．

8) バンバの多くの著作に見られる散文著作の韻文化という知的営為については，以下に纏めた．苅谷康太「西アフリカのアラビア語詩における韻文化と折句：アフマド・バンバの著作を中心に」．

9) Sa'īd 'Abd al-Laṭīf Fūda, *Tahdhīb Sharḥ al-Sanūsīya: Umm al-Barāhīn* (*wa Yalī-hi Matn*

表 6-1　西アフリカで学ばれた代表的な地域外著作

1　法学

①マーリク・ブン・アナス『踏みならされた道』（*Muwaṭṭa'*）Mash

②アブド・アッ＝サラーム・アッ＝タヌーヒー（'Abd al-Salām al-Tanūkhī, 855 年歿，サフヌーン〔Saḥnūn〕）『大集成』（*al-Mudawwana al-Kubrā*）Magh

③カイラワーニー『論考』Magh

④イブン・アル＝ハーッジ『高貴なイスラーム法の入門』Mash

⑤ハリール・ブン・イスハーク『提要』Mash

⑥イブン・アースィム『契約と法規定の諸警句に関する法官達の贈物』Magh

⑦アリー・ブン・カースィム・アッ＝ザッカーク『ラーム韻詩』（*Lāmīya*），『法学派[10] の諸基礎〔諸法源〕への選ばれた道』Magh

⑧アフダリー『宗教儀礼についての提要』Magh

⑨イブン・アーシル『必須の宗教諸学において援助する導き手』Magh

2　法源学

①アブド・アル＝マリク・アル＝ジュワイニー『法源学に関する諸文書』Mash

3　クルアーン諸学

①ファフル・アッ＝ディーン・アッ＝ラーズィー（Fakhr al-Dīn al-Rāzī, 1209 年歿）『不可視界の鍵』（*Miftāḥ al-Ghayb* =『大注釈』〔*al-Tafsīr al-Kabīr*〕）Mash

②アブド・アッラーフ・アル＝バイダーウィー『啓示の光と解釈の秘密』Mash

③イブン・バッリー（Ibn Barrī, 1330/1 年頃歿．アリー・ブン・ムハンマド・アッ＝リバーティー〔'Alī bn Muḥammad al-Ribāṭī〕）『イマーム・ナーフィアの読誦の起源に関する輝く真珠』（*al-Durar al-Lawāmi' fī Aṣl Maqra' al-Imām Nāfi'*）Magh

④マハッリーおよびスユーティー『2 人のジャラールの注釈』Mash

4　ハディース学

①アル＝カーディー・イヤード『選ばれし者の権利の教示による癒し』Magh

②アブド・アッ＝ラヒーム・ブン・アル＝フサイン・アル＝イラーキー『千行詩』Mash

③スユーティー『千行詩』Mash

5　神学・信仰箇条

①サヌースィー『タウヒードの民の最小信仰箇条』（*'Aqīda Ahl al-Tawḥīd al-Ṣaghīra*〔*Ṣughrā*〕*al-Ṣughrā*），『諸証拠の起源』，『タウヒードの民の中信仰箇条』（*'Aqīda Ahl al-Tawḥīd al-Wusṭā*），『タウヒードの民の大信仰箇

Umm al-Barāhīn li-l-Imām 'Allāma Abī 'Abd Allāh al-Sanūsī), pp. 15–9; H. Bencheneb, "al-Sanūsī," pp. 20–1; Al-Mukhtār wuld Ḥāmid, *Ḥayāt Mūrītāniyā*, Vol. 2, p. 28.

10）法学派については，「はじめに」の「5　術語の説明―⑪スンナ派 4 大法学派」参照．

条』(*‘Aqīda Ahl al-Tawḥīd al-Kubrā*) Magh
②アフマド・アル＝マッカリー『スンナの民の信仰箇条に関する闇への照明』(*Iḍā’a al-Dujunna fī ‘Aqā’id Ahl al-Sunna*) Magh

6 タサッウフ
①ガザーリーの諸著作 Mash
②アブー・アン＝ナジーブ・アブド・アル＝カーヒル・アッ＝スフラワルディーおよびシハーブ・アッ＝ディーン・ウマル・アッ＝スフラワルディー(Shihāb al-Dīn ‘Umar al-Suhrawardī, 1234 年歿) の諸著作 Mash
③アフマド・アル＝ブーニー (Aḥmad al-Būnī, 1225 年歿)『大きな直観知の太陽と知者達の佳話』(*Shams al-Ma‘ārif al-Kubrā wa Laṭā’if al-‘Awārif*) Magh
④ムハンマド・アル＝ブースィーリー (Muḥammad al-Būṣīrī, 1294/5/6/7 年歿)『最良の人間の称讃に関する輝く星』(*al-Kawākib al-Durrīya fī Madḥ Khayr al-Barīya*) Mash
⑤イブン・アター・アッラーフの諸著作 Mash
⑥アフマド・ザッルークの諸著作 Magh
⑦アブド・アル＝ワッハーブ・アッ＝シャァラーニーの諸著作 Mash

7 文法学
①アル＝カースィム・アル＝ハリーリー (al-Qāsim al-Ḥarīrī, 1122 年歿)『語尾変化の警句』(*Mulḥa al-I‘rāb*),『マカーマート』(*Maqāmāt*) Mash
②イブン・マーリクの諸著作 Mash
③イブン・アージュッルーム『序』Magh

8 修辞学
①スユーティー『修辞学に関する真珠の首飾り』Mash
②アフダリー『3 分野の真珠貝に隠された宝石』(*al-Jawhar al-Maknūn fī Ṣadaf al-Thalātha al-Funūn*) Magh

9 韻律学
①アブド・アッラーフ・アル＝ハズラジー (‘Abd Allāh al-Khazrajī, 1228/9 年歿)『韻律と脚韻の学に関する明白な合図』(*al-Rāmiza al-Shāfiya fī ‘Ilmay al-‘Arūḍ wa al-Qāfiya* ＝『ハズラジーのカスィーダ[11]』〔*al-Qaṣīda al-Khazrajīya*〕) Magh

10 論理学
①アフダリー『美しき梯子』Magh

11 祈禱
①ジャズーリー『善の徴』Magh

11)「カスィーダ」は，イスラーム以前の時代に起源を持つ古典的な詩型の一つである．

表6-2　若年期のアフマド・バンバが渉猟した地域外著作

1	カイラワーニー『論考』Magh（1-③）
2	ハリール・ブン・イスハーク『提要』Mash（1-⑤）
3	アフダリー『宗教儀礼についての提要』Magh（1-⑧）
4	サヌースィー『諸証拠の起源』Magh（5-①）
5	マッキー『心の糧』Mash
6	イスファハーニー『装飾』? Mash
7	クシャイリー『論考』Mash
8	ガザーリー『導きの始まり』,『宗教諸学の再興』Mash（6-①）
9	シャーズィリー教団[12]の諸著作 ①シャーズィリー『海のヒズブ』Magh ②イブン・アター・アッラーフの諸著作 Mash（6-⑤） ③イブン・アッバードの諸著作 Magh ④ジャズーリー『善の徴』Magh（11-①） ⑤アフマド・ザッルークの諸著作 Magh（6-⑥）
10	ティジャーニー教団[13]の諸著作 ①アリー・ハラーズィム『意味の宝石』Magh ②ムハンマド・アル＝アラビー『望み』Magh

は，理性的判断（al-ḥukm al-ʻaqlī），神や神の使徒の属性，その証拠，信仰告白など，幾つかの題材を簡潔に纏めたものである．例えば，神の属性は20あり，それらは，第1に「本源的属性」（al-ṣifa al-nafsīya）としての「存在」（wujūd），第2に「否定的属性」（al-ṣifāt al-salbīya，神にそぐわない事柄がそれによって消滅するところの属性）としての「無始の永遠」（qidam），「無終の存続」（baqā'），「非被造物性」（al-mukhālafa li-l-ḥawādith），「自足」（al-qiyām bi-nafs-hi），「唯一」（waḥdānīya），第3に「特質的属性」（ṣifāt al-maʻānī）としての「能力」（qudra），「意志」（irāda），「知識」（ʻilm），「生命」（ḥayāt），「聴覚」（samʻ），「視覚」（baṣar），「言葉」（kalām），第4に特質的属性と結びついた「叙性的属性」（al-ṣifāt al-maʻnawīya，神の様態〔kawn〕）としての「能力ある者」（qādir），「意志ある者」（murīd），「知る者」（ʻālim），「生きる者」（ḥayy），「聴く者」（samīʻ），「視る者」（baṣīr），「話す者」（mutakallim）という4種類に大別される．そして，

12）「はじめに」の「5　術語の説明―⑥シャーズィリー教団（al-Ṭarīqa al-Shādhilīya）」参照．
13）「はじめに」の「5　術語の説明―⑫ティジャーニー教団（al-Ṭarīqa al-Tijānīya）」参照．

この20の属性の反対は，神においてはあり得ない属性となる[14]．バンバは，底本のこのような内容を650行を超える詩として纏めており，執筆理由については，冒頭で次のように記している．

諸学問は最も優れた遺産であり，それによって神が下僕を益するところの最良のものである．しかし，タウヒードは，墓の中や復活の日において，人にとっての最良の備蓄である．というのも，タウヒードは，タウヒード以外の知識がなくとも十分であるが，どんなに多くの知識も，タウヒードなしでは無益だからだ．そして，聡明な者達は，タウヒードについて，サヌースィーが確立したような事柄を含む（優れた）著作をこれまで見なかった．そのために，学習者〔もしくは弟子〕のある者が，自らの望むものを得ようと，サヌースィーの著作の韻文化を私に依頼したのだ．そこで私は，悔悟の受容者〔神〕の助けを望みつつ，（その要求への）応答に向かって急いで立ち上がったのである[15]．

この引用から明らかなように，同時代の学習者もしくは弟子の依頼でこの著作の執筆に乗り出したバンバは，底本の『諸証拠の起源』を高く評価していた．彼は，伝記中に記された詩の中でも，信仰箇条としてサヌースィーの信仰箇条に満足している，と述べており[16]，サヌースィーの著作が彼にとって重要な存

14)『諸証拠の起源』の内容については，主に以下の注釈書を参照した．Sa'īd 'Abd al-Laṭīf Fūda, *Tahdhīb*; Muḥammad al-Dusūqī, *Ḥāshiya 'alā Sharḥ Umm al-Barāhīn* (*wa bi-Hāmish-hi Sharḥ Umm al-Barāhīn li-Sayyid-ī Muḥammad bn Yūsuf al-Sanūsī al-Ḥasanī*).

15) 原文は以下の通り（韻律：ラジャズ）．誤記と思しき単語に対しては，他の校訂版の表記などに基づいて，適切な単語を［　］内に記し，それに沿って翻訳した．

wa ba'du fa-l-'ulūmu afḍalu-t-tilād / wa khayru ma-llāhu bi-hī 'abdan afād
lākinna-ma-t-tawḥīdu khayru-z-zukhrī [-dh-dhukhrī] / li-sh-shakhṣi fi-l-qabri wa yawma-n-nashrī
li-anna-hū 'an ghayri-hī yughnī wa lā / bi-dūni-hī yufīdu 'ilmun musjalā
wa lam yara-l-akyāsu ta'līfan atā / fī-hi ka-mithli ma-s-Sanūsī athbatā
min ajli dhā sa'ala ba'ḍu-ṭ-ṭalabah / naẓm-ī la-hū li-kay yanāla maṭlabah
fa-qumtu musri'an ila-l-jawābī / mubtaghiyan i'ānata-t-tawwābī

Aḥmad Bamba, *Mawāhib al-Quddūs fī Naẓm Nathr Shaykh-nā al-Sanūsī*, p. 127.

16) MB, Vol. 1, pp. 160–1; pp. 144–5.

在であったことを示唆している．そして，この点は，彼が『贈物』以外にも，『諸証拠の起源』の内容に基づいた『清浄な奉仕』（*al-Khidma al-Muṭahhara*）や『慣習と崇拝を改善する幸福の誘因』（*Jāliba al-Sa'āda Muṣliḥa al-'Āda wa al-'Ibāda*），『まどろみも眠りもその御方を捕えることはない』（*Lā Ta'khudhu-hu Sina wa Lā Nawm*）などの複数の作品を著していたことからも窺える[17]．

次に，バンバの著作の中でも最もよく知られた作品の一つである『楽園の道』を見てみよう[18]．この著作は，シンキート地方南部の碩学ムハンマド・アル＝ヤダーリーの散文著作『タサッウフの封印』を底本にした韻文である[19]．このような性質の著作でありながら，バンバは，底本にない多くの引用や増補を行っており，それによって，彼が如何なる人物の思想や著作に影響を受けたのかを窺い知ることができる．彼がこの作品の執筆にあたって直接的もしくは間接的に参照したであろう地域外著作の一部を挙げると，表6-3のようになる[20]．

まず，1のハリール・ブン・イスハークである．カイロ出身の著名なマーリク学派法学者であった彼の『提要』が西アフリカにおいて最も学ばれた法学書の一つであったことは，第Ⅰ部からの議論で十分に説明されていると思う．後世の人々が『提要』に関する多くの注釈書を書いたのは，そもそもこの著作が，その標題の示す通り，要点のみを掻い摘んだ内容であったことに起因している

17）Aḥmad Bamba, *al-Khidma al-Muṭahhara*; Aḥmad Bamba, *Jāliba al-Sa'āda Muṣliḥa al-'Āda wa al-'Ibāda*; Aḥmad Bamba, *Jam' al-Maqāmāt Allatī Farra ilay-hā al-Qawm fī Sharḥ Qaṣīda Lā Ta'khudhu-hu Sina wa Lā Nawm*.

18）表4-1の6参照．

19）ヤダーリーと『タサッウフの封印』については，次節で検討する．

20）ここに列挙した以外にも，例えばサヌースィーやイブン・アビー・ジャムラ（Ibn Abī Jamra, 1299/1300？年歿．アブド・アッラーフ・ブン・サァド・アル＝アンダルスィー〔'Abd Allāh bn Sa'd al-Andalusī〕）などといった地域外著作の著者達の名が言及されている．イブン・アビー・ジャムラはアンダルス出身のハディース学者で，『高貴なイスラーム法の入門』（1-④）を書いたカイロ出身の著名な法学者イブン・アル＝ハーッジも彼から教えを受けた．彼の著作としては，ムハンマド・アル＝ブハーリーの『真正集』の抄書『善と極限の始まりに関する終焉の結集』（*Jam' al-Nihāya fī Bad' al-Khayr wa al-Ghāya*）や，その自注書『魂の愉悦』（*Bahja al-Nufūs*）がよく知られている．'Abd al-Fattāḥ Sa'd, *al-'Ārif bi-Allāh Sayyid-ī 'Abd Allāh bn Abī Jamra*, pp. 3–11; Ibn Abī Jamra, *Jam' al-Nihāya fī Bad' al-Khayr wa al-Ghāya*; Ibn Abī Jamra, *Bahja al-Nufūs*.

表 6-3 『楽園の道』に見られる地域外著作

1	ハリール・ブン・イスハーク『提要』Mash（1-⑤）
2	アフダリー『宗教儀礼についての提要』Magh（1-⑧）
3	ガザーリー『宗教諸学の再興』,『導きの始まり』Mash（6-①）
4	イブン・アター・アッラーフ『箴言』Mash（6-⑤）
5	ジャズーリー『善の徴』Magh（11-①）
6	アフマド・アル＝ヒラーリー（Aḥmad al-Hilālī, 1761年歿. 以下，ヒラーリー）『諸忠言に関するカスィーダ』（*Qaṣīda fī al-Naṣā'iḥ*）Magh

と考えられる．しかし同時に，第2章のアフマド・バーバーなどの逸話から，ハリール・ブン・イスハークという人物とその著作自体が西アフリカにおいて特別な権威を有していたことが窺われ，そうした権威がこの著作に対する注釈書の執筆や韻文化を一層促したものと思われる[21]．

次に，2のアフダリーは16世紀のアルジェリアの人で，マーリク学派の宗教儀礼を扱ったこの『宗教儀礼についての提要』の他にも，修辞学書『3分野の真珠貝に隠された宝石』（8-②）や論理学書『美しき梯子』（10-①），更に，計算法や相続などを扱った『最良の諸学問と諸事に関する白い真珠』（*al-Durra al-Bayḍā' fī Aḥsan al-Funūn wa al-Ashyā'*）や天文学書『天文学に関する灯火の詩』（*Naẓm al-Sirāj fī 'Ilm al-Falak*）など，多分野の著作を書き残した著述家である[22]．

彼の著作の中には，著作を介した宗教知識人の知的連関が如実に現れているものがある．例えば『3分野の真珠貝に隠された宝石』は，修辞学書として広く知られたムハンマド・アル＝カズウィーニーの『鍵の提要』を韻文化したものだが，底本の『鍵の提要』も，もともとはユースフ・アッ＝サッカーキー（Yūsuf al-Sakkākī, 1229年歿）という著名な修辞学者が書いた『諸学の鍵』（*Miftāḥ al-'Ulūm*）の中から，修辞学を論じた第3部のみを取り上げて，提要と

21）ハリール・ブン・イスハークの略歴や著作については，以下を参照した．Aḥmad Bābā, *Nayl*, Vol. 1, pp. 183–8; Aḥmad Bābā al-Tinbuktī, *Kifāya al-Muḥtāj li-Ma'rifa Man Laysa fī al-Dībāj*, Vol. 1, pp. 198–202; M. Ben Cheneb, "Khalīl b. Isḥāḳ," p. 964.

22）Joseph Schacht, "al-Akhḍarī," p. 321.

して纏めたものである．そして，この『諸学の鍵』も，更に時代を遡ったアブド・アル＝カーヒル・アル＝ジュルジャーニー（‘Abd al-Qāhir al-Jurjānī, 1078年歿）の『(『クルアーン』の）模倣不可能性の諸証拠』（*Dalā'il al-I‘jāz*）と『修辞の秘密』（*Asrār al-Balāgha*）の内容に基づいて書かれた著作といわれている[23]．

また，論理学書『美しき梯子』も，ムファッダル・アル＝アブハリー（Muaḍḍal al-Abharī, 1264年歿）の『イーサーグージー』（*Īsāghūjī*）に基づいているが，膨大な数のアラビア語著作とその著者に関する情報を纏めたドイツの東洋学者カール・ブロッケルマンによると，この『イーサーグージー』も，ギリシアの新プラトン学派の哲学者ポルフュリオス（Porphyrios, 305年頃歿）の『エイサゴーゲー』（*Eisagōgē*）の翻案物（adaptation, Bearbeitung）である[24]．

そして，このようなアフダリーの著作群は，西アフリカの宗教知識人達の手による韻文化や注釈書の執筆によって，より広大な時間的・空間的領野に影響を及ぼすようになっていったのであるが，バンバがそうした宗教知識人達の一人であったことは，第4章で言及した『貴重な宝石』の存在からも明らかであろう．

次に，3のガザーリーであるが，彼とここに掲げた2著作については，次項以降で言及することになるので，ここでは措いておこう．

続いて，4のイブン・アター・アッラーフは，エジプトのアレクサンドリア（Alexandria, イスカンダリーヤ〔Iskandarīya〕）出身で，シャーズィリー教団の第3代教団長として知られる宗教知識人である．彼は，諸学の修得に励んでいた

23）Makhlūf al-Minyāwī, *Ḥāshiya al-Fāḍil al-Shahīr al-‘Ālim al-Niḥrīr al-Shaykh Makhlūf al-Minyāwī ‘alā Sharḥ al-‘Allāma al-Shaykh Aḥmad al-Damanhūrī li-Matn al-Imām al-Akhḍarī al-Musammā bi-al-Jawhar al-Maknūn fī al-Ma‘ānī wa al-Bayān wa al-Badī‘*（*wa bi-Hāmish-hā Sharḥ al-Jawhar al-Maknūn al-Madhkūr*）; Schacht, “al-Akhḍarī,” p. 321; S. A. Bonebakker, “al-Ḳazwīnī,” pp. 863-4; W. P. Heinrichs, “al-Sakkākī,” pp. 893-4; K. Abu Deeb, “al-Djurdjānī,” pp. 277-8.

24）Brockelmann, *Geschichte der arabischen Litteratur*, Vol. 1, p. 609; Carl Brockelmann, “al-Abharī,” pp. 98-9; Mufaḍḍal al-Abharī, *Īsāghūjī*; Mufaḍḍal al-Abharī, *Kitāb Īsāghūjī*; Ibrāhīm al-Bājūrī, *Ḥāshiya Khātima al-Muḥaqqiqīn wa Nādira al-Fuḍalā' al-Mudaqqiqīn Shaykh al-Islām wa Ḥibr al-Anām al-Shaykh Ibrāhīm al-Bājūrī ‘alā Matn al-Sullam fī Fann al-Manṭiq li-l-Imām al-Akhḍarī*（*wa bi-Hāmish-hā Matn al-Sullam al-Madhkūr ma‘ Taqrīr al-Muḥaqqiq al-‘Allāma al-Mudaqqiq al-Shaykh Muḥammad al-Anbābī*; Schacht, “al-Akhḍarī,” p. 321.

若年期にはタサッウフに対して否定的な態度を取っていたが，シャーズィリー教団の祖シャーズィリーの弟子として第2代教団長となったアブー・アル＝アッバース・アフマド・アル＝ムルスィー（Abū al-ʻAbbās Aḥmad al-Mursī, 1288年歿）の許での学習を契機に，タサッウフに身を投じていったようである[25]．彼の著作の中でも，簡潔な警句を並べた『箴言』が西アフリカの宗教知識人達の共有する知的基盤の一部であったことは，第I部からの議論を振り返れば明らかであろう．他には，例えばティジャーニー教団のイブラーヒーム・ニヤースが引用した著作として第1章で紹介した『恩寵の佳話』なども，西アフリカの知的共通基盤の一部をなすイブン・アター・アッラーフの代表的著作である．

そして，5のモロッコ南部スース（Sūs）出身のジャズーリーは，シャーズィリー教団に属するスーフィーであると同時に，モロッコのマラケシュの町を守護する7聖者の一人に数えられる．『善の徴』は，預言者ムハンマドの種々の異称を読み込んだ祈禱句の列挙によって構成される祈禱書であり，シャーズィリー教団の中でもジャズーリーを名祖とする一派は，この祈禱書の朗誦を義務づけられているようである[26]．

表6-1で示したように（11-①），この著作は，西アフリカで広く学ばれた作品の一つに数えられ，バンバの著作との関連からもこの点は裏づけられる．何故なら，バンバは，流刑記『憐れみ深き感謝者の報酬』の中で，自らが流刑地で書いた散文と韻文の祈禱書が『善の徴』を凌ぐものであると述べており，この著作を意識して執筆活動を行っていたことが分かるからである[27]．そして，実際にバンバの著作の中には，『善の徴』を意識したと思われる作品がある．例えば，『慈悲の預言者への祈りに関する奉仕の序，もしくは最良の主人への祈りに関する幸福の鍵』（*Muqaddama al-Khidma fī al-Ṣalāt ʻalā Nabī al-Raḥma aw Miftāḥ al-Saʻāda fī al-Ṣalāt ʻalā Khayr al-Sāda*, 以下，『奉仕の序』）という祈禱書は，『善の徴』と同様，様々な名で呼ばれる預言者ムハンマドへの祝福と救済を神

25）ʻAbd al-Majīd al-Shurnūbī, *Sharḥ Ḥikam al-Imām Ibn ʻAṭāʼ Allāh al-Sikandarī*, pp. 16–22.

26）M. Ben Cheneb, "al-Djazūlī," pp. 527–8; H. de Castries, "Les sept patrons de Merrakech," pp. 272–5.

27）Aḥmad Bamba, *Jazāʼ*, p. 494.

に祈る内容となっている．そして，『善の徴』の序に並べられた201通りの預言者ムハンマドの呼称の多くが，この『奉仕の序』にも見られる[28]．しかし，『奉仕の序』は，『善の徴』の完全な模倣ではない．というのも，そもそも『奉仕の序』に収録されている預言者の呼称は，『善の徴』のそれよりも遥かに多い721通りに及び，形式の点でも，前者は，ムハンマドの呼称をその頭文字を基準に28のアラビア文字のアルファベットで分類して排列するなど，後者には見られない工夫をしているからである[29]．

以上の2人の他にも，シャーズィリー教団という繋がりから，表6-1と表6-2で挙げたアフマド・ザッルークに言及しておこう．既に本書で繰り返しその名が登場した彼は，マグリブとマシュリクで多くの師について学んだ15世紀の宗教知識人であり，多分野の著作を書き残した著述家でもある[30]．『箴言』の注釈書や，タサッウフに関する短文を列挙した『タサッウフの諸基礎』などの有名な著作を始めとして，彼の著作群は，マグリブのみならず，西アフリカでも広く受容され，バンバも，例えば『地獄の錠と楽園の鍵』，『げに我が主人は神』（*Inna Walī-ya Allāh*），『全ての死にゆく戦闘者の向かう方向を変えることに関する，充足し，残存し，死をもたらす御方の勝利』（*Fatḥ al-Kāfī al-Bāqī al-Mumīt fī Ṣarf Tawajjuh Kull Mubāriz Yamūt*），『注意せよ，マフムードよ』（*Dūn-ka Yā Maḥmūd*）などといった数多の作品においてザッルークに言及している[31]．

第1章で述べたように，こうしたシャーズィリー教団の著者による著作群は，教団間の垣根を越えた宗教知識人達の間接的関係を支える媒介となっており，教団的枠組みの一段下に広がる宗教的・知的共通基盤の一部を構成していたと考えられる．

28）Muḥammad al-Jazūlī, *Dalā'il al-Khayrāt*, pp. 36–47.

29）Aḥmad Bamba, *Muqaddama al-Khidma fī al-Ṣalāt 'alā Nabī al-Raḥma aw Miftāḥ al-Sa'āda fī al-Ṣalāt 'alā Khayr al-Sāda*, pp. 1–93.

30）ザッルークの略歴や著作については，以下を参照した．Aḥmad Bābā, *Nayl*, Vol. 1, pp. 138–42; Aḥmad Bābā, *Kifāya*, Vol. 1, pp. 126–8; Aḥmad Zarrūq, *Qawā'id*, pp. 6–13; Aḥmad Zarrūq, *al-Naṣīḥa al-Kāfiya li-Man Khaṣṣa-hu Allāh bi-al-'Āfiya*, pp. 5–15.

31）Aḥmad Bamba, *Maghāliq*, p. 185; Aḥmad Bamba, *Inna Walī-ya Allāh*, p. 554; Aḥmad Bamba, *Fatḥ al-Kāfī al-Bāqī al-Mumīt fī Ṣarf Tawajjuh Kull Mubāriz Yamūt*, p. 572; Aḥmad Bamba, *Dūn-ka Yā Maḥmūd*, p. 609.

続いて，6のヒラーリーはマグリブのスィジルマーサ（Sijilmāsa）出身の宗教知識人で，多数の著作を書き残した人物として知られる．中でも，来世に向けて人々がなすべき準備などを詠った『諸忠言に関するカスィーダ』[32]は，モロッコで流布したといわれているが，バンバが引用していることから，西アフリカでも知られていたと考えられる．しかし，『楽園の道』の執筆時にバンバがこの『諸忠言に関するカスィーダ』を直接参照したか否かに関しては，速断を避けるべきであろう．というのも，『楽園の道』で引用されているのは，『諸忠言に関するカスィーダ』の32行目「そして知識とは，全能者〔神〕への畏怖を抱かせるものである．従って，この畏怖を欠いた者は，（神を）非難する無知な人間なのである」[33]のみであり，この行は，バンバが同じ著作の中で繰り返し言及しているスィーディー・ムハンマド・アル＝クンティーの『楯』の中でも引用されているため[34]，バンバがこの『楯』から孫引きをした可能性も否定できないからである．しかし，スィーディー・ムハンマドも西アフリカの人なので，いずれにしても，『諸忠言に関するカスィーダ』がこの地域に流布していたことは裏づけられるだろう．

さて，ここまでは韻文著作である『楽園の道』を検討してきたが，次に，散文著作の事例として『秘密の知らせにおける宝石を繋ぐ糸』（*Silk al-Jawāhir fī Akhbār al-Sarā'ir*，以下，『糸』）という作品から地域外著作を拾い出してみよう（表6-4）．韻文は，韻律や脚韻規則を遵守しなければならないため，人名や著

32）モロッコで流布したヒラーリーの詩について，*The Encyclopaedia of Islam*, New Editionには「129行の詩」と書かれているが，そこで説明されている詩の内容は，モロッコ王国国立図書館が『諸忠言に関するカスィーダ』という標題で所蔵する129行の詩に一致するので，本書では，この標題を採用する．"al-Hilālī," p. 370; Aḥmad al-Hilālī, *Qaṣīda fī al-Naṣā'iḥ*. なお，『諸忠言に関するカスィーダ』は，その標題に反し，カスィーダの形式に合致しておらず，各詩行の前半句と後半句が押韻しているものの，全体を通じた脚韻の一致は見られない．この点については，後出の注98参照．

33）著者が閲覧した『諸忠言に関するカスィーダ』の写本と『楽園の道』との間には，僅かな差異があるので，以下に両者の原文を記す（韻律：ラジャズ）．

wa-l-'ilmu mā aksaba khashyata-l-'alīm / wa man khalā min-hā fa-jāhilun mulīm

Aḥmad al-Hilālī, *Qaṣīda fī al-Naṣā'iḥ*, 49v.

al-'ilmu mā aksaba khashyata-l-'alīm / fa-man khalā min-hā fa-jāhilun mulīm

Aḥmad Bamba, *Masālik*, p. 11.

34）Sīdī Muḥammad al-Kuntī, *Junna*, p. 86.

作標題の表記における不自由さを伴うが，散文にはそうした障碍がないため，その著作の執筆にあたっての著者の知的源泉を比較的明確に読み取ることができる．また，ここで参照する『糸』は，第1章で現世を，第2章で来世を主題とし，それぞれの主題に沿った警句や寓話，祈禱方法などを，『クルアーン』やハディース，その他多くの先達の著作から集めた引用集のような形を取っているので，バンバが学んだ著作を知るためには格好の材料であるといえよう[35]．

既に述べたように，1のガザーリーについては後出の議論に譲るが，ここに掲げた2著作に関しては次項以降で言及しないので，簡単な説明を加えておく．『黄金』は，セルジューク朝（1038-1194年）のムハンマド・ブン・マリク・シャー・アッ＝サルジューキー（Muḥammad bn Malik Shāh al-Saljūqī，在位1105-1118年）のために書かれたペルシア語著作（『諸王への忠言』〔*Naṣīḥa al-Mulūk*〕）のアラビア語訳であり，その標題が示す通り，種々の忠言や寓話を記した著作である[36]．また，『進み行く者達の道』は，一般にガザーリーの著作群の標題には見られない[37]．しかし，バンバの引用を見る限り，この著作は，『崇拝者達の道』（*Minhāj al-ʻĀbidīn*）と同定できる[38]．

2のイブン・アル＝ジャザリーは，クルアーン読誦学やハディース学，法学に秀でたダマスカスの学者で，これらの学問に関連する著作を数多く書き残した[39]．祈禱に用いられるハディース集ともいえる『要塞』[40]は，様々な状況で実践されるべき祈禱の方法や，種々の効果をもたらすとされる呪術的文言を集めた『糸』において，繰り返し引用される重要な典拠となっている．

既に本書で繰り返し言及した3のスユーティーは，18歳にしてシャーフィイー学派の教授職に就くなど，若くから知的卓越性を示したカイロ出身の学者である．表6-1からも分かるように（3-④，4-③，8-①），多作の彼が書き残

35）表6-4では，『糸』の中で比較的頻繁に標題が挙げられている地域外著作を提示した．

36）Abū Ḥāmid Muḥammad al-Ghazālī, *al-Tibr al-Masbūk fī Naṣīḥa al-Mulūk*, pp. 5, 7.

37）例えば，ガザーリーの著作群を対象とした以下のような研究にも，その標題は見られない．Maurice Bouyges, *Essai de chronologie des œuvres de al-Ghazali* (*Algazel*).

38）Aḥmad Bamba, *Silk*, pp. 39-40; Abū Ḥāmid Muḥammad al-Ghazālī, *Minhāj al-ʻĀbidīn* (*wa bi-Hāmish-hi al-Kitāb al-Musammā Bidāya al-Hidāya*), p. 74.

39）M. Ben Cheneb, "Ibn al-Djazarī," p. 753.

40）Muḥammad bn Muḥammad al-Jazarī, *al-Ḥiṣn al-Ḥaṣīn min Kalām Sayyid al-Mursalīn*.

表 6-4 『糸』に見られる地域外著作

1	ガザーリー『諸王への忠言に関する鋳型に流し込まれた黄金』(*al-Tibr al-Masbūk fī Naṣīḥa al-Mulūk*, 以下,『黄金』),『進み行く者達の道』(*Manhaj al-Sālikīn*) Mash
2	イブン・アル＝ジャザリー (Ibn al-Jazarī, 1429 年歿. ムハンマド・ブン・ムハンマド・アル＝ジャザリー〔Muḥammad bn Muḥammad al-Jazarī〕)『使徒達の主人の言葉からできた強固な要塞』(*al-Ḥiṣn al-Ḥaṣīn min Kalām Sayyid al-Mursalīn*, 以下,『要塞』) Mash
3	スユーティー『愛しき御方との出会いにおける悲しむ者への吉報』(*Bushrā al-Ka'īb bi-Liqā' al-Ḥabīb*, 以下,『吉報』) Mash
4	アブー・アル＝ハサン・アル＝アシュアリー (Abū al-Ḥasan al-Ash'arī)『確信の樹』(*Shajara al-Yaqīn*) Mash
5	ジャマール・アッ＝ディーン・ブン・ムハンマド・アル＝ヤマニー (Jamāl al-Dīn bn Muḥammad al-Yamanī)『2 つの館の改善に関する 2 筋の光の書』(*Kitāb al-Nūrayn fī Iṣlāḥ al-Dārayn*) Mash?

した著作群は，複数の学問分野において西アフリカの宗教的・知的体系を構築する不可欠の柱となっている.『吉報』は，自身の著作『墓における死者の状態の解明による心の解明』(*Sharḥ al-Ṣudūr bi-Sharḥ Ḥāl al-Mawtā fī al-Qubūr*) の提要であり，死や墓中の状況に関するハディースを集めたハディース集である[41].『糸』の来世を扱った第 2 章において主要な典拠となっていることからも分かるように，復活と最後の審判を経て来世へと至る一連の流れの前段階であり準備段階である死や墓中の諸事は，ムスリムにとっての重大な関心事であり,『吉報』のようなハディース集は，誰しもが必ず迎えるそうした準備段階の情報を提供するものであったといえよう.

スユーティーは，地域外の著者の中でも，特にスーダーン西部と緊密な関係を構築した人物の一人であり，このことは，序章第 3 節および第 1 章における議論からも明らかであろう. スーダーン西部のムスリムは，メッカ巡礼などの際，カイロにいた彼の許で研鑽を積み，また書簡の遣り取りによって彼の見解を引き出し，彼との直接的関係を構築した. 同時に，彼らが故郷に持ち帰った

41) 'Abd al-Raḥmān al-Suyūṭī, *Bushrā al-Ka'īb bi-Liqā' al-Ḥabīb.*

スユーティーの著作群は，スーダーン西部で広く伝播し，その間接的関係を通じて，彼の思想的影響は，当該地域に根づくこととなったのである[42]．

続いて4の『確信の樹』は，来世の状況に関する逸話や，最後の審判に関わる諸事を扱った終末論的な種々の寓話などを列挙したもので，『糸』では特に第2章で繰り返し引用されている．しかし，『糸』の中には，この著作の著者の閲歴を知るための手掛かりとなる情報はほとんど記されていない．

著者が2007年に現地調査を行ったモロッコ南部タムグルートのナースィリー図書館には『確信の樹』の写本が存在していたが，この写本からも，著者の閲歴に関する有益な情報は得られず，また，この図書館の所蔵写本目録でも，この著作の著者名は不詳となっている[43]．

更に著者は，この現地調査の後に，スペインで出版された『確信の樹』の校訂版も参照したが，その校訂者も，この著作の著者に関して，12世紀のマシュリクに生きたアブー・アル＝ハサン・アフマド・ブン・ムハンマド・ブン・イブラーヒーム・アル＝アシュアリー（Abū al-Ḥasan Aḥmad bn Muḥammad bn Ibrāhīm al-Ash'arī）という人物である可能性を指摘するにとどまり，特定するには至っていない[44]．

次に5の著者・著作に関してだが，バンバは，「アル＝ヤマニーの『2筋の光の書』によれば」（wa fī *Kitāb al-Nūrayn* li-l-Yamanī）などの文言から引用に繋げている．著者は，2007年にモーリタニアの首都ヌアクショットにあるモーリタニア科学調査研究所で行った写本調査において，ジャマール・アッ＝ディーン・ブン・ムハンマド・アル＝ヤマニーという人物が書いたとされる著作『2つの館の改善に関する2筋の光の書』（以下，『2筋の光の書』）[45]を閲覧したが，この著作の中の文章と『糸』で引用されている文章との一致を見出すことができた．この『2筋の光の書』は，様々な祈禱の方法や寓話などを紹介しな

---

42) Sartain, *Jalāl*, pp. 50–2; 'Abd al-Raḥmān al-Suyūṭī, *Kitāb al-Taḥadduth bi-Ni'ma Allāh*, pp. 158–9.

43) [Abū al-Ḥasan al-Ash'arī], *Shajara al-Yaqīn*; Muḥammad al-Manūnī, *Dalīl Makhṭūṭāt Dār al-Kutub al-Nāṣirīya bi-Tamgrūt*, p. 208.

44) Concepción Castillo Castillo, ed. and trans., *Kitāb Šaŷarat al-Yaqīn*, pp. 17–8.

45) Jamāl al-Dīn bn Muḥammad al-Yamanī, *Kitāb al-Nūrayn fī Iṣlāḥ al-Dārayn*.

がら，第1章で現世に纏わる諸事を，第2章で来世に纏わる諸事を扱い，第3章でムハンマド・アル＝ブハーリーとムスリム・ブン・アル＝ハッジャージュの2つの『真正集』からの引用を列挙する構成になっている．第1章で現世を，第2章で来世を主題とし，更に第1章の後半で2つの『真正集』からの引用を集中的に行っている『糸』は，その構成においても，またその内容においても，『2筋の光の書』からの影響を色濃く感じさせ，恐らくバンバは，この『2筋の光の書』からの刺激もあって，『糸』を執筆したものと思われる．

さて，ここまでバンバの幾つかの著作と伝記からの情報をもとに，彼に影響を及ぼしたであろう地域外の著者・著作群を見てきたが，以上の議論を振り返るだけでも，バンバが多様な地域外著作の内容を自らの著作に反映していたことは明らかであろう．そして，彼が渉猟した地域外著作およびその著者の名は，表6-1の中に少なからず見出される．これはつまり，彼が西アフリカで伝統的に学ばれてきた地域外の著作群を精力的に学んでいたという事実を示している．しかし同時に，彼は，そのような著名な著作以外にも，例えば最後に紹介した『確信の樹』や『2筋の光の書』など，比較的無名であったと思われる地域外著作も積極的に渉猟し，自らの思想形成と執筆活動に利用していたのである．

それでは次に，具体的・個別的な事例のより詳細な検討によって，地域外著作を媒介とした間接的な宗教的・知的連関網からバンバがどのような知識を吸収し，どのようにそれを利用していたのかという問題に踏み込んでみよう．

2　地域外著作の受容と応用

前項で論述を後回しにしたガザーリーの思想的影響力は，イスラームの根づいた土地においては普遍的とさえいえるが，西アフリカにおいてもそれは当てはまり，彼は，間接的関係を通じてバンバの思想に影響を与えた最重要の宗教知識人の一人に数えることができる．例えば，バンバは，『楽園の道』において，「彼はいった」（qāla）という場合の3人称は，固有名が言及されていない場合，全てガザーリーを指す，と述べており[46]，ヤダーリーの著作の韻文化，

46）Aḥmad Bamba, *Masālik*, p. 4.

いい換えればガザーリー以外の宗教知識人の思想の韻文化を第1の目的としたこの著作でさえ，その完成は，ガザーリーの思想抜きにはままならないことを示唆している．

『楽園の道』には，ガザーリーの著作の中で最もよく知られた『宗教諸学の再興』から引用したと思われる文言が目立つが，他にも例えば『導きの始まり』に影響を受けていると思われる箇所も確認される．そこで以下では，この『導きの始まり』からの影響を足掛かりに，間接的な宗教的・知的連関網を通じてバンバが消化・吸収し，彼自身の周囲に存在した現実的な問題と向き合うための参照軸とした思想の具体例を検討してみよう．

まず，『楽園の道』には以下のようにある．

> 彼〔ガザーリー〕はいった，「現世のためにのみ知識を求めてこれを得た者に力を貸した人間は，待ち伏せする強盗に剣を売る者と同様，罪を犯す点において，その者の共犯者である」と[47]．

バンバは，ここでガザーリーのどの著作を典拠にしたのかを明らかにしていないが，「待ち伏せする強盗に剣を売る者」の譬えは，『導きの始まり』の冒頭に類似する文言が見られる．ガザーリーはそこで，第1に現世的目的で知識を欲する者を非難し，第2にそうした人間に教えを授け，反抗を助長し，堕落において協力する者を「辻強盗に剣を売る者」（bāʾiʿ sayf man qāṭiʿ ṭarīq）に譬えている[48]．そして，典拠は提示されていないものの，『楽園の道』と同時期に書か

47）原文は以下の通り（韻律：ラジャズ）．
qāla wa man aʿāna man qadi-ktasab / ʿilman wa mā li-ghayri dunyā-hu ṭalab
fa-inna-hū shāraka-hū fī-mā janā / ka-bāʾiʿi-s-sayfi li-liṣṣin kamunā
Aḥmad Bamba, *Masālik*, pp. 12–3.

48）Abū Ḥāmid Muḥammad al-Ghazālī, *Bidāya al-Hidāya*, pp. 13–4. なお，表4-1に記したように，バンバは，『導きの始まり』の韻文化を『宿所と家において心を照らすもの』という別の著作で試みている．この著作では『導きの始まり』の第2部の内容が主に扱われているが，他の著作と同様，バンバの裁量で省略や増補がなされている．しかし，その冒頭の知識について論じている箇所には，ここで記したような辻強盗の喩言は見出されない．Aḥmad Bamba, *Munawwir al-Ṣudūr ladā al-Manāzil wa ʿind al-Dūr*, pp. 168–70.

れた『地獄の錠と楽園の鍵』の詩句の一部は，明らかにこの『導きの始まり』の冒頭部分の韻文化である．

競い合ったり慢心したりすることなく，神の尊顔のために知識を学べ．お前達の方へと人々を引きつけることや，お前達が贈物を得ることを求めてはならない．何故なら，今述べられたようなことのために学ぶ者は，その努力が自らの信仰の破滅へと進んでいくことになるからだ．そして，現世と引き換えに自らの来世を売り払うが，その努力は失われ，彼は，努力において失敗することになるからだ．すなわち，彼が望んだ取引は不首尾に終わり，彼の販売行為は利益のない商売となる．また，彼に教えを授けた者も，彼の反抗の援助者である．というのも，陰謀の徒に剣を売る者と同様，彼〔教えを授けた者〕もまた，害悪において彼〔教えを受けた者〕の協力者であるからだ49)．

議論を整理するため，知識を求める者と知識を与える者という関連する2者の問題を分けて，順に検討してみよう．

まず，知識を求める者が如何なる目的でそれをなすべきかを検討する．バンバは，複数の著作において自らの知識論を披露しているが，その多くは，知識と行為とを対置させる形で展開している．

知識は，若者がそれによって身を飾ることのできる最良の事柄である．何故

49) 原文は以下の通り（韻律：ラジャズ）．

ta‘allamu-l-‘ilma li-wajhi-llāhī / dūna-l-munāfasati wa-t-tabāhī
lā taqṣidu-stimālata-l-barāyā / la-kum wa lā ḥawza-kumu-l-hadāyā
fa-man ta‘allama li-mā qad dhukirā / fa-sa‘yu-hū fī hadmi dīni-hī jarā
wa bā‘a ākhirata-hū bi-d-dunyā / wa ḍā‘a sa‘yu-hū wa khāba sa‘yā
idh ṣafqatun qadi-rtajā-hā khasirat / wa bay‘u-hū tijāratun mā rabiḥat
wa anna man ‘allama-hū qad kānā / la-hū ‘alā ‘iṣyāni-hī mi‘wānā
fa-hwa mushārikun la-hū fi-ḍ-ḍurrī / ka-man yabī‘u-s-sayfa ahla-l-makrī

Aḥmad Bamba, *Maghāliq,* p. 185. なお，この引用箇所では，「来世を代価に現世の生活を買い込む者達」（Q2:86），「現世の生活を売って来世に代える者達」（Q4:74）などといった『クルアーン』の表現が意識されていると思われる．

なら，彼がどこにやってこようとも，（知識は）彼に栄誉を与えるからだ．そして，正しい行為は最良の糧である．それ〔行為〕を伴わない知識は，明らかな欺瞞なのだ[50]．

知識と行為は，2つの家〔現世と来世〕の善へと（人々を）導く2つの宝石である．2つの原理のうちでより貴いのは，崇高なハディースが伝えているように，先立つ知識である．何故なら，目に留まる知識もなしに行為する者は皆，その努力が撒き散らされた塵の如きであるからだ．また，知識を持ちながらそれに基づいて行動しない者は，荷を負う驢馬（同然）である[51]．

そして，知識は，その獲得における目的が問われるものとされている．

我が兄弟よ，知識は行為に優越し，その基盤である．而して，知識を得る者は勝利するだろう．だが，知識の成果は，その有用性と同様，それ〔当の知識〕に基づいた行為に存するのである．従って，（知識と行為の）融合の所有者となれ．知識に基づいた僅かな行為の方が，無知なまま行う多く（の行為）より，疑いなく多くの報酬となる．（そして）役立つ知識とは，崇高なる神のみのために若者が学んだり，教えたりする事柄であって，議論や偽善のため，もしくはそれを誇るために学ばれた事柄ではない．（そのことを）

50）原文は以下の通り（韻律：ラジャズ）．
fa-l-ʻilmu khayru mā bi-hi-zdāna-l-fatā / li-anna-hū yukrimu-hū ḥaythu atā
wa-l-ʻamalu-ṣ-ṣāliḥu khayru zādī / fa-l-ʻilmu dūna-hu ghurūrun bādī
Aḥmad Bamba, *Majmūʻa*, p. 62.

51）原文は以下の通り（韻律：ラジャズ）．
fa-l-ʻilmu wa-l-ʻamalu jawharānī / li-khayrayi-d-dārayni yajlubānī
wa ashrafu-l-aṣlayni ʻilmun quddimā / ka-mā atā bi-hī ḥadīthun qad samā
idh kullu ʻāmilin bi-lā ʻilmin yurā / fa-saʻyu-hū mithlu habāʼin nuthirā
wa man ḥawā ʻilman wa laysa yaʻmalū / bi-hī fa-inna-hū ḥimārun yaḥmilū
Aḥmad Bamba, *Maghāliq*, p. 184. なお，この引用箇所では，「撒き散らされた塵」（Q25:23），「書物を背負う驢馬」（Q62:5）といった『クルアーン』の表現が意識されていると思われる．また，ハディースについては，例えば「知識は言葉と行為に先立つ」（al-ʻilm qabl[a] al-qawl wa al-ʻamal）などを意図しているのだろう．Muḥammad al-Bukhārī, *Ṣaḥīḥ*, Vol. 1, p. 31（kitāb al-ʻilm, 10）; 邦訳＝前掲『ハディース』，第1巻，57頁（「知識の書」10）．

> 知るがよい．また，名声や高位への愛のために現世を捕えている事柄でもなければ，全ての心の逸脱を目論んだ策略のために求められる事柄でもない．（そのことを）認識せよ[52]．

ここで論じられているのは，あらゆる宗教的な知識の獲得において学習者が保持しなければならない姿勢についてである．学習者は，常に神のために知識を求めなければならず，決して現世的な目的のためにそれをなしてはならないのである．こうした知識と行為の関係についての議論や，辻強盗と剣の売人の比喩などは，バンバを含む西アフリカの宗教知識人達が学んだザッルークの『タサッウフの諸基礎』にも見られる[53]．

そして，バンバは，このような学習者の在り方に関する問題に続けて，知識を与える者，すなわち師である教育者の在り方に関する問題に言及している．前提としていえることは，バンバは，特にタサッウフの文脈において，弟子が師に完全に服従する必要性を以下のように繰り返し述べており，こうした見解は，歴史上のスーフィー達の一般的な見解に合致しているといえよう．

> 師の許では，（死体）洗浄者の手許に置かれた死体のようであれ．そうすればお前は，益を得る[54]．

52）原文は以下の通り（韻律：ラジャズ）．
wa-l-ʻilmu afḍalu akh-ī mina-l-ʻamal / wa ussu-hū fa-fāza man la-hū ḥaṣal
lākinna-mā thamaru-hū ka-n-nafʻī / fī ʻamalin bi-hī fa-kun dha-l-jamʻī
qalīlu-hū bi-l-ʻilmi aktharu thawāb / mina-l-kathīri maʻa jahlin la-rtiyāb
nāfiʻu-hu-lladhi-l-fatā taʻallamā / li-llāhi jalla waḥda-hū wa ʻallamā
lā mā tuʻullima mirāʼan wa riyā / awi-l-mubāhāta bi-hī fa-l-tadriyā
wa la-lladhī ṣuyyidati-d-dunyā bi-hī / li-ḥubbi jāhin wa maqāmin nābihī
wa la-lladhī yuṭlabu li-t-taḥayyulī / bi-hī li-ṣarfi kulli qalbin fa-ʻqilī
Aḥmad Bamba, *Masālik,* p. 8.

53）Aḥmad Zarrūq, *Qawāʻid*, pp. 26（qāʻida 12）, 27（qāʻida 16）.

54）原文は以下の通り（韻律：ラジャズ）．
wa kun lada-sh-shaykhi ka-maytin wuḍiʻā / bayna yaday ghāsili-hī tantafiʻā
Aḥmad Bamba, *Nahj Qaḍāʼ al-Ḥāj fī Ḥaṣd Zarʻ Shaykh-nā al-Dalḥājī*, p. 544.

師の手許で僅かの間でも訓練を受けなかった者は皆，試練に遭うだろう．何故なら，導き手となる師を欠く者は，どこへ赴こうとも，悪魔が彼の師になってしまうからだ55)．

その御方〔神〕に到達する前に身を引き，完璧な教師の教えを受けなかった者は皆，破滅の海に飛び込み，そこからは何もやってこない．何故なら，彼を導くのは，（その場その場に）現れる悪魔であり，魂であり，欲望であるからだ56)．

真の求道者は，益を望む場合，自らの師に関して，師が自分〔求道者〕と自分の主〔神〕との仲介であることを信じ，師の命令に従い，師の禁止する事柄を避け，祝福されたいと高き神の許しによることなく師が何かを命じることも，祝福されたいと高き神の許しによることなく師が何かを禁止することもないと確信するのである．信条がこのようである者は，現世においても来世においても益を得るだろう57)．

師の呼びかけを聞いたら素早く応答すること，そして，反抗や偽善などなし

55）原文は以下の通り（韻律：ラジャズ）．
fa-kullu man lam yataʼaddab zamanā / ʻalā yaday shaykhin fa-yalqā miḥanā
li-anna man ʻadima shaykhan murshidā / fa-shaykhu-hu-sh-shayṭānu ḥaythu qaṣadā
Aḥmad Bamba, *Masālik*, p. 20.

56）原文は以下の通り（韻律：ラジャズ）．
fa-kullu man qabla wuṣūli-hi-ʻtazal / wa lam yurabbi-hī murabbin qad kamul
fa-inna-hū yakhūḍu fī baḥri-r-radā / wa lā yajīʼu min-hu shayʼun abadā
li-anna-hū yaqūdu-hu-sh-shayṭānū / wa-n-nafsu wa-l-hawā ka-mā abānū
Aḥmad Bamba, *Maghāliq*, p. 184.

57）原文は以下の通り．
fa-inna al-murīd al-ṣādiq idhā arāda al-intifāʻ yaʻtaqidu fī shaykh-hi anna-hu wāsiṭa bayn-hu wa bayn rabb-hi wa yamtathilu amr-hu wa yajtanibu nahy-hu wa yūqinu bi-anna shaykh-hu lā yaʼmuru-hu bi-shayʼ illā bi-idhn Allāh tabāraka wa taʻālā wa anna-hu lā yanhā-hu ʻan shayʼ illā bi-idhn Allāh tabāraka wa taʻālā wa man kānat ʻaqīdat-hu hā-ka-dhā fa-inna-hu yaḥtawī al-fawāʼid fī al-dunyā wa al-ākhira
Aḥmad Bamba, *Majmūʻa*, p. 2.

に師について善良な考えを持ちながら，師の許しが出たらその命令によく服従することは，求道者の礼儀作法に属する[58]．

お前の師を最大限の敬意で以て尊敬せよ．彼を主人とせよ．彼にお前の善行を捧げよ．そして，お前が生きる限り，できる限りの自発的供与と奉仕とによって彼の必要とする事柄を満たせ[59]．

彼〔師〕に対してできる限りの贈物を与える者であり続けよ[60]．

しかし，バンバは，全ての教育者がこのような服従に値する理想的な師であるとは考えていなかった．既に示したように，彼は，現世的な目的のみを持った学習者，すなわち「辻強盗」に対して，教育者が「剣」となる知識を「売る」ことを問題視していたが，そこから更に踏み込んで，「剣を売る」行為によって教育者が自らの現世的な目的を果たそうとする問題にも言及したのである．

而して師は，内面的教育の門に属する．教育者たる師は，求道者に彼の主〔神〕以外を示すことはない．私が「神以外をお前に示す者からは逃げよ．彼は，お前を誤謬へと導く」と述べたように．祝福されたいと高き神は，求道者達を師の許へと導く．（それは）師が祝福されたいと高きその御方〔神〕

58）原文は以下の通り．
min ādāb al-murīd sur‘a al-ijāba ba‘d sam‘-hi da‘wa al-shaykh wa ḥusn imtithāl al-awāmir ba‘d khurūj al-idhn min al-shaykh ma‘ ḥusn ẓann bi-hi bi-lā ḥarūn wa lā nifāq
Aḥmad Bamba, *Majmū‘a*, p. 2.

59）原文は以下の通り（韻律：ラジャズ）．
wa ghāyata-t-tawqīri waqqir shaykha-kā / wa-j‘al-hu sayyidan la-hū hab khayra-kā
wa-qḍi-l-ḥawā’iji la-hū mā ‘ishtā / bi-l-badhli wa-l-khidmati ma-staṭa‘tā
Aḥmad Bamba, *Nahj*, p. 543.

60）原文は以下の通り（韻律：ラジャズ）．
wa lā tazal ilay-hi dhā ihdā’ī / la-hū bi-ma-staṭa‘ta min ‘aṭā’ī
Aḥmad Bamba, *Nahj*, p. 544.

と求道者との仲介となるためであり，求道者が師を崇拝するためではない[61].

我が兄弟よ，それら〔破滅の諸原因〕の一つは，人々からの尊敬を得るために神との近接性や奇蹟を僭称することである．私はいおう，行為の健全さを望む者は，完璧な聖者に依拠すべきである，と．何故なら，今の時代，師（と呼ばれる者）の大多数が（人々を陥れる）陥穽であることは明らかなのだから．彼らの中には，（人々の）先頭に立つために臆面もなく指導者としての立場を利用し，宗教的な義務行為と推奨行為[62]とを区別せず，人々を誘惑の原因へと引き寄せ，完全性や神との近接性を主張して，多くの話で人々を騙す者もいる．もしそのような者の許でお前が他の師を褒め讃えようものなら，（彼の）嫉妬と名誉への愛のせいで彼を怒らせてしまうことだろう．そして，お前が彼以外（の師）を謗れば，仮に誰もがその（謗られた師の）素晴らしさを知っているような場合でも，彼は喜ぶだろう．（つまり）彼のみが（神の）下僕達の間で言及と称讃の対象となる状況だけが彼を喜ばせるのであり，導きを求める者が彼以外（の師）に気を向けようものなら，嫉妬が彼の情念を燃え上がらせるだろう．彼に呪いあれ．というのも，もし彼が求道者にとっての良好な状態のみを意図しているのであれば，求道者が求める所へ至ることを喜び，決して求道者の出立を気にしたりはしないはずだからだ．このような師は皆，屑を漁る輩である．従って，彼らのことは捨ておけ．また，（神の）下僕を支配する師をお前が目撃したなら，そのような師は皆，放っておくがいい．おお，求道者よ[63].

61）訳文中の鍵括弧内だけが韻文（韻律：ラジャズ）で，原文は以下の通り．

fa-inna-mā huwa min bāb al-tarbiya li-anna al-shaykh al-murabbī lā yadullu murīd-hu illā ʻalā rabb-hi ka-mā qultu

fa-man ʻalā siwa-l-ilāhi dalla-kā / fa-firra min-hu inna-hū aḍalla-kā

wa inna-mā qāda Allāh tabāraka wa taʻālā al-murīdīn ilā al-mashā'ikh li-yakūnū wasā'iṭ bayn-hu tabāraka wa taʻālā wa bayn-hum lā li-yaʻbudū-hum

Aḥmad Bamba, *Ḍiyāfa li-Baʻḍ al-Aṣbiyā' fī Ijāba ʻan Thalātha Ashyā'*, pp. 72–3.

62）「推奨行為」と訳した原語は，スンナ（sunna）の複数形スナン（sunan）である．スンナは，一般に慣行を意味し，イスラーム諸学では，特に預言者ムハンマドの慣行を指すが，ここでは，義務行為と対比されていることから，法学的な用語としての推奨行為を指示していると考えた．義務行為や推奨行為については，序章の注 34 参照．

こうした見解は，『宗教諸学の再興』の冒頭で執筆意図を述べるガザーリーが同時代のウラマーの堕落に言及している箇所を思い出させるが[64]，「今の時代，師（と呼ばれる者）の大多数が（人々を陥れる）陥穽である」という文言からも分かるように，バンバの問題意識も自らの生きる時代に向けられていたといえる．そして，彼が間接的な宗教的・知的連関網を通じてガザーリーやザッルークといった先達の思想を引いたのは，彼らの時代に思いを馳せるためでも，彼らの文言によって自らの著作を飾り立てるためでもなく，彼らの叡智によって自らの周囲に存在する同時代的・地域的問題に対処するためであったと考えられる．それでは，ここでの同時代的・地域的問題とは何か．それは勿論，「陥穽」と非難されるような，現世を志向する宗教知識人達が跳梁する社会状況である．

第4章で見たように，この時代，バンバの周囲の人々の多くが政治権力を志向し，そうした権力の象徴たる現地王権との結びつきを求めていた，否，正確にいえば，少なくともバンバの目にはそのように映っていた．そして，師であった父親やマ・ジャハテ・カラのような有能とされる宗教知識人までもが，自らの知識を資本に現地王権の取り巻きとしての地位を確保していたのである．

63）原文は以下の通り（韻律：ラジャズ）．
min-hā akh-ī daʻwa-l-wilāyati-ftirā / awi-l-karāmāti li-tabjīli-l-warā
qultu fa-man yurid ṣalāḥa-l-ʻamalī / fa-l-yarkanan li-l-awliyāʼi-l-kummalī
idh bāna jahran anna-mā shuyūkhū / hādha-z-zamāni kullu-hum fukhūkhū
wa baʻḍu-hum yarkanu li-t-taṣadduri / ilā riyāsatin bi-lā tasatturī
wa lam yumayyiz bayna farḍin wa sunan / wa yajdhibu-l-warā li-mūjibi-l-fitan
wa yaddaʻi-l-kamāla wa-l-wilāyah / yadha-l-warā bi-kathrati-r-riwāyah
wa in madaḥta ʻinda-hū shaykhan siwā-h / aghāẓa-hū li-ḥasadin wa ḥubbi jāh
wa ḥaythu-mā tadhkur bi-hajwin ghayra-h / yafraḥ wa law dara-l-jamīʻu khayra-h
wa lā yasurru-hū siwa-nfirādī / bi-dh-dhikri wa-l-madḥi lada-l-ʻibādī
wa ḥaythu-mā yamil li-ghayri-hī abad / mustarshidun yahuj gharāma-hu-l-ḥasad
tabban la-hū wa anna-hū law qaṣadā / ṣalāḥa amri-hī faqaṭ mujarradā
la-sarra-hū ḥuṣūlu-hū ḥaythu qaṣad / wa lā yubālī bi-rtiḥāli-hī abad
fa-kullu shaykhin hā-ka-dhā fa-inna-hū / min ṣāʼidi-l-ḥuṭāmi fa-truk shaʼna-hū
wa kullu man raʼayta yastaʻlu-l-ʻabīd / mina-l-mashāʼikhi fa-daʻ-hu yā murīd
Aḥmad Bamba, *Masālik,* pp. 93–4. なお，この引用箇所に相当する文言は，底本の『タサッウフの封印』には存在しない．つまり，この部分はバンバによる増補である．

64）Abū Ḥāmid Muḥammad al-Ghazālī, *Iḥyāʼ*, Vol. 1（khuṭba al-kitāb），pp. 7–8.

神の存在を蔑ろにし，現世的な目的で知識を求める者，そうした行いを助長するように知識を与える者，自らの完全性や神との近接性を僭称する者，名声や称讃を欲して教育に従事する者，弟子達が自分にだけ服従することを望む者．恐らくバンバにとって，このような宗教知識人は，先達の著作に登場するだけの過去の存在ではなく，自らの周りで実際に蠢く現実的な存在だったのであろう．そして，こうした問題と向き合うために，彼は，間接的な宗教的・知的連関網を通じて先達の思想を消化・吸収し，それを自らの思想に組み込んでいったと考えられるのである．

それでは次に，地域外著作から地域内著作へと目を移し，西アフリカ内部の間接的な宗教的・知的連関網に触れてみよう．

第2節　地域内著作

1　アフマド・バンバと地域内著作

まず，表4-2からバンバが若年期に渉猟した地域内著作を取り出し，同時に『楽園の道』および『糸』で参照されている地域内著作も拾って，それらを表6-5に纏める．

一瞥して分かるように，大半の著作が本書の様々な文脈で既に紹介したものであり，それらについての説明を繰り返すことはしない．また，バンバの著作の内容との関わりで詳しい議論を行う著作は，後回しにしよう．

そこで，まず3のスィーディーヤであるが，彼の名は，クンタもしくはバンバを論じる文脈に何度か登場した[65]．『媒介』によると，彼は，様々な問題を抱えた人間が身の安全を求めて避難する聖域，つまりアラビア語でいうハラム（ḥaram）もしくはフルマ（ḥurma），ペルシア語でいうバスト（bast）としての機能を有しており，加えて，各方面から集まってくる富の再分配装置としての機能や，敵対する人々の間に入り，その関係を取り持つ調停者としての役割も

65）第1章第4節および第4章第3節参照．

表6-5　アフマド・バンバが渉猟した地域内著作

1	スィーディー・アル＝ムフタール・アル＝クンティー『輝く星』,『炬火』,『愛しき預言者への祈りに関する芳香』など
2	スィーディー・ムハンマド・アル＝クンティー『楯』など
3	スィーディーヤ・アル＝カビール『罪を拭い去り，光明と秘密の獲得を準備するズィクル[66]の小片』(*Shudhūr al-Adhkār al-Māḥiya li-l-Awzār wa al-Muhayyi'a li-Ḥuṣūl al-Anwār wa al-Asrār*, 以下,『小片』)
4	アル＝ハーッジ・ウマル『槍』
5	スィーディー・ムハンマド・ブン・ムハンマド・アッ＝サギール『軍団』
6	ヤダーリー『タサッウフの封印』,『純金』など
7	イブン・ブーナ『赤化』
8	ムハンマズィン・ファール・ブン・ムッターリー・アッ＝タンダギーの諸著作

果たしていたようである[67]．しかし，ここでは，そのような彼が担った種々の政治的・経済的・社会的役割を議論するのではなく，第1章で述べた通り，彼の著作とバンバの著作との関連性を検討したい．

スィーディーヤの著作『小片』の冒頭には，以下のような執筆の経緯が記されている．

お前〔求道者の同胞〕は，お前のために我々が以下のような事柄を書き，教えることを我々に依頼した．(つまりそれは) 行方不明の家畜や邪視，嫉妬，ジン[68]，病気，皮膚にはびこるものに対して唱えるべき事柄や，悲嘆を消散させるために，分娩を楽にするために，盲目や敵対者から免れるために唱えるべき事柄，年少者達を庇護することができる事柄，朝晩に唱えるべき事柄である．このようなことに関して我々がお前に語るのは――いと高き神が望めばの話であるが――，我々が複数の師から伝え聞いた事柄，もしくは，このようなことについて記した雄弁なウラマーの諸著作から我々が知った事柄のうち，即座に実行できるものである[69]．

66)「はじめに」の「5　術語の説明―⑨ズィクル (dhikr)」参照.
67) WT, pp. 240-3.
68)「はじめに」の「5　術語の説明―⑧ジン (jinn)」参照.

この一節から分かるように,『小片』は, 著者の師であったスィーディー・アル＝ムフタールやスィーディー・ムハンマドを含む複数の先達の文言や著作からの引用の列挙という形で, 日常生活に発生する種々の問題を解決するために祈るべき祈禱句や, それに関連する寓話, 魔方陣の使用方法などを具体的に紹介した著作である. バンバは,『糸』の第1章において, このような引用集としての性格を持つ『小片』から様々な文言や祈禱句, 寓話, 魔方陣を孫引きしている. つまり, バンバにとってこの『小片』は, スィーディー・ムハンマドの『楯』がそうであったように, 先人の著作の内容を間接的に学ぶための重要な情報源であったと考えられる. しかし, バンバの著作群を見渡した時, 祈禱句集もしくは寓話集たる『小片』の在り方に最も似ているのは,『2つの館の有益な話に関する2筋の光の出会う場所』(*Majma‘ al-Nūrayn fī Fawā’id al-Dārayn*, 以下,『出会う場所』) という著作であり[70], その冒頭には, 以下のように記されている.

これは,『2つの館の有益な話に関する2筋の光の出会う場所』と題された書である. その中にあること〔記されたこと〕は全て, 信頼できる人々から伝えられた正しい事柄であり, そこに (信憑性に関わる) 脆弱さは一切存在しない. (中略) さて, 私は, 無知と怠惰にも拘らず, 神とその使徒への服従を望むような私と同類の人々を目にしたので, この書の中に, 現世と来世とにおいて我々を益する事柄を――それが (地獄の) 責め苦と罰とから我々を救済するための手段となることを, そして (神の) 喜びと恩寵の獲得に

---

69) 原文は以下の通り.
qad sa’alta-nā an naktuba la-ka wa nu‘allima-ka mā yuqra’u li-l-ḍālla wa al-‘ayn wa al-ḥasad wa al-jinn wa al-maraḍ wa mā yanbutu fī al-jild wa mā yuqra’u li-tafrīj al-kurab wa li-tashīl al-nifās wa al-salāma min al-‘amā wa al-‘adū wa mā yu‘awwadhu bi-hi al-ṣibyān wa mā yuqālu fī al-ṣabāḥ wa al-masā’ wa naḥnu nadhkuru la-ka min dhālika in shā’a Allāh ta‘ālā mā tayassara fī al-ḥāl mim-mā rawaynā-hu ‘an mashā’ikh-nā aw waqafnā ‘alay-hi fī kutub al-‘ulamā’ al-mutakallimīn fī dhālika
Sīdīya bn al-Mukhtār, *Shudhūr*, p. 1.

70) この著作の標題には, バンバが参照した地域外著作の一つとして前節で紹介した『2筋の光の書』の標題からの影響が感じられる.

我々を繋ぐ媒体となることを願って――集めた[71].

この執筆意図や，先に記した『小片』の執筆意図などから浮かび上がるのは，著者の周辺の人々が，来世における救済を得るため，また現世における様々な問題に対処するための具体的な手段を求めていたという状況である．従って，『小片』や『出会う場所』，更に『糸』の内容を追うことによって，当時の人々が如何なる日常を生きていたのか，もしくは如何なる事柄を解決すべき問題として認識していたのかが見えてくる．具体的にいえば，日常的に接するであろう問題もしくは問題を生み出し得る事象に限っても，逃亡する奴隷や家畜，夫婦関係，性行為，妊娠，男女の産み分け，出産，子供の成長，自然災害，貧困，病気，怪我，邪視，猛獣，強盗，敵対者，不信仰者，悪魔，ジン，死，嫉妬，猥言，誹謗，中傷，種々の災厄や懊悩など，数多くの項目を挙げることができ，それらは，普遍的なものからイスラームの文脈と結びついた宗教的なもの，地域の自然的条件によって生起する特殊なものまで多岐に亘っている．上記のような著作は，人々が悩むこうした諸問題への対処法，しかも『小片』の言葉にあるような「即座に実行できる」簡便な対処法として，具体的な祈禱方法，魔方陣や護符の作成・使用方法を紹介しているのである．

また，同時に注目すべきは，一見すると不可思議な呪術的文言に満たされたこれらの著作の内容が，権威ある先達の言説に依拠して紡ぎ出されたと述べられている点，そして実際に，そうした先達の文言や著作の内容を集めた引用集となっている点である．つまり，西アフリカ社会の現実的で日常的な問題への対処法を纏めたこれらの著作は，この地域の宗教知識人達が地域内外に広く張り巡らされた宗教的・知的連関網の中で活動し，そこから先達の知的遺産を享

71）原文は以下の通り．
hādhā kitāb yusammā *Majma‘ al-Nūrayn fī Fawā’id al-Dārayn* wa kull mā fī-hi ṣaḥīḥ manqūl ‘an thiqāt lā ḍa‘īf fī-hi ... ammā ba‘d fa-inn-ī lammā ra’aytu al-nās yarghabūna fī ṭā‘a Allāh wa rasūl-hi ma‘ jahl-him wa kasal-him mithl-ī jama‘tu fī hādhā al-kitāb mā yufīdu-nā fī al-dunyā wa al-ākhira rajā’[a] an yakūna sabab li-najāt-nā min al-‘adhāb wa al-niqma wa wasīla la-nā ilā ḥawz al-riḍwān wa al-ni‘ma

Aḥmad Bamba, *Majma‘ al-Nūrayn fī Fawā’id al-Dārayn*, p. 128.

受することによって初めて成立し得たものなのである．

次に5の『軍団』であるが，著者のスィーディー・ムハンマド・ブン・ムハンマド・アッ＝サギールは，イダウ・アリに帰属するティーシート出身のティジャーニー信徒である．18世紀末にマグリブで産声を上げたティジャーニー教団は，発祥の地での拡大に加え，ムハンマド・アル＝ハーフィズらの活動を介して，遥かスーダーン西部にまで組織網を広げることに成功したが，一方で，その急激な拡大に呼応するように，ティジャーニーが唱えた教義の正当性などを巡り，各地の宗教知識人から駁論を加えられることにもなった．サハラ西部では，イダウ・アリを中心としたティジャーニー信徒達が，著作や書簡などを通じてこうした敵対勢力との論戦を繰り広げたのであるが，『軍団』は，正にそうした敵対勢力への反論として，ティジャーニー教団の正当性を擁護するために書かれた著作である[72]．

興味深いのは，以上のような目的を持ったこの著作の中に，スィーディー・アル＝ムフタールとスィーディー・ムハンマドの著作からの引用が数多く見られることである[73]．著者がもともとカーディィリー信徒で，しかもスィーディー・ムハンマドの弟子であったことと無関係ではないだろうが，本書のこれまでの議論を振り返れば，こうした引用は，嘗ての師弟関係にその理由を求めるよりも，スィーディー・アル＝ムフタールとスィーディー・ムハンマドの著作が西アフリカ宗教知識人達の知的共通基盤の一部をなしていたことに起因していると考える方が適当かもしれない．

次に8のムハンマズィン・ファール・ブン・ムッターリー・アッ＝タンダギーであるが，宗教知識人階層のタンダガ[74]出身の彼も，7のイブン・ブーナのように，修学期に特異な宗教体験をした人物であり，『媒介』が記すところでは，教えを乞いに赴いた師に蔑ろにされて涙を流していると，神が彼に対し

72）この対立関係に関して，例えば『媒介』などがその様相を詳しく記しているが，以下の2研究は，『媒介』を含む複数のアラビア語著作を総合的に検討し，状況を分かりやすく整理している．Dedoud Ould Abdellah, "Le « passage au sud »; Ould Cheikh, "Les perles."

73）『軍団』については，以下の写本を参照した．Sīdī Muḥammad bn Muḥammad al-Ṣaghīr, *al-Jaysh al-Kafīl bi-Akhdh al-Tha'r mim-Man Salla 'alā al-Shaykh al-Tijānī Sayf al-Inkār.*

74）タンダガについては89頁参照．

て一気に知識を開示したというのである[75]．また，同じく『媒介』には，「(ムハンマズィン・ファールは）恐怖を感じた者がそこへ逃げ込めば保護されることになる安全な聖域となった」[76]とあり，これは，前述のスィーディーヤ同様，彼が種々の問題を抱えた人々の庇護者になっていたことを意味している．

そして彼は，複数の学問分野に関する著作を著した著述家でもあり，しかも，それらの著作は，西アフリカの他の宗教知識人達による韻文化や注釈書執筆の材料となっていた[77]．つまり，彼の著作群は，この地域の宗教知識人達に広く影響を及ぼす知的源泉となっていたわけであるが，どうやら，バンバもそのような影響を受けた宗教知識人の一人だったようである．『渇きの癒し』には，以下のように記されている．

> 私〔著者〕は，彼〔バンバ〕――彼に神の満足あれ――が次のように語るのを聞いた．「私は，（学問に）目覚めた若い頃，各部族から，私の心が格別の愛情において特別視した親愛なる人物を選抜していたのだ」．（つまりこれは）彼〔バンバ〕が『クルアーン』（の学習）に関して，ダイマーン族から『純金』の著者であるムハンマド・アル＝ヤダーリーを，タンダガからムハンマズィン・ファール・ブン・ムッターリーを，イダウ・アル＝ハーッジから『繋がれた宝石』の著者であるアフマド・ブン・ムハンマド（・アル＝ハーッジー）などを選んだようなことである[78]．

75）WT, p. 344.

76）原文は以下の通り．
wa ṣāra ḥaram^{an} āmin^{an} yafirru ilay-hi al-khā'if fa-yu'amminu-hu
WT, p. 343.

77）al-Mukhtār wuld Ḥāmid, *Ḥayāt Mūrītāniyā,* Vol. 2, pp. 18, 26, 34, 42, 48, 52, 55.

78）原文は以下の通り．
wa samiʻtu-hu raḍiya Allāh ʻan-hu yaqūlu inn-ī kuntu ayyām al-shabāb wa al-ifāqa antakhibu min kull qabīla khalīl yakhuṣṣu-hu qalb-ī maḥabbat^{an} khāṣṣat^{an} ka-intikhāb-hi min Banī Daymān Muḥammad al-Yadālī ṣāḥib *Dhahab* [sic] *al-Ibrīz* wa min al-Tandagh [sic] Muḥammdan [sic] Fāl bn Muttāli [sic] wa min al-Ḥājjīyīn Aḥmad bn Muḥammad ṣāḥib *al-Jawhar al-Munaẓẓam* wa ghayr-hi fī *al-Qur'ān*
IN, p. 196; pp. 127-8; p. 206.

ダイマーン族およびイダウ・アル＝ハーッジ（Idaw al-Ḥājj）は，タンダガ同様，ザワーヤーの有力部族である[79]．イダウ・アル＝ハーッジのアフマド・ブン・ムハンマド・アル＝ハーッジー（Aḥmad bn Muḥammad al-Ḥājjī, 1835/6年歿）は，諸学問分野の著作を多数書き残した人物であるが，引用文中の『繋がれた宝石』，つまり『崇高な書の筆致に関する繋がれた宝石』（*al-Jawhar al-Munaẓẓam fī Rasm al-Kitāb al-Mu'aẓẓam*）もその一つである．ムハンマズィン・ファールが，この碩学に加え，西アフリカの知的体系全体に大きな影響を与えたヤダーリーと並ぶ宗教知識人として紹介されていることは，この地域で彼が保持した宗教的・学問的権威の大きさを示唆している．

2　地域内著作の受容と応用

前項では，地域外著作同様，地域内著作に関しても，バンバが多様な知的源泉からの恩恵を受けていたことが明らかになったと思う．このことを受けて，本項では，前節第2項に倣い，具体的・個別的な事例のより詳細な検討によって，バンバが地域内著作のどのような知識を吸収し，どのようにそれを利用していたのかという問題に踏み込んでみたい．

西アフリカ以外の宗教知識人の中でバンバに最も大きな思想的影響を及ぼした人物の一人がガザーリーであったとするならば，西アフリカの宗教知識人の中では，恐らく前項の最後で触れたムハンマド・アル＝ヤダーリーがそうした人物に相当するだろう．

表6-5のヤダーリーの著作のうち，『タサッウフの封印』[80]は，第4章でも

79）ザワーヤーについては序章第4節参照．なお，より詳しく述べると，ヤダーリーが帰属したのは，イダウ・ダーイ（Idaw Dāy）という部族である．しかし，先行研究によると，ダイマーン族は，一人の祖に繋がる血縁集団を核としながら，諸条件により連合した周辺のザワーヤー部族も包含していたようで，ヤダーリーのイダウ・ダーイも，しばしばダイマーン族の一部として扱われる．Muḥammadhun wuld Bābbāh, ed., *al-Shaykh Muḥammad al-Yadālī: Nuṣūṣ min al-Ta'rīkh al-Mūrītānī*（*Shiyam al-Zawāyā – Amr al-Walī Nāṣir al-Dīn – Risāla al-Naṣīḥa*）, pp. 20, 208（footnote 51）．ここでも，恐らくそうした事情から，ヤダーリーは，ダイマーン族の宗教知識人とされているのだろう．

80）Muḥammad al-Yadālī, *Khātima*（*fī*）*al-Taṣawwuf*; Muḥammad al-Yadālī, *Khātima fī al-Taṣawwuf*, Manuscript-(a); Muḥammad al-Yadālī, *Khātima fī al-Taṣawwuf*, Manuscript-(b).

触れたように，バンバの『楽園の道』の底本となった著作である．この著作自体は，小著の部類に入るものであるが，この著作に対して書かれた自注書[81]は詳細で浩瀚な著作である．そして『純金』[82]は，『クルアーン』の注釈書であり，これも非常に大部の著作である．これら以外にも，法学，クルアーン諸学，神学，タサッウフ，歴史，詩など，幅広い分野の著作を数多く書き残したヤダーリーは[83]，恐らくマシュリクやマグリブではほとんど無名の存在であると思われるが，西アフリカにおいては，バンバの他にも，上で触れたスィーディー・ムハンマド・ブン・ムハンマド・アッ＝サギールやムハンマド・アル＝ハーフィズ，スィーディーヤ・アル＝カビール，マーリク・スィ，イブラーヒーム・ニヤースなど，数多の宗教知識人達がその名に言及している．

彼は，17世紀中頃にシンキート地方で勃発したシュルブッバ[84]の余韻と頻発する自然災害によって社会全体が混乱していた時期に生まれ，孤児（yatīm）として育った[85]．しかし，そうした状況の中でも，彼は，複数の師の許で諸学を修め，後に多くの優れた弟子達が彼の門下から輩出した[86]．『媒介』は，ハーフィズの師の一人として紹介した碩学アブド・アッラーフ・ブン・アル＝ハーッジ・イブラーヒームなどを含む，シンキート地方史上最も優れた4人の宗

81）Muḥammad al-Yadālī, *Sharḥ Khātima*, Manuscript-(a); Muḥammad al-Yadālī, *Sharḥ Khātima*, Manuscript-(b).

82）Muḥammad al-Yadālī, *al-Dhahab al-Ibrīz 'alā Kitāb Allāh al-'Azīz*.

83）ヤダーリーの主たる著作の標題やその大まかな内容は，以下に記されている．Muḥammadhun wuld Bābbāh, *al-Shaykh*, pp. 25–8; F. Leconte, "al-Yadālī," pp. 227–8.

84）シュルブッバについては，序章第4節参照．

85）Muḥammadhun wuld Bābbāh, *al-Shaykh*, pp. 19–22. 孤児として育ったという点に関して，フランスの著名なイスラーム学者であったルイ・マスィニョンは，ヤダーリーの父親がシュルブッバで死亡したと述べている．しかし，シュルブッバは，その期間に関して諸説あるものの，1670年代半ば頃には終結していたと考えられているので，その場合，一般的に知られているヤダーリーの生年（1684/5年）との整合性が取れない．Louis Massignon, "Un poète saharien. La qaṣîdah d'al Yedâlî," p. 201.

86）Muḥammadhun wuld Bābbāh, *al-Shaykh*, pp. 22–3. なお，タサッウフに関していうと，ヤダーリーは，ナースィリー教団のウィルドを父方の従兄弟ニフタール・ブン・アル＝ムスタファー・ブン・マッハム・サーイード（Nikhtār bn al-Muṣṭafā bn Maḥḥam Sā'īd）という人物から受け取ったようである．Muḥammadhun wuld Bābbāh, *al-Shaykh*, p. 23. なお，ウィルドおよびナースィリー教団については，「はじめに」の「5　術語の説明―②ウィルド（wird），⑬ナースィリー教団（al-Ṭarīqa al-Nāṣirīya）」参照．

教知識人の一人としてヤダーリーを紹介しており，また同時に，彼を「神の使徒の称讃者」(maddāḥ li-rasūl Allāh) と表現し，彼の書いた有名な預言者称讃詩『我が主の祝福』(*Ṣalāt Rabb-ī*) の全詩行と，その執筆に纏わる逸話を紹介している[87]．この預言者称讃詩は，西アフリカの知的営為が他地域との連関の中でなされていたことを明示する具体例といえるので，ここで少し立ち止まり，この詩の成り立ちとその内容を見てみよう．

まず，ヤダーリーは，この詩の自注書の中で，詩作のきっかけを以下のように記している．

> 私〔ヤダーリー〕は，ある日，とある旅の途上で（様々な）楽器を持っている人々の前を通りかかったのだが，（彼らのうちのある者は）マルフーンの魅力的な旋律と，押韻したハッサーニーヤ[88]の美しい歌の一種を繰り返していた．私は，それを気に入ってしまい，そこから鳴り響いた通りのものが私の耳にも鳴り響いた．そこで私は，その旋律の型に乗せた（正則）アラビア語のカスィーダで，彼〔預言者ムハンマド〕──彼に神の祝福と救済あれ──を称讃してみたらよいだろうと思い，その型に沿って（詩を）編み，それを模倣したのである[89]．

マルフーン (malḥūn) は，マグリブの口語アラビア語詩の一形態であり，一般的に何らかの伴奏に合わせて吟じられる[90]．引用中の「マルフーンの魅力的な旋律」とは，つまり，マルフーンを吟じる際になされるような伴奏の旋律であ

---

87) WT, pp. 214, 223-6.

88)「はじめに」の「5 術語の説明─⑮ハッサーニーヤ (Ḥassānīya)」参照.

89) このヤダーリーの自注書は，部分的に押韻散文となっているので，以下に示す原文には，押韻箇所の直後に斜線を挿入して，それを明示する．

inn-ī marartu yawm wa anā ʻalā baʻḍ janāḥ al-asfār / bi-baʻḍ arbāb al-malāhī wa al-awtār / yuraddidu naghm^{an} min al-alḥān al-muṭriba al-malḥūna(h) / wa fann^{an} min al-aghānī al-ḥasana al-ḥassānīya al-mawzūna(h) / fa-shughiftu bi-dhālika al-fann / wa ṭanna ʻalā udhun-ī min-hu mā ṭann / fa-istaḥsantu an amdaḥa-hu ṣallā Allāh ʻalay-hi wa sallama bi-qaṣīda ʻarabīya ʻalā uslūb tilka al-anghām fa-nasajtu ʻalā minwāl-hā wa ḥadhawtu ʻalā mithāl-hā

Muḥammad al-Yadālī, *Sharḥ Qaṣīda fī Madḥ al-Nabī*, 1v-2r.

90) Ch. Pellat, "Malḥūn," pp. 247-56.

り，ヤダーリーが耳にしたものがマグリブの口語アラビア語詩としてのマルフーンであったということではないだろう．何故なら，直後に「押韻したハッサーニーヤの歌」とあり，これがサハラ西部の方言アラビア語であるハッサーニーヤで吟じられていたと分かるからである．ヤダーリーが耳にした「押韻したハッサーニーヤの歌」とは，つまり，このサハラ西部の方言によって編まれる詩，レグナ（leghna）を指していると考えられる．『媒介』は，レグナという語が正則アラビア語の「アル＝ギナー」（al-ghinā'），すなわち「歌」「歌謡」に相当するとしている[91]．実際，レグナは，ヤダーリーが聞いたように，楽器の演奏を伴って歌われるのであるが，「その旋律の型に乗せ」て，もしくは「その型に沿って」詩を編もうとしたと語るヤダーリーは，吟じられている詩の内容ではなく，レグナの詩の形式に合致する旋律に心を奪われたのであり，その旋律の型に合わせられる詩の形式を模倣しようとした，つまりレグナの形式を模倣しようとしたのである．

また，『媒介』には，この詩に纏わる以下のような逸話が見られる．

ヤダーリーが戦士貴族階層〔アラブ〕の長の一人であるイブン・ハイバ――彼には戦士貴族階層〔ハッサーン〕の長達の慣習通り[92]，彼を称讃する（ことを生業とする）称讃者達がいたのだが――の土地におり，（称讃者達が）イブン・ハイバについて語っている事柄〔称讃の言葉〕を聞いて，それを預言者（ムハンマド）――彼に神の祝福と救済あれ――の称讃に転用することがあった．そのことがイブン・ハイバの耳に届くと，彼は怒り，ヤダーリーを召喚して，彼の耳に届いた事柄について問い質した．すると（ヤダーリーは）「私は，あなたより優れた人物〔預言者ムハンマド〕（の称讃）にそれを転用したのです」といった．そして，（ヤダーリーが）次のような彼の言葉〔預言者ムハンマドに対する称讃詩〕を詠じると，イブン・ハイバの怒りは静まり，（もともと）暴君であった彼は，真理者〔神〕へと帰従したのであ

91）WT, pp. 216, 223.

92）戦士貴族階層ならびにアラブ，ハッサーンについては，序章第4節参照.

った（後略）[93].

ヤダーリーの自注書もこの事件を描写しているが，シンキート地方南部のブラークナの首長であったイブン・ハイバ（Ibn Hayba，1762年歿．アフマド・ブン・ハイバ〔Aḥmad bn Hayba〕）という具体的な人名を挙げずに，ある戦士貴族階層の有力者として曖昧に表現している．預言者ムハンマドの卓越性を明言することで相手の怒りが静まるという顚末は，『媒介』に綴られた逸話と同じであるが，この自注書に記された，シンキート地方における詩の文化の以下のような一側面を知ると，『媒介』の描写の中で何故イブン・ハイバがヤダーリーに対して激昂したのかが明らかになる．

自注書によると，レグナの中でも特定の個人に捧げられる称讃詩は，ケルザ（kerza）と呼ばれ，あるケルザを改変もしくは模倣して他の人物に捧げることは，もともとの称讃対象の人物を最も怒らせる行為であり，彼からケルザを「強奪した」（nazaʻa）と表現されるようである．そして，そうした「強奪」は，もともとの称讃対象の人物を「殺害する」（qatala）に等しい極めて無礼で悪辣な行為であると認識されていたのである[94]．こうした暗黙の規則の存在は，レグナの文化がシンキート地方に広く深く根づいていたことを示唆しているといえよう．

話を『我が主の祝福』に戻すと，つまりヤダーリーは，イブン・ハイバのために作られた称讃詩が楽器の奏でる旋律とともに詠じられている現場に出くわし，その旋律に合わせて正則アラビア語の預言者称讃詩を書こうと思い立ったのである．そのため，この詩は，正則アラビア語を使用していながら，詩型に

93）原文は以下の通り．

wa ittafaqa anna-hu kāna fī arḍ Ibn Hayba, aḥad ruʼasāʼ al-ʻarab, wa kāna la-hu maddāḥūn yumajjidūna-hu ʻalā ʻāda ruʼasāʼ ḥassān, fa-samiʻa mā yaqūlūna fī-hi, fa-qallaba-hu fī madḥ al-nabī ṣallā Allāh ʻalay-hi wa sallama, fa-balagha dhālika Ibn Hayba, fa-ghaḍiba min-hu, wa aḥḍara-hu wa saʼala-hu ʻam-mā balagha-hu, fa-qāla qallabtu-hu fī-man huwa khayr min-ka, fa-lammā anshada-hu maqālata-hu al-ātiya sakana ghaḍab-hu, wa adhʻana li-l-ḥaqq, wa kāna jabbār, ...

WT, p. 223.

94）Muḥammad al-Yadālī, *Sharḥ Qaṣīda*, 4r.

関しては，アラビア語詩の古典的な韻律の規則ではなく，むしろレグナの形式的規則を意識して書かれている．

レグナと『我が主の祝福』とを論じた先行研究によると，レグナは，その形式に関して，もともとムワッシャフ（muwashshaḥ）やザジャル（zajal）といったアンダルス起源のアラビア語詩に影響を受けて誕生したようであり，古典アラビア語詩で採用される母音の有無・長短の排列規則ではなく，基本的に各句内の音節数に基づいて韻律を分類し，更に脚韻に一定の規則的排列を求める[95]．

『我が主の祝福』は，47詩行で，各詩行が4つの句からなっている．最初の5詩行を参考に，具体的に各句の音節数と脚韻を見てみよう（斜線は，音節数に基づいて纏まった句の切れ目を表す）．

ṣalātu rabb-ī / maʻa-s-salāmi / ʻalā ḥabīb-ī / khayri-l-anāmi
bādi-sh-shafūfi / dāni-l-quṭūfi / barrin ʻaṭūfi / laythin humāmi
dhāka-n-nabīyu / al-hāshimīyu / dhāka-l-ʻalīyu / -l-hādi-t-tahāmi
dhāka-r-rafīʻu / -l-ghawthu-l-manīʻu / dhāka-sh-shafīʻu / yawma-l-qiyāmi
ʻaynu-l-kamāli / ʻaynu-l-jamāli / quṭbu-l-jalāli / quṭbu-l-kirāmi[96]

古典アラビア語詩の16種類の韻律に合致しない点，そして，全ての句が5音節である点から判断すると，音節数によって韻律を分類するレグナの規則に準じているといえる．脚韻の形式を見ると，第1詩行の第1句と第3句が押韻し（-bī），同時に第2句と第4句が押韻している（-āmi）．このように2種類の脚韻が交互に現れる形式は，「ガーフ」（gāf）と呼ばれる．脚韻を記号化してガーフを表わせば，「a-b-a-b」となるが，レグナにはもう一つ重要な脚韻形式があ

95) Massignon, "Un poète," pp. 199-205; Norris, <u>Shinqīṭī</u>, pp. 34-50, 155-93; WT, pp. 72-5. なお，無母音文字が連続する位置も韻律を分類する指標となる．

96) WT, p. 223. なお，翻訳は以下の通り．「我が最愛の人，最良の人間，その透明性が明らかな方，近くにおられる方，憐み深い敬虔な方，高潔な獅子，（そのような預言者ムハンマドに）我が主〔神〕の祝福と救済あれ．ハーシム家のその預言者は，ティハーマ〔アラビア半島南西岸・南岸の地名〕のその崇高な導き手は，高貴にして力強いその助け手は，復活の日のその執り成し人は，完全性の泉，美の泉，高尚の枢軸，気高い人々の枢軸」．

り，それは「c-c-c-b-c-b」と記号化することのできる「タルア」（ṭalʻa）である[97]．第2詩行以降の各行は，第1句から第3句が押韻し（第2詩行：-ūfi，第3詩行：-īyu，第4詩行：-īʻu，第5詩行：-āli），第4句が第1詩行（ガーフ）の第2句および第4句と押韻しており（-āmi），タルアの一部（「c-c-c-b」）を採用しているとも考えられる．

しかし，留意すべきは，自注書の中でヤダーリー自身が述べていたように，この詩が古典アラビア語詩の一類型であるカスィーダを意識して編まれた点である．つまりこの詩は，各詩行を4句構成と見做して，そこにレグナの脚韻規則を見出すことができると同時に，第1詩行の第2句と第4句，および第2詩行以降の第4句が押韻する構造から，各詩行を4句構成ではなく，古典アラビア語詩の対句構成と見做すことによって，そこにカスィーダの脚韻規則（第1対句の前半句と後半句および第2対句以降の後半句での押韻）も見出すことができるのである[98]．

また，ノリスも指摘しているように[99]，14世紀の思想家・歴史家であるイブン・ハルドゥーンは，『序説』（*Muqaddima*）という著作の中で，彼が生きた時代のアラブに，4つの「部分」（単数形 juzʼ／複数形 ajzāʼ）からなる纏まりが複数連なる詩の形式が存在したことを明らかにしている．その説明によると，この形式は，4つの「部分」のうち，最初の3つの「部分」で押韻し，かつ詩全体を通じて4つ目の「部分」で押韻することを特徴としていたようである[100]．英語および日本語による『序説』の翻訳や，レグナを扱った先行研究は，いずれもこの「部分」を「行」と解している．仮にそうであるならば，この詩の形

97）Norris, *Shinqīṭī*, p. 42.

98）ただし，北・西アフリカにおける一般論として，カスィーダという語が上述のような特別な脚韻規則に準じた古典アラビア語詩の一類型ではなく，より広く韻律を伴った詩という意味で用いられることがしばしばある．例えば，バンバの韻文作品も，本来のカスィーダの脚韻規則に準じているか否かの基準とは無関係に，一般にカスィーダ，もしくはその複数形のカサーイド（qaṣāʼid）と呼びならわされている．

99）Norris, *Shinqīṭī*, p. 49.

100）Ibn Khaldūn, *Muqaddima Ibn Khaldūn wa Hiya al-Juzʼ al-Awwal min Kitāb al-ʻIbar wa Dīwān al-Mubtadiʼ wa al-Khabar*, Vol. 3, p. 361；邦訳＝『歴史序説』，第4巻，248頁；英訳＝*The Muqaddimah: An Introduction to History*, Vol. 3, p. 414.

式は，4 詩行の節が複数連なる詩節形式となり，脚韻の規則も含め，上で触れたアンダルス起源のムワッシャフの形式に似通っている[101]．また，「c-c-c-b, d-d-d-b, e-e-e-b, ...」という脚韻に着目すると，行単位で押韻するのか，もしくは句単位で押韻するのかの違いはあるものの，『我が主の祝福』の第 2 詩行以降と一致している．従って，遅くとも 14 世紀には流布していたこのようなアラブの伝統的な押韻形式まで考慮すると，各詩行の第 1 句から第 3 句で押韻し，かつ全詩行の第 4 句で押韻する 4 句構成を採用しているシンキート地方の韻文の全てが，レグナの脚韻形式からの直接的影響によって編まれたとはいえないだろう．

しかし，『我が主の祝福』は，その詩作のきっかけを振り返れば分かるように，明らかにレグナからの影響を受けて書かれたものであり，サハラ西部のハッサーニーヤというアラビア語の一方言と，海を越えてやってきたアンダルス詩との出会いから生まれ，徐々にその詩形式を整えていったレグナに，遥か東方のアラビア半島を発祥の地とする正則アラビア語や古典アラビア語詩のカスィーダの脚韻形式が邂逅した結果と見ることができる．換言すれば，このような詩の存在は，サハラ西部における知的体系の発展が他地域との連関の中でなされてきたことを端的に示しているのである．

そして，バンバの作品の中にも，4 句からなる各詩行の第 1 句から第 3 句までで押韻し，全詩行の第 4 句で脚韻を踏む詩を複数見出すことができる[102]．

101）ドイツ出身のセム学者フランツ・ローゼンタールによる『序説』の英訳は，この箇所の訳注（Vol. 3, p. 414, footnote 1626）でムワッシャフの構造を説明している．ムワッシャフは，詩節もしくは詩連形式のアラビア語詩で，多くは 5 詩節程度からなるが，第 1 詩節の前には，2 詩行以上のマトラァ（maṭla‘），つまり導入部が置かれることもある．各詩節は，詩節ごとに脚韻を変化させるグスン（ghuṣn, 枝）と，脚韻を変化させないスィムト（simṭ, 真珠の首飾りの糸）という 2 つの部分から構成され，マトラァの脚韻は，スィムトに一致する．1 つの詩節のグスンは大体 3 もしくは 4 詩行で，スィムトは 2 詩行以上となる．最終詩節のスィムトは，ハルジャ（kharja, 出口，結句）と呼ばれ，口語アラビア語やロマンス語で書かれる場合がある．また，各詩行が複数の部分に分かれることもあるが，その場合もグスンおよびスィムトの規則に従って脚韻を踏むことになる．付加的なマトラァを除いて，最も素朴な形式（3 詩行のグスンと 2 詩行のスィムト）からなる 2 詩節を想定し，詩節ごとに脚韻が変化しないスィムトの 2 詩行を一つの押韻の纏まりと把握すると，イブン・ハルドゥーンの言及するアラブの詩の形式との類似性が見えてくる．

これらが，彼にとっての重要な知的源泉であったヤダーリーの『我が主の祝福』からの影響によるものなのか，レグナの脚韻形式を彼自身が独自に吸収した結果として編まれたものなのか，イブン・ハルドゥーンがいうような，遅くとも14世紀から存在していたアラブの伝統に則ったものなのか，断言することは難しいだろう．しかし，そのいずれの場合であっても，スーダーン西部の宗教知識人が他地域との連関の中で自らの知的活動を展開していた事実は裏づけられるはずである．

さて，それでは話を『タサッウフの封印』と『楽園の道』との関係性へと移そう．『タサッウフの封印』を底本とした『楽園の道』は，今日，ムリッド信徒達の間で最もよく知られたバンバの著作の一つであり，そのせいか，この著作内に見られる文言と，今日観察されるムリッド教団の教義的側面とを結びつけようとする見解も生まれている．その教義的側面とは，この教団の特徴的な教えとしてこれまで様々な研究で紹介されてきた，師のためになされる労働に特別な宗教的価値を見出す思想，端的にいえば，師のために労働する弟子が来世での救済を保証されるという考え方である．こうした考え方は，現代のムリッド信徒達の間に少なからず流布しており，時に，師のための労働が礼拝や断食，祈禱に代表される宗教的諸行為の代替手段になるという極端な見解にまで至ることもある．

このような思想を便宜的に「労働の教義」と呼ぶが，以下でなされる議論は，「労働の教義」自体の是非を問うたり，今日のムリッド信徒による「労働の教義」の受容を問題としたりするものでは決してない．以下の議論の目的は，『タサッウフの封印』と『楽園の道』との関係性を検討することで，「労働の教義」と『楽園の道』との結びつきを安易に主張する見解に対して疑問を投げかけ，そこから，『楽園の道』で展開されるバンバの思想が「労働の教義」とは

102）例えば，以下の詩集には，そうした形式の詩が複数収録されている．Aḥmad Bamba, *Dīwān al-Qaṣā'id al-Muqayyada bi-al-Āyāt al-Qur'ānīya*, pp. 108–9, 280–2, 380–1; Aḥmad Bamba, *Dīwān al-Qaṣā'id al-Muqayyada bi-Ghayr al-Āyāt al-Qur'ānīya*, pp. 108–11, 646–7; Aḥmad Bamba, *Dīwān Nūr al-Dārayn fī Khidma al-Ḥāmī 'an al-'Ārayn*, pp. 334–6, 531; Aḥmad Bamba, *Dīwān Sa'ādāt al-Murīdīn fī Amdāḥ Khayr al-Mursalīn: Majmū'a min Qaṣā'id al-Shaykh al-Khadīm fī Madḥ Ḥabīb-hi al-Makhdūm*, pp. 238–64 (in the first part).

結びつき難いという事実を明らかにすることである．なお，「労働の教義」を扱った先行研究の中には，バンバが口頭で発したとされる幾つかの文言を根拠に，この「教義」の源泉をバンバの思想に見出そうとするものがある．しかし，それらの研究はいずれも，論証の根拠として列挙した文言の典拠を明示していないため，「労働の教義」とバンバの思想との間に関係性が見出せるのか，という問い以前に，本当にバンバがそれらの文言を発したのか，という根本的な問いを惹起する．著者は，別稿においてこの点を論じたが[103]，アラビア語著作の分析を主眼とする本書では，こうした口頭で発したとされるバンバの言葉とそれに纏わる問題には踏み込まず，あくまでアラビア語著作の『楽園の道』に纏わる問題に議論を集中させる．

そもそも，バンバの思想的側面を論じた論考群の中で，彼の著作群に直接あたろうとする研究は，参与観察を核とする現地調査や植民地行政当局公文書の分析などに基づく研究に比べると遥かに少ない．そのような状況の中，『楽園の道』を1次資料とし，その内容と「労働の教義」とを関連づけようとする代表的な論考として，黒アフリカ基礎研究所のイスラーム学者であったアマル・サンブの研究がある．

まず彼は，「しかし，ムリッド教団は，労働の神秘主義というだけではない．実際，その創設者〔バンバ〕は，知識を獲得する義務や，理論を実践に結びつける義務を大いに主張している」[104]という前置きに続けて，『楽園の道』から8詩行を引用しているが，その最初の2詩行を見てみよう[105]．

①実質的な報酬の獲得を望むのであれば，実証的な学問と神秘的な学問とに同様の関心を寄せることが義務である．

103）Kota Kariya, "The Murid Order and Its 'Doctrine of Work'"; 苅谷康太「セネガル・ムリッド教団とアフマド・バンバの思想：『労働の教義』についての考察」．

104）原文は以下の通り．

Cependant, le Mouridisme n'est pas qu'une mystique du travail ; en effet, son fondateur insiste beaucoup sur le devoir d'acquérir le savoir, d'allier la théorie à la pratique

Samb, *Essai*, p. 468.

105）読み易さを考慮して，各詩行を改行し，それぞれの先頭に丸数字を置いた．

②知識〔学問〕と労働とが，確実に幸福へと繋がる2つの道であることを知れ[106]．

サンブは，アラビア語原文を提示していないが，この引用に相当すると思しき2詩行は，原文の序の中にあるものの，連続した2詩行ではない．それらを連続したものとして訳出したり，「タファックフ」(tafaqquh)，つまり「イスラーム法学」に「実証的な学問」(science positive) という訳語をあてたりしたサンブの意図は分からない．しかし，ここで何よりも問題となるのは，「労働の教義」と関係する②で「労働」(travail) と訳している語が，原文ではアラビア語の「アマル」(単数形 ʻamal／複数形 aʻmāl) となっている点であろう．この語は，一般的な意味や引用箇所に先行する文脈を考慮すると，より広い意味での「行為」と訳されるべきであり，引用箇所に後続する文脈を考慮すれば「宗教的行為」などと訳されるべきであろう．文脈が分かるように上の引用箇所を含む形で原典の序の冒頭から翻訳し直すと，以下のようになる[107]．

（1）ウラマーの意見によると，知識は，隠された秘密として，外面的なものと内面的なものとに分かれる．外面的知識は，諸行為を改善し，内面的知識は，心的状態を改善する．第1（の知識）は，イスラーム法学の名で呼ばれ，第2（の知識）は，彼らからタサッウフとして認識される．そして，若者がタサッウフに対してイスラーム法学を優先させることは，その必然性が既に明らかになっている．第1のこと〔イスラーム法学〕の違反に属する者は，ウラマーによって現世で破滅し，第2のこと〔タサッウフ〕に対する違反者は，栄光の所有者〔神〕によって将来〔来世で〕破滅

---

106) 原文は以下の通り．
①C'est une obligation d'accorder à la science positive et à la science mystique le même intérêt, si l'on veut obtenir une récompense substantielle.
②Sache que la Science et le Travail sont les deux voies qui mènent, à coup sûr, au bonheur.
Samb, *Essai*, p. 468. ここでは，サンブがムリッド教団を「労働の神秘主義」(mystique du travail) として扱っている文脈上，フランス語の travail を「労働」と訳してよいだろう．

107) サンブの引用に相当する箇所は〈　〉で示す．また，底本との関連を検討する後出の議論を見越して，全体を3つの部分に分け，それぞれの先頭に括弧で番号を付し，改行する．

するだろう．〈従って，報酬を獲得するためには，それら〔イスラーム法学とタサッウフ〕の融合が全ての下僕にとっての義務となる〉．

（2）タサッウフなしにイスラーム法学を修める者は，明らかに正道から逸脱する者である．（そのことを）知るがよい．また，その反対の者〔イスラーム法学なしにタサッウフを修める者〕は，自らの状況を異端へと傾けることになる．だが，イスラーム法学とタサッウフとを融合させる者は，他人からつき従われる権利を有する者なのだ．この判断は，イマーム・マーリク――所有者〔神〕が彼に慈悲を垂れ，満足し給うように――が導き出したのである[108]．

（3）〈そして，知識と行為とが確かに幸福への2つの手段であることを知るがよい〉．而して，それら2つのために，そして（それら2つを）あらゆる欠陥から浄化し，清めるために努力せよ．また，廉直さや誠実さによって，それら2つを正すがよい．そうすればお前は，特別な権威を獲得するだろう．更に，選ばれし御方〔預言者ムハンマド〕――彼に創造主の祝福と救済あれ――のスンナに従うことによって（それら2つを正すがよい）[109]．

108）イマーム・マーリクという人物は，明らかにマーリク学派の祖マーリク・ブン・アナスを指しているが，タサッウフの成立時期を考慮すると，8世紀に生きた彼がこのような言葉を残したとは考えにくい．しかし，後述するように，この引用は，ザッルークの『タサッウフの諸基礎』からの孫引きであると考えられるため，バンバ自身の誤りではない．恐らく最も可能性が高いのは，マーリク・ブン・アナスにこの発言を帰する不正確な伝承を記した原典が存在し，ザッルークがそこから引用したものをバンバが更に引用したという過程であろう．

109）原文は以下の通り（韻律：ラジャズ）．

al-ʿilmu ʿinda-l-ʿulamāʾi yanqasim / li-ẓāhirin wa bāṭinin sirran kutim
ẓāhiru-hu-l-muṣliḥu li-l-aʿmālī / wa-l-bāṭinu-l-muṣliḥu li-l-aḥwālī
fa-awwalun bi-smi tafaqquhin duʿī / wa-th-thāni ʿan-hum bi-taṣawwufin wuʿī
thummata taqdīmu-l-fata-l-fiqha ʿalā / taṣawwufin wujūbu-hū qadi-njalā
fa-man ilā ikhlāli-l-awwali-ntamā / halaka fi-d-dunyā bi-ḥukmi-l-ʿulamā
wa-man yakun bi-th-thāni dha-l-ikhlālī / yahlik ghadan bi-ḥukmi dhi-l-jalālī
fa-wājibun ʿala-l-ʿibādi ṭurrā / jamʿu-humā li-kay yanālu-l-ajrā
wa man tafaqqaha bi-lā taṣawwufi / fa-dhū tafassuqin ṣarīḥin fa-ʿrifi
wa man yakun bi-ʿaksi dhā fa-inna-hū / ilā tazanduqin amālū shaʾna-hū
wa man li-fiqhin wa taṣawwufin jamaʿ / fa-hwa-lladhī ḥuqqa la-hū an yuttabaʿ
akhraja dha-l-ḥukma-l-imāmu Mālikū / raḥima-hū raḍiya ʿan-hu-l-mālikū

「行為」と訳した「アマル」は，まず引用箇所の冒頭で，イスラーム法学の知識によって律される，人間の外的活動を指しており，タサッウフの知識によって律される内的側面，つまり心的状態と対置されている．そして次に，イスラーム法学とタサッウフという異なる知識の融合の必要性が語られる文脈では，その融合した知識の総体と対置されるべき存在として語られている．上記の引用箇所の後に，前節で引用した知識と行為とを対置する議論が展開されるのであるが，そこには「知識は行為に優越し，その基盤である．而して，知識を得る者は勝利するだろう．だが，知識の成果は，その有用性と同様，それ〔当の知識〕に基づいた行為に存するのである．従って，（知識と行為の）融合の所有者となれ．知識に基づいた僅かな行為の方が，無知なまま行う多く（の行為）より，疑いなく多くの報酬となる」とあったはずである[110]．つまり，ここでいう「行為」は，イスラーム法学とタサッウフとが融合した宗教的知識に支えられた宗教的行為であり，どのように解釈しても，サンブがいうような「労働」に限定することはできないはずである．

更に，恐らくサンブは，底本となった『タサッウフの封印』の内容を検討しなかったと思われる．というのも，仮に『タサッウフの封印』を参照し，以下のような序の冒頭の文章を確認していたとすれば，上述のような「労働の教義」と『楽園の道』とを結びつける議論を展開できなかったはずだからである．

> 諸行為のような外面と関連する知識がイスラーム法学と呼ばれ，（内面と関連する知識に）先立つこと，また，心的状態のような内面と（関連する知識が）タサッウフと呼ばれ，外面が内面に従属することを知るがよい．そして，第1のこと〔イスラーム法学〕に違反する者は，ウラマーによって現世で破滅し，第2のこと〔タサッウフ〕（に違反する者は），諸王の中の王〔神〕に

---

wa-l-taʻlaman bi-anna ʻilman wa ʻamal / humā wasīlata-s-saʻādati ajal
fa-fī-hima-jtahid wa fi-t-taṣfiyatī / min kulli āfatin wa fi-t-tanqiyatī
wa ṣaḥḥiḥan bi-ṣ-ṣidqi wa-l-ikhlāṣī / kilay-himā taẓfar bi-li-khtiṣāṣī
wa bi-ttibāʻi sunnati-l-mukhtārī / ṣallā wa sallama ʻalay-hi-l-bārī

Aḥmad Bamba, *Masālik*, pp. 6–7.

110）254 頁参照.

> よって来世で（破滅するだろう）．従って，それら〔イスラーム法学とタサッウフ〕を融合しなければならない．そして，知識と（神への）崇拝行為とが幸福への2つの手段であることを知るがよい．而して，それら2つのために，そして，それら2つを諸欠陥から浄化するために努力せよ．また，誠実さによって，廉直さによって，（預言者ムハンマドの）スンナに従うことによって，それら2つを正すがよい[111]．

一瞥して分かるように，この部分は，上記の『楽園の道』の引用箇所の（1）と（3）に相当しており，底本の意味内容を韻文化するバンバの試みは，ほぼ完全に成功しているといえよう．重要な点は，（3）の冒頭でバンバのいう「アマル」すなわち「行為」が，『タサッウフの封印』における「イバーダ」（ʻibāda），すなわち「（神に対する）崇拝行為」のいい換えだということである．この語は，正にサンブが「労働」と訳した一語である．バンバが単語を置き換えた理由は，明らかに韻律上の問題であり，実際，この部分で「イバーダ」を使用すると，韻律が崩れてしまう．そこで彼は，韻律を維持しながら底本の意味の保持が可能な代替語として「アマル」を選択したのである．換言すると，彼は，この語が韻律上の問題を解決すると同時に，意味の面でも——少なくとも直前の10詩行程度と向き合った読者にとっては——「イバーダ」の代替語になり得ると判断したのである．

しかし，（2）の文言は，明らかに『タサッウフの封印』の相当箇所には見出されない．それでは，この部分は，バンバが独自に「イマーム・マーリク」の言葉を引いたのかというと，答えは否であろう．恐らくこの一節は，ザッル

111）上点は引用者による．原文は以下の通り．

> iʻlam anna al-ʻilm al-mutaʻalliq bi-al-ẓāhir, ka-al-aʻmāl, yusammā tafaqquh wa huwa muqaddam, wa bi-al-bāṭin, ka-al-aḥwāl, yusammā taṣawwuf, wa al-ẓāhir tābiʻ li-l-bāṭin. fa-al-mukhill bi-al-awwal hālik fī al-dunyā bi-ḥukm al-ʻulamāʼ, wa bi-al-thānī fī al-ākhira bi-ḥukm malik al-mulūk. fa-lazima jamʻ-humā. wa iʻlam anna al-ʻilm wa al-ʻibāda humā sababā al-saʻāda. fa-ijtahid fī-himā wa fī taṣfiyat-himā min al-āfāt. wa ṣaḥḥiḥ-humā bi-al-ikhlāṣ wa al-ṣidq wa ittibāʻ al-sunna.

Muḥammad al-Yadālī, *Khātima (fī) al-Taṣawwuf*, p. 136; Muḥammad al-Yadālī, *Khātima fī al-Taṣawwuf*, Manuscript-(a), pp. 2–3; Muḥammad al-Yadālī, *Khātima fī al-Taṣawwuf*, Manuscript-(b), p. 1.

ークの『タサッウフの諸基礎』の文言の韻文化であると思われる．というのも，ザッルークは，『タサッウフの諸基礎』の一節を，『楽園の道』の（1）と同様の内容，つまりイスラーム法学とタサッウフの融合に関する議論にあてており，その直後に以下のような引用を行っているからである．

> そして，これに（関連する発言に）属するものとして，マーリク――神が彼に慈悲を垂れ給うように――の（次のような）言葉がある．「タサッウフを修めながらイスラーム法学を修めない者は，異端者となる．そして，イスラーム法学を修めながらタサッウフを修めない者は，正道から逸脱する．だが，その2つを融合させる者は，（真理の）確証を得るのだ」[112]．

こうしたイスラーム法学とタサッウフの融合という主題に関して，バンバからヤダーリー，ザッルークと時代を遡っていくと，やはりその先では，彼らにとっての巨大な知的源泉であったガザーリーに行きあたるのではないだろうか．ガザーリーの思想を包括的に論じた先行研究も明らかにしているように[113]，『宗教諸学の再興』や『誤りから救うものと力と崇高さの所有者の許へ至らせるもの』（*al-Munqidh min al-Ḍalāl wa al-Mūṣil ilā Dhī al-ʻIzza wa al-Jalāl*）などの執筆を通じて彼が目指したのは，タサッウフを軸とした，イスラーム法学を含む宗教諸学の再興であり，イスラーム法学とタサッウフの融合という後進の議論は，こうした先達の大きな問題提起を下敷きにしていたと考えられる．つまり，この主題に関する議論は，先達の議論を次世代の人物が踏まえる形で伝統的に積み重ねられてきたものであり，西アフリカの宗教知識人であったヤダーリーもバンバも，このような時代と地域を貫く議論の連鎖の一部を構成していたのである[114]．

112）原文は以下の通り．

wa min-hu qawl Mālik raḥima-hu Allāh: man taṣawwafa wa lam yatafaqqah fa-qad tazandaqa, wa man tafaqqaha wa lam yataṣawwaf fa-qad tafassaqa, wa man jamaʻa bayn-humā fa-qad taḥaqqaqa.

Aḥmad Zarrūq, *Qawāʻid*, p. 22（qāʻida 4）.

113）中村廣治郎『イスラムの宗教思想――ガザーリーとその周辺――』，36–48, 78–86 頁．

さて，サンブの研究に話を戻そう．彼は，上記の他にも，「ムリッド教団が労働の神秘主義であるといっても間違いではない．ムリッド教団のターリベ[115]は，『楽園の道』に記された次のような師〔バンバ〕の忠告を厳格に遵守している」[116]と述べた後で，以下のような引用を行っている[117]．

①その者のおかげで神の許での満足が得られるような者〔師〕のために働かなければならない．
②現世においても来世においても，弟子が恐れる事柄から彼〔弟子〕を守ってくれる者〔師〕――もし彼〔師〕が満足していればの話だが――のために働かなければならない．
③弟子は，彼のために全てを代理してくれる者〔師〕のために働かなければならない．
④弟子は――彼〔弟子〕が（師の）全ての命令を遵守するという条件で――，彼の望む事柄を全て，その超自然的な力によって与えてくれる者〔師〕のために働かなければならない[118]．

114）勿論，ガザーリー，ザッルーク，ヤダーリーを含む先達の著作群を同時に参照したバンバは，彼らの間に思想的な連鎖が存在し，それに自らが繋がっていることを認識していたと考えられる．

115）「ターリベ」（taalibe）は，ウォロフ語で「弟子」や「生徒」を意味し，「求める者」，「探究者」，「学生」などを意味するアラビア語の「ターリブ」（ṭālib）に由来している．なお，ウォロフについては，「はじめに」の「5　術語の説明―③ウォロフ（Wolof）」参照．

116）原文は以下の通り．

On n'a pas tort de dire que le Mouridisme est une mystique du travail. Le *talibé* mouride observe strictement ces conseils du maître consignés dans *les Itinéraires du Paradis*

Samb, *Essai*, p. 467.

117）読みやすさを考慮して，各詩行を改行し，それぞれの先頭に丸数字を置いた．

118）原文は以下の通り．

① Il faut travailler pour celui grâce auquel on peut obtenir satisfaciton auprès de Dieu.
② Il faut travailler pour celui qui, s'il est content, protégera son talibé contre ce qu'il redoute dans ce monde et dans l'autre.
③ Le talibé doit travailler au profit de celui qui représente tout pour lui.
④ Le talibé doit travailler pour celui qui, par son pouvoir surnaturel, lui donnera tout ce qu'il désirera, à condition qu'il observe toutes les consignes reçues.

Samb, *Essai*, p. 467.

ここで重要なことは，「労働の教義」と『楽園の道』とを結びつけようとするサンブが，語られている対象は誰か，という基本的な文脈を顧みず，「自著を通じて『労働の教義』を説くバンバ」の姿を描き出そうとしている点であろう．サンブは，この引用箇所をムリッド教団における師弟関係の叙述と捉えているようだが，それは不正確である．まずは，実際にサンブの引用箇所が含まれている部分を翻訳し直してみると，以下のようになる[119]．

そして，これら２つ〔名声と偽善〕の治療薬とは，常にあらゆる事柄がその御方〔神〕の御手にあるという事実をお前が知ることであり――人間は，些かも自身を益することはできない[120]．それならば，一体どうして自分以外の下僕を（益することが）できようか――，おお友よ，慈悲深き御方〔神〕が明らかにそれら２つ〔名声と偽善〕に関する脅迫を過酷なものにした（という事実を知ることなのである）．偽善者は，何千もの（金貨の）価値に値する貴重な宝石を持ちながら，取るに足らない（小額の）硬貨一枚と引き換えにそれを売り払ってしまう者――彼の脆弱さが深刻でなければ，数千（の金貨）と引き換えにそれを売ることができたのだ――や，自らの努力で全能者〔神〕の満足を得ることができたのに，（それをせずに）貧者〔人間〕の満足を選び取ってしまう者に譬えられる．彼〔偽善者〕の行為が自分〔貧者〕のためにのみなされていることを彼〔貧者〕が知った時〔知ったとしても〕，全能者が彼〔偽善者〕に怒りを表した後で〔表したために〕，貧者が彼を嫌悪してしまい，その行為が失われたら，一体どうすればいいのだろうか．（而して）〈その者のために誠実に行為をなせば，その満足を得られるような御方〔神〕のために行為せよ．その者の満足を得れば，２つの家〔現世と来世〕においてお前が恐れる事柄からお前を守って下さる御方〔神〕のために

119）サンブの引用に相当する箇所は〈　〉で示す．

120）「些かも」と訳したのは，原文の layād という語である．一般的なアラビア語辞典などには見られない語彙であるが，バンバは，他の著作の中でこの語を shay'（「もの」，「こと」）の同義語として用いている．Aḥmad Bamba, *Nahj al-Ḥaqīqa fī Hatk Sitr al-'Aqīqa*, p. 22. なお，この語は，底本である『タサッウフの封印』には見られず，基本的に韻律の要求に応えて挿入されたものであると考えられる．

行為せよ．服従によってその者の満足を得ようと試みれば，その試み以外の事柄を全て免除して下さる御方〔神〕のために行為せよ．その者が禁じる事柄を避ければ，栄誉とあらゆる望みを獲得できるような御方〔神〕のために行為せよ〉[121]．

『楽園の道』は，人間を蝕む種々の内面的悪徳（al-radhā'il al-bāṭina）とその治療薬（dawā'）を列挙する過程で，名声（sumʻa）とその「姉妹」である偽善（riyā'）を論じている．その大凡の論点は，現世的な目的のために被造物である人間からの評価を意識してなされるあらゆる行為には，偽善という内面的悪徳がつきまとうこと，そうした内面的悪徳から免れるには，あらゆる行為において，人間からの評価ではなく，神からの評価を意識しなければならないこと，という2点に纏められる．そして，後者に相当する一節が上の引用箇所である．従って，サンブの引用箇所に相当する4詩行で語られているのは，師弟という人間と人間との関係ではなく，神と人間との関係である．つまり，サンブが師のために「働かなければならない」と訳している語は，如何なる状況においても，人間のためではなく，神のために「行為せよ」と訳されるべきであろう．念のため，底本となった『タサッウフの封印』の相当箇所も見ておこう．

121）原文は以下の通り（韻律：ラジャズ）．
thumma dawā'u dhayni an taʻlama an / bi-yadi-hī kullu-l-umūri fi-z-zaman
wa-l-khalqu lā yanfaʻu nafsa-hū layād / fa-kayfa ghayra-hu idhan mina-l-ʻibād
thumma-l-wa'īdu fī-himā yā ṣāḥī / shaddada-hu-r-raḥmānu bi-ttiḍāḥī
wa maththalū murā'iyan bi-man ḥawā / jawharatan nafīsatan qadi-stawā
thamanu-hā maʻa ulūfin kathurat / fa-bāʻa-hā bi-falsatin qad ḥaqurat
wa kāna bayʻu-hā bi-alfi alfi / amkana-hū law la-shtidādu-ḍ-ḍuʻfi
wa bi-lladhī amkana-hū riḍa-l-qadīr / bi-saʻyi-hī fa-khtāra riḍwāna-l-faqīr
fa-kayfa in abghaḍa-hu-l-faqīrū / min baʻdi mā sakhiṭa-hu-l-qadīrū
lammā darā bi-anna-hū lā yaʻmalū / illā li-ajli-hī fa-ḍāʻa-l-ʻamalū
wa-ʻmal li-man idhā la-hū ʻamiltā / bi-wajhi-li-khlāṣi riḍā-hu niltā
wa-ʻmal li-man in taktasib riḍā-hū / yakfi-ka fi-d-dārayni mā takhshā-hū
wa-ʻmal li-man yughnī mani-starḍā-hū / bi-ṭāʻatin ʻan kulli mā siwā-hū
wa-ʻmal li-man idha-jtanabta nahya-h / nilta-l-karāmata wa-kulla bughyah
Aḥmad Bamba, *Masālik*, p. 63.

それら2つ〔名声と偽善〕の治療薬とは，あらゆる事柄がいと高きその御方の御手にあるという事実をお前が知ることであり――（被造物である）人間は，自身を益することができない．それならば，一体どうして自分以外を（益することが）できようか――，また，それら2つ〔名声と偽善〕に関する脅迫が苛烈であるという事実を知ることなのである．偽善者の同類とは，（いうなれば）数千（の金貨）と引き換えに宝石を売ることができるのに，それを（小額の）硬貨と引き換えに売り払ってしまう者であり，また，自らの努力によって最も偉大な王〔神〕の満足を得られるのに，それ〔自らの努力〕によって卑しい（人間の）満足を求めてしまう者である．お前が彼のために行為していることをその卑しい（人間）が知っていたとしても，王者〔神〕の怒りにより，その卑しい（人間）は，お前を嫌い，お前に怒る．（こうなってしまったら）一体どうしようというのか．而して，その者のために行為をなせば，お前を愛し，お前に栄誉を与え，（その他の）全ての事柄を免除して下さる御方〔神〕のために行為せよ[122]．

以上のようなサンブの事例における問題は，著作内の文脈を顧みずに特定の詩行を抜粋し，特定の単語に恣意的な意味を与えることで，「労働の教義」をバンバの著作の中に作り出している点にある．しかも，研究対象の著作には，そのもととなった別の著作が存在していたのだが，恐らく彼は，その内容を考慮に入れなかったため，バンバの思想と「労働の教義」とを結びつける先入観から生じた問題に対処できなかったものと思われる．

122）原文は以下の通り．

fa-dawāʾ-humā an taʿlama anna al-amr kull-hu bi-yad-hi taʿālā, wa al-makhlūq lā yanfaʿu nafs-hu fa-kayfa ghayr-hu wa anna al-waʿīd fī-himā shadīd. wa mithāl al-murāʾ man amkana-hu an yabīʿa jawhara bi-alf alf fa-bāʿa-hā bi-fals wa man amkana-hu riḍā aʿẓam malik bi-saʿy-hi fa-ṭalaba bi-hi riḍā danī fa-kayfa wa al-danī yubghiḍu-ka wa yaskhaṭu ʿalay-ka bi-sakhaṭ al-malik in ʿalima anna-ka taʿmalu li-ajl-hi. fa-iʿmal li-man idhā ʿamilta li-ajl-hi aḥabba-ka wa akrama-ka wa aghnā-ka ʿan al-kull

Muḥammad al-Yadālī, *Khātima (fī) al-Taṣawwuf*, p. 142; Muḥammad al-Yadālī, *Khātima fī al-Taṣawwuf*, Manuscript-(a), pp. 27–9; Muḥammad al-Yadālī, *Khātima fī al-Taṣawwuf*, Manuscript-(b), pp. 7–8.

このような事例は，サンブだけに限ったことではない．研究書ではないが，日本語の書物の中にも同様の問題を見出すことができる．日本放送協会が纏めた『アフリカ　21世紀：内戦・越境・隔離の果てに』という著作の第2章「セネガル・マリ：越境するイスラム」の「『働くことは祈ること』ムリッド教団の誕生」と題された節には，以下のような記述が見られる．

いま信徒達が読むことのできるバンバの著作『天国への階段』には「働くことと神に帰依することは矛盾しない」――働くことは祈りに通じると書かれている。

セネガルの労働力の源はムリッドの信者であり、バンバの教義なのだ[123]。

『天国への階段』は『楽園の道』のことであろうが，「労働の教義」をバンバの著作に帰そうとする典型的な事例である．ここで言及されているのは，『楽園の道』の「稼ぎが神への絶対的信頼と矛盾しないことを知れ．破滅の所有者となる勿れ」[124] という詩行であろう．この行の翻訳だけを見ても，「働くことは祈りに通じると書かれている」などといった解釈ができないことは明らかであろうが，念のため，前後の詩行も含めて訳出してみよう．

而して，（被造物である人間への）関心を伴いながら，神への絶対的信頼を主張するために稼ぎを放棄するのは，もしそれが明らかな場合，無知の行いである．稼ぎが神への絶対的信頼と矛盾しないことを知れ．破滅の所有者となる勿れ．（神への）絶対的信頼としては，人類の主〔神〕以外にお前に糧をもたらす者を考えないことで，お前には十分である．最も優れているのは，仮にそこに聞くべき違いがあったとしても，これら2つ〔稼ぎと神への絶対的信頼〕の合一である[125]．

123）NHK「アフリカ」プロジェクト『アフリカ　21世紀：内戦・越境・隔離の果てに』，127頁．

124）原文は以下の通り（韻律：ラジャズ）．

wa-ʻlam bi-anna-l-kasba lā yunāfī / tawakkulan lā taku dhā itlāfī

Aḥmad Bamba, *Masālik*, p. 68.

125）原文は以下の通り（韻律：ラジャズ）．

これらの詩行は，『タサッウフの封印』の以下の一節を韻文化したものである．

稼ぎの放棄が（被造物である）人間への期待や怒りを伴った（神への）絶対的信頼としてある場合，稼ぎが（神への）絶対的信頼と矛盾しないこと知れ．そして，仮にそれに関して（理由の）違いがあったとしても[126]，最良の事柄が両者〔稼ぎと神への絶対的信頼〕の合一であることを知れ[127]．

つまり，稼ぎと神への絶対的信頼とが矛盾しないという主張は，神への絶対的信頼が高じて稼ぎの放棄が生じるという本来の両者の関係性が忘れられ，稼ぎの放棄が神への絶対的信頼の証明になり得るかのような誤解が，他人の目を気にする者達の間に生じている事態を受けてなされたのである．この主張は，いい換えると，稼ぎを放棄したからといって，必ずしも神への絶対的信頼の証明にはならないし，反対に，稼ぎを放棄せずとも，神への絶対的信頼は証明し得るということである．

こうした文脈を考慮すれば，上記の『楽園の道』の一節を「働くことは祈りに通じると書かれている」などと解釈することはできないはずであるし，また，この一節が他の宗教知識人の文言の韻文化であることを考え合わせれば，それを「バンバの教義なのだ」などと軽々に述べることもできないはずである．

更に，「働くこと」と訳されている「稼ぎ」の原語が「カスブ」(kasb) であ

---

fa-tarku kasbin li-ddi'a-t-tawakkulī / ma'a-ltifātin fi'lu ghumrin in jalī
wa-'lam bi-anna-l-kasba lā yunāfī / tawakkulan lā taku dhā itlāfī
ḥasbu-ka min tawakkulin allā tarā / mujriya rizqi-ka siwā rabbi-l-warā
wa-l-afḍalu-l-jam'u li-hādhayni ma'ā / wa in atā fī-hi khilāfun sumi'ā

Aḥmad Bamba, *Masālik*, p. 68.

126)「(理由の)」と挿入したのは，ヤダーリーの自注書による．Muḥammad al-Yadālī, *Sharḥ Khātima*, Manuscript-(a), p. 823; Muḥammad al-Yadālī, *Sharḥ Khātima*, Manuscript-(b), p. 380.

127) 原文は以下の通り．

wa ammā tark al-takassub, tawakkul^{an} ma' al-tashawwuf li-l-khalq wa al-sakhaṭ, fa-i'lam anna al-takassub lā yunāfī al-tawakkul, wa anna al-afḍal jam'-humā wa in ikhtalafa fī dhālika.

Muḥammad al-Yadālī, *Khātima (fī) al-Taṣawwuf*, p. 143; Muḥammad al-Yadālī, *Khātima fī al-Taṣawwuf*, Manuscript-(a), pp. 35-6; Muḥammad al-Yadālī, *Khātima fī al-Taṣawwuf*, Manuscript-(b), p. 9.

り，「神に帰依すること」と訳されている「神への絶対的信頼」の原語が「タワックル」(tawakkul) であることにも注目すべきであろう．イスラームの初期から論じられてきた，自らの手で生活の糧を稼ぐべきか，神に完全に身を委ね，生活の糧を稼ぐ行為も含め，人間側の主体的な行為を一切放棄すべきか，という問題において，「カスブ」もしくは同義の「タカッスブ」(takassub)，「イクティサーブ」(iktisāb) は，しばしば「タワックル」と対置されてきた[128]．例えば，『恩寵』が最重要の典拠の一つとしている10世紀のマッキーの『心の糧』には，「生活における稼ぎ〔タカッスブ〕と自由裁量について」(dhikr al-takassub wa al-taṣarruf fī al-ma'āyish) と題された小節がある．そして，この節は，「そのタワックルが健全である者にとって，自由裁量とタカッスブは害にならない」[129]という文言で始まり，冒頭からカスブとタワックルを対置している．更に，自らの手によって日々の糧を稼ぐカスブを預言者ムハンマドが積極的に評価していたことや，それがタワックルに矛盾しないことなどへと論を展開させている．また，11世紀のクシャイリーも，『論考』の「タワックルの章」(bāb al-tawakkul) の中で，預言者ムハンマドの慣行であったカスブと，彼の状態・属性・性質であったタワックル，そして，それらの両立の可能性などに言及した伝承を示している[130]．

しかし，以上のようなカスブは，タワックルが含意する主体的な行為の完全な放棄との対比において，自らが生きるために必要な日々の糧を自らの手によって稼ぐことを意味しており，「労働の教義」と関連づけられるような来世での救済を保証する師のための特別な労働ではない．

---

128) Cl. Cahen, "Kasb," pp. 690–2; L. Lewisohn, "Tawakkul," pp. 376–8.

129) 原文は以下の通り．

wa lā yaḍurru al-taṣarruf wa al-takassub li-man ṣaḥḥa tawakkul-hu

Abū Ṭālib Muḥammad al-Makkī, *Qūt al-Qulūb fī Mu'āmala al-Maḥbūb wa Waṣf Ṭarīq al-Murīd ilā Maqām al-Tawḥīd*, Vol. 2, p. 34.

130) 'Abd al-Karīm al-Qushayrī, *al-Risāla*, pp. 270–80. ハディースには，自らの手による稼ぎを最良の稼ぎに位置づけるなど，預言者ムハンマドがここで問題にしているカスブを肯定的に捉えていたことを示す事例が散見する．Muḥammad al-Bukhārī, *Ṣaḥīḥ*, Vol. 2, pp. 8–9 (kitāb al-buyū', bāb 15)；邦訳＝前掲『ハディース』，第2巻，292–3頁（「売買の書」15）；Aḥmad bn Ḥanbal, *Musnad al-Imām Aḥmad bn Ḥanbal*, Vol. 2, pp. 334, 357–8; Vol. 3, p. 466; Vol. 4, p. 141.

上記の『楽園の道』の一節の中で強調されており，それ故に「教義」らしいといえることが仮にあるとすれば，被造物である人間への関心から脱却できない状態においては，稼ぎと神への絶対的信頼との合一が最良である，つまり，基本的には別種の2者のうち，どちらか一方だけでなく，どちらも同時になすべきである，という見解だろう．しかし，勿論これも『タサッウフの封印』の文言の韻文化である．もし上記の『アフリカ　21世紀』の叙述にあるように，稼ぎと神への絶対的信頼との関係を記した詩行を「バンバの教義」と解釈してしまうのなら，『楽園の道』の中の『タサッウフの封印』をもとにした文言は，全て「バンバの教義」ということになってしまうだろう．何故なら，『タサッウフの封印』から引いた全ての文言の中で，またバンバの思想全体の中で，稼ぎと神への絶対的信頼とが矛盾しないことを謳ったこの1行だけを特別視する理由などどこにも存在しないからである．

そして，そもそも，このヤダーリーの言説に類似した文言は，更に時代を遡った先達の著作の中にも見られるのである．やはりこれもガザーリーの『宗教諸学の再興』であるが，その中の「タウヒードとタワックルの書」（kitāb al-tawḥīd wa al-tawakkul）には，「この状態は，自らの家に留まっている者の状態より高貴であり，稼ぎが神への絶対的信頼の状態と矛盾しないことを示す証拠である」[131]とあり，この後半の文言と『タサッウフの封印』の文言とが酷似している．つまり，『楽園の道』に見られる稼ぎと神への絶対的信頼との無矛盾に関する言説がバンバの独創でないというだけではなく，バンバがこの言説に関して依拠したヤダーリーも，ガザーリーのような先達に依拠していた可能性が高いといえる．故に，この言説は，複数の著者・著作によって形作られた，マシュリクから広がる間接的な知的連関網を通じて，19世紀末のスーダーン西部にまで至ったと考えられるのである．

更に，著作の内容の問題ではないが，もう1つの注意すべき点がある．それ

131）原文は以下の通り．

fa-ḥāl hādhā ashraf min ḥāl al-qā‘id fī bayt-hi, wa al-dalīl ‘alā anna al-kasb lā yunāfī ḥāl al-tawakkul

Abū Ḥāmid Muḥammad al-Ghazālī, *Iḥyā’*, Vol. 4, p. 234（kitāb al-tawḥīd wa al-tawakkul, bayān a‘māl al-mutawakkilīn）.

は，『楽園の道』の執筆時期である．伝記によると，この著作は，バンバの父親の死後，つまり1880年代初めから中頃に書かれたようである．既に述べたように，確かにバンバは，師であった父親の死後暫くして，この師の周囲に成立していた集団から独立する新たな集団の形成を促すような発言をしたのだが，しかしそれでも，1890年代初め頃までは，様々な著作の蒐集と，自らに神と預言者を示してくれる真の導き手の探求とを目的として各地を放浪し，様々な教団のシャイフ[132]の許を訪れている．つまり，『楽園の道』の執筆時期は，父親の死後，書籍蒐集をしながら各地の諸シャイフの許を巡って教えを授かっていた時期の前半であると考えられ，換言すると，この時期のバンバは，まだ修学の途上にいる若者だったのである．従って，『楽園の道』は，他の複数の著作からの引用などに基づいた独自の増補がその中に見られるとはいえ，基本的には地域の碩学であったヤダーリーの著作の読解もしくは暗記の容易化を望んでなされた韻文化の試みであったと考えるのが自然であり，その韻文化が見事になされている詩行に師のための労働を特別に聖化するような特異な教えが織り込まれているとは考えにくいのである．

また，『楽園の道』だけでなく，広くバンバの著作群を見渡した時，果たして彼は，その中で，所謂「労働の教義」に類する教えを体系的に展開したのであろうか．7.5トンもの著作を書き残したとされるバンバの伝説には言及したが，この伝説の解釈において，実際に彼の著作の総重量が7.5トンであったか否かは恐らく重要な論点にならないだろう．この伝説が示唆する最も重要な点は，執筆活動に対する驚異的な彼の情熱である．そして，仮にバンバが「労働の教義」やそれに類する教えを自らの思想における不可欠の要素と考えていたのならば，生涯に亘って情熱を注いだ執筆活動にもそれを反映させたのではないだろうか．つまり，もし「労働の教義」が弟子達に伝えなければならない重要な教えであったのなら，彼は，この「教義」を自らの著作の中で体系的に論じていたと考えられるのである．勿論，7.5トンともいわれる著作群の総体の全容が明らかになっていない現段階では――一族や個人が秘蔵するといわれる

132)「はじめに」の「5　術語の説明―⑤シャイフ（shaykh）」参照．

写本やバンバが海中や地中に隠したという伝承の残る作品までも考慮すると，彼の著作群の全容解明は，今後も至難の業であると思われるが――，著者の渉猟した著作群がバンバの全作品であるとはいえない．しかし，本書の参考文献一覧で提示したバンバの著作集――彼の第3代後継者であるアブド・アル＝アハド（‘Abd al-Aḥad，在位1968-1989年）の号令で纏められた「公式」の著作集――や，彼の息子もしくは弟子が著した伝記など，少なくとも著者がこれまでに渉猟することのできた，バンバに纏わるアラビア語1次資料群には，体系的な「労働の教義」が記されていないのである．

さて，以上の「労働の教義」の事例は，バンバが先達の思想を比較的「素直に」受容し，それを自らの著作に反映させていたにも拘らず，外部からの観察者達が，バンバを開祖とする教団の現状を説明するため，彼の著作の中に「教義」を見出そうとしていたものである．しかし，バンバは，先達の著作群に見出される思想を，常にその文脈から逸脱することなく字義通りに受容していたわけではない．『楽園の道』には，「ウィルドに関する節」（faṣl fī al-wird）と題された比較的短い節がある．そもそも，底本である『タサッウフの封印』には，この節で述べられている文言は存在せず，この節がバンバによる増補であることは明らかである[133]．そして，そこには以下のような文言が見出される[134]．

> そして，全てのウィルドは，求道者を神の御許へと導き，彼が道から逸脱することはないだろう．それ〔ウィルド〕が（アブド・アル＝カーディル・）アル＝ジーラーニーに属していようと，アフマド・アッ＝ティジャーニーに属していようと，あるいは彼ら2人以外のクトゥブに属していようと同じことである．何故なら，彼らは皆，絶対的に正しいのだから．彼らは皆，どこにいようとも，その実直さによって，玉座の主〔神〕への服従を求道者達に呼びかける．而して，彼らのうちの誰かを嘲ったりしてはならないし，また，

133）このような「節」に相当する程度の纏まった増補は，この箇所だけではなく，例えばズィクルや思索，聖者などに関してもなされている．

134）後述の議論を分かりやすくするため，スィーディー・アル＝ムフタール・アル＝クンティーの『輝く星』からの引用箇所を〈　〉で括った．

決して彼らを非難したりしてはならない．〈ウィルドの源は啓示もしくは霊感であり，平安者〔神〕がそれに相応しい者にそれを賦与するのだ．もしそれが啓示であれば，預言者に属し，霊感であれば，聖者に属する．その〔ウィルドの〕（下に敷かれた）絨毯とは，分割して下された書〔『クルアーン』〕[135]と連綿と繋がった伝承〔ハディース〕である．全ての聖者は，一なる真理者〔神〕が遣わした方〔預言者〕の裳裾にすがる者であり，預言者の奇蹟に匹敵する事柄は，聖者の奇蹟においても可能である．何故なら，彼〔聖者〕は預言者の遺産相続人であるからだ．そして，預言者達は，人間に対する我らの主〔神〕の証である．（それに）留意せよ．また，聖者達は，その御方〔神〕の宗教とその真の正しさを証明する徴なのだ．いと高き御方〔神〕の預言者達は守られ，聖者達は保護され，尊敬される．そして，神秘主義的知識の所有者達〔スーフィー達〕が規定したように，両者は，慈悲深き御方〔神〕の保護〔無謬性，ʻiṣma〕を共有したのである．だが，聖者の場合とは異なり，（神による）預言者の保護は必然的である〉．これは，『輝く星』における我が主人（スィーディー・）アル＝ムフタール（・アル＝クンティー）の言葉である．（これに）逆らってはならない．そして，もしお前がウィルドを得たならば，それに関する諸事を尊重せよ．そうすればお前は，最良の特権を得るだろう[136]．

135）『クルアーン』は，一挙にではなく，分割して地上に下されたと考えられている．大川玲子『イスラームにおける運命と啓示——クルアーン解釈書に見られる「天の書」概念をめぐって——』，109-71 頁．

136）原文は以下の通り（韻律：ラジャズ）．

fa-kullu wirdin yūridu-l-murīdā / li-ḥaḍrati-llāhi wa lan yaḥīdā
sawā'un intamā ila-l-Jīlānī / awi-ntamā li-Aḥmada-t-Tijānī
aw li-siwā-humā mina-l-aqṭābī / idh kullu-hum qaṭʻan ʻala-ṣ-ṣawābī
fa-kullu-hum yadʻu-l-murīdīna ilā / ṭāʻati rabbi-l-ʻarshi ḥaythu-mā jalā
bi-li-stiqāmati fa-lā taskhar aḥad / min-hum wa lā tunkir ʻalay-himū abad
wa aṣlu-hu-l-waḥyu awi-l-ilhāmū / yakhuṣṣu-hū bi-ahli-hi-s-salāmū
in kāna waḥyan fa-hwa li-n-nabīyī / aw kāna ilhāman fa-li-l-walīyī
bisāṭu-hū kitābu-hu-l-munazzalū / mufarraqan wa-l-atharu-l-musalsalū
kullu walīyin dhū tashabbuthin abad / bi-dhayli man arsala-hu-l-ḥaqqu-l-aḥad
fa-mā yafī muʻjizata-n-nabīyī / yajūzu fī karāmati-l-walīyī
li-anna-hū wārithu-hū fa-l-anbiyā / ḥujaju rabbi-nā ʻala-l-khalqi ʻiyā

この引用から判断する限り，バンバは，異なる教団のウィルド間に価値の差異を認めていない．これは，ムハンマド・アル＝ファーディルの教団単一論におけるウィルドの在り方と酷似している．既に述べたように，バンバは，『楽園の道』を書いた後暫くして，既存の諸教団の師に対する帰依を放棄し，預言者ムハンマドを唯一の師と仰ぐようになった．そして，シンキート地方南部への流刑中には，預言者ムハンマドを介して神からウィルドを獲得し，それが今日のムリッド教団のウィルドとなっているのだが，『渇きの癒し』によると，バンバは，そのウィルドが特別なものであると認識しながらも，他教団のウィルドを獲得した状態で彼の許にやってきた者に対しては，そのウィルドの放棄を命じたりはしなかったようである[137]．この考え方は，ムハンマド・アル＝ハーフィズのウィルドに対する見解と似ている．ファーディルの見解とハーフィズの見解との間に根本的な差異があることは，既出の議論からも明らかであろうが[138]，それでも，彼ら２人に加え，更に１世代後のバンバにもこのような見解が見出されるという事実を考慮すると，西アフリカの少なからぬスーフィー達の間に，異なる複数のウィルドの並存，ひいては異なる複数の教団の並存を積極的に認める思想が共有されていたと推察されるのである．

そして，上記の引用箇所で，バンバは，こうしたウィルドの等価もしくは並存を主張する根拠としてスィーディー・アル＝ムフタールの『輝く星』の一節を引いている．この一節は[139]，ウィルドの源が預言者の啓示であるのか，聖者の霊感であるのか，という問いに対するスィーディー・アル＝ムフタールの回答である．彼は，それが両者を源にすると答えた上で，自らの見解として，

---

wa-l-awliyā adillatu-t-taṣḥīḥī / li-dīni-hī wa ṣidqi-hi-ṣ-ṣaḥīḥī
fa-anbiyā'u-hū ta'ālā 'uṣimū / wa-l-awliyā'u ḥufiẓū wa kurrimū
wa-shtarakā fī 'iṣmati-r-raḥmānī / ka-mā bi-hī naṣṣa dhawu-l-'irfānī
lākinna-mā 'iṣmatu-l-anbiyā'ī / wājibatun bi-'aksi-l-awliyā'ī
hādhā maqālu sayyid-i-l-Mukhtārī / fi-*l-Kawkabi-l-Waqqādi* lā tumārī
wa in akhadhta-l-wirda fa-l-tubajjilī / umūra-hū khayra-l-mazāyā tanalī
Aḥmad Bamba, *Masālik*, pp. 19–20.

137）IN, pp. 134–43; pp. 84–90; pp. 140–50.

138）第３章第４節参照.

139）Sīdī al-Mukhtār al-Kuntī, *al-Kawkab*, Manuscript-(a), p. 2; Sīdī al-Mukhtār al-Kuntī, *al-Kawkab*, Manuscript-(b), p. 1; Sīdī al-Mukhtār al-Kuntī, *al-Kawkab*, Manuscript-(c), pp. 1–2.

預言者と聖者の共通点や相違点を並べ，その後，自身の見解を裏づける『クルアーン』やハディース，先達の著作や文言を引用し，列挙している．預言者と聖者が無謬性を共有するという考えを軸とした預言者・聖者論は，スィーディー・アル＝ムフタールの持論ともいえ，既に第1章でも触れたように，彼は，イブン・ブーナとの対立において，この持論を展開するために『炬火』という著作も著したのである．つまり，バンバが引用した『輝く星』の一節は，明らかに，預言者と聖者との比較，より詳しくいえば，上位に立つ預言者とその「裳裾にすがる」聖者という，垂直の関係における両者の比較がその趣意であるといえる．

ところが，バンバの議論の趣意はどうであろうか．彼は，ジーラーニーもティジャーニーもその他全ての聖者達も，皆同様に「絶対的に正し」く，それ故，彼らに帰される全てのウィルドが等価である，という主張の裏づけとして『輝く星』の文言を引いているのだが，西アフリカで最も長い伝統を持つカーディリー教団[140]の中核をなしたクンタの長スィーディー・アル＝ムフタールが，マグリブに突如現れた同世代の人物であるティジャーニーの唱道するウィルドと，12世紀に歿した自らの教団の祖のウィルドとの間に同じ価値を見出していたとは考えにくい．つまり，バンバは，もともと預言者と聖者との垂直関係を扱ったはずのスィーディー・アル＝ムフタールの議論の「重心」をずらして読み解くことで，それを水平関係の議論，すなわち聖者間の関係の議論の根拠として利用し，預言者の「裳裾にすがる」全ての聖者が等価であり，彼らの霊感に基づく諸ウィルドも等価であると主張しているのである．換言すると，これは，バンバが，先達の見解をそのまま自らの思想に組み込むのではなく，その主旨を意図的にずらして解釈した上で受容する場合があったということを示唆している．

本章は，アフマド・バンバを起点に，アラビア語著作を介した宗教知識人間の関係を集積していく帰納的な方法によって，西アフリカの間接的な宗教的・

140)「はじめに」の「5　術語の説明―④カーディリー教団（al-Ṭarīqa al-Qādirīya）」参照．

知的連関網を描き出す試みであった．この方法によった結果，中心的舞台として設定した「18世紀前半から20世紀前半までの西アフリカ」の枠を遥かに越えた，広大な時間と空間に広がる連関網の描写が可能となり，同時に，この連関網を通じてなされる知識の受容とその応用の具体的な在り方にまで言及することができた．

本書では，こうした連関の網を詳らかにする行為として，「描写」という表現を繰り返し使用してきた．序章でも述べたように，そもそもこの連関網は，イスラーム社会の諸現象の底部に隠然と広がるものであるため，この社会の表層をただ漫然と眺めていても，その様相を知覚することはできない．そこで，アラビア語資料の読解という能動的な作業が必要になってくるのである．この作業を通じ，考察対象となるイスラーム社会に積極的に働きかけることによって初めて，宗教的・知的連関網は，観察者が認識し得るところまで，断片的にではあるが徐々に浮かび上がってくる．しかし，一度浮上した連関網も，放っておけば，またすぐに諸現象の底へと姿を晦まし，再び忘れ去られてしまうだろう．だからこそ本書は，その浮上の刹那を捕え，西アフリカという地域の――そして西アフリカをその一部として包含するより広大な地域の――上に，この連関網の姿を「描写」する必要があったのである．

結　　語

本書の最大の目的は，アフマド・バンバという人物を軸として設定した議論の中で，西アフリカのイスラーム知識人達が構築した宗教的・知的連関網の様相を描写することであった．連関の帰納的な集積・再構築という方法によってこの目的の達成を目指した本書にとって，ここまでに描き出してきた事柄の総体そのものが結論に等しいといえる．故に，この点に関しては，改めて結論めいた短い纏めの言葉を提示する必要はないだろう．しかし，「はじめに」で設定した，連関網の描写を通じて解決の糸口を見出そうとした3つの問題については，本書の議論がそれらにどのように対処したのか，そこからどのような知見が得られたのかを纏めておくべきであると思われる．

まず，第1の問題設定は，教団的枠組みの相対化に関するものであった．第I部の議論から明らかなように，18世紀以降の西アフリカには，確かに複数のスーフィー教団が並立し，それぞれの内部には，教団を構成する宗教知識人同士の強固な繋がりや一体性が存在していた．しかし，第I部の内容を受けてなされた第II部の議論は，教団内部で一定の纏まりを見せていた宗教知識人達が，同時に，異なる教団間の垣根を越える形で多くの宗教知識人達と密接に結びついていたことを明らかにし，教団的枠組みによって構築された組織網をその一部として包含する，もしくはそうした組織網を乗せた巨大な基層部分となる，より普遍的な宗教的・知的連関網の様相を描写した．

多くの先行研究が採用してきた教団的枠組みに基づく認識方法は，確かに18世紀以降の西アフリカ・イスラーム社会の一側面の把握には有効であったといえる．しかし，それは，この社会の実像に迫るための特権的な方法ではないだろう．更にいえば，仮にこうした認識方法に縛られてしまうと，教団的枠組みを越えてなされてきた宗教知識人同士の密な交流を見逃してしまいかねない．従って，なすべきは，教団的枠組みの破棄ではなく，その相対化である．そして，本書でなしたような宗教的・知的連関網の研究は，それを実現する一つの手段となり得るはずである．

次に，第2の問題設定は，スーダーン西部と他地域との連関についてである．「黒いイスラーム」論に代表されるような，スーダーン西部のイスラームを過度に特異視する言説は，この地域とそれ以外の地域とを異種のものとして断絶しようとする見解であった．しかし，本書で描写した宗教的・知的連関網は，こうした言説が地域間の表層的差異を強調する人々の作り出した神話に過ぎないことを明らかにしたのではないだろうか．

本書で確認してきたように，スーダーン西部であれ，サハラ西部であれ，西アフリカの宗教知識人達は，地域の内外に張り巡らされた連関網によって，同時代および過去の宗教知識人達やその著作群に接続し，そこから多様な知識を吸収することで，自らの知的体系を構築していたのである．そして，こうした連関網を顧みない姿勢が，時に，特定の宗教知識人の言説に必要以上の独自性を帰したり，そこに特異な思想体系の萌芽を捏造したりする事態に繋がり得ることも明らかになった．更に，連関網を介して受容された知識が，宗教知識人達の権威を飾り立てるためだけに利用される抽象的で思弁的なものではなかったことも証明された．彼らは，多様な時代・地域の先達から受容した様々な知識を現地の現実的な諸問題への対応に援用しており，いうなれば，それらの知識を西アフリカの知的体系に有機的に組み込むことに成功していたのである．加えて，そうした受容の在り方も一様ではなく，先達の意味づけが完全に保持される場合もあれば，そうした意味づけの「重心」をずらした新たな解釈が伴う場合もあった．

そして，第3の問題設定，つまりアラビア語著作の分析に基づく西アフリカ・イスラームに関する情報の蒐集・整理・蓄積についてであるが，この問題への対応は，実際にアラビア語著作を1次資料として，この地域の複数の宗教知識人とその周辺の人々の諸活動を描写してきた本書の議論全体によってなされたといえる．こうした基本的な情報の蒐集・整理・蓄積は，今後，日本において，文字資料に基づく実証的な西アフリカ・イスラーム研究が僅かずつでも進展していくためには不可欠の作業であり，本書の試みがその端緒になれば幸いである.

更に，スーダーン西部，サハラ西部，マグリブ，マシュリクの間に宗教的・知的連関網を介したある種の一体性が見出されたことによって，西アフリカ・イスラーム研究に資する情報の源が西アフリカのアラビア語資料のみに限定されるべきではないことも明らかになったであろう．つまり，西アフリカ・イスラーム研究が参照すべき射程には，連関網で結ばれたマグリブやマシュリクといった他地域のアラビア語著作群も入ってくるのである.

宗教的・知的連関網の描写を行うことで以上のような複数の問題に対処してきた本書は，恐らく，その議論の全体から，ある種の「西アフリカ」像を浮かび上がらせたと思われる．それは，例えばイスラーム知識人達の「西アフリカ」であり，アラビア語で綴られる「西アフリカ」であり，他地域との連関の中にある「西アフリカ」であり，高度で複雑な宗教的・知的体系を有する「西アフリカ」である．勿論，これらの像は，「西アフリカ」の全てを体現したものではない．しかし，仮に本書に現れた「西アフリカ」像が従来の研究で描かれてきた「西アフリカ」像や「アフリカ」像――そして，そうした研究が多くの人々に印象づけてきた「西アフリカ」像や「アフリカ」像――からかけ離れたものとして読者の目に映り，そうした既存の像に揺さぶりをかけることができたとすれば，この研究をなした意味は十分にあったと思われる.

文字資料に基づいた実証的な西アフリカ・イスラーム研究は，日本においてはほぼ未開拓の領域であるといえる．世界的に見れば，優れた先行研究を残した多くの先達がいることは確かであるが，それでも，未だに手つかずであったり，表面的な紹介だけで放置されていたり，より深い掘り下げが可能であったり，明らかに再考が必要であったりする問題があまりに多く，その前に立つ者は，しばし呆然とさせられるかもしれない．しかし，著者は，そうした茫漠たる現状こそがこの研究領域の大きな魅力の一つであると認識している.

補遺　ムリッド教団のウィルド

本書では，教団的枠組みに関する議論や，タサッウフの師弟関係に纏わる文脈において，『クルアーン』の文言などを織り込んだ各教団独自の祈禱句であるウィルドに繰り返し言及した．しかし，概念的な説明を提示するだけでなく，実際にウィルドという祈禱句がどのようなものであるのかを明示しておくのは，本書のよりよい理解を促す点で有益であろう．そこで，この補遺では，一例として，ムリッド教団のウィルドを紹介する．

『渇きの癒し』によると，バンバは，シンキート地方南部への流刑中，ヒジュラ暦1322年9月（ラマダーン月）つまり西暦1904年11/12月に，サルサール（Ṣarṣār）という場所で，預言者ムハンマドを介して神から独自のウィルドを授かった[1]．しかし，ウィルド獲得の時期については他の伝承もあるようで，ウィルド自体に関しても，幾つかの版が存在しているといわれる[2]．ここでは，『祝福されたいと高き神から彼の使徒を介して取得された完全なウィルド』（*al-Wird al-Ma'khūdh al-Akmal min Allāh Tabāraka wa Ta'ālā bi-Wāsiṭa Rasūl-hi,* 以下，『取得された完全なウィルド』）[3] と，『祝福されたいと高き神から彼の使徒を介して取得されたウィルド』（*al-Wird al-Ma'khūdh min Allāh Tabāraka wa Ta'ālā bi-Wāsiṭa Rasūl-hi,* 以下，『取得されたウィルド』）[4] の２つを紹介したい[5]．

1）IN, pp. 141–2; pp. 89–90; pp. 148–9.
2）Aḥmad Bamba, *al-Wird al-Shaykh Aḥmad Banba*（*Wird Mouride*）, p. 1.
3）Aḥmad Bamba, *al-Wird al-Ma'khūdh al-Akmal min Allāh Tabāraka wa Ta'ālā bi-Wāsiṭa Rasūl-hi.*
4）Aḥmad Bamba, *al-Wird al-Shaykh*; Muḥammad bn Aḥmad al-Daymānī, *Riḥla*, pp. 33–8.
5）この補遺の目的は，あくまで具体的なウィルドの事例を紹介することであり，その内容に関しては，簡単な備考を付すにとどめ，詳しい考察までは行わない．

ダカールの街頭などでは，いずれも小冊子の形で容易に購入できるものであり，一般信徒に広く流布している現状が窺える．しかし，その標題および以下で提示する具体的な比較から分かるように，恐らくバンバが預言者ムハンマドを介して神から獲得したウィルドの原型は前者であり，後者は，より多くの信徒による朗誦を可能にするための縮約版であると考えられる．ただし，勿論後者もムリッド教団の正式なウィルドである．例えば，バンバのガボン流刑を主題としたある伝記の著者は，「師〔バンバ〕の軽いウィルド」（wird al-shaykh al-khafīf）という表現によって，これが縮約版であると同時に，バンバに帰されるウィルドであることを明らかにし，更に，自身が師である父親からこのウィルドを伝授された後に，その頒布を他のシャイフ[6]から許可された具体的な経緯も記している[7]．

本来，ウィルドには，その伝授もしくはその頒布許可の伝授によってタサッウフの師弟関係が構築されるという一種の秘儀的な側面がある．しかし，ここで紹介するムリッド教団のウィルドは，上記のように，誰もが購入することのできる小冊子の形などで広く流通している．しかも，こうした類の小冊子の中には，アラビア語の原文に加え，それに対応するローマ字転写および仏訳を収録したものもあり，アラビア語やアラビア文字を解さない多くの一般信徒にも，ウィルドの意味の理解とその朗誦を可能にしている．こうした状況から推察されるのは，第1に，アラビア語学を含むイスラーム諸学の専門的な学習に従事していない多くの一般信徒の間にもウィルドに対する大きな需要があること，そして第2に，ムリッド信徒にとって，ウィルドの朗誦が，ムスリムに課された日々の義務的諸行為とは別に，自らの信仰を自他に明示することのできる「簡便な」宗教的行為であり，また，ムリッド教団という特定の教団への帰属を日常的に確認できる手段となっていることである[8]．

6）「はじめに」の「5　術語の説明―⑤シャイフ（shaykh）」参照．

7）Muḥammad bn Aḥmad al-Daymānī, *Riḥla*, pp. 33, 38.

8）なお，厳密にいえば，これらの小冊子にも，定められた時間における『クルアーン』の朗誦や，集団礼拝への参加，教義や宗教的諸規定に関する知識の習得など，ウィルドを唱えるために必要な幾つかの前提条件が記されている．Aḥmad Bamba, *al-Wird al-Ma'khūdh al-Akmal*, pp. 13–5; Aḥmad Bamba, *al-Wird al-Shaykh*, p. 2. しかし，街中で売られた小冊子を手に取る一般信徒が，

以下では，まず『取得された完全なウィルド』を提示する．ウィルドは，幾つかの部分に分けられ，それぞれの朗誦回数が決まっているので，通し番号（左列）を振ったそれぞれの部分ごとに翻訳と朗誦回数を提示し，改行して原文のローマ字転写を記す．『クルアーン』の章句などとの関係に言及する場合は，ローマ字転写の終端で更に改行し，備考として記す．次に『取得されたウィルド』も同様の形式で紹介するが，その際，比較のため，右端の列に，対応する『取得された完全なウィルド』の通し番号と，必要に応じた補足的説明を明記する．なお，これらのウィルドは韻文ではないが，例外的に韻文と同様の表音主義に則ってローマ字転写を行う．

こうした前提条件をどれだけ明確に意識しているかは定かでない．

『取得された完全なウィルド』

1	私は，呪われた悪魔からの保護を神に乞う．私は，彼女と彼女の子孫とが呪われた悪魔から守られるようあなたに保護を乞う．主よ，私は，悪魔たちの唆しからの保護をあなたに乞う．そして主よ，彼らが私の許にやってこないようあなたに保護を乞う．（1回） aʻūdhu bi-llāhi mina-sh-shayṭāni-r-rajīmi wa inni-ya uʻīdhu-hā bi-ka wa dhurrīyata-hā mina-sh-shayṭāni-r-rajīmi rabbi aʻūdhu bi-ka min hamazāti-sh-shayāṭīni wa aʻūdhu bi-ka rabbi an yaḥḍurū-ni 備考：Q3:36, Q23:97–98 が組み込まれている．このように悪魔を始めとした種々の悪からの保護を神に乞う祈禱の文句をイスティアーザ（istiʻādha）という．なお，翻訳中の「彼女」は，『クルアーン』中の文脈ではイーサーの母であるマルヤム（Maryam, マリア）を指している．
2	私は，（神の）創造し給うた事柄の悪から神の完璧な言葉によって保護されることを乞う．（3回） aʻūdhu bi-kalimāti-llāhi-t-tāmmāti min sharri mā khalaqa 備考：「（神の）創造し給うた事柄の悪」という表現は，Q113:2 に見られる．
3	慈悲深く慈愛遍き神の御名において．（1回） bi-smi-llāhi-r-raḥmāni-r-raḥīmi 備考：Q1:1 などに見られる章句で，バスマラ（basmala）と呼ばれる．
4	神の御名において．聴く者であり，知る者であるその御方の御名によっては，天上であれ，地上であれ，何ものも害さない．（3回） bi-smi-llāhi-lladhī lā yaḍurru maʻa-smi-hi shay'un fi-l-arḍi wa lā fi-s-samā'i wa huwa-s-samīʻu-l-ʻalīmu 備考：Q2:137, Q3:5 などが組み込まれている．
5	神の御名において．（全ては）神の望み給うたこと．神以外の何ものも善をもたらさない．神の御名において．（全ては）神の望み給うたこと．神以外の何ものも悪を逸らさない．神の御名において．（全ては）神の望み給うたこと．お前達の許にある恩恵は，（全て）神に属する．神の御名において．（全ては）神の望み給うたこと．神によらない力はない．（3回） bi-smi-llāhi mā shā'a-llāhu lā yasūqu-l-khayra illa-llāhu bi-smi-llāhi mā shā'a-llāhu lā yaṣrifu-s-sū'a illa-llāhu bi-smi-llāhi mā shā'a-llāhu wa mā bi-kum min niʻmatin fa-mina-llāhi bi-smi-llāhi mā shā'a-llāhu lā qūwata illā bi-llāhi 備考：Q16:53, Q18:39 などが組み込まれている．
6	諸事の所有者，偉大なる徴，厳しい権能である神の御名において．神の望み給うたことは存在した．私は，悪魔からの保護を神に乞う．（3回） bi-smi-llāhi dhi-sh-sha'ni ʻaẓīmi-l-burhāni shadīdi-s-sulṭāni mā shā'a-llāhu kāna aʻūdhu bi-llāhi mina-sh-shayṭāni 備考：イスティアーザ

7	私は，神だけを信仰し，ジブトとターグートを信仰しなかった．そして，決して裂けることのない最も信頼できる把手を掴んだのだ．神は聴く者にして知る者である．（3 回） āmantu bi-llāhi waḥda-hu wa kafartu bi-l-jibti wa-ṭ-ṭāghūti wa-stamsaktu bi-l-ʿurwati-l-wuthqā la-nfiṣāma la-hā wa-llāhu samīʿun ʿalīmun 備考：Q2:256 が組み込まれている．ジブトとターグートは，いずれもイスラーム以前からアラブで知られていた邪神といわれ，Q2:256–257 や Q4:51 などに出てくる．
8	お前達の神は唯一なる神．慈悲深く慈愛遍きその御方以外に神はいない．（3 回） wa ilāhu-kum ilāhun wāḥidun lā ilāha illā huwa-r-raḥmānu-r-raḥīmu 備考：Q2:163 と完全に一致する．
9	アッラーフ，生存者にして永世者であるその御方以外に神はいない．（3 回） Allāhu lā ilāha illā huwa-l-ḥayyu-l-qayyūmu 備考：Q2:255 の一部，もしくは Q3:2 と完全に一致する．
10	慈悲深く慈愛遍き神の御名において．称讃は，諸世界の主，慈悲深く慈愛遍き御方，裁きの日の所有者である神に属する．我々は，あなたにこそ仕え，あなたにこそ助けを求める．私を導き，真っ直ぐな道を，あなたが嘉し給うた者達の道を辿らしめ給え．あなたの怒りを受けた者達や迷いの徒の辿る道ではなく．（20 回） bi-smi-llāhi-r-raḥmāni-r-raḥīmi-l-ḥamdu li-llāhi rabbi-l-ʿālamīna-r-raḥmāni-r-raḥīmi māliki yawmi-d-dīni īyā-ka naʿbudu wa īyā-ka nastaʿīnu-hdi-na-ṣ-ṣirāṭa-l-mustaqīma ṣirāṭa-lladhīna anʿamta ʿalay-him ghayri-l-maghḍūbi ʿalay-him wa la-ḍ-ḍāllīna 備考：Q1:1–7 と完全に一致する．
11	アッラーフ，生存者にして永世者であるその御方以外に神はいない．まどろみも眠りもその御方を捕えることはない．天にあるものも，地にあるものも，（全て）その御方に属する．誰がその御方の許しなく，その御許で執り成しをできようか．（神は）彼らの面前にあるものも，背後にあるものも知り給う．彼らは，（神の）望みなくしては，その御方の知の断片すら把握できない．その御方の玉座は，天と地を覆いつくし，しかもその 2 つを支え持つことが，至高にして偉大なるその御方の重荷となることはない．（1 回） Allāhu lā ilāha illā huwa-l-ḥayyu-l-qayyūmu lā taʾkhudhu-hu sinatun wa lā nawmun la-hu mā fi-s-samāwāti wa mā fi-l-arḍi man dha-lladhī yashfaʿu ʿinda-hu illā bi-idhni-hi yaʿlamu mā bayna aydī-him wa mā khalfa-hum wa lā yuḥīṭūna bi-shayʾin min ʿilmi-hi illā bi-mā shāʾa wasiʿa kursīyu-hu-s-samāwāti wa-l-arḍa wa lā yaʾūdu-hu ḥifẓu-humā wa huwa-l-ʿalīyu-l-ʿaẓīmu 備考：Q2:255 と完全に一致する．なお，この節は，「玉座の句」（āya al-kursī）と呼ばれ，『クルアーン』の中でも，特に重要な聖句とされている．

12	神は，正義を実践しつつ，自ら以外に神がいないことを証言し給うた．そして天使達も，知識を持った人々も（同様のことを証言した）．力強き叡智者たるその御方以外に神はいない．神の許での宗教はイスラーム（だけ）である．（1回） shahida-llāhu anna-hu lā ilāha illā huwa wa-l-malā'ikatu wa ūlu-l-'ilmi qā'iman bi-l-qisṭi lā ilāha illā huwa-l-'azīzu-l-ḥakīmu inna-d-dīna 'inda-llāhi-l-islāmu 備考：Q3:18 の全体，および Q3:19 の前半に一致する．
13	唱えよ．神よ，主権の所有者よ．あなたは，あなたが望む者に主権をもたらし，あなたが望む者から主権を剝奪し，あなたが望む者を高め，あなたが望む者を低め給う．あなたの御手には（全ての）善があり，あなたは全てのことをなし給う．あなたは，昼の中に夜を入れ，夜の中に昼を入れ給う．また死者から生者を出し，生者から死者を出し給う．そしてあなたが望む者には，勘定なしで糧を与え給う，と．（1回） quli-llāhumma mālika-l-mulki tūti-l-mulka man tashā'u wa tanzi'u-l-mulka mimman tashā'u wa tu'izzu man tashā'u wa tudhillu man tashā'u bi-yadi-ka-l-khayru inna-ka 'alā kulli shay'in qadīrun tūliju-l-layla fi-n-nahāri wa tūliju-n-nahāra fi-l-layli wa tukhriju-l-ḥayya mina-l-mayyiti wa tukhriju-l-mayyita mina-l-ḥayyi wa tarzuqu man tashā'u bi-ghayri ḥisābin 備考：Q3:26–27 と完全に一致する．なお，「昼の中に夜を入れ，夜の中に昼を入れ」るというのは，昼夜の交替を意味している．
14	私の庇護者は，聖典を下し給うた神，純正なる者達の庇護を司る御方．（1回） inna walīyi-ya-llāhu-lladhī nazzala-l-kitāba wa huwa yatawalla-ṣ-ṣāliḥīna 備考：Q7:196 と完全に一致する．
15	お前達の許には，お前達自身の中から使徒がやってきた．彼は，お前達が苦境にあれば，それに苦悩し，お前達（の諸事）に熱心であり，信仰者達に対しては，情け深く，慈愛に満ちた方である．もし彼らが背を向けたのなら，こういうがよい．私には神で十分である．私が信頼するその御方，偉大なる玉座の主たるその御方以外に神はいない，と．（1回） laqad jā'a-kum rasūlun min anfusi-kum 'azīzun 'alay-hi mā 'anittum ḥarīṣun 'alay-kum bi-l-mu'minīna ra'ūfun raḥīmun fa-in tawallaw fa-qul ḥasbi-ya-llāhu lā ilāha illā huwa 'alay-hi tawakkaltu wa huwa rabbu-l-'arshi-l-'aẓīmi 備考：Q9:128–129 と完全に一致する．
16	私は，自らのことを（全て）神に委ねる．神は，下僕達のこと（全て）に通暁し給う御方である．（1回） wa ufawwiḍu amri-ya ila-llāhi inna-llāha baṣīrun bi-l-'ibādi 備考：Q40:44 の一部と一致する．
17	我々には神で十分である．何と素晴らしい代理者であろうか．（200回） ḥasbu-na-llāhu wa ni'ma-l-wakīlu 備考：Q3:173 の一部と一致する．

18	私には神で十分である．私が信頼するその御方，偉大なる玉座の主たるその御方以外に神はいない．（7回） ḥasbi-ya-llāhu lā ilāha illā huwa ʻalay-hi tawakkaltu wa huwa rabbu-l-ʻarshi-l-ʻaẓīmi 備考：Q9:129の一部と一致する．
19	私は，偉大なる神——生存者にして永世者であるその御方以外に神はいない——に赦しを乞う．（70回） astaghfiru-llāha-l-ʻaẓīma-lladhī lā ilāha illā huwa-l-ḥayyu-l-qayyūmu 備考：神に罪の赦しを乞うことをイスティグファール（istighfār）という．ここに見られるような「私は神に赦しを乞う」（astaghfiru-llāha）というイスティグファールの文言は，ムリッド教団に限らず，祈禱句として広く用いられる．
20	神よ，非識字の預言者である我々の主人ムハンマドと彼の一族，そして彼の教友達に祝福と救済を与え給え．（100回） Allāhumma ṣalli ʻalā sayyidi-nā wa mawlā-nā Muḥammadini-n-nabīyi-l-ummīyi wa ʻalā āli-hi wa ṣaḥbi-hi wa sallim taslīman 備考：「非識字の預言者」という表現は，Q7:157–158に見られる．
21	アッラーフ以外に神はいない．ムハンマドは神の使徒である．彼と彼の一族，そして彼の教友達に，祝福されたいと高き神の祝福と救済あれ．（50回） lā ilāha illa-llāhu Muḥammadun rasūlu-llāhi ʻalay-hi bi-āli-hi wa ṣaḥbi-hi ṣalātu-llāhi tabāraka wa taʻālā wa salāmu-llāhi 備考：シャハーダ（shahāda），すなわち信仰告白の際に唱えるべき文言が組み込まれている．なお，信仰告白に，礼拝，喜捨，断食，巡礼を併せた5つがムスリムにとっての義務となる五行である．
22	唯一のアッラーフ以外に神はおらず，その御方には如何なる共同者もいない．全ての事柄をなし給うその御方に，主権と称讃は属する．（10回） lā ilāha illa-llāhu waḥda-hu lā sharīka la-hu la-hu-l-mulku wa la-hu-l-ḥamdu wa huwa ʻalā kulli shayʼin qadīrun 備考：Q6:163, Q64:1などが組み込まれている．
23	神よ，偉大なる御方としてのその真の大きさにおいて，閉じられたものの開放者，先行したものの封印者，真理による真理者の助け手，真っ直ぐなあなたの道への導き手である我々の主人ムハンマドと彼の一族に祝福を与え給え．（100回） Allāhumma ṣalli ʻalā sayyidi-nā Muḥammadini-l-fātiḥi li-mā ughliqa wa-l-khātimi li-mā sabaqa nāṣiri-l-ḥaqqi bi-l-ḥaqqi wa-l-hādī ilā ṣirāṭi-ka-l-mustaqīmi wa ʻalā āli-hi ḥaqqa qadri-hi wa miqdāri-hi-l-ʻaẓīmi 備考：神の「真の大きさ」という表現は，Q6:91, Q22:74, Q39:67に見られる．

24	慈悲深く慈愛遍き神の御名において．唱えよ．私は，黎明の主に保護を乞う．（神の）創造し給うた事柄の悪から，更け行く夜の暗闇の悪から，結び目に息を吹きかける女達の悪から，嫉妬に駆られた妬み男の悪から守られるように，と．（1回） bi-smi-llāhi-r-raḥmāni-r-raḥīmi qul a'ūdhu bi-rabbi-l-falaqi min sharri mā khalaqa wa min sharri ghāsiqin idhā waqaba wa min sharri-n-naffāthāti fi-l-'uqadi wa min sharri ḥāsidin idhā ḥasada 備考：Q113:1–5と完全に一致する．
25	慈悲深く慈愛遍き神の御名において．唱えよ．私は，人間達の主，人間達の王，人間達の神に保護を乞う．こっそりと囁きかける者の悪から守られるように．それが人間の胸に囁きかけるジンであれ，人間であれ，と．（1回） bi-smi-llāhi-r-raḥmāni-r-raḥīmi qul a'ūdhu bi-rabbi-n-nāsi maliki-n-nāsi ilāhi-n-nāsi min sharri-l-waswāsi-l-khannāsi-lladhī yuwaswisu fī ṣudūri-n-nāsi mina-l-jinnati wa-n-nāsi 備考：Q114:1–6と完全に一致する．
26	神よ，おお，唯一なる御方よ，おお，幽玄なる御方よ，おお，永続する御方よ，おお，幽玄なる御方よ，おお，唯一なる御方よ，おお，終わりなき御方よ，我々の主人ムハンマドと彼の一族，そして彼の教友達に，祝福と救済と恩寵を与え給え．（1回） Allāhumma yā aḥadu yā laṭīfu yā bāqī yā laṭīfu yā aḥadu yā dā'imu ṣalli wa sallim wa bārik 'alā sayyidi-nā wa mawlā-nā Muḥammadin wa 'alā āli-hi wa ṣaḥbi-hi
27	彼らが考えているようなものではない栄光の主，お前の主に讃えあれ．使徒達に救済あれ．諸世界の主である神に称讃は属する．（1回） subḥāna rabbi-ka rabbi-l-'izzati 'am-mā yaṣifūna wa salāmun 'ala-l-mursalīna wa-l-ḥamdu li-llāhi rabbi-l-'ālamīna 備考：Q37:180–182と完全に一致する．

『取得されたウィルド』

1	私は，呪われた悪魔からの保護を神に乞う．私は，彼女と彼女の子孫とが呪われた悪魔から守られるようあなたに保護を乞う．主よ，私は，悪魔たちの唆しからの保護をあなたに乞う．そして主よ，彼らが私の許にやってこないようあなたに保護を乞う．（1回） aʻūdhu bi-llāhi mina-sh-shayṭāni-r-rajīmi wa inni-ya uʻīdhu-hā bi-ka wa dhurrīyata-hā mina-sh-shayṭāni-r-rajīmi rabbi aʻūdhu bi-ka min hamazāti-sh-shayāṭīni wa aʻūdhu bi-ka rabbi an yaḥḍurū-ni	1
2	私は，（神の）創造し給うた事柄の悪から神の完璧な言葉によって保護されることを乞う．（3回） aʻūdhu bi-kalimāti-llāhi-t-tāmmāti min sharri mā khalaqa	2
3	慈悲深く慈愛遍き神の御名において．（1回） bi-smi-llāhi-r-raḥmāni-r-raḥīmi	3
4	神の御名において．聴く者であり，知る者であるその御方の御名によっては，天上であれ，地上であれ，何ものも害さない．（3回） bi-smi-llāhi-lladhī lā yaḍurru maʻa-smi-hi shay'un fi-l-arḍi wa lā fi-s-samā'i wa huwa-s-samīʻu-l-ʻalīmu	4
5	神の御名において．（全ては）神の望み給うたこと．神以外の何ものも善をもたらさない．神の御名において．（全ては）神の望み給うたこと．神以外の何ものも悪を逸らさない．神の御名において．（全ては）神の望み給うたこと．お前達の許にある恩恵は，（全て）神に属する．神の御名において．（全ては）神の望み給うたこと．神によらない力はない．（3回） bi-smi-llāhi mā shā'a-llāhu lā yasūqu-l-khayra illa-llāhu bi-smi-llāhi mā shā'a-llāhu lā yaṣrifu-s-sū'a illa-llāhu bi-smi-llāhi mā shā'a-llāhu wa mā bi-kum min niʻmatin fa-mina-llāhi bi-smi-llāhi mā shā'a-llāhu lā qūwata illā bi-llāhi	5
6	諸事の所有者，偉大なる徴，厳しい権能である神の御名において．神の望み給うたことは存在した．私は，悪魔からの保護を神に乞う．（3回） bi-smi-llāhi dhi-sh-sha'ni ʻaẓīmi-l-burhāni shadīdi-s-sulṭāni mā shā'a-llāhu kāna aʻūdhu bi-llāhi mina-sh-shayṭāni	6
7	アッラーフ，生存者にして永世者であるその御方以外に神はいない．まどろみも眠りもその御方を捕えることはない．天にあるものも，地にあるものも，（全て）その御方に属する．誰がその御方の許しなく，その御許で執り成しをできようか．（神は）彼らの面前にあるものも，背後にあるものも知り給う．彼らは，（神の）望みなくしては，その御方の知の断片すら把握できない．その御方の玉座は，天と地を覆いつくし，しかもその2つを支え持つことが，至高にして偉大なるその御方の重荷となることはない．（1回） Allāhu lā ilāha illā huwa-l-ḥayyu-l-qayyūmu lā ta'khudhu-hu sinatun wa lā nawmun la-hu mā fi-s-samāwāti wa mā fi-l-arḍi man dha-lladhī yashfaʻu ʻinda-hu illā bi-idhni-hi yaʻlamu mā bayna aydī-him wa mā	11

	khalfa-hum wa lā yuḥīṭūna bi-shay’in min ‘ilmi-hi illā bi-mā shā’a wasi‘a kursīyu-hu-s-samāwāti wa-l-arḍa wa lā ya’ūdu-hu ḥifẓu-humā wa huwa-l-‘alīyu-l-‘aẓīmu	
8	お前達の許には，お前達自身の中から使徒がやってきた．彼は，お前達が苦境にあれば，それに苦悩し，お前達（の諸事）に熱心であり，信仰者達に対しては，情け深く，慈愛に満ちた方である．もし彼らが背を向けたのなら，こういうがよい．私には神で十分である．私が信頼するその御方，偉大なる玉座の主たるその御方以外に神はいない，と．（1 回） laqad jā’a-kum rasūlun min anfusi-kum ‘azīzun ‘alay-hi mā ‘anittum ḥarīṣun ‘alay-kum bi-l-mu’minīna ra’ūfun raḥīmun fa-in tawallaw fa-qul ḥasbi-ya-llāhu lā ilāha illā huwa ‘alay-hi tawakkaltu wa huwa rabbu-l-‘arshi-l-‘aẓīmi	15
9	私は，自らのことを（全て）神に委ねる．神は，下僕達のこと（全て）に通暁し給う御方である．（1 回） wa ufawwiḍu amri-ya ila-llāhi inna-llāha baṣīrun bi-l-‘ibādi	16
10	私には神で十分である．私が信頼するその御方，偉大なる玉座の主たるその御方以外に神はいない．（70 回） ḥasbi-ya-llāhu lā ilāha illā huwa ‘alay-hi tawakkaltu wa huwa rabbu-l-‘arshi-l-‘aẓīmi	18 朗誦回数は異なる．
11	私は，偉大なる神――生存者にして永世者であるその御方以外に神はいない――に赦しを乞う．（70 回） astaghfiru-llāha-l-‘aẓīma-lladhī lā ilāha illā huwa-l-ḥayyu-l-qayyūmu	19
12	アッラーフ以外に神はいない．ムハンマドは神の使徒である．彼と彼の一族，そして彼の教友達に，祝福されたいと高き神の祝福と救済あれ．（50 回） lā ilāha illa-llāhu Muḥammadun rasūlu-llāhi ‘alay-hi bi-āli-hi wa ṣaḥbi-hi ṣalātu-llāhi tabāraka wa ta‘ālā wa salāmu-llāhi	21
13	神よ，偉大なる御方としてのその真の大きさにおいて，閉じられたものの開放者，先行したものの封印者，真理による真理者の助け手，真っ直ぐなあなたの道への導き手である我々の主人ムハンマドと彼の一族に祝福を与え給え．（100 回） Allāhumma ṣalli ‘alā sayyidi-nā Muḥammadini-l-fātiḥi li-mā ughliqa wa-l-khātimi li-mā sabaqa nāṣiri-l-ḥaqqi bi-l-ḥaqqi wa-l-hādī ilā ṣirāṭi-ka-l-mustaqīmi wa ‘alā āli-hi ḥaqqa qadri-hi wa miqdāri-hi-l-‘aẓīmi	23
14	唯一のアッラーフ以外に神はおらず，その御方には如何なる共同者もいない．全ての事柄をなし給うその御方に，主権と称讃は属する．（10 回） lā ilāha illa-llāhu waḥda-hu lā sharīka la-hu la-hu-l-mulku wa la-hu-l-ḥamdu wa huwa ‘alā kulli shay’in qadīrun	22

15	神よ，非識字の預言者である我々の主人ムハンマドと彼の一族，そして彼の教友達に祝福と救済と恩寵を与え給え．それらによってあなたは，その後永遠に如何なる不幸も生じないような幸福と，如何なる怒りも生じないようなあなたからの喜悦を私に授け給う．おお，寛大なる御方よ，おお，美しき御方よ，おお，愛情深き御方よ，おお，諸世界の主よ，おお，独り創造をなす御方よ，おお，授け与える御方よ，おお，授け与える御方よ，おお，幽玄なる御方よ，おお，寛大なる御方よ，おお，益をもたらす御方よ，おお，益をもたらす御方よ，おお，最も寛大なる御方よ，おお，諸世界の主よ，おお，唯一なる御方よ，おお，幽玄なる御方よ，おお，永続する御方よ，おお，幽玄なる御方よ，おお，最も寛大なる御方よ，おお，終わりなき御方よ，おお，現世と来世の創造者よ，現世と来世とそこにあるものの所有者よ．信仰し，善行をなした者達に対しては，幾筋もの川が流れる楽園が彼らのものであるという吉報を伝えよ．そこで糧として果実を与えられる度に彼らはいうだろう．これは，以前に我々が与えられていたものである，と．彼らには（以前に与えられていたものと）そっくりのものがもたらされたのである．そして，清浄な妻達も彼らのものであり，彼らは，そこに永住する者となるのである．（1 回） Allāhumma ṣalli wa sallim wa bārik ʻalā sayyidi-nā wa mawlā-nā Muḥammadini-n-nabīyi-l-ummīyi wa ʻalā āli-hi wa ṣaḥbi-hi ṣalātan wa salāman wa barakatan tahabu l-ī bi-himā[9] saʻādatan lā shaqāwatan baʻda-hā wa akbara riḍan min-ka lā sukhṭa baʻda-hu abadan yā karīmu yā jamīlu yā wadūdu yā rabba-l-ʻālamīna yā badīʻu yā wahhābu yā wahhābu yā laṭīfu yā karīmu yā nāfiʻu yā nāfiʻu yā akramu yā rabba-l-ʻālamīna yā aḥadu yā laṭīfu yā bāqī yā laṭīfu yā akramu yā dāʼimu yā khāliqa-d-dunyā wa-l-ākhirati wa mālika-d-dunyā wa-l-ākhirati wa mā fī-himā wa bashshiri-lladhīna āmanū wa ʻamilu-ṣ-ṣāliḥāti anna la-hum jannātin tajrī min taḥti-ha-l-anhāru kulla-mā ruziqū min-hā min thamaratin rizqan qālū hādha-lladhī ruziqnā min qablu wa utū bi-hi mutashābihan wa la-hum fī-hā azwājun muṭahharatun wa hum fī-hā khālidūna 備考：Q2:25 が組み込まれている．	完全に一致する部分はなし．
16	彼らが考えているようなものではない栄光の主，お前の主に讃えあれ．使徒達に救済あれ．諸世界の主である神に称讃は属する．（1 回） subḥāna rabbi-ka rabbi-l-ʻizzati ʻam-mā yaṣifūna wa salāmun ʻala-l-mursalīna wa-l-ḥamdu li-llāhi rabbi-l-ʻālamīna	27

9）伝記では bi-himā ではなく，bi-hā となっている．Muḥammad bn Aḥmad al-Daymānī, *Riḥla*, p. 37.

あとがき

学部時代からアフマド・バンバおよびムリッド教団に関心を抱いてきた著者は，博士課程進学時に博士論文の全体像を構想し，以後，博士課程在学期間を通じ，その諸章を構成する複数の論文の執筆を進め，学術雑誌等に発表してきた．そして，それらの論文に対して研究の進展に応じた修正を施しながら，更なる増補・彫琢をなすことで，課程博士論文「アラビア語著作から見る西アフリカ・イスラームの宗教的・知的連関網：アフマド・バンバに至る水脈を中心に」（東京大学大学院総合文化研究科，2010 年 4 月 22 日受理）を纏めた．その後、平成 23 年度東京大学学術成果刊行助成を受け，この博士論文の内容を核とした本書を刊行することとなった．本書の執筆に際しては，より広い読者層を意識し，標題の変更や本論への導入部となる序章の追加を行い，同時に，博士論文審査会で指摘された箇所や，審査会後の研究の進展により見出された修正点を大幅に書き改めた．以上のような経緯から，本書の各章は，参考文献一覧に記した著者の既発表論文と，大まかにではあるが以下のように対応している．

- 第 2 章　「サハラを縦断するイスラーム：ムハンマド・アル＝ハーフィズとその周辺に見る西アフリカの宗教的・知的交流」
- 第 3 章　「サハラから広がるイスラーム：ムハンマド・アル＝ファーディルの思想・教義・儀礼とその『論理』」
- 第 4 章　「開祖の誕生：セネガル・ムリッド教団の祖アフマド・バンバの若年期」
- 第 6 章　「アラビア語著作に見る西アフリカ・イスラームの宗教的・知的連関：アフマド・バンバの著作を中心に」および「セネガル・ムリッド教団とアフマド・バンバの思想：『労働の教義』についての考察」

序章は，上述の通り，本書のための書き下ろしである．第 1 章は，未発表論文に基づいており，第5章は，論文内の議論を短く纏めた章なので，対応する既発表論文は存在しない．

また，以上のような論文執筆と並行して，著者は，セネガル，モーリタニア，モロッコの各地にある図書館，スーフィー教団施設，研究機関，公文書館，書店などを巡り，本研究にとっての最重要資料であるアラビア語写本・刊本の蒐集を主目的とした現地調査を遂行してきた．各国における調査期間は，以下の通りである．

・セネガル　2003年5月15-28日，2005年4月26日-6月11日，2008年9月30日-12月1日，2011年1月24日-2月22日
・モーリタニア　2007年1月20日-3月8日
・モロッコ　2006年11月5日-2007年1月19日，2007年3月9-28日

本書の刊行に至るまでのあらゆる場面において，多くの方々から様々な形での御支援を賜った。

現地調査においては，トゥーバの使徒の奉仕者図書館館長ムスタファー・ジャタラ氏，同館館長代理アフマド・ンバッケ氏，同館書記（2005年時）シャイフ・サンブ氏，シャイフ・アル＝イスラーム・アル＝ハーッジ・イブラーヒーム・ニヤース図書館館長ムハンマド・アル＝マーヒー氏，同館管理者ムハンマド・ヤフヤー氏，モロッコ王国国立図書館職員ブーアザ・ハルフーニー氏，在セネガル日本大使館職員シェイク・サー・ゲイ氏からの御協力がなければ，本書執筆に必要な資料を揃えることはできなかった．ここに氏名を記すことができなかった方々も含め，著者の調査遂行を支えて下さった全ての方に謝意を表する次第である．

また，著者の博士論文審査のために多くの時間を費やして下さり，数々の御批判・御指摘をいただいた主査の杉田英明教授，副査の鎌田繁教授，砂野幸稔教授，長澤榮治教授，森山工准教授，博士論文執筆時より多くの御助言を賜った高橋英海准教授に対し，改めて深く御礼を申し上げる．

そして，刊行助成への応募時から著者を支えて下さった東京大学出版会の小暮明氏に御礼を申し上げたい．標題や構成の変更，序章の追加などは，より多

くの方に読んでもらえる一冊を，という氏の助言を受けてなしたものである．

多くの方々から多大な助力を受けて完成した本書は，果たしてそうした方々に御高覧いただくだけのものとなっているだろうか．本書の内容が，そして本書を世に問うことが，そうした方々への恩返しとなることを切に願う次第である．

最後に，学部時代から御指導下さり，その中で研究から享受し得る喜びと驚きの存在を御教示下さった杉田教授に改めて厚く御礼を申し上げる．

2012年2月6日

苅谷 康太

参考文献一覧

排列は，以下の規則に則った．

1　参考文献は，アラビア語文献，ヨーロッパ諸語文献，日本語文献に大別し，著者名・編者名のアルファベット順・五十音順に排列した．ただし，著者名・編者名のない文献に関しては，排列上，書名を著者名の代用とする．

2　アラビア語文献：

（1）ハムザ（ʼ），アイン（ʻ），下点つき文字の下点，長母音の上線，語頭を小文字で記した単語（例：定冠詞 al-，「…の息子」を意味する bn，前置詞 fī，li-，接続詞 wa，aw など）は，排列上無視する．

（2）著者名・編者名は，原則として本書の脚注中に示した形をそのまま表記する．

（3）同一著者・編者の複数の文献を提示する場合，書名のアルファベット順に排列する．また，書名も同一である場合は，本文中で紹介した順序に則って排列する．

3　ヨーロッパ諸語文献：

（1）冠詞，前置詞，接続詞は，排列上無視する．

（2）同一著者・編者の複数の文献を提示する場合，初出・初刊の発表年・刊行年順に排列する．

（3）一つの論文集から複数の論文を参考文献として利用している場合，各論文の項におけるその論文集の書誌情報は，省略した形で表記する．

4　日本語文献：同一著者・編者の複数の文献を提示する場合，初出・初刊の発表年・刊行年順に排列する．

アラビア語文献

ʻAbd Allāh al-Bakrī. *al-Masālik wa al-Mamālik*. 2 vols. Beirut: Dār al-Kutub al-ʻIlmīya, 2003; 仏訳＝*Description de l'Afrique septentrionale*. Translated by Mac Guckin de Slane. Paris: Imprimerie Impériale, 1858; 一部英訳＝Levtzion and Hopkins, *Corpus*, pp. 63–87.

ʻAbd Allāh bn al-Ḥājj Ibrāhīm al-ʻAlawī. *Ṣaḥīḥa al-Naql fī ʻAlawīya Idāw ʻAli wa Bakrīya Muḥammad Ghull*. Manuscript. Maktaba Shaykh al-Islām al-Ḥājj Ibrāhīm Niyās (Kaolack)；英訳＝Harry Thirlwall Norris. "The History of Shinqīṭ, Accoding to the Idaw ʻAli Tradition." *Bulletin de l'I. F. A. N.*, Ser. B, Vol. 24, Nos. 3–4 (1962), pp. 395–403. 略号＝ṢN-K

———. *Ṣaḥīḥa al-Naql fī ʻAlawīya Idaw ʻAli wa Bakrīya Muḥammad Qull* (or *Gull*). Manuscript. Maktaba Ahl Ḥabat (Chinguetti [Shinqīṭ]), al-Taʼrīkh 10 / 13 / 2144. 略号＝ṢN-Sh

ʻAbd Allāh bn Muḥammad. *Tazyīn al-Waraqāt*. In Mervyn Hiskett, ed. and trans.

Tazyīn al-Waraqāt (with an English translation). Ibadan: Ibadan University Press, 1963.

'Abd al-Fattāḥ Sa'd. *al-'Ārif bi-Allāh Sayyid-ī 'Abd Allāh bn Abī Jamra.* Cairo: Dār Gharīb, 2004.

'Abd al-Ḥayy bn 'Abd al-Kabīr al-Kattānī. *Fihris al-Fahāris wa al-Athbāt wa Mu'jam al-Ma'ājim wa al-Mashyakhāt wa al-Musalsalāt.* Vol. 2 (3 vols.). Beirut: Dār al-Gharb al-Islāmī, 1982.

'Abd al-Karīm al-Qushayrī. *al-Risāla al-Quhsayrīya fī 'Ilm al-Taṣawwuf.* Damascus: Maktaba Abī Ḥanīfa, n.d.

'Abd al-Majīd bn 'Alī al-Zabādī. *Ifāda al-Murtād bi-al-Ta'rīf bi-al-Shaykh Ibn 'Abbād.* Fez: Info-Print, 2006.

'Abd al-Majīd al-Shurnūbī. *Sharḥ Ḥikam al-Imām Ibn 'Aṭā' Allāh al-Sikandarī.* Damascus: Dār Ibn Kathīr, 2004.

'Abd al-Malik bn Jamāl al-Dīn bn Ṣadr al-Dīn. *Sharḥ al-Ājurrūmīya.* Beirut: Dār Ibn Ḥazm, 2003.

'Abd al-Raḥmān al-Akhḍarī. *Mukhtaṣar al-Akhḍarī fī al-'Ibādāt 'alā Madhhab al-Imām Mālik.* Cairo: Sharika Maktaba wa Maṭba'a Muṣṭafā al-Bābī al-Ḥalabī wa Awlād-hi, 1955.

'Abd al-Raḥmān al-Sa'dī. *Ta'rīkh al-Sūdān.* In Octave Houdas, ed. and trans. *Tarikh es-soudan* (with a French translation). Paris: Adrien-Maisonneuve, 1964; 英訳＝Hunwick, *Timbuktu*, pp. 1–270.

'Abd al-Raḥmān al-Suyūṭī. *Bushrā al-Ka'īb bi-Liqā' al-Ḥabīb.* Cairo: Maktaba al-Qur'ān, n.d.

———. *Kitāb al-Taḥadduth bi-Ni'ma Allāh.* In E. M. Sartain, ed. *Jalāl al-Dīn al-Suyūṭī,* Vol. 2*: "Al-Taḥadduth bini'mat allah".* Cambridge: Cambridge University Press, 1975.

'Abd al-Razzāq al-Qāshānī, comp. *Kitāb Iṣṭilāḥāt al-Ṣūfīya.* In David Pendlebury, rev. and ed. *A Glossary of Sufi Technical Terms* (with an English translation by Nabil Safwat). London: The Octagon Press, 1991.

Abū Ḥāmid Muḥammad al-Ghazālī. *Bidāya al-Hidāya.* Beirut: Dār al-Bashā'ir al-Islāmīya, 1993.

———. *Iḥyā' 'Ulūm al-Dīn.* 5 vols. Beirut: Dār al-Kutub al-'Ilmīya, 2002.

———. *Minhāj al-'Ābidīn* (*wa bi-Hāmish-hi al-Kitāb al-Musammā Bidāya al-Hidāya*). Cairo: Maṭba'a al-Taqaddum al-'Ilmīya, 1929.

———. *al-Munqidh min al-Ḍalāl wa al-Mūṣil ilā Dhī al-'Izza wa al-Jalāl.* [Beirut]: Dār al-Andalus, 1981; 邦訳＝『誤りから救うもの』（ちくま学芸文庫）中村廣治郎訳，筑摩書房，2003年.

———. *al-Tibr al-Masbūk fī Naṣīḥa al-Mulūk.* Cairo: Maktaba al-Kullīyāt al-Azharīya; Beirut: Dār Ibn Zaydūn, 1987.

Abū al-Ḥasan al-Ash'arī. *Kitāb Shajara al-Yaqīn*. In Castillo, *Kitāb Šaŷarat al-Yaqīn*.

[———]. *Shajara al-Yaqīn*. Manuscript. Dār al-Kutub al-Nāṣirīya (Tamgrout [Tamgrūt]), al-Raqam al-Tartībī 3886 / Raqam al-Makhṭūṭ 3076 / Alif.

Abū Ṭālib Muḥammad al-Makkī. *Qūt al-Qulūb fī Mu'āmala al-Maḥbūb wa Waṣf Ṭarīq al-Murīd ilā Maqām al-Tawḥīd*. 1996. Reprint, 2 vols. Beirut: Dār Ṣādir, 2003.

Aḥmad bn al-Amīn al-Shinqīṭī. *al-Wasīṭ fī Tarājim Udabā' Shinqīṭ*. 1911. Reprint, Cairo: Maktaba al-Khānjī, 2002. 略号＝WT

Aḥmad bn al-'Ayyāshī Sukayrij. *Kashf al-Ḥijāb 'am-Man Talāqā ma' al-Shaykh al-Tijānī min al-Aṣḥāb*. Beirut: al-Maktaba al-Sha'bīya, 1988.

Aḥmad Bābā al-Tinbuktī. *Kifāya al-Muḥtāj li-Ma'rifa Man Laysa fī al-Dībāj*. 2 vols. Rabat: Wizāra al-Awqāf wa al-Shu'ūn al-Islāmīya, 2000.

———. *Nayl al-Ibtihāj bi-Taṭrīz al-Dībāj*. 2 vols. Cairo: Maktaba al-Thaqāfa al-Dīnīya, 2004.

Aḥmad Bamba. *Dīwān fī Amdāḥ Khayr al-Mursalīn* (with a French translation by Serigne Same Mbaye). Casablanca: Dar El Kitab, 1989.

———. *Dīwān al-Fulk al-Mashḥūn al-Maṣnū' min al-Sirr wa al-Dhikr al-Maṣūn aw Muqaddamāt al-Munā wa al-Su'l fī Akhdh Ajr Allāh Ta'ālā wa al-Rasūl aw Maghāliq al-Nīrān wa Mafātiḥ al-Jinān*. Touba: Maṭba'a al-Ghawth al-A'ẓam, 1985.

———. *Dīwān Nūr al-Dārayn fī Khidma al-Ḥāmī 'an al-'Ārayn*. Touba: Maṭba'a al-Ghawth al-A'ẓam, 1975/6.

———. *Dīwān al-Qaṣā'id al-Muqayyada bi-al-Āyāt al-Qur'ānīya*. Touba: Maṭba'a al-Ghawth al-A'ẓam, 1975/6.

———. *Dīwān al-Qaṣā'id al-Muqayyada bi-Ghayr al-Āyāt al-Qur'ānīya*. Touba: Maṭba'a al-Ghawth al-A'ẓam, 1985.

———. *Dīwān Sa'ādāt al-Murīdīn fī Amdāḥ Khayr al-Mursalīn: Majmū'a min Qaṣā'id al-Shaykh al-Khadīm fī Madḥ Ḥabīb-hi al-Makhdūm*. Touba: Maṭba'a al-Ghawth al-A'ẓam, 1976.

———. *Dīwān al-Ṣalawāt 'alā al-Nabī al-Hāshimī al-Manẓūma wa al-Manthūra*. Touba: Maṭba'a al-Ghawth al-A'ẓam, 1975/6.

———. *Dīwān Silk al-Jawāhir fī Akhbār al-Sarā'ir*. Touba: Maṭba'a al-Ghawth al-A'ẓam, 1976/7.

———. *Dīwān fī al-Tawḥīd wa al-Fiqh wa al-Taṣawwuf wa al-Naḥw wa Ghayr-hā min Shattā al-Funūn*. Touba: Maṭba'a al-Ghawth al-A'ẓam, 1975.

———. *Dīwān fī al-'Ulūm al-Dīnīya* (with a French translation by Serigne Same Mbaye). 2 vols. Casablanca: Dar El Kitab, 1989.

———. *Ḍiyāfa li-Ba'ḍ al-Aṣbiyā' fī Ijāba 'an Thalātha Ashyā'*. In his *Majmū'a*, pp. 72–3.

———. *Dūn-ka Yā Maḥmūd*. In his *Dīwān Silk al-Jawāhir*. pp. 609–16.

———. *Fatḥ al-Kāfī al-Bāqī al-Mumīt fī Ṣarf Tawajjuh Kull Mubāriz Yamūt*. In his

Dīwān Silk al-Jawāhir, pp. 568–80.

———. *Inna Walī-ya Allāh*. In his *Dīwān Silk al-Jawāhir*, pp. 550–9.

———. *Jāliba al-Sa'āda Muṣliḥa al-'Āda wa al-'Ibāda*. In his *Jāliba al-Sa'āda / Jāliba al-Barūr*. Dakar: Librairie Cheikh Ahmadou Bamba, n.d., pp. 2–7.

———. *Jam' al-Maqāmāt Allatī Farra ilay-hā al-Qawm fī Sharḥ Qaṣīda Lā Ta'khudhu-hu Sina wa Lā Nawm*. In his *Dīwān Silk al-Jawāhir*, pp. 371–6.

———. *al-Jawhar al-Nafīs fī 'Aqd Nathr al-Akhḍarī al-Ra'īs*. In the first part of his *Dīwān fī al-Tawḥīd*, pp. 81–125.

———. *Jazā' al-Shakūr al-'Aṭūf*. In his *Dīwān Silk al-Jawāhir*, pp. 490–517.

———. *al-Khidma al-Muṭahhara*. In the first part of his *Dīwān fī al-Tawhīd*, pp. 196–211.

———. *Maghāliq al-Nīrān wa Mafātiḥ al-Jinān*. In the first part of his *Dīwān fī al-Tawḥīd*, pp. 183–95.

———. *Majma' al-Nūrayn fī Fawā'id al-Dārayn*. In his *Dīwān Silk al-Jawāhir*, pp. 128–61.

———. *Majmū'a Tashtamilu 'alā Ba'ḍ Ajwiba li-l-Shaykh al-Khadīm*. Touba: Maṭba'a al-Ghawth al-A'ẓam, 1985.

———. *Masālik al-Jinān fī Jam' Mā Farraqa-hu al-Daymānī*. In the third part of his *Dīwān fī al-Tawḥīd*, pp. 1–101.

———. *Mawāhib al-Quddūs fī Naẓm Nathr Shaykh-nā al-Sanūsī*. In the first part of his *Dīwān fī al-Tawḥīd*, pp. 126–67.

———. *Munawwir al-Ṣudūr ladā al-Manāzil wa 'ind al-Dūr*. In the first part of his *Dīwān fī Tawḥīd*, pp. 168–82.

———. *Muqaddama al-Khidma fī al-Ṣalāt 'alā Nabī al-Raḥma aw Miftāḥ al-Sa'āda fī al-Ṣalāt 'alā Khayr al-Sāda*. In the first part of his *Dīwān al-Ṣalawāt*, pp. 1–98.

———. *Nahj al-Ḥaqīqa fī Hatk Sitr al-'Aqīqa*. In the second part of his *Dīwān fī al-Tawḥīd*, pp. 19–24.

———. *Nahj Qaḍā' al-Ḥāj fī Ḥaṣd Zar' Shaykh-nā al-Dalḥājī*. In his *Dīwān Silk al-Jawāhir*, pp. 519–50.

———. *Silk al-Jawāhir fī Akhbār al-Sarā'ir*. In his *Dīwān Silk al-Jawāhir*, pp. 2–125.

———. *al-Silsila al-Qādirīya*. Manuscript. Institut Fondamental d'Afrique Noire (Dakar), Fonds Amar Samb, E-14.

———. *al-Silsila al-Qādirīya*. In the third part of his *Dīwān al-Ṣalawāt*, pp. 226–31.

———. *al-Wird al-Ma'khūdh al-Akmal min Allāh Tabāraka wa Ta'ālā bi-Wāsiṭa Rasūl-hi*. Dakar: Imprimerie Serigne Issa Niang, n.d.

———. *al-Wird al-Shaykh Aḥmad Banba* (*Wird Mouride*). n.p., n.d.

Aḥmad bn Ḥanbal. *Musnad al-Imām Aḥmad bn Ḥanbal*. 6 vols. Beirut: Dār Ṣādir, n.d.

Aḥmad al-Hilālī. *Qaṣīda fī al-Naṣā'iḥ*. Manuscript. al-Maktaba al-Waṭanīya li-l-Mamlaka al-Maghribīya (Rabat), D157, 49v–51r.

Aḥmad Sīse. *Sīra Soghna* [*Soxna*] *Jāriya Allāh*. n.p., 2007.

Aḥmad al-Ya'qūbī. *Kitāb al-Buldān*. In M. J. de Goeje, ed. *al-Mujallad al-Sābi' min Kitāb al-A'lāq al-Nafīsa wa Kitāb al-Buldān*. 1892. Reprint, Frankfurt am Main: Institute for the History of Arabic-Islamic Science at the Johann Wolfgang Goethe University, 1992, pp. 231–360; 仏訳＝*Les pays*. Translated by Gaston Wiet. 1937. Reprint, Frankfurt am Main: Institute for the History of Arabic-Islamic Science at the Johann Wolfgang Goethe University, 1997; 一部英訳＝Levtzion and Hopkins, *Corpus*, p. 22.

Aḥmad Zarrūq. *Ḥikam Ibn 'Aṭā' Allāh*. Cairo: Dār al-Baṣā'ir, 2004.

———. *al-Naṣīḥa al-Kāfiya li-Man Khaṣṣa-hu Allāh bi-al-'Āfiya*. Beirut: Dār al-Kutub al-'Ilmīya, 2001.

———. *Qawā'id al-Taṣawwuf*. Beirut: Dār al-Kutub al-'Ilmīya, 2005.

'Alī Ḥarāzim. *Jawāhir al-Ma'ānī wa Bulūgh al-Amānī fī Fayḍ Sayyid-ī Abī al-'Abbās al-Tijānī*. 2 vols. in 1. Casablanca: Dār al-Rashād al-Ḥadītha, 2002.

Dawāwīn Shu'arā' Ahl al-Zawāyā al-Murītānīyīn [sic] *fī Mazāyā al-Shaykh al-Khadīm Ḥalīf-him Sayyid al-Maghāriba Jamī' Bīḍān-him wa al-Sūdānīyīn*. Touba: Maṭba'a al-Ghawth al-A'ẓam, 1979.

Dīwān al-Shu'arā' al-Sinighālīyīn ma' Dīwān al-Shaykh Ibrāhīm Jōb al-Mash'arī Raḍiya Allāh 'an-hum Jamī' fī Madḥ al-Shaykh al-Khadīm. Touba: Maṭba'a al-Ghawth al-A'ẓam, 1985.

Ibn Abī Jamra. *Bahja al-Nufūs*. 4 vols. in 2. Beirut: Dār al-Jīl, 1979.

———. *Jam' al-Nihāya fī Bad' al-Khayr wa al-Ghāya*. n.p.: Dār al-Mashārī' li-l-Ṭibā'a wa al-Nashr wa al-Tawzī', 2001.

Ibn al-'Arabī. *Futūḥāt al-Makkīya*. 4 vols. Beirut: Dār Ṣādir, n.d.

Ibn 'Aṭā' Allāh. *Laṭā'if al-Minan fī Manāqib al-Shaykh Abī al-'Abbās al-Mursī wa Shaykh-hi al-Shādhilī Abī al-Ḥasan*. Beirut: Dār al-Kutub al-'Ilmīya, 2005.

Ibn Baṭṭūṭa. *Riḥla Ibn Baṭṭūṭa al-Musammāt Tuḥfa al-Nuẓẓār fī Gharā'ib al-Amṣār*. Beirut: Dār al-Kutub al-'Ilmīya, 2007.

———. *Tuḥfa al-Nuẓẓār fī Gharā'ib al-Amṣār wa 'Ajā'ib al-Asfār*. In C. Defrémery and B. R. Sanguinetti, eds. and trans. *Voyages d'Ibn Batoutah* (with a French translation). 4 vols. Paris: Imprimerie Nationale, 1922–1949; 邦訳＝『大旅行記』（東洋文庫 601, 614, 630, 659, 675, 691, 704, 705）家島彦一訳注，全 8 巻，平凡社，1996–2002 年；一部英訳＝Levtzion and Hopkins, *Corpus*, pp. 281–304.

Ibn Faḍl Allāh al-'Umarī. *Masālik al-Abṣār fī Mamālik al-Amṣār*. 27 vols in 24. Frankfurt am Main: Institute for the History of Arabic-Islamic Science at the Johann Wolfgang Goethe University, 1988–1989; 一部仏訳＝*Masālik el abṣār fī mamālik el amṣār*, I: *L'Afrique, moins l'Egypte*. Translated by Maurice Gaudefroy-Demombynes. Paris: Librairie Orientaliste Paul Geuthner, 1927; 一部英訳＝Levtzion and Hopkins, *Corpus*, pp. 254–76.

Ibn Ḥawqal al-Naṣībī. *Kitāb Ṣūra al-Arḍ*. Leiden: E. J. Brill, 1967; 仏訳= *Configuration de la terre (Kitab surat al-ard)*. Translated by J. H. Kramers and G. Wiet. 2 vols. Beirut: Commission Internationale pour la Traduction des Chefs-d'Œuvre; Paris: G.-P. Maisonneuve et Larose, 1964; 一部英訳= Levtzion and Hopkins, *Corpus*, pp. 44–52.

Ibn Khaldūn. *Muqaddima Ibn Khaldūn wa Hiya al-Juz' al-Awwal min Kitāb al-'Ibar wa Dīwān al-Mubtadi' wa al-Khabar*. 3 vols. Beirut: Maktaba Lubnān, 1970; 邦訳=『歴史序説』(岩波文庫・青481) 森本公誠訳, 全4巻, 岩波書店, 2001年; 英訳= *The Muqaddimah: An Introduction to History*. Translated by Franz Rosenthal. 1958. 3 vols. Princeton, NJ: Published for Bollingen Foundation by Princeton University Press, 1967; 一部英訳= Levtzion and Hopkins, *Corpus*, pp. 319–22.

———. *Ta'rīkh Ibn Khaldūn al-Musammā bi-Kitāb al-'Ibar, wa Dīwān al-Mubtadi' wa al-Khabar, fī Ayyām al-'Arab wa al-'Ajam wa al-Barbar wa Man 'Āṣara-hum min Dhawī al-Sulṭān al-Akbar*. 7 vols. Beirut: Mu'assasa al-A'lamī li-l-Maṭbū'āt, 1971; 一部仏訳= *Histoire des Berbères et des dynasties musulmanes de l'Afrique septentrionale*. Translated by Le Baron de Slane. 4 vols. Paris: Librairie Orientaliste Paul Geuthner, 1925–1956; 一部英訳= Levtzion and Hopkins, *Corpus*, pp. 322–42.

Ibrāhīm al-Bājūrī. *Ḥāshiya Khātima al-Muḥaqqiqīn wa Nādira al-Fuḍalā' al-Mudaqqiqīn Shaykh al-Islām wa Ḥibr al-Anām al-Shaykh Ibrāhīm al-Bājūrī 'alā Matn al-Sullam fī Fann al-Manṭiq li-l-Imām al-Akhḍarī (wa bi-Hāmish-hā Matn al-Sullam al-Madhkūr ma' Taqrīr al-Muḥaqqiq al-'Allāma al-Mudaqqiq al-Shaykh Muḥammad al-Anbābī)*. Cairo: Maṭba'a Muṣṭafā al-Bābī al-Ḥalabī wa Awlād-hi, 1928.

Ibrāhīm Niyās. *Kāshif al-Ilbās 'an Fayḍa al-Khatm Abī al-'Abbās*. n.p., n.d.

———. *Tanbīh al-Adhkiyā' fī Kawn al-Shaykh al-Tijānī Khātim al-Awliyā'*. [Kano]: n.p., n.d.

Jamāl al-Dīn bn Muḥammad al-Yamanī. *Kitāb al-Nūrayn fī Iṣlāḥ al-Dārayn*. Manuscript. al-Markaz al-Mūrītānī li-l-Baḥth al-'Ilmī (Nouakchott), Record 1926 / Collection 2146.

Khalīl bn Isḥāq. *Mukhtaṣar al-'Allāma Khalīl*. Cairo: Dār al-Ḥadīth, 2005.

al-Khalīl al-Naḥwī. *Bilād Shinqīṭ al-Manāra wa al-Ribāṭ: 'Arḍ li-l-Ḥayāt al-'Ilmīya wa al-Ish'ā' al-Thaqāfī wa al-Jihād al-Dīnī min Khilāl al-Jāmi'āt al-Badawīya al-Mutanaqqila (al-Maḥāḍir)*. Tunis: al-Munaẓẓama al-'Arabīya li-l-Tarbiya wa al-Thaqāfa wa al-'Ulūm, 1987.

Mā' al-'Aynayn. *Mufīd al-Rāwī 'alā Ann-ī* [sic] *Mukhāwī*. Rabat: Mu'assasa al-Shaykh Murabbī-hi Rabb-hu li-Iḥyā' al-Turāth wa al-Tabādul al-Thaqāfī, 1999.

[———]. *Na't al-Bidāyāt wa Tawṣīf al-Nihāyāt (wa bi-Hāmish-hi Fātiq al-Ratq 'alā Rātiq al-Fatq)*. Casablanca: Dār al-Rashād al-Ḥadītha, 2006.

Maḥmūd Ka'ti (and Ibn al-Mukhtār). *Ta'rīkh al-Fattāsh fī Akhbār al-Buldān wa al-Juyūsh wa Akābir al-Nās*. In Octave Houdas and Maurice Delafosse, eds. and trans.

Tarikh el-fettach ou chronique du chercheur pour servir à l'histoire de villes, des armées et des principaux personnages du Tekrour (with a French translation). Paris: Adrien-Maisonneuve, 1964.

Makhlūf al-Minyāwī. *Ḥāshiya al-Fāḍil al-Shahīr al-'Ālim al-Niḥrīr al-Shaykh Makhlūf al-Minyāwī 'alā Sharḥ al-'Allāma al-Shaykh Aḥmad al-Damanhūrī li-Matn al-Imām al-Akhḍarī al-Musammā bi-al-Jawhar al-Maknūn fī al-Ma'ānī wa al-Bayān wa al-Badī'* (*wa bi-Hāmish-hā Sharḥ al-Jawhar al-Maknūn al-Madhkūr*). [Cairo]: al-Maṭba'a al-Khayrīya, n.d.

Mālik bn Anas. *al-Muwaṭṭa'*. Beirut: al-Yamāma, 1999.

Mālik Sih. *Fākiha al-Ṭullāb aw Jāmi' al-Marām*. Rufisque: Afrique Impression Këur Serigne Kebe, n.d.

———. *Ifḥām al-Munkir al-Jānī*. In El Hadji Ravane Mbaye, ed. and trans. *Le grand savant El Hadji Malick Sy: Pensée et action*, Vol. 3: *Réduction au silence du dénégateur* [*Ifḥâm al-munkir al-jânî*] (with a French translation). Beirut: Albouraq, 2003.

———. *Kifāya al-Rāghibīn fī-Mā Yahdī ilā Ḥaḍra Rabb al-'Ālamīn wa Iqmā' al-Muḥdithīn fī al-Sharī'a Mā Laysa la-hu Aṣl fī al-Dīn*. In El Hadji Ravane Mbaye, ed. and trans. *Le grand savant El Hadji Malick Sy: Pensée et action*, Vol. 2: *Ce qu'il faut aux bons croyants* [*Kifâyat ar-râġibîn*] (with a French translation). Beirut: Albouraq, 2003.

Mufaḍḍal al-Abharī. *Īsāghūjī*. Manuscript. Institute for Advanced Studies on Asia (Tokyo), Daiber Collection, Ms. 136 [1390], 5v-10v.

———. *Kitāb Īsāghūjī*. Manuscript. Institute for Advanced Studies on Asia (Tokyo), Daiber Collection, Ms. 143 [2395], 88v-95v.

Muḥamdi bn Sīdī 'Abd Allāh al-'Alawī. *Nuzha al-Mustami' wa al-Lāfiẓ fī Manāqib al-Shaykh Muḥammad al-Ḥāfiẓ*. Manuscript. al-Markaz al-Mūrītānī li-l-Baḥth al-'Ilmī (Nouakchott), Record 2538 / Collection 2737. 略号 = NM

Muḥammad bn Aḥmad al-Daymānī. *Riḥla Shaykh-nā al-Shaykh Aḥmad Banba fī Ghaybat-hi al-Baḥrīya wa Ba'ḍ Karāmāt-hi wa Wird-hi al-Khafīf al-Ma'khūdh min Allāh bi-Wāsiṭa Rasūl-hi Muḥammad / Ṣābūn al-Dhunūb al-Mu'aṭṭar fī Aḥādīth Mukaffirāt Mā Taqaddama min al-Dhanb wa Mā Ta'akhkhara*. n.p., n.d.

Muḥammad al-Amīn al-Dagānī. *Irwā' al-Nadīm min 'Adhb Ḥubb al-Khadīm*. Manuscript. Institut Fondamental d'Afrique Noire (Dakar), Fonds Amar Samb, K-1. 略号 = IN

———. *Irwā' al-Nadīm min 'Adhb Ḥubb al-Khadīm*. [Touba]: Daray Borom Touba, n.d.

———. *Irwā' al-Nadīm min 'Adhb Ḥubb al-Khadīm*. Porto Recanati: Touba Services Due di Diop Ibra, n.d.

Muḥammad al-Amīn bn Muḥammad al-Mukhtār al-Shinqīṭī. *Nathr al-Wurūd 'alā Marāqī al-Su'ūd*. Beirut: al-Maktaba al-'Aṣrīya, 2004.

Muḥammad al-ʻArabī bn Muḥammad bn Sāʾiḥ. *Bughya al-Mustafīd li-Sharḥ Munya al-Murīd*. Beirut: Dār al-Kutub al-ʻIlmīya, 2003.

Muḥammad al-Bashīr. *Minan al-Bāqī al-Qadīm fī Sīra al-Shaykh al-Khadīm*. 2 vols. in 1. Casablanca: al-Maṭbaʻa al-Malakīya, n.d.; 仏訳 = *Les bienfaits de l'Eternel ou la biographie de Cheikh Ahmadou Bamba Mbacké*. Translated by Khadim Mbacké. Dakar: Imprimerie Saint-Paul, 1995. 略号 = MB

Muḥammad al-Bukhārī. *Ṣaḥīḥ al-Bukhārī*. 5 vols. Casablanca: Maktaba al-Waḥda al-ʻArabīya, 2000; 邦訳 = 『ハディース：イスラーム伝承集成』(中公文庫) 牧野信也訳, 全6巻, 中央公論新社, 2001年.

Muḥammad al-Dusūqī. *Ḥāshiya ʻalā Sharḥ Umm al-Barāhīn* (*wa bi-Hāmish-hi Sharḥ Umm al-Barāhīn li-Sayyid-ī Muḥammad bn Yūsuf al-Sanūsī al-Ḥasanī*). Cairo: Maṭbaʻa Muṣṭafā al-Bābī al-Ḥalabī wa Awlād-hi, 1939.

Muḥammad Fāḍil bn al-Ḥabīb al-Yaʻqūbī. *al-Ḍiyāʾ al-Mustabīn bi-Karāmāt al-Shaykh Muḥammad al-Fāḍil bn al-Shaykh Muḥammad al-Amīn*. Manuscript. al-Maktaba al-Waṭanīya li-l-Mamlaka al-Maghribīya (Rabat), D1067. 略号 = ḌM

Muḥammad al-Fāḍil bn Muḥammad al-Amīn. *Sayf al-Mujādil*. Manuscript. Maktaba Shaykh al-Islām al-Ḥājj Ibrāhīm Niyās.

Muḥammad Fuʾād ʻAbd al-Bāqī. *al-Muʻjam al-Mufahras li-Alfāẓ al-Qurʾān al-Karīm* (*bi-Ḥāshiya al-Muṣḥaf al-Sharīf*). Cairo: Dār al-Ḥadīth, 2001.

Muḥammad al-Ḥāfiẓ. *Fatāwā ḥawl Fiqh al-Ṭarīqa wa Asrār-hā*. Manuscript. Maktaba Shaykh al-Islām al-Ḥājj Ibrāhīm Niyās.

Muḥammad al-Idrīsī. *Kitāb Nuzha al-Mushtāq fī Ikhtirāq al-Āfāq*. 2 vols. al-Ẓāhir: Maktaba al-Thaqāfa al-Dīnīya, n.d.; 一部仏訳 = *Description de l'Afrique et de l'Espagne*. Translated by R. Dozy and M. J. de Goeje. Leiden: E. J. Brill, 1866; 一部英訳 = Levtzion and Hopkins, *Corpus*, pp. 106–31.

Muḥammad al-Jazūlī. *Dalāʾil al-Khayrāt*. n.p.: Dār al-Īmān, n.d.

Muḥammad al-Maḥallī and ʻAbd al-Raḥmān al-Suyūṭī. *Tafsīr al-Jalālayn* (*bi-Hāmish al-Qurʾān al-Karīm*). Beirut: Muʾassasa al-Rayyān, 2005.

Muḥammad al-Manūnī. *Dalīl Makhṭūṭāt Dār al-Kutub al-Nāṣirīya bi-Tamgrūt*. [Rabat]: Wizāra al-Awqāf wa al-Shuʾūn al-Islāmīya, 1985.

Muḥammad bn Muḥammad al-Jazarī. *al-Ḥiṣn al-Ḥaṣīn min Kalām Sayyid al-Mursalīn*. Cairo: Maṭbaʻa Muṣṭafā al-Bābī al-Ḥalabī wa Awlād-hi, 1931.

Muḥammad al-Muntaqā Aḥmad Tāl. *al-Jawāhir wa al-Durar fī Sīra al-Shaykh al-Ḥājj ʻUmar*. Beirut: Dār al-Burāq, 2005.

Muḥammad al-Sayyid al-Tijānī. *Ghāya al-Amānī fī Manāqib wa Karāmāt Aṣḥāb al-Shaykh Sīdī Aḥmad al-Tijānī*. Casablanca: Dār al-Rashād al-Ḥadītha, 2004.

Muḥammad bn Sīdīya. *Tarjama Ḥayāt al-Shaykh Sīdīya*. Manuscript. al-Markaz al-Mūrītānī li-l-Baḥth al-ʻIlmī (Nouakchott), Record 2942 / Collection 3150.

Muḥammad al-Yadālī. *Amr al-Walī Nāṣir al-Dīn*. In Muḥammadhun wuld Bābbāh, *al-*

Shaykh, pp. 115–95.
———. *al-Dhahab al-Ibrīz ʻalā Kitāb Allāh al-ʻAzīz*. Manuscript. Maktaba Shaykh al-Islām al-Ḥājj Ibrāhīm Niyās (Kaolack).
———. *Khātima* (*fī*) *al-Taṣawwuf*. In Kariya, "*Khātima* (*fī*) *al-Taṣawwuf*."
———. *Khātima fī al-Taṣawwuf*. Manuscript-(a). Maktaba Shaykh al-Islām al-Ḥājj Ibrāhīm Niyās (Kaolack).
———. *Khātima fī al-Taṣawwuf*. Manuscript-(b). al-Markaz al-Mūrītānī li-l-Baḥth al-ʻIlmī (Nouakchott), Record 433 / Collection 508.
———. *Risāla al-Naṣīḥa*. In Muḥammadhun wuld Bābbāh, *al-Shaykh*, pp. 197–224.
———. *Sharḥ Khātima fī al-Taṣawwuf*. Manuscript-(a). Maktaba Shaykh al-Islām al-Ḥājj Ibrāhīm Niyās (Kaolack).
———. *Sharḥ Khātima fī al-Taṣawwuf*. Manuscript-(b). Maktaba Shaykh al-Islām al-Ḥājj Ibrāhīm Niyās (Kaolack).
———. [*Sharḥ*] *Khātima al-Taṣawwuf*. Manuscript. Maktaba Ahl Ḥabat (Chinguetti [Shinqīṭ]), al-Taṣawwuf 7 / 38 / 845.
———. *Sharḥ Qaṣīda fī Madḥ al-Nabī*. Manuscript. al-Maktaba al-Waṭanīya li-l-Mamlaka al-Maghribīya (Rabat), D1489.
———. *Shiyam al-Zawāyā*. In Muḥammadhun wuld Bābbāh, *al-Shaykh*, pp. 55–114.
Muḥammad al-Zuhrī. *Kitāb al-Jaʻrāfīya* [sic]. In Hadj-Sadok, "*Kitāb al-djaʻrāfiyya*."; 一部英訳＝Levtzion and Hopkins, *Corpus*, pp. 94–100.
Muḥammadhun wuld Bābbāh, ed. *al-Shaykh Muḥammad al-Yadālī: Nuṣūṣ min al-Taʼrīkh al-Mūrītānī* (*Shiyam al-Zawāyā – Amr al-Walī Nāṣir al-Dīn – Risāla al-Naṣīḥa*). Tunis: al-Muʼassasa al-Waṭanīya li-l-Tarjama wa al-Taḥqīq wa al-Dirāsāt (Bayt al-Ḥikma), 1990.
al-Mukhtār wuld Ḥāmid. *Ḥayāt Mūrītāniyā: al-Jughrāfiyā*. Beirut: Dār al-Gharb al-Islāmī, 1994.
———. *Ḥayāt Mūrītāniyā*, Vol. 2: *al-Ḥayāt al-Thaqāfīya*. Tripoli: al-Dār al-ʻArabīya li-l-Kitāb, 1990.
Mūsā Kamara. *Ashhā al-ʻUlūm wa Aṭyab al-Khabar fī Sīra al-Ḥājj ʻUmar*. Rabat: Manshūrāt Maʻhad al-Dirāsāt al-Ifrīqīya, 2001; 仏訳＝"La vie d'El-Hadji Omar par Cheikh Moussa Kamara." Translated and annotated by Amar Samb. *Bulletin de l'I. F. A. N.*, Ser. B, Vol. 32, No. 1 (1970), pp. 56–135; (suite), Vol. 32, No. 2 (1970), pp. 370–411; (suite et fin), Vol. 32, No. 3 (1970), pp. 770–818.
al-Qāḍī ʻIyāḍ. *al-Shifāʼ bi-Taʻrīf Ḥuqūq al-Muṣṭafā*. Beirut: Dār al-Kutub al-ʻIlmīya, 2002.
Saʻīd ʻAbd al-Laṭīf Fūda. *Tahdhīb Sharḥ al-Sanūsīya: Umm al-Barāhīn* (*wa Yalī-hi Matn Umm al-Barāhīn li-l-Imām al-ʻAllāma Abī ʻAbd Allāh al-Sanūsī*). Amman: Dār al-Bayāriq, 1998.
Shihāb al-Dīn ʻUmar al-Suhrawardī. *ʻAwārif al-Maʻārif*. Beirut: Dār al-Kutub al-ʻIlmīya,

2005.

Sīdī Muḥammad al-Kuntī. *Junna al-Murīd dūn al-Marīd*. Manuscript. al-Maktaba al-Waṭanīya li-l-Mamlaka al-Maghribīya (Rabat), K931.

———. *al-Risāla al-Ghallāwīya* (and ʻAbd Allāh bn Sayyid Maḥmūd al-Ḥājjī. *Risāla fī Nasab Idaw-l-Ḥājj al-Sharqīyīn*). Rabat: Manshūrāt Maʻhad al-Dirāsāt al-Ifrīqīya, 2003; 一部仏訳 = Hamet. "Les Kounta," pp. 304–17. 略号 = RGh

———. *al-Ṭarā'if wa al-Talā'id min Manāqib al-Shaykhayn al-Wālida wa al-Wālid*. Manuscript. Maktaba Shaykh al-Islām al-Ḥājj Ibrāhīm Niyās (Kaolack). 略号 = ṬT-K

———. *al-Ṭarīfa wa al-Tālida min Karāma al-Shaykhayn al-Wālid wa al-Wālida*. Manuscript. al-Maktaba al-Waṭanīya li-l-Mamlaka al-Maghribīya (Rabat), K2294. 略号 = ṬT-R

Sīdī Muḥammad bn Muḥammad al-Ṣaghīr. *al-Jaysh al-Kafīl bi-Akhdh al-Tha'r mim-Man Salla ʻalā al-Shaykh al-Tijānī Sayf al-Inkār*. Manuscript. Maktaba Shaykh al-Islām al-Ḥājj Ibrāhīm Niyās (Kaolack).

Sīdī al-Mukhtār al-Kuntī. *Jadhwa al-Anwār fī al-Dhabb ʻan Manāṣib Awliyā' Allāh al-Akhyār*. Manuscript. al-Maktaba al-Waṭanīya li-l-Mamlaka al-Maghribīya (Rabat), K2579.

———. *al-Kawkab al-Waqqād fī Dhikr Faḍl al-Mashā'ikh wa Ḥaqā'iq al-Awrād*. Manuscript-(a). Maktaba Shaykh al-Islām al-Ḥājj Ibrāhīm Niyās (Kaolack).

———. *al-Kawkab al-Waqqād fī Dhikr Faḍl al-Mashā'ikh wa Ḥaqā'iq al-Awrād*. Manuscript-(b). Maktaba Shaykh al-Islām al-Ḥājj Ibrāhīm Niyās (Kaolack).

———. *al-Kawkab al-Waqqād fī Dhikr Faḍl al-Mashā'ikh wa Ḥaqā'iq al-Awrād*. Manuscript-(c). al-Maktaba al-Waṭanīya li-l-Mamlaka al-Maghribīya (Rabat), D2695.

———. *Nafḥ al-Ṭīb fī al-Ṣalāt ʻalā al-Nabī al-Ḥabīb*. Manuscript. al-Maktaba al-Waṭanīya li-l-Mamlaka al-Maghribīya (Rabat), D127.

Sīdīya bn al-Mukhtār. *al-Ajwiba al-Mubāraka*. Manuscript. Maktaba Shaykh al-Islām al-Ḥājj Ibrāhīm Niyās (Kaolack).

———. *Shudhūr al-Adhkār al-Māḥiya li-l-Awzār wa Muhayyi'a li-Ḥuṣūl al-Anwār wa al-Asrār*. Manuscript. al-Markaz al-Mūrītānī li-l-Baḥth al-ʻIlmī (Nouakchott), Record 1776 / Collection 1999.

al-Silsila al-Zarrūqīya. Manuscript. al-Khizāna al-Ḥasanīya (Rabat), No. 13254, 89r–91r.

al-Ṭālib Akhyār bn al-Shaykh Māmīnā. *al-Shaykh Mā' al-ʻAynayn: ʻUlamā' wa Umarā' fī Muwājaha al-Istiʻmār al-Ūrūbbī*. 2 vols. [Rabat]: Mu'assasa al-Shaykh Murabbī-hi Rabb-hu li-Iḥyā' al-Turāth wa al-Tabādul al-Thaqāfī, 2005–2007.

al-Ṭālib Muḥammad bn Abī Bakr al-Ṣiddīq al-Bartallī al-Walātī. *Fatḥ al-Shakūr fī Maʻrifa Aʻyān ʻUlamā' al-Takrūr*. Beirut: Dār al-Gharb al-Islāmī, 1981; 仏訳 = El Hamel. *La vie*, pp. 141–420. 略号 = FSh

ʻUmar bn Saʻīd al-Fūtī. *al-Maqāṣid al-Sanīya li-Kull Muwaffaq min al-Duʻāt ilā Allāh min al-Rāʻī wa al-Raʻīya*. Manuscript. Maktaba Shaykh al-Islām al-Ḥājj Ibrāhīm

Niyās (Kaolack).
———. *Rimāḥ Ḥizb al-Raḥīm 'alā Nuḥūr Ḥizb al-Rajīm*. 2 vols. in 1. In 'Alī Ḥarāzim, *Jawāhir al-Ma'ānī*. pp. 303–686.
———. *Tadhkira al-Ghāfilīn 'an Qubḥ Ikhtilāf al-Mu'minīn*. In Gerresch-Dekais, "*Tad̠kira al-Ġâfilîn*."
———. *Tadhkira al-Mustarshidīn wa Falāḥ al-Ṭālibīn*. In Gerresch-Dekais, "*Tad̠kira al-Mustaršidîn*."
Wensinck, A. J. *Concordance et indices de la tradition musulmane*. 1936–1988. Reprint, 8 vols. in 4. Leiden, New York and Cologne: E. J. Brill, 1992.
Yāqūt al-Ḥamawī. *Mu'jam al-Buldān*. 5 vols. Beirut: Dār Ṣādir; Dār Bayrūt, 1957–1968; 一部英訳 = Levtzion and Hopkins, *Corpus*, pp. 168–75.

ヨーロッパ諸語文献

Abu Deeb, K. "al-D̲jurd̲jānī." In *The Encyclopaedia of Islam*, Vol. 12, pp. 277–8.
Abun-Nasr, Jamil M. *The Tijaniyya: A Sufi Order in the Modern World*. London, New York and Toronto: Oxford University Press, 1965.
Ajayi, J. F. Ade and Michael Crowder, eds. *Historical Atlas of Africa*. Cambridge and New York: Cambridge University Press, 1985
Allen, Christopher, and R. W. Johnson, eds. *African Perspectives: Papers in the History, Politics and Economics of Africa Presented to Thomas Hodgkin*. 1970. Reprint, Cambridge: Cambridge University Press, 2008.
André, P.-J. *L'Islam noir: Contribution à l'étude des confréries religieuses islamiques en Afrique occidentale suivie d'une étude sur l'Islam au Dahomey*. Paris: Librairie Orientaliste Paul Geuthner, 1924.
Arnaud, Robert. *Précis de politique musulmane*, Vol. 1: *Pays maures de la rive droite du Sénégal*. Alger: Adolphe Jourdan, 1906.
Ba, Oumar. *Ahmadou Bamba face aux autorités coloniales (1889–1927)*. Dakar: Dar El Fikr, [1982].
Bâ, Tamsir Ousmane. "Essai historique sur le Rip (Sénégal)." *Bulletin de l'I. F. A. N.*, Ser. B, Vol. 19, Nos. 3–4 (1957), pp. 564–91.
Babou, Cheikh Anta. "Educating the Murid: Theory and Practices of Education in Amadu Bamba's Thought." *Journal of Religion in Africa*, Vol. 33, No. 3 (2003), pp. 310–27.
———. "Contesting Space, Shaping Places: Making Room for the Muridiyya in Colonial Senegal, 1912–45." *Journal of African History*, Vol. 46 (2005), pp. 405–26.
———. *Fighting the Greater Jihad: Amadu Bamba and the Founding of the Muridiyya of Senegal, 1853–1913*. Athens: Ohio University Press, 2007.
Batran, A. A. "The Kunta, Sīdī al-Mukhtār al-Kuntī, and the Office of *Shaykh al-Tarīqa 'l-Qādiriyya*." In Willis, *Studies*, pp. 113–46.

Behrman, Lucy C. *Muslim Brotherhoods and Politics in Senegal.* Cambridge: Harvard University Press, 1970.

Bell, Richard. *A Commentary on the Qur'ān.* Edited by C. Edmund Bosworth and M. E. J. Richardson. 2 vols. Manchester: University of Manchester, 1991.

Ben Cheneb, M. "al-Djazūlī." In *The Encyclopaedia of Islam*, Vol. 2, pp. 527–8.

———. "Ibn al-Djazarī." In *The Encyclopaedia of Islam*, Vol. 3, p. 753.

———. "Khalīl b. Isḥāḳ." In *The Encyclopaedia of Islam*, Vol. 4, p. 964.

Bencheneb, H. "al-Sanūsī." In *The Encyclopaedia of Islam*, Vol. 9, pp. 20–2.

Beyries, J. "Questions mauritaniennes." *Revue des Etudes Islamiques*, Vol. 9, Cahier 1 (1935), pp. 39–73.

Bibed, Fatima. "Les Kunta à travers quelques extraits de l'ouvrage al-Tara'if wa l-Tala'id 1756–1825." *al-Maghrib al-Ifrîqî*, No. 2 (2001), pp. 59–86.

al-Bili, Uthman Sayyid Ahmad Ismail. *Some Aspects of Islam in Africa.* Reading, UK: Ithaca Press, 2008.

Boilat, David. *Esquisses sénégalaises.* 1853. Reprint, Paris: Karthala, 1984.

Bomba, Victoria. "Traditions about Ndiadiane Ndiaye, First *Buurba* Djolof. Early Djolof, the Southern Almoravids, and Neighboring Peoples." *Bulletin de l'I. F. A. N.*, Ser. B, Vol. 39, No. 1 (1977), pp. 1–35.

Bonebakker, S. A. "al-Ḳazwīnī." In *The Encyclopaedia of Islam*, Vol. 4, pp. 863–4.

Boubrik, Rahal. *Saints et société en Islam: La confrérie ouest saharienne Fâdiliyya.* Paris: CNRS Editions, 1999.

Boulègue, Jean. *Le grand Jolof (XIIIe–XVIe siècle).* Blois: Façades, 1987.

Bousbina, Said. "Al-Hajj Malik Sy. Sa chaîne spirituelle dans la Tijaniyya et sa position à l'égard de la présence française au Sénégal." In Robinson and Triaud, *Le temps*, pp. 181–98.

Bouvat, Lucien. "Cheikh Saadibouh et son entourage d'après un manuscrit inédit." *Revue du Monde Musulman*, Vol. 18 (1912), pp. 185–99.

Bouyges, Maurice. *Essai de chronologie des œuvres de al-Ghazali (Algazel).* Beirut: Imprimerie Catholique, 1959.

Brenner, Louis. *West African Sufi: The Religious Heritage and Spiritual Search of Cerno Bokar Saalif Taal.* 1984. Reprint, London: C. Hurst & Company, 2005.

Brockelmann, Carl. *Geschichte der arabischen Litteratur.* 2 vols. and Supplement, 3 vols. Leiden: E. J. Brill, 1937–1949.

———. "al-Abharī." In *The Encyclopaedia of Islam*, Vol. 1, pp. 98–9.

Cahen, Cl. "Kasb." In *The Encyclopaedia of Islam*, Vol. 4, pp. 690–2.

Castillo, Concepción Castillo, ed. and trans. *Kitāb Šaŷarat al-Yaqīn* (with a Spanish translation). Madrid: Instituto Hispano-Arabe de Cultura, 1987.

Castries, H. de. "Les sept patrons de Merrakech." *Hespéris*, Vol. 4 (1924), pp. 245–303.

Clarke, Peter B. *West Africa and Islam: A Study of Religious Development from the*

8th to the 20th Century. London: Edward Arnold, 1982.

Cleaveland, Timothy. *Becoming Walāta: A History of Saharan Social Formation and Transformation*. Portsmouth, NH: Heinemann, 2002.

Cohen, David. *Le dialecte arabe Ḥassānīya de Mauritanie (parler de la Gəbla)*. Paris: Librairie C. Klincksieck, 1963.

Colvin, Lucie Gallistel. "Islam and the State of Kajoor: A Case of Successful Resistance to Jihad." *Journal of African History*, Vol. 15, No. 4 (1974), pp. 587–606.

Cornevin, R. "Fūta Dj̲allon." In *Encyclopaedia of Islam*, Vol. 2, pp. 959–61.

———. "G̲hāna." In *Encyclopaedia of Islam*, Vol. 2, pp. 1001–3.

Coulon, Christian. *Le marabout et le prince (Islam et pouvoir au Sénégal)*. Paris: A. Pedone, 1981.

———. "The *Grand Magal* in Touba: A Religious Festival of the Mouride Brotherhood of Senegal." *African Affairs*, Vol. 98, No. 391 (1999), pp. 195–210.

Couty, Philippe. "La doctrine du travail chez les Mourides." In J. Copans, Ph. Couty, J. Roch and G. Rocheteau. *Maintenance sociale et changement économique au Sénégal*, Vol. 1*: Doctrine économique et pratique du travail chez les Mourides*. Travaux et Documents de l'Office de la Recherche Scientifique et Technique Outre-Mer, No. 15. Paris: Office de la Recherche Scientifique et Technique Outre-Mer, 1972, pp. 67–83.

Cruise O'Brien, Donal B. "The Saint and the Squire. Personalities and Social Forces in the Development of a Religious Brotherhood." In Allen and Johnson, *African Perspectives*, pp. 157–69.

———. *The Mourides of Senegal: The Political and Economic Organization of an Islamic Brotherhood*. Oxford: Clarendon Press, 1971.

Cruise O'Brien, Donal B., and Christian Coulon, eds. *Charisma and Brotherhood in African Islam*. Oxford: Clarendon Press, 1988.

Curtin, Philip D. "Jihad in West Africa: Early Phases and Inter-Relations in Mauritania and Senegal." *Journal of African History*, Vol. 12, No. 1 (1971), pp. 11–24.

Dedoud Ould Abdellah, Abdallah. "Le « passage au sud »: Muhammad al-Hafiz et son héritage." In Triaud and Robinson, *La Tijâniyya*, pp. 69–100.

Delafosse, Maurice. "Sūdān." In *E. J. Brill's First Encyclopaedia of Islam*, Vol. 7, pp. 495–7.

Depont, Octave, and Xavier Coppolani. *Les confréries religieuses musulmanes*. Alger: Adolphe Jourdan, 1897.

Dieng, Bassirou. *L'épopée du Kajoor*. Dakar: Khoudia, 1993.

Diop, Abdoulaye-Bara. *La société wolof: Tradition et changement: Les systèmes d'inégalité et de domination*. Paris: Karthala, 1981.

Diop, Amadou-Bamba. "Lat Dior et le problème musulman." *Bulletin de l'I. F. A. N.*, Ser. B, Vol. 28, Nos. 1–2 (1966), pp. 493–539.

Diouf, Mamadou. *Le Kajoor au XIXe siècle: Pouvoir ceddo et conquête coloniale*. Paris:

Karthala, 1990.

E. J. Brill's First Encyclopaedia of Islam, 1913–1936. 1913–1938. Reprint, 9 vols. Leiden: E. J. Brill, 1987.

El Hamel, Chouki. "The Transmission of Islamic Knowledge in Moorish Society from the Rise of the Almoravids to the 19th Century." *Journal of Religion in Africa*, Vol. 29, No. 1 (1999), pp. 62–87.

———. *La vie intellectuelle islamique dans le Sahel ouest africain: Une étude sociale de l'enseignement islamique en Mauritanie et au Nord du Mali (XVIe–XIXe siècles) et traduction annotée de Fatḥ ash-shakūr d'al-Bartilī al-Walātī (mort en 1805)*. Paris: L'Harmattan, 2002.

The Encyclopaedia of Islam. New Edition. 12 vols. Leiden: E. J. Brill, 1960–2004.

Fall, Tanor Latsoukabé. "Recueil sur la vie des *Damel*." *Bulletin de l'I. F. A. N.*, Ser. B, Vol. 36, No. 1 (1974), pp. 93–146.

Gaden, Henri. "Légendes et coutumes sénégalaises: Cahiers de Yoro Dyao." *Revue d'Ethnographie et de Sociologie*, Nos. 3–4 (1912), pp. 119–37.

Gamble, David P. *The Wolof of Senegambia: Together with Notes on the Lebu and the Serer*. London: International African Institute, 1957.

Ganier, Germaine. "Lat Dyor et le chemin de fer de l'arachide 1876–1886." *Bulletin de l'I. F. A. N.,* Ser. B, Vol. 27, Nos. 1–2 (1965), pp. 223–81.

Gardet, L. "al-Asmā' al-Ḥusnā." In *The Encyclopaedia of Islam*, Vol. 1, pp. 714–7.

Gerresch-Dekais, Claudine. "*Tadkira al-Ġâfilîn*, ou un aspect pacifique peu connu de la vie d'Al-Ḥâjj 'Umar: Introduction historique, édition critique du texte arabe et traduction annotée." *Bulletin de l'I. F. A. N.*, Ser. B, Vol. 39, No. 4 (1977), pp. 890–930.

———. "*Tadkira al-Mustaršidîn wa Falâḥ aṭ-Ṭâlibîn*, épître d'Al-Ḥâjj 'Umar Tâl: Introduction, édition critique du texte arabe et traduction annotée." *Bulletin de l'I. F. A. N.*, Ser. B, Vol. 42, No. 3 (1980), pp. 524–53.

Glover, John. *Sufism and Jihad in Modern Senegal: The Murid Order*. Rochester: University of Rochester Press, 2007.

Gomez, Michael A. *Pragmatism in the Age of Jihad: The Precolonial State of Bundu*. 1992. Reprint, Cambridge: Cambridge University Press, 2002.

Gray, Christopher. "The Rise of the Niassene Tijaniyya, 1875 to Present." In Ousmane Kane and Jean-Louis Triaud, dirs. *Islam et islamismes au sud du Sahara*. Aix-en-Provence: IREMAM; Paris: Karthala; Paris: MSH Paris, 1998, pp. 59–82.

Guèye, Cheikh. *Touba: La capitale des mourides*. Dakar: ENDA; Paris: Karthala; Paris: IRD; 2002.

Gutelius, David. "Sufi Networks and the Social Contexts for Scholarship in Morocco and the Northern Sahara, 1660–1830." In Reese, *The Transmission*, pp. 15–38.

Hadj-Sadok, Maḥammad. "*Kitāb al-dja'rāfiyya*: Mappemonde du calife al-Ma'mūn reproduite par Fazārī (IIIe/IXe s.) rééditée et commentée par Zuhrī (VIe/XIIe s.)."

Bulletin d'Etudes Orientales, Vol. 21 (1968), pp. 7-312.

Hallaq, Wael B. *A History of Islamic Legal Theories: An Introduction to Sunnī Uṣūl al-Fiqh*. 1997. Reprint, Cambridge: Cambridge University Press, 1999.

Hamet, Ismaël. *Chroniques de la Mauritanie sénégalaise: Nacer Eddine*. Paris: Ernest Leroux, 1911.

———. "Les Kounta." *Revue du Monde Musulman*, Vol. 15 (1911), pp. 302-18.

Harrison, Christopher. *France and Islam in West Africa, 1860-1960*. 1998. Reprint, Cambridge: Cambridge University Press, 2003.

Heinrichs, W. P. "al-Sakkākī." In *The Encyclopaedia of Islam*, Vol. 8, pp. 893-4.

"al-Hilālī." In *The Encyclopaedia of Islam*, Vol. 12, p. 370.

Hiskett, Mervyn. "Material Relating to the State of Learning among the Fulani before their Jihād." *Bulletin of the School of Oriental and African Studies*, Vol. 19, Part 3 (1957), pp. 550-78.

———. "*Kitāb al-Farq*: A Work on the Habe Kingdoms Attributed to 'Uthmān dan Fodio." *Bulletin of the School of Oriental and African Studies*, Vol. 23, Part 3 (1960), pp. 558-79.

———. "An Islamic Tradition of Reform in the Western Sudan from the Sixteenth to the Eighteenth Century." *Bulletin of the School of Oriental and African Studies*, Vol. 25 , Part 3 (1962), pp. 577-96.

———. *The Sword of Truth: The Life and Times of the Shehu Usuman dan Fodio*. 1973. Reprint, Evanston: Northwestern University press, 1994.

———. *The Development of Islam in West Africa*. London and New York: Longman, 1984.

———. *The Course of Islam in Africa*. Edinburgh: Edinburgh University Press, 1994.

Hunwick, John Owen. "Notes on a Late Fifteenth-Century Document Concerning 'al-Takrūr'." In Allen and Johnson, *African Perspectives*, pp. 7-33.

———. "Ṣāliḥ al-Fullānī of Futa Jallon: An Eighteenth-Cenury Scholar and Mujaddid." *Bulletin de l'I. F. A. N.*, Ser. B, Vol. 40, No. 4 (1978), pp. 879-85.

———. "Ṣāliḥ al-Fullānī (1752/3-1803): The Career and Teachings of a West African 'Ālim in Medina." In A. H. Green, ed. *In Quest of an Islamic Humanism: Arabic and Islamic Studies in Memory of Mohamed al-Nowaihi*. Cairo: The American University in Cairo Press, 1984, pp. 139-54.

———. *Sharī'a in Songhay: The Replies of al-Maghīlī to the Questions of Askia al-Ḥājj Muḥammad*. New York: Published for the British Academy by Oxford University Press, 1985.

———. "Kunta." In *The Encyclopaedia of Islam*, Vol. 5, pp. 393-5.

———, comp. *The Writings of Central Sudanic Africa*. Leiden, New York and Cologne: E. J. Brill, 1995.

———. *Timbuktu & the Songhay Empire: Al-Sa'dī's Ta'rīkh al-Sūdān down to 1613 and Other Contemporary Documents*. Leiden and Boston; Brill, 2003.

———, comp. *The Writings of Western Sudanic Africa*. Leiden and Boston: Brill, 2003.

———. *West Africa, Islam, and the Arab World: Studies in Honor of Basil Davidson*. Princeton, NJ: Markus Wiener Publishers, 2006.

Jah, Omar. "Source Materials for the Career and the *Jihād* of al-Ḥājj 'Umar al-Fūtī 1794–1864." *Bulletin de l'I. F. A. N.*, Ser. B, Vol. 41, No. 2 (1979), pp. 371–97.

Kane, Ousmane. "Shaikh al-Islam Al-Hajj Ibrahim Niasse." In Robinson and Triaud, *Le temps*, pp. 299–316.

Kariya, Kota. "*Khātima (fī) al-Taṣawwuf*: An Arabic Work of a Western Saharan Muslim Intellectual." *Journal of Asian and African Studies*, No. 81 (2011), pp. 133–46.

———. "The Murid Order and Its 'Doctrine of Work'." *Journal of Religion in Africa*, Vol. 42, No. 1 (2012), forthcoming.

Klein, Martin A. *Islam and Imperialism in Senegal: Sine-Saloum, 1847–1914*. Edinburgh: Edinburgh University Press, 1968.

Lane, Edward William. *An Arabic-English Lexicon*. 1863–1893. Reprint, 2 vols. Cambridge: The Islamic Texts Society, 1984.

Leconte, F. "al-Yadālī." In *The Encyclopaedia of Islam*, Vol. 11, pp. 227–8.

Leriche, A. "Notes sur les classes sociales et sur quelques tribus de Mauritanie." *Bulletin de l'I. F. A. N.*, Ser. B, Vol. 17, Nos. 1–2 (1955), pp. 173–203.

———. "Note sur la langue berbère de Mauritanie au sujet de la filiation et des noms de tribus." *Bulletin de l'I. F. A. N.*, Ser. B, Vol. 20, Nos. 1–2 (1958), pp. 241–8.

Levtzion, Nehemia. "A Seventeenth-Century Chronicle by Ibn al-Mukhtār: A Critical Study of *Ta'rīkh al-Fattāsh*." *Bulletin of the School of Oriental and African Studies*, Vol. 34, Part 3 (1971), pp. 571–93.

———. "'Abd Allāh b. Yāsīn and the Almoravids." In Willis, *Studies*, pp. 78–112.

———. *Islam in West Africa: Religion, Society and Politics to 1800*. Hampshire, UK: Variorum, 1994.

———. "Islam in the Bilad al-Sudan to 1800." In Levtzion and Pouwels, *The History*, pp. 63–91.

Levtzion, Nehemia, and J. F. P. Hopkins, eds. *Corpus of Early Arabic Sources for West African History*. 1981. Markus Wiener Publishers Edition. Princeton, NJ: Markus Wiener Publishers, 2000.

Levtzion, Nehemia, and Randall L. Pouwels, eds. *The History of Islam in Africa*. Athens: Ohio University Press; Oxford: James Currey; Cape Town: David Philip, 2000.

———. "Introduction: Patterns of Islamization and Varieties of Religious Experience among Muslims of Africa." In Levtzion and Pouwels, *The History*, pp. 1–18.

Lewicki, T. "al-Ibāḍiyya." In *The Encyclopaedia of Islam*, Vol. 3, pp. 648–60.

Lewisohn, L. "Tawakkul" (shortened by the editors). In *The Encyclopaedia of Islam*, Vol. 10, pp. 376–8.

Lydon, Ghislaine. "Inkwells of the Sahara: Reflections on the Production of Islamic Knowledge in *Bilād Shinqīṭ*." In Reese, *The Transmission*, pp. 39–71.
———. *On Trans-Saharan Trails: Islamic Law, Trade Networks, and Cross-Cultural Exchange in Nineteenth-Century Western Africa*. New York: Cambridge University Press, 2009.
Marone, Ibrahima. "Le Tidjanisme au Sénégal." *Bulletin de l'I. F. A. N.*, Ser. B, Vol. 32, No. 1 (1970), pp. 136–215.
Martin, A. G. P. *Quatre siècles d'histoire marocaine: Au Sahara de 1504 à 1902, au Maroc de 1894 à 1912*. 1923. Reprint, Rabat: La Porte, 1994.
Martin, B. G. *Muslim Brotherhoods in Nineteenth-Century Africa*. 1976. Reprint, Cambridge: Cambridge University Press, 2003.
Marty, Paul. "Les Mourides d'Amadou Bamba (rapport à M. le gouverneur général de l'Afrique occidentale)." *Revue du Monde Musulman*, Vol. 25 (1913), pp. 1–164.
———. "L'Islam en Mauritanie et au Sénégal." *Revue du Monde Musulman*, Vol. 31 (1915–1916), pp. 1–484.
———. *Etudes sur l'Islam au Sénégal*. 2 vols. Paris: Ernest Leroux, 1917.
———. "Etudes sur l'Islam et les tribus du Soudan, tome 1: Les Kounta de l'est – les Berabich – les Iguellad." *Revue du Monde Musulman*, Vol. 37 (1918–1919), pp. 1–358.
———. "Etudes sur l'Islam et les tribus maures: Les Brakna." *Revue du Monde Musulman*, Vol. 42 (1920), pp. 1–204.
———. *Etudes sur l'Islam et les tribus du Soudan*, Vol. 2: *La région de Tombouctou (Islam songaï) – Dienné, le Macina et dépendances (Islam peul)*. Paris: Ernest Leroux, 1920.
———. *Etudes sur l'Islam et les tribus du Soudan*, Vol. 4: *La région de Kayes – Le pays bambara – Le Sahel de Nioro*. Paris: Ernest Leroux, 1920.
———. *Etudes sur l'Islam et les tribus du Soudan*, Vol. 3: *Les tribus maures du Sahel et du Hodh*. Paris: Ernest Leroux, 1921.
———. *L'Islam et les tribus dans la colonie du Niger*. Paris: Librairie Orientaliste Paul Geuthner, 1930.
Massignon, Louis. "Un poète saharien. La qaṣîdah d'al Yedâlî." *Revue du Monde Musulman*, Vol. 8 (1909), pp. 199–205.
———. "Une bibliothèque saharienne." *Revue du Monde Musulman*, Vol. 8 (1909), pp. 409–18.
Mbacké, Khadim. *Soufisme et confréries religieuses au Sénégal*. Etudes Islamiques 4. Dakar: IFAN, 1995; 英訳＝*Sufism and Religious Brotherhoods in Senegal*. Translated by Eric Ross and edited by John Owen Hunwick. Princeton, NJ: Markus Wiener Publishers, 2005.
Mbaye, El Hadji Ravane. *Le grand savant El Hadji Malick Sy: Pensée et action*, Vol. 1: *Vie et œuvre*. Beirut: Albouraq, 2003.

McDougall, E. Ann. "The Economics of Islam in the Southern Sahara: The Rise of the Kunta Clan." In Nehemia Levtzion and Humphrey J. Fisher, eds. *Rural and Urban Islam in West Africa*. Boulder and London: Lynne Rienner Publishers, 1987, pp. 39-54.

Mohammed, Ahmed Rufai. "The Influence of the Niass Tijaniyya in the Niger-Benue Confluence Area of Nigeria." In Louis Brenner, ed. *Muslim Identity and Social Change in Sub-Saharan Africa*. Bloomington and Indianapolis: Indiana University Press, 1993, pp. 116-34.

Monteil, Vincent. *Esquisses sénégalaises (Wâlo - Kayor - Dyolof - Mourides - un visionnaire)*. Dakar: IFAN, 1966.

———. *L'Islâm noir: Une religion à la conquête de l'Afrique*. 1980. 4th Edition. Paris: Editions du Seuil, 1986.

Moraes Farias, Paulo Fernando de. "The Almoravids: Some Questions Concerning the Character of the Movement during Its Periods of Closest Contact with the Western Sudan." *Bulletin de l'I. F. A. N.*, Ser. B, Vol. 29, Nos. 3-4 (1967), pp. 794-878.

———. *Arabic Medieval Inscriptions from the Republic of Mali: Epigraphy, Chronicles, and Songhay-Tuāreg History*. Oxford and New York: Published for the British Academy by Oxford University Press, 2003.

N'diaye Leyti, Oumar. "Le Djoloff et ses Bourbas." *Bulletin de l'I. F. A. N.*, Ser. B, Vol. 28, Nos. 3-4 (1966), pp. 966-1008.

Nicholson, Reynold A. *The Mystics of Islam*. London: G. Bell and Sons, 1914; 邦訳＝『イスラムの神秘主義：スーフィズム入門』（平凡社ライブラリー 143）中村廣治郎訳，平凡社，1996 年.

Norris, Harry Thirlwall. *S̲hinqīṭī Folk Literature and Song*. Oxford: Clarendon Press, 1968.

———. "Znāga Islam during the Seventeenth and Eighteenth Centuries." *Bulletin of the School of Oriental and African Studies*, Vol. 32, Part 3 (1969), pp. 496-526.

———. "New Evidence on the Life of ʿAbdullāh b. Yāsīn and the Origins of the Almoravide Movement." *Journal of African History*, Vol. 12, No. 2 (1971), pp. 255-68.

———. *Saharan Myth and Saga*. Oxford: Clarendon Press, 1972.

———. "Muslim Ṣanhāja Scholars of Mauritania." In Willis, *Studies*, pp. 147-59.

———. *The Berbers in Arabic Literature*. London and New York: Longman; Beirut: Librairie du Liban, 1982.

———. *The Arab Conquest of the Western Sahara: Studies of the Historical Events, Religious Beliefs and Social Customs Which Made the Remotest Sahara a Part of the Arab World*. Burnt Mill: Longman; Beirut: Librairie du Liban, 1986.

———. "al-Murābiṭūn." In *Encyclopaedia of Islam*, Vol. 7, pp. 583-9.

———. "Mūrītāniyā." In *The Encyclopaedia of Islam*, Vol. 7, pp. 611-28.

Nwyia, P. "Ibn ʿAbbād." In *The Encyclopaedia of Islam*, Vol. 3, pp. 670-1.

Ould Cheikh, Abdel Wedoud. "Les perles et le soufre: Une polémique mauritanienne autour de la Tijâniyya (1830–1935)." In Triaud and Robinson, *La Tijâniyya*, pp. 125–63.

Ould Hamidoun, Mokhtar. *Précis sur la Mauritanie*. Saint-Louis, Senegal: Centre IFAN-Mauritanie, 1952.

Ould Khalifa, Abdallah. *La région du Tagant en Mauritanie: L'oasis de Tijigja entre 1660 et 1960*. Paris: Karthala, 1998.

Paret, Rudi. *Der Koran: Kommentar und Konkordanz*. Stuttgart, Berlin, Cologne and Mainz: Verlag W. Kohlhammer, 1971.

Pellat, Ch. "Ḥayawān." In *The Encyclopaedia of Islam*, Vol. 3, pp. 304–9.

———. "Malḥūn." In *The Encyclopaedia of Islam*, Vol. 6, pp. 247–57.

Person, Yves. *Samori: Une révolution dyula*. 3 vols. Dakar: IFAN, 1968–1975.

Pierret, Roger. *Etude du dialecte maure des régions sahariennes et sahéliennes de l'Afrique occidentale française*. Paris: Imprimerie Nationale, 1948.

Piga, Adriana. *Les voies du soufisme au sud du Sahara: Parcours historiques et anthropologiques*. Paris: Karthala, 2006.

Quinn, Charlotte Alison. "Maba Diakhou and the Gambian *Jihād*, 1850–1890." In Willis, *Studies*, pp. 233–58.

Reese, Scott S., ed. *The Transmission of Learning in Islamic Africa*. Leiden and Boston: Brill, 2004.

Reichmuth, Stefan. "Murtaḍā al-Zabīdī (1732–91) and the Africans: Islamic Discourse and Scholarly Networks in the Late Eighteenth Century." In Reese, *The Transmission*, pp. 121–53.

Robinson, David. *The Holy War of Umar Tal: The Western Sudan in the Mid-Nineteenth Century*. Oxford: Clarendon Press, 1985.

———. "Beyond Resistance and Collaboration: Amadu Bamba and the Murids of Senegal." *Journal of Religion in Africa*, Vol. 21, No. 2 (1991), pp. 149–71.

———. "The Murids: Surveillance and Collaboration." *Journal of African History*, Vol. 40 (1999), pp. 193–213.

———. *Paths of Accommodation: Muslim Societies and French Colonial Authorities in Senegal and Mauritania, 1880–1920*. Athens: Ohio University Press; Oxford: James Currey, 2000.

———. *Muslim Societies in African History*. 2004. Reprint, Cambridge and New York: Cambridge University Press, 2007.

Robinson, David, and Jean-Louis Triaud, eds. *Le temps des marabouts: Itinéraires et stratégies islamiques en Afrique occidentale française v. 1880–1960*. Paris: Karthala, 1997.

Robson, J. "Ibn al-ʿArabī." In *The Encyclopaedia of Islam*, Vol. 3, p. 707.

Rodney, Walter. "Jihad and Social Revolution in Futa Djalon in the Eighteenth Century." *Journal of the Historical Society of Nigeria*, Vol. 4, No. 2 (1968), pp. 269-84.

Rousseau, R. "Le Sénégal d'autrefois. Etude sur le Cayor. Cahiers de Yoro Dyâo." *Bulletin du Comité d'Etudes Historiques et Scientifiques de l'Afrique Occidentale Française*, Vol. 16, No. 2 (1933), pp. 237-98.

Ryan, Patrick J. "The Mystical Theology of Tijānī Sufism and Its Social Significance in West Africa." *Journal of Religion in Africa*, Vol. 30, No. 2 (2000), pp. 208-24.

Saad, Elias N. *Social History of Timbuktu: The Role of Muslim Scholars and Notables 1400-1900*. Cambridge: Cambridge University Press, 1983.

Samb, Amar. *Essai sur la contribution du Sénégal à la littérature d'expression arabe*. Dakar: IFAN, 1972.

Sartain, E. M. "Jalāl ad-Dīn as-Suyūṭī's Relations with the People of Takrūr." *Journal of Semitic Studies*, Vol. 16, No. 2 (1971), pp. 193-8.

———. *Jalāl al-dīn al-Suyūṭī*, Vol. 1: *Biography and Background*, Cambridge: Cambridge University Press, 1975.

Savage, E. "Berbers and Blacks: Ibāḍī Slave Traffic in Eighth-Century North Africa." *Journal of African History*, Vol. 33 (1992), pp. 351-68.

Schacht, Joseph. "Sur la diffusion des formes d'architecture religieuse musulmane à travers le Sahara." *Travaux de l'institut de recherches sahariennes*, Vol. 11 (1954), pp. 11-27.

———. "al-Akhḍarī." In *The Encyclopaedia of Islam*, Vol. 1, p. 321.

———. *An Introduction to Islamic Law*. 1964. Reprint, Oxford and New York: Oxford University Press, 1982.

Schimmel, Annemarie. *Mystical Dimensions of Islam*. Chapel Hill: The University of North Carolina Press, 1975.

Searing, James F. *West African Slavery and Atlantic Commerce: The Senegal River Valley, 1700-1860*. 1993. Reprint, Cambridge: Cambridge University Press, 2003.

———. *"God Alone Is King": Islam and Emancipation in Senegal: The Wolof Kingdoms of Kajoor and Bawol, 1859-1914*. Portsmouth, NH: Heinemann; Oxford: James Currey; Cape Town: David Philip, 2002.

Seesemann, Rüdiger. "The *Shurafā'* and the 'Blacksmith': The Role of the Idaw 'Alī of Mauritania in the Career of the Senegalese Shaykh Ibrāhīm Niasse (1900-75)." In Reese, *The Transmission*, pp. 72-98.

———. *The Divine Flood: Ibrāhīm Niasse and the Roots of a Twentieth-Century Sufi Revival*. New York: Oxford University Press, 2011.

Stewart, Charles C. "A New Document Concerning the Origins of the Awalād Ibīrī and the N'tishait." *Bulletin de l'I. F. A. N.*, Ser. B, Vol. 31, No. 1 (1969), pp. 309-19.

———. "A New Source on the Book Market in Morocco in 1830 and Islamic Scholarship in West Africa." *Hespéris-Tamuda*, Vol. 11 (1970), pp. 209-46.

———. "Southern Saharan Scholarship and the *Bilad al-Sudan*." *Journal of African*

History, Vol. 17, No. 1 (1976), pp. 73–93.

———. "Frontier Disputes and Problems of Legitimation: Sokoto-Masina Relations 1817–1837." *Journal of African History*, Vol. 17, No. 4 (1976), pp. 497–514.

Stewart, Charles C., with E. K. Stewart. *Islam and Social Order in Mauritania: A Case Study from the Nineteenth Century*. Oxford: Clarendon Press, 1973.

Suso, Bamba, and Banna Kanute. *Sunjata: Gambian Versions of the Mande Epic*. Translated and annotated by Gordon Innes with the assistance of Bakari Sidibe. 1974. Reprint, London: Penguin Books, 1999.

Sy, Cheikh Tidiane. *La confrérie sénégalaise des Mourides: Un essai sur l'Islam au Sénégal*. Paris: Présence Africaine, 1969.

al-Tidjânî, Muhammad al-Hafîz. *Al-Hadj Omar Tall (1794–1864): Sultan de l'Etat tidjanite de l'Afrique occidentale*. Translated by Fernand Dumont. Abidjan: Les Nouvelles Editions Africaines, 1983.

Triaud, Jean-Louis. "Le thème confrérique en Afrique de l'ouest: Essai historique et bibliographique." In A. Popovic and G. Veinstein, dirs. *Les ordres mystiques dans l'Islam: Cheminements et situation actuelle*. Paris: Editions de l'Ecole des Hautes Etudes en Sciences Sociales, 1986, pp. 271–82.

Triaud, Jean-Louis, and David Robinson, eds. *La Tijâniyya: Une confrérie musulmane à la conquête de l'Afrique*. Paris: Karthala, 2000.

Vikør, Knut S. "Sufi Brotherhoods in Africa." In Levtzion and Pouwels, *The Hsitory*, pp. 441–76.

Von Sivers, Peter. "Egypt and North Africa." In Levtzion and Pouwels, *The History*, pp. 21–36.

Wade, Abdoulaye. "La doctrine économique du Mouridisme." In *Annales Africaines*. Paris: Editions Pédone, 1967, pp. 175–206.

Wade, Amadou. "Chronique du Wâlo sénégalais (1186?–1855)." Translated by Bassirou Cissé, published and commented by Vincent Monteil. *Bulletin de l'I. F. A. N.*, Ser. B, Vol. 26, Nos. 3–4 (1964), pp. 440–98.

Webb, James L. A., Jr. *Desert Frontier: Ecological and Economic Change along the Western Sahel, 1600–1850*. Madison: The University of Wisconsin Press, 1995.

Whitcomb, Thomas. "New Evidence on the Origins of the Kunta—I." *Bulletin of the School of Oriental and African Studies*, Vol. 38, Part 1 (1975), pp. 103–23.

———. "New Evidence on the Origins of the Kunta—II." *Bulletin of the School of Oriental and African Studies*, Vol. 38, Part 2 (1975), pp. 403–17.

Willis, John Ralph. "Introduction: Reflections on the Diffusion of Islam in West Africa." In Willis, *Studies*, pp. 1–39.

———, ed. *Studies in West African Islamic History*, Vol. 1: *The Cultivators of Islam*. London: Frank Cass, 1979.

———. "The Writings of al-Ḥājj 'Umar al-Fūtī and Shaykh Mukhtār b. Wadī'at Allāh:

Literary Themes, Sources, and Influences." In Willis, *Studies*, pp. 177–210.
———. *In the Path of Allah: The Passion of Al-Hajj 'Umar: An Essay into the Nature of Charisma in Islam*. 1989. Reprint, Oxon: Frank Cass, 2005.
Wright, John. *The Trans-Saharan Slave Trade*. London and New York: Routledge, 2007.
Yver, G. "Awdaghost." In *Encyclopaedia of Islam*, Vol. 1, p. 762.

日本語文献

井筒俊彦『イスラーム思想史』(中公文庫) 中央公論社, 1991 年.
NHK「アフリカ」プロジェクト『アフリカ 21 世紀：内戦・越境・隔離の果てに』(NHK スペシャルセレクション) 日本放送出版協会 (NHK 出版), 2002 年.
大川玲子『イスラームにおける運命と啓示――クルアーン解釈書に見られる「天の書」概念をめぐって――』晃洋書房, 2009 年.
大塚和夫・小杉泰・小松久男・東長靖・羽田正・山内昌之編『岩波イスラーム辞典』岩波書店, 2002 年.
岡倉登志『ブラック・アフリカの歴史』三省堂, 1979 年.
———『二つの黒人帝国：アフリカ側から眺めた「分割期」』(新しい世界史⑥) 東京大学出版会, 1987 年.
———『アフリカの歴史――侵略と抵抗の軌跡』明石書店, 2001 年.
鎌田繁「イスラーム講座 2 ハディース」『イスラム世界』39/40 号 (1993 年), 95–110 頁.
———「イスラームの伝統的知の体系とその変容」東京大学東洋文化研究所編『アジア学の将来像』東京大学出版会, 2003 年, 405–30 頁.
苅谷康太「セネガル・ムリッド教団とアフマド・バンバの思想：『労働の教義』についての考察」『年報 地域文化研究』10 号 (2006 年), 46–63 頁.
———「セネガル・ムリッド教団の原点：アフマド・バンバのガボン流刑譚」『日本中東学会年報』23-2 号 (2007 年), 119–43 頁.
———「サハラを縦断するイスラーム：ムハンマド・アル＝ハーフィズとその周辺に見る西アフリカの宗教的・知的交流」『年報 地域文化研究』11 号 (2007 年), 45–65 頁.
———「アラビア語著作に見る西アフリカ・イスラームの宗教的・知的連関：アフマド・バンバの著作を中心に」『アジア地域文化研究』4 号 (2008 年), 24–51 頁.
———「サハラから広がるイスラーム：ムハンマド・アル＝ファーディルの思想・教義・儀礼とその『論理』」『イスラム世界』72 号 (2009 年), 61–95 頁.
———「開祖の誕生：セネガル・ムリッド教団の祖アフマド・バンバの若年期」落合雄彦編著『スピリチュアル・アフリカ――多様なる宗教的実践の世界――』(龍谷大学仏教文化研究叢書 25) 晃洋書房, 2009 年, 175–202 頁.
———「西アフリカのアラビア語詩における韻文化と折句：アフマド・バンバの著作を中心に」『日本中東学会年報』27-1 号 (2011 年), 283–305 頁.

川田順造「文化領域」川田順造編『黒人アフリカの歴史世界』(『民族の世界史』12)山川出版社, 1987年, 92-124頁.
――「アフリカにおける歴史の意味」川田順造編『黒人アフリカの歴史世界』(『民族の世界史』12)山川出版社, 1987年, 125-54頁.
――『アフリカ』(地域からの世界史 第9巻)朝日新聞社, 1993年.
――「なぜ、アフリカか――まえがきに代えて」川田順造編『アフリカ入門』新書館, 1999年, 9-14頁.
――『無文字社会の歴史――西アフリカ・モシ族の事例を中心に』(岩波現代文庫学術60)岩波書店, 2001年.
――『アフリカの声――〈歴史〉への問い直し――』青土社, 2004年.
私市正年『イスラム聖者:奇跡・予言・癒しの世界』(講談社現代新書 1291)講談社, 1996年.
――『サハラが結ぶ南北交流』(世界史リブレット 60)山川出版社, 2004年.
――『マグリブ中世社会とイスラーム聖者崇拝』山川出版社, 2009年.
坂井信三「ファーディリー教団」大塚他編『岩波イスラーム辞典』, 827-8頁.
――『イスラームと商業の歴史人類学――西アフリカの交易と知識のネットワーク――』世界思想社, 2003年.
塩尻和子「神名」大塚他編『岩波イスラーム辞典』, 520頁.
竹沢尚一郎『表象の植民地帝国――近代フランスと人文諸科学――』世界思想社, 2001年.
竹下政孝「預言者と聖者――イスラームにおける聖なる人びと」竹下政孝編『イスラームの思考回路』(講座イスラーム世界4)栄光教育文化研究所, 1995年, 175-210頁.
東長靖「スーフィズムの分析枠組み」『アジア・アフリカ地域研究』2号(2002年), 173-92頁.
中村廣治郎『ガザーリーの祈禱論――イスラム神秘主義における修行――』大明堂, 1982年.
――『イスラムの宗教思想――ガザーリーとその周辺――』岩波書店, 2002年.
羽田正『イスラーム世界の創造』(東洋叢書13)東京大学出版会, 2005年.
両角吉晃「ファルド」大塚他編『岩波イスラーム辞典』, 833頁.
湯川武『イスラーム社会の知の伝達』(世界史リブレット102)山川出版社, 2009年.

人名索引

あ 行

アスキヤ・ダーウード　57–60
アスキヤ・ムハンマド　51, 55–57, 96, 108
アッ＝ターリブ・ブン・アル＝ハサン　162–163, 169
アブー・アル＝ハサン・アリー・アッ＝シャーズィリー　26, 97, 99–103, 160, 214, 216, 240
アブー・アル＝ハサン・アル＝アシュアリー　249–250
アブー・ターリブ・ムハンマド・アル＝マッキー　214, 240, 287
アブー・ハーミド・ムハンマド・アル＝ガザーリー　97, 99, 101–103, 109–110, 116, 118, 146, 197–198, 201, 214, 239–240, 243–244, 248–249, 251–252, 259, 266, 280, 288
アブー・バクル・ブン・ウマル　49
アブド・アッラーフ・ニヤース　145, 231–233
アブド・アッラーフ・ブン・アビー・ザイド・アル＝カイラワーニー　105, 130, 133–134, 162, 196, 214, 238, 240
アブド・アッラーフ・ブン・アル＝ハーッジ・イブラーヒーム・アル＝アラウィー　33–34, 124, 132, 134, 146, 163–164, 171, 232
アブド・アッラーフ・ブン・ヤースィーン　46–47
アブド・アッ＝ラフマーン・アッ＝スユーティー　55–56, 72, 95–99, 101–103, 106–108, 134–135, 238–239, 248–250
アブド・アッ＝ラフマーン・アル＝アフダリー　134, 163, 197–198, 214, 238–240, 243–244
アブド・アル＝カーディル　67–68
アブド・アル＝カーディル・アル＝ジーラーニー　26, 73–74, 80, 97, 100, 141, 160, 176–177, 180, 216, 218, 290, 293
アブド・アル＝カリーム・アル＝クシャイリー　118, 146, 180, 214, 240, 287
アブド・アル＝カリーム・ブン・アフマド・アン＝ナーキル　143–144, 231–232
アフマッド　129, 142, 231
アフマド・アッ＝ティジャーニー　27, 79–80, 118–121, 123, 132, 136–144, 148, 216, 231, 264, 290, 293
アフマド・アル＝ヒラーリー　243, 247
アフマド・ザッルーク　100, 118–119, 146, 160, 167, 215, 223, 239–240, 246, 255, 259, 277, 279–280
アフマド・シャイフ　206–207, 210
アフマド・バーバー・アッ＝ティンブクティー　104–105, 108, 133, 243
アフマド・バンバ　2–4, 6, 9–10, 22, 26, 31, 81, 101–103, 115–116, 131, 146–149, 174, 185, 187–188, 191–227, 229–295, 299–300
アフマド・ブン・アッ＝ターリブ・マフムード・ブン・アァマル　165–166
アフマド・ブン・バッディ　146–149, 231–232
アフマド・ブン・ムハンマド（マースィナ）　74–75

アフマド・ブン・ムハンマド・アル＝ハーッジー　265–266
アリー・ハラーズィム　137, 144, 215, 231, 240
アリー・ブン・アビー・ターリブ　39, 97, 100, 103, 125–126, 157, 160
アル＝カーディー　128–129, 131
アル＝ジーヤ・アル＝ムフタール　155–158
アルノー，ロベール　9–10
アル＝ハーッジ・ウマル　9, 17, 21, 75–81, 120–123, 138–139, 143–145, 215, 231–232, 261
アル＝ハーッジ・カマラ　213, 230–231
アル＝ハサン・ンダワージュ　128–129
イブラーヒーム・ニヤース　118–119, 121, 145, 231, 245, 267
イブラーヒーム・ファーティ　225
イブラーヒーム・ファール　220
イブン・アージュッルーム　106, 161, 239
イブン・アター・アッラーフ　100, 116, 118, 130, 134, 146, 160, 167, 215, 239–240, 243–245
イブン・アッバード　118, 134, 146, 215, 240
イブン・アル＝アラビー　97, 99–100, 102, 118–120, 146
イブン・アル＝アラビー（ハディース学者）　96, 99, 101–102
イブン・アル＝ジャザリー　248–249
イブン・アル＝ハーッジ　213, 238, 242
イブン・ハイバ　269–270
イブン・バットゥータ　51–55
イブン・ハルドゥーン　50, 272–274
イブン・ブーナ　113–114, 117, 132, 146, 161, 215, 232, 261, 264, 293
イブン・マーリク　106, 114, 130, 134, 239
ウィリス，ジョン・ラルフ　21
ウクバ・ブン・ナーフィァ　38, 87–88
ウスマーン・ブン・フーディー　20–21, 72–76, 80
エル・アメル，シュキ　21–23

か　行

カラモコ・アルファ　66–67

さ　行

サァド・アビーヒ　100, 151–152, 154, 160, 166, 183, 185, 188, 232–233
サーリフ・アル＝フッラーニー　135–136
サイイド・アル＝ムスタファー・ブン・ムハンマド・アル＝カイハル・ブン・ウスマーン　164–165
サイイド・ムハンマド・ブン・アフマド・アル＝アスワド　176–177
サンバ・トゥクロール・カ　196, 213, 230
サンバ・ラオベ・ファール　199, 211
サンバ・ラオベ・ペンダ　225
ジブリール（大天使）　38, 97
ジャーラ・アッラーフ・マルヤム　194
ジャマール・アッ＝ディーン・ブン・ムハンマド・アル＝ヤマニー　249–251
スィーディー・アブド・アッラーフ　131, 231
スィーディー・アブド・アッラーフ・ブン・アフマッダーン　131
スィーディー・アフマド・アル＝バッカーイ　88, 90–92, 98
スィーディー・アリー・ブン・アン＝ナ

ジーブ・アッ＝タクルーリー　95–96, 103–107, 112
スィーディー・アル＝ムフタール・アル＝クンティー　4–5, 34–35, 85–122, 125–126, 131, 133, 146, 154, 159, 172–180, 185, 187, 214, 229–230, 232, 235, 261–262, 264, 290–293
スィーディー・ウマル・アッ＝シャイフ　88, 91, 95–99, 103
スィーディー・ムハンマド・アル＝クンティー　32–35, 85–122, 146, 167–168, 172–176, 187, 214, 222–223, 230, 232, 235, 247, 261–262, 264
スィーディー・ムハンマド・ブン・ムハンマド・アッ＝サギール　215, 261, 264, 267
スィーディーヤ・アル＝カビール　113–116, 131, 175–176, 213, 230, 232, 260–264, 267
スィーディーヤ・バーバ　102, 115–116, 213, 218–219, 230, 232–233
スライマーン・バル　67
スンジャタ・ケイタ　48, 50
スンニ・アリー　55–56

た　行

デンバ・ワール・サル　195, 210

な　行

ナースィル・アッ＝ディーン・アッ＝ダイマーニー　62–68, 71
ノリス，ハリー・サールウォール　20, 177, 272

は　行

バーバ・アフマド　174–175, 232
ハールーン・アッ＝ラシード　209
ハリール・ブン・イスハーク　94, 105, 130, 133–134, 163–164, 214, 238, 240, 242–243
ハンウィック，ジョン・オーウェン　18–19, 136
ヒスケット，マーヴィン　20–21, 72
ヒドル　71
ファーティマ　125–126
フルマ・ブン・アブド・アル＝ジャリール・アル＝アラウィー　113–114, 131–132, 232

ま　行

マー・アル＝アイナイン　151–152, 154, 160, 180–183, 185, 232–233
マーリク・スィ　117–119, 143–145, 185, 231–233, 267
マーリク・スィ（ブンドゥ）　64–67
マーリク・ブン・アナス　27, 209, 238, 277
マウルード・ファール　142–144, 231–232
マ・ジャハテ・カラ　197–198, 205, 207, 209–210, 259
マ・バ・ジャフ　194–196, 231–232
マルティ，ポール　7–10, 12–15, 33, 87, 123–124, 126, 136, 138, 142, 152, 155, 157–158, 160, 166, 171–172, 175–176, 179–180, 183, 185, 230, 233
マンサー・スライマーン　51–52
マンサー・ムーサー　50–51
ムハムディ・ブン・スィーディー・アブド・アッラーフ・アル＝アラウィー（バッディ）　32, 128–129, 131, 135, 142, 146, 231–232
ムハンマズィン・ファール・ブン・ムッターリー・アッ＝タンダギー　215, 261, 264–266
ムハンマド（アフマド・バンバの父親）　2, 192, 195–199, 203–207, 210, 212–213, 215, 218–221, 226, 230–231, 259, 288–

289
ムハンマド（預言者） 3, 26–29, 38, 73–74, 76, 78–80, 97, 119–123, 125–126, 144, 148–149, 158, 160, 164, 179, 194, 207, 209, 213–214, 216–219, 223, 235, 245–246, 258, 268–271, 277, 279, 287, 292, 299–300
ムハンマド・アッ＝サヌースィー 196–198, 214, 237–238, 240–242
ムハンマド・アル＝アグザフ・アル＝ジャァファァリー 166–172, 176–177, 232
ムハンマド・アル＝アミーン（ムハンマド・アル＝ファーディルの父親） 156, 159–162, 165, 169–170, 174, 177, 232
ムハンマド・アル＝ガーリー 75, 139, 143–144, 231
ムハンマド・アル＝ジャズーリー 215, 239–240, 243, 245
ムハンマド・アル＝ハーフィズ 5, 32, 114, 123–149, 161, 163, 183–184, 187, 231–232, 264, 267, 292
ムハンマド・アル＝ファーディル 5, 29–30, 99–100, 142, 151–187, 232, 292
ムハンマド・アル＝マギーリー 55–56, 72, 95–99, 101–103
ムハンマド・アル＝ヤダーリー 65–66, 197–199, 208, 215, 242, 251, 261, 265–274, 280, 286, 288–289
ムハンマド・ブン・アッ＝ターリブ・イブラーヒーム 163
ムハンマド・ブン・アビー・バクル 144, 231–232
ムハンマド・ブン・アフマド・ブン・バッディ 148, 231–232
ムハンマド・ブン・アル＝ハナフィーヤ 125–126
ムハンマド・ブン・スィーディーヤ 115, 230, 232
ムハンマド・ブン・ナースィル・アッ＝ダルイー 27, 167
ムハンマド・ブン・ムハンマド・ブソ 194–195, 224–225

や 行

ヤフヤー・アル＝カビール・アル＝ガルガミー 154–158
ヤフヤー・ブン・イブラーヒーム 46–48

ら 行

ラト・ジョール 195–197, 199, 202–207, 209–212
レヴツィオン，ネヘミア 19–20, 51

わ 行

ワールジャービー・ブン・ラービース 42–43, 48

ん 行

ンジャージャーン・ンジャーイ 49
ンバッケ・ブソ 224–225
ンバッケ・ンドゥンベ 194

著作索引

「はじめに」の「6　アラビア語参考文献の略号と情報」における解説頁は太字で示す.

あ 行

『明らかな光』　**29–30**, 151–186
『新しき獲得物』　**34–35**, 85–122, 162, 222–223
『糸』　247–251, 260, 262–263
『意味の宝石』　137, 215, 240
『覆いを取り除くもの』　118–119, 145
『贈物』　198, 237, 240–242
『恩寵』　**31–32**, 185, 191–227, 230, 287
『恩寵の佳話』　118, 245

か 行

『開示』　21–22, **30**, 112, 133, 155
『輝く星』　116–117, 119, 214, 261, 290–293
『確信の樹』　249–251
『渇きの癒し』　**30–31**, 185, 191–227, 265, 292, 299
『貴重な宝石』　198, 207–208, 244
『吉報』　249
『炬火』　116–117, 214, 261, 293
『議論家の剣』　173–174
『軍団』　215, 261, 264

さ 行

『散策』　**32**, 34, 123–149
『地獄の錠と楽園の鍵』　198, 208, 246, 252–253
『宗教儀礼についての提要』　163, 198, 208, 214, 238, 240, 243
『宗教諸学の再興』　109–110, 214, 240, 243, 259, 280, 288
『宿所と家において心を照らすもの』　198, 252
『小片』　261–263
『書簡』　**32–33**, 34, 85–122, 168
『諸証拠の起源』　198, 214, 237–238, 240–242
『箴言』　118, 130, 134, 243, 245–246
『真正』　**33–34**, 124–129, 132
『赤化』　114, 215, 261
『善の徴』　215, 239–240, 243, 245–246

た 行

『タサッウフの諸基礎』　118–119, 222–223, 246, 255, 277, 279–280
『タサッウフの封印』　198–200, 208, 215, 242, 259, 261, 266–267, 274–290
『楯』　117, 173–174, 214, 247, 261–262
『出会う場所』　262–263
『提要』　94, 105, 130, 133–134, 163–164, 214, 238, 240, 242–243
『同胞』　181

な 行

『望み』　136–140, 143, 215, 240

は 行

『媒介』　30, 34, **35–36**, 114, 128–132, 136, 161, 215, 260–261, 264–265, 267–270
『裨益』　181–183
『2筋の光の書』　250–251, 262

『奉仕の序』 245–246

ま 行

『導きの始まり』 198, 214, 240, 243, 252–253
『求める者達の充足』 117–119, 185

や 行

『槍』 120–121, 143–144, 215, 261
『要塞』 248–249

ら 行

『楽園の道』 116–117, 198–202, 208, 214, 242–247, 251–253, 260, 267, 274–293
『論考』（カイラワーニー） 105, 130, 133–134, 162, 214, 238, 240
『論考』（クシャイリー） 214, 240, 287

わ 行

『我が主の祝福』 268–274

事項索引

「はじめに」の「4　地理的語彙」「5　術語の説明」における解説頁は太字で示す.

あ　行

アーッバイル　126–127
アウダグスト　40–42, 47
アグラール　33–34, 128, 168
アザワード　92, 94, 114–115
アッ＝サーキヤ・アル＝ハムラー　25
アッ＝ターリブ・アル＝ムフタール族　155, 157–158
アッバース朝　39, 56, 209
アブドゥーカル　87, 89–90
アラビア半島　13, 26, 37–38, 41, 235, 271, 273
アラワーン　92
アルジェリア　23–24, 27, 39, 89, 126, 197, 243
アルマミ　65, 67, 76
イジャーザ　**26**, 104, 135, 137–139, 141–145, 158, 162, 231, 235
イスラーム法　17, 40, 42, 46–47, 50–51, 54–56, 60, 62–63, 66–67, 69, 72, 91, 96, 202, 207
イスラーム法学　1, 28, 41–42, 196, 276–280
イダウ・アリ　33–34, 124–129, 131, 136, 142, 145, 264
イダウ・アル＝ハーッジ　265–266
イダウ・イーシュ　165
イダウ・ダーイ　266
イダウ・ブサート　167
一般的教育　221–225
イドリース朝　154
イバード派　39–40
イマーム　64–66
ウィルド　3, 6, **26**, 95, 99, 116, 123, 129, 139–143, 175, 179–186, 215–219, 267, 290–293, 299–309
ウォロフ　**26**, 49, 62–63, 193, 195, 281
エリマン　65–66

か　行

カーディリー教団　4–6, 9–10, 21, **26**, 69–76, 80, 85–122, 146, 160, 162, 167, 176, 178–186, 213–219, 229–231, 290–293
ガーナ（王国）　43–45, 47–48, 50
カアルタ　67
カイラワーン　38–39, 46
カイロ　56, 242, 248–249
ガオ　45, 55
獲得の知　165
カジョール　49, 67–68, 192, 195–196, 203, 205–206, 210–211
カスィーダ　239, 247, 268, 272–273
カスブ　286–288
神の使徒の奉仕者（アフマド・バンバ）　216–218
奇蹟　3, 70–71, 92, 95, 117, 158, 161–164, 170, 174–175, 178, 258, 291
北・西アフリカ　**25**, 26, 272
ギニア　23, 66
忌避　54, 111
ギブラ　128–129, 143
義務　54, 75, 77, 201, 207, 258, 275–277,

300, 305
教団単一論 167, 179–186, 292
許容 54, 111
禁止 54, 111, 161, 207
グズフィー教団 166–179
グダーラ族 46–48
グドゥ 73
グラーグマ 154–155, 157–158
黒いイスラーム 13–15, 296
クンタ 33, 35, 70, 75, 85–122, 158–159, 162, 166–180, 184–185, 187, 214, 223, 260, 293
ケル・アッ＝スーク 94
ケル・イナルブーシュ 94
ケルザ 270
ケル・フルマ 94
現世 109–110, 195, 199–212, 226–227, 248, 251–260, 262–264, 276, 278, 281–283, 309
ゴビル 72–73

さ 行

サールム 49, 195–197, 203, 205, 211, 213, 232
ザウィーラ 40
サハラ西部 **23–24**, 45–50, 60–62, 268–274
サンハージャ 42, 46–47, 61
サン・ルイ 25, 147, 213, 216, 230–231
ジェグンコ 76–77
ジハード 9–10, 17, 46–47, 55–56, 60–81, 120, 123, 194–196, 205–207, 225–226
シャーズィリー教団 5–6, **26**, 27, 69, 101, 112, 116–119, 146, 160, 167, 178–179, 214–216, 240, 244–246
シャーフィイー学派 27, 56, 104, 106–108, 248
シャイフ **26**, 110, 119, 131, 140–142, 144–145, 147–148, 160, 166–169, 178, 184–185, 197, 206, 213, 215–216, 220, 225, 231, 289, 300
シャリーフ **26**, 154–155, 158, 175–176, 194
ジャロンケ 66
宗教知識人階層 61–62, 124, 127, 130, 158, 264
従属階層 61, 158
授与の知 165–166
シュルブッバ 62–63, 267
上昇 221–223
諸聖者の封印 119–122, 140
ジョロフ 49, 62, 193, 195, 212, 224–226
ジン **26**, 59, 111, 261, 263, 306
シンキート 24–25, 34, 126–128
シンキート地方 **24–25**, 33–34, 36, 60–64, 67, 79, 90, 92, 113–115, 123–132, 136, 140, 151, 161, 166–168, 171, 185, 197–198, 219, 242, 267, 270, 273, 292, 299
スィーン 49, 196, 205
ズィクル **27**, 138, 161–162, 167–168, 171–174, 222, 290
推奨 54, 258
スィルスィラ（道統） 5–6, **27**, 69–74, 86, 92–103, 116, 143–146, 151, 158, 160, 162, 167, 172, 175, 179–180, 183–184, 213, 229–234
スーダーン西部 13–18, **24**, 38–45, 47–49, 143–145, 249–250, 296–297
スーフィー 1, 68–71
スス 48, 50
スンナ派 27–28
スンナ派4大法学派 **27**, 165
聖者 3, 70–71, 92, 117, 119–122, 129, 140, 152–153, 155, 158–159, 164–165, 170–171, 175, 177–178, 181, 183, 194, 216–217, 245, 258, 290–293

セグー　76
セネガル　2–3, 13–14, 23, 25–26, 31, 33, 42–43, 47, 49, 62, 64, 76, 117–119, 144–145, 191–227, 230–233, 285
セネガンビア　49, 62–63, 76
戦士貴族階層　61–63, 67, 89–90, 129–130, 163, 177, 269–270
ソコト　72
ソコト・カリフ国　72, 74–75
ソンガイ（帝国）　19, 50–51, 55–60, 96, 108

た　行

ダイマーン族　197, 223, 265–266
タウヒード　198, 237, 240–242
タガーント　128, 131–132, 165, 168
タクルール（王国）　42–43, 48, 76
タクルール（歴史的地名）　24, 56, 76
タサッウフ　1, 68–71
タジャカーント　89
タワックル　286–288
タンダガ　89, 264–266
知識の鍵　164–166, 171, 175
チュニジア　7, 23, 38, 89
ティーシート　151, 264
ティジクジャ　128
ティジャーニー教団　5–6, 9–10, 21, **27**, 69–70, 75–80, 114, 117–149, 178–179, 183–184, 191, 215–216, 231–232, 240, 245, 264
ディンギライ　76
デゲル　73
デニヤンケ　64, 67
トゥーバ　3, 219–221, 223–225
トゥクロール　76, 193–194
トゥクロール帝国　76
トーロベ　64–68, 71–72, 75
トラールザ　128, 151
トロンカワ　72
トンブクトゥ　55–58, 75, 92, 94–95, 104, 133, 151

な　行

ナースィリー教団　6, **27**, 69, 131, 167, 178, 267
ナースィル族　90
ナイジェリア　19–20, 23, 68, 72, 118
内面的教育　178, 221–225, 257
ニァマ　25, 151
西アジア　1, 6, 19, 37, 69, 81, 136, 235
西アフリカ　1, **23**
西サハラ　23, 25, 89, 151
ニスバ　**27**, 87, 157, 167

は　行

バーフーヌー　177
バウォル　2, 49, 192, 195, 224, 226
ハウサ　20, 72
ハウサランド　20, 72–75
ハウド　30, 128, 151–152, 158, 165–166, 171, 174, 177
ハッサーニーヤ　20, **27–28**, 29, 33, 60, 124, 157, 268–269, 273
ハッサーン族　60, 89–90
ハディース　**28**, 54, 235, 254, 287
ハナフィー学派　27, 54, 77, 108
バラカ　58, 70–71, 163
ハリーファ　38–39, 41, 56, 72, 75, 125–126, 138, 194, 209
バンバラ　67, 76
ハンバル学派　27, 54
ビーダーン　28–29, 194, 216
ヒジュラ　73, 76, 209
ファトワー　**28**, 63, 112, 207, 210
フータ・ジャロン　66–68, 71, 76, 135, 143
フータ・トロ　62–68, 75–76, 193, 206
ブーティリミト　114, 230

フェズ　50, 132, 136–137, 145, 231
ブラークナ　128, 270
フルベ　**28**, 62–68, 71, 74, 76
ブンドゥ　64–67, 117
ベルベル　**28**, 42, 60–62, 64, 87, 89–90
法規定の５範疇　54, 77, 161

ま 行

マースィナ　51, 66, 71, 74–76
マァムーン　94
マーリク学派　27, 46, 50, 104–109, 133, 135–136, 209, 242–243, 277
マグリブ　**23**, 38–39, 87–89
マシュリク　**25**
マブルーク　93–94
マリ　23–24
マリ（帝国）　48, 50–56
マリンケ　48
ムカッダム　75, 138–139, 230
ムバーラク族　177
ムラービト　26, 45–50, 61
ムラービト運動　45–50, 60–61, 63, 89
ムリッド教団（ムリーディー教団）　2–3, 10, 191–227, 274–290, 292, 299–309
ムワッシャフ　271, 273
メッカ　38, 40, 46, 50–51, 56, 73, 75, 128, 132, 135, 223, 249
モーリタニア　3, 23–25, 30, 32, 89, 124, 128, 151, 166, 219, 233, 250
モール　14, **28–29**, 60, 89
モロッコ　7, 23, 26–27, 29, 34, 60, 89, 115, 136, 151–152, 245, 247, 250

ら 行

来世　109–110, 199–212, 226–227, 247–260, 262–264, 276, 278, 281–283, 287, 309
ラムトゥーナ族　46–47, 49, 63, 89
リビヤ　23, 39–40
レグナ　268–274
「労働の教義」　274–290

わ 行

ワーロ　49
ワラータ　25, 92, 151

ん 行

ンバッケ・カジョール　197, 219, 226
ンバッケ・バウォル　192, 219, 225–226

著者略歴
1979年　神奈川県横浜市生まれ
2004年　東京大学教養学部地域文化研究学科卒業
2010年　東京大学大学院総合文化研究科地域文化研究専攻・
　　　　課程博士（学術）学位取得
現　在　日本学術振興会特別研究員
2012年4月から東京外国語大学アジア・アフリカ言語文化研究所助教

主要論文
「19世紀後半における西アフリカのイスラームと王権：アフマド・バンバの政治権力観とその思想的連関網」『アジア・アフリカ言語文化研究』83号（2012年）.
"The Murid Order and Its 'Doctrine of Work'," *Journal of Religion in Africa*, Vol. 42, No. 1 (2012).

イスラームの宗教的・知的連関網
アラビア語著作から読み解く西アフリカ

2012年3月26日　初　版

［検印廃止］

著　者　苅谷康太（かりやこうた）

発行所　財団法人　東京大学出版会
　　　　代 表 者　渡辺 浩
　　　　113-8654 東京都文京区本郷7-3-1 東大構内
　　　　http://www.utp.or.jp/
　　　　電話 03-3811-8814　Fax 03-3812-6958
　　　　振替 00160-6-59964

印刷所　株式会社精興社
製本所　牧製本印刷株式会社

ISBN 978-4-13-016031-5　Printed in Japan